表象背後的日本
外國記者觀察

Behind the Face of Japan

櫻花之面,鋼鐵之裡!
從封建孤島到軍國擴張,以西方視角剖析最真實的日本

—— 厄普頓‧克洛斯 Upton Close 著　遲文成,龔振林 譯 ——

鋼鐵與櫻花的矛盾體
柔美外表下蘊藏強大的軍國野心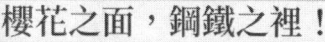

厄普頓‧克洛斯,以西方視角剖析最真實的日本

目錄

致讀者

關於日語發音、大寫和引用

背景

　第一章　　西元 1942 年版前言 ………………………… 012
　第二章　　日本：表象與精神 …………………………… 016
　第三章　　日本和英格蘭 —— 與十七世紀的類比 ……… 025
　第四章　　日本混亂的終結者 …………………………… 040
　第五章　　停滯時代 ……………………………………… 057
　第六章　　治國天才 ……………………………………… 066
　第七章　　向外擴張 ……………………………………… 078
　第八章　　日英對抗 ……………………………………… 088
　第九章　　日本多面性 …………………………………… 100
　第十章　　精神特質 ……………………………………… 115
　第十一章　性格迥異 ……………………………………… 130
　第十二章　愛國黑幫 ……………………………………… 139
　第十三章　日本的納爾遜勳爵 …………………………… 154
　第十四章　冒險家和理財大王 …………………………… 168

003

目錄

第十五章　開明之士，聖人和科學家 …………… 177

第十六章　外交家和行政者 …………… 192

第十七章　政界大神 …………… 203

世界公敵的日本

第十八章　現代武士制度 …………… 214

第十九章　人員、船隻和海軍配比 …………… 224

第二十章　日本現代封建領主 …………… 233

第二十一章　擴張的代言人 …………… 256

第二十二章　東方之光 …………… 266

日本的情感表象

第二十三章　日本的自然屬性和情感屬性 …………… 276

第二十四章　個人主義和不墨守成規的日本 …………… 284

第二十五章　歇斯底里的外表 …………… 299

第二十六章　人道主義的日本 …………… 314

第二十七章　神聖家族 …………… 325

第二十八章　日本的激進主義 …………… 335

第二十九章　愛美和享樂的日本 …………… 349

第三十章　日本的經濟挑戰 …………… 361

後記

第三十一章　後記 —— 大戰前 …………… 374

第三十二章　後記 —— 和平前夜 …………… 379

致讀者

　　此書在美國發展史上具有里程碑意義。其讀者數量的變化能夠反映出美國人對於周圍國家的興趣態度變化。七年間，這本書的第一版在市面上一直被奉為珍品，可謂一書難求，就連作者本人在準備這部新版時，也大費周章才弄到一本盜版。眾多潛在讀者在書店裡尋找這本書。現在，新版本出來了！

　　那個「無處尋覓的版本」是西元1935年在紐約出版的，之後兩年在倫敦、巴黎、斯德哥爾摩、特拉維夫、俄國和東京也先後發行。在日本，書中有關日本歷史部分內容被盜印（但其他部分被日本高級指揮部認定為屬於有害日本資訊，作者也因此被懸賞人頭）。

　　在作者完成該書之後的七年裡，人們一直在發問：「美國為什麼和日本開戰？」回答也大體是「兩國不應該打，可還是要打」。事實也證明了這一點，因為不久後，日本便轟炸珍珠港。從西元1904年日本攻打亞瑟港[001]戰史來看，人們也能得出肯定結論：日本海軍會偷襲珍珠港。

　　西元1934年，作者結束一年一度東方之旅回到家中，利用整個夏季和秋季撰寫有關日本人民和日本國家的大作。他確信他的國人會對這樣一部作品感興趣，因為此時恰是日本侵占中國東北三省三週年，也是日本首次攻占上海、退出國聯、公開準備占領太平洋和亞洲的兩週年。

　　作者對日本人的看法無可厚非，不過對美國人的看法卻有失偏頗！那些具有歐洲觀念的記者認為這本書充斥著「沙文主義」，因此稱作者為「戰

---

[001] 亞瑟港（Port Arthur），大連旅順口的舊稱，因其港口軍事工程規模宏大，戰略位置對中、韓、日、俄等國極為重要，曾是東亞地區最重要的軍港。

致讀者

爭販子」。在當時，倡導和平是潮流。歐洲局面有人撰寫過，而此時太平洋地區卻是那些注重經濟利益的作家們，重複陳舊觀念和對亞洲偏見的舞臺。大西洋還是大西洋。

　　只是，對於那些了解日本並深知日本挑戰本性的人們來說，這本書儼然是一部聖經。它已成為情報人員和海軍部隊必修課上的範本。美國國務卿科德爾・赫爾[002]和其他一些高官，都曾對這本直言不諱介紹日本的書籍表示高度讚許，因為該作者並無任何個人所圖，而且有歷史背景作為個人觀點支撐。該書被《讀者文摘》（Reader's Digest）數以百萬計的讀者「摘錄」。在作者成為美國全國廣播公司的遠東問題專家後，對這本書的需求迅速增加，然而，它得到普遍接受的時機還未到來。但作者堅信，只有和日本一戰，才能讓美國注意力轉向她的真正「遠西」——太平洋。

　　西元1941年12月6日，厄普頓・克洛斯在從華盛頓到香港途中短暫停留舊金山。他採訪了剛從飛躍太平洋飛機上下來的蘇聯大使馬克西姆・李維諾夫[003]。他要將自己從這位守口如瓶的外交官身上感受到的，盡力傳達給電臺聽眾。幾個小時後，也就是12月7日，他在舊金山的全國廣播公司控制室裡，向全美人民介紹自己所預料到的、令人難以置信的事情。那天剛好是星期日，令人終身難忘，因為成千上萬的美國人頭一次從厄普頓・克洛斯的播報中，聽到了美國處於戰爭狀態的消息。在電臺裡幾天幾夜的忙碌工作結束後，他開始著手修改他的原作，希望那週發生的事情不會再發生。可是，確保這樣的事情不會再次發生的唯一條件，是美國人民了解他們敵人的真實本質。

---

[002] 科德爾・赫爾（Cordell Hull，西元1871～1955年），美國著名政治家，以其在外交領域的貢獻而聞名。西元1933年3月4日～1944年11月30日，赫爾擔任美國第47任國務卿，是美國歷史上任職時間最長的國務卿。

[003] 馬克西姆・李維諾夫（Maxim Litvinov，西元1876～1951年），蘇聯著名外交家和革命家。他在蘇聯的外交事務中發揮了重要作用，特別是在1930年代和二戰期間。西元1941年11月10日～1943年8月22日，擔任蘇聯駐美國特命全權大使。

因此，有了這本書：透過一位了解他們的過去、分析他們當前政策，並能預測他們未來動向的歷史學家視角，深刻而又引人入勝地研究一個極端種族。

致讀者

關於日語發音、大寫和引用

日本人名的發音是世界上最容易的，像義大利語、法語或德語那樣，給出母音，在歐洲大陸語言系統中找出對應的發音就行；給出子音，在英語語言中找出對應的發音就行。如果你是一個追求精確的人，要注意雙子音的發音和結尾「u」的省略，如「Katsu」在實際發音中幾乎就是「Katz」。

西元 1938 年左右，出於「消除墮落的外國影響」的考慮，已被軍事化的教育部頒布了一種名為「remanji」的轉寫系統，其將日語轉寫為羅馬字或英文字母的新日語，旨在簡化日語的書寫和拼音規則，以提高國民的日語能力。

例如：Fuji（富士）被改寫為 Fuhi；Tatsuta（龍田）被改寫為 Tatutua；Chichibu（秩父：一個地名、王子的名和戰艦的名字）被改寫為 Titibu！

這本書忽略了這些新的官方拼寫方式，畢竟它可能無法在東條英機的亞洲新秩序中存在！

許多引文都是翻譯的，而且由日本人翻譯的日本新聞英語通常都非常彆腳，因此，作者不得不伸出援手，修改那些由日語翻譯過來的冗長、重複的英語，作者在引文中主要採用了省略和置換手法，但保留了原意。

普通讀者可能不希望被日本人的名字困擾，因此，名字會用括號括起來放在姓氏後面。一直以來，日本姓名順序通常是名字跟在姓氏後面，可是當今日本姓名順序既使用這種傳統風格又使用西方風格。倘若一個名字有兩種不同的讀法而且都很流行，那麼兩種讀法都會放在括號內給出。

雖然日語中的名詞和人名沒有特殊的複數形式，不過為了流暢起見，作者使用「Fujiwaras」表示 Fujiwara（藤原家族）的多個成員，以及「kimonos」表示多件 kimono（和服）。

关于日语发音、大写和引用

背景

背景

第一章
西元 1942 年版前言

　　一個亞洲國家得到西方的工具和武器後，加以刻苦學習它們的使用方法，並選擇西方陷入殘酷內戰時刻來襲擊我們，由此，亞洲和歐洲之間整個關係已經永遠改變了。

　　日本著手奴役其鄰國，意欲建立太平洋大帝國，如果它能夠建立起來的話，它將成為世界上原材料和人力最充足的帝國，以及歷史上最強大和對世界其他地區占主導地位的帝國。日本狂熱的軍國主義核心分子，繼續執行他們被賦予的「神聖使命」，即建立「八柱一屋」世界新格局[004]。他們相信並宣揚日本人民可以透過簡單的方式，即迫使所有民族順服於天皇政府，就能為自古以來飽受戰爭蹂躪的世界帶來千年和平。

　　在接下來的幾頁中，將有大量揭示這一論調的內容。僅僅幾個月前，這一論調對你來說可能還是相當荒謬的，可如今它卻影響著人們的生活、財產以及整個世界的重塑，這比世界上任何其他東西的影響都深遠。在我們深入故事之前，必須在序言中做個陳述，即使日本失敗了，世界面貌仍然會發生徹底改變。儘管成千上萬西方和亞洲的人們期盼如此，而且為此我們也願意付出最後一分錢和最後一條生命。日本戰敗了——我們希望如此並決心實現——但在亞洲地區，有色人種的民族之間消除了白人帝國的統治，亞洲取得了勝利。西方獲勝了，卻失去了那種極樂幻覺，即

---

[004] 「八柱一屋」(eight pillars under one roof)，日本軍國主義意識形態中的概念，指的是建立一個統一的世界秩序，將世界劃分為八個區域或勢力，由日本來主導和控制。「八柱」代表世界的八個部分或地區，而「一屋」則代表日本作為中心的控制結構。這一概念反映了當時軍國主義者追求日本帝國擴張和霸權的野心。

第一章　西元1942年版前言

白皮膚（我們如此稱呼）讓我們擁有善於戰鬥、善於經商和善於思考的優越感。

多年來，我們中的一些人一直在關注亞洲的反抗情勢。我們感覺到，亞洲的復興將對思想意識、經濟關係和政治結構，產生與五百年前歐洲的復興同樣令人不安的影響。對於那些願意看到這樣結果的人來說，已經有不少跡象表明，白人主導世界的局面即將在這個星球上結束。

白人主導地位是透過爆炸式精神力量獲得的，憑藉這種力量，歐洲人從他們孤立的中世紀社會中衝了出來，並把這種力量傳播到全球其他地方，而且白人主導地位透過西方人（尤其是英屬群島的人）最早發明的動力機械得以實現。我們西方人曾經認為，自己相對於世界其他民族的優勢，在於德行或者至少是上帝的恩典，而沒有意識到，這些優勢來自於兩個因素：探索精神和動力機械的發明。一旦探索精神消退，優勢便會消逝，西方動力機械被亞洲人學會使用後，優勢會被中和。

我們相較亞洲人的優勢雖然明顯，不過隨著時間的推移，它們必將消失。然而，白人世界難以言喻的毀滅性內戰，加速了這一程序——這場內戰始於那些剝削亞洲的歐洲列強之間的帝國對抗，最終演變成為海洋和空中統治權而進行的激烈爭鬥。這場戰爭以「意識形態」鬥爭形式出現，一旦陷入殘酷的軍事力量控制，其發言人會逐漸忘記鬥爭的呈現方式。

所有亞洲人民：土耳其人、中國人、印度人、爪哇人，甚至包括藏族人，都必然會利用這場白人內戰，擺脫他們的統治。但是日本是亞洲唯一一個透過暴力來利用這一機會的國家。她是亞洲唯一一個在思想上有條件，並且在物質上有能力這樣做的國家。

這就是為什麼我們無論如何要對日本有所了解的原因。

當這本書付印時，我們正處於白人主導這個星球的時代尾聲，為了保持自己的地位，我們正在拚盡全力進行戰鬥。一些善於思考的人內心深處

背景

在想,這場反抗聲勢會走多遠才能穩定下來,對我們以及我們的朋友和敵人(根據時局變遷而變化)來說,無論是西方人還是亞洲人,這種穩定會是什麼樣子。

在這種情況下,對我們來說,沒有比對日本國以及日本人民更需要了解的知識了,我們需要了解他們是什麼樣的國家,日本人民是什麼樣子,他們的經驗和堅韌程度如何,以及在當前浩劫之後,將剩下的人變成世界公民的希望是什麼 —— 即使我們摧毀其中一半人口,預計還會有大約五千萬人倖存。

以下是該書與西元 1934 年版對日本國比較全面的描述 —— 顯示出日本正準備在不宣戰的情況下,對我們發起攻擊。該書以及其他關於這個主題的好書,都證明作者的直覺是正確的 —— 美國人在與日本開戰之前,永遠不會對日本產生多大興趣。現在,我們是否會對日本產生興趣將一目了然,因為我們正在與他們開戰。

無論現在的戰爭以何種方式結束,一旦結束,人們將非常渴望了解而且也需要了解日本的情況。如果,只是假設,日本果真獲勝,他們無疑會把美國變成一個旅遊勝地,而我們將成為接待者,接受來自他們世界貿易和壟斷盛宴的殘羹剩飯!若是我們獲勝,我們將像西元 1918 年後對待德國那樣,將日本變成一個備受珍視的旅遊景點。客人和主人都需要了解彼此一些資訊,這是必要的。

無論誰獲勝,貿易關係都將迅速建立起來。我們將派「協調員」去管理戰敗的日本及其帝國事務,其數量肯定不會比西元 1918 年後派去重建和整頓德國的美國人少。而且這些協調員也需要了解一些有關那個即將重建的國家,其人民的資訊。

所以,出版了這本書!為了使其符合西元 1942 年的情況,對於有關日本的哲學和形勢,以及對太平洋兩岸國家關係的推斷,沒有必要進行修

第一章　西元 1942 年版前言

改，只是一些在西元 1935 年還未發生的事情，現在已經成為過去，相應地進行了修改。一些簡短的傳記被刪減，以便重點突顯舞臺上的一些主角。

讓作者用一些摘自西元 1935 年版的短語，來結束這篇前言。他希望當讀者讀完這本書時，能夠完整地了解日本。但並不是說這本書是一部未經刪節的日本歷史或百科全書。作者在寫作過程中，會受到個人喜好、希冀和疑慮的影響，然而他已盡力保持客觀。這本書所需的資料，大部分不得不從非正式來源中蒐集，而不是從經過評論家、統計學家和考核者審查的定稿中獲取。它是大量研究一些期刊和鮮為人知的紀錄材料中的精華。

關於一些軼事，作者主要取材於他多年來在中國和日本做的訪談，以及中國和日本的各種形勢。作者不偏不倚，沒有任何私欲，沒有故意討好，也沒有刺激仇恨。某些日本人雖然在當時討厭他，卻仍然認為他像日本人一樣大膽無畏、不計得失、倔強不屈！

在這第二版中，作者至少不必擔心那些比較走紅的評論家們的攻擊。可在撰寫原版時，他知道評論家所持的、有關歐洲或俄羅斯的主導思維方式，他們不願相信任何世界動盪可能來自亞洲，他也了解那些評論家所推崇的、不穩定的和平主義，以及日本的好客使他們消除戒備到了什麼程度。他在原版中曾試圖透過充分的證據表明，他所希望的公正性和學術性，來避免刺激他們。然而，這一努力徒勞無益。他的態度對於日本人來說表現足夠好了，因此他們追捧他的書——儘管出於官方原因被禁售——不過對於評論家來說，他的態度只是批評的誘餌。現在，歷史已經扭轉了鄙視的指責之手。

如果美國公眾在十年前能閱讀關於日本的書就更好了，但現在我們仍然需要了解日本。因此，藉助新出版商的善意，這本書再版以饗讀者。

第二章
日本：表象與精神

　　我們西方人與日本接觸不到百年，雙方關係還處在形成期，某種程度上，我們在吸引她朝我們的方向發展。而現在，我們與她的鬥爭正在重新塑造這個世界。

　　穿梭於我們中間的日本外交官和社交俱樂部高層經常談論櫻花。然而，他們的思想卻時刻關注著棉花、鋼鐵和海軍比例等實際問題。

　　日本擁有櫻花信徒、木刻版畫和藝妓花魁；日本擁有自願剖腹以證純潔動機的感性愛國者；日本有政治刺客及砍掉手指寄給法官的刺客同情者；日本宣稱維護遠東和平局勢，卻在他國領土上駐紮軍隊──這個矛盾的日本對我們來說，似乎太不真實了。

　　但在這種奇異現象背後，卻存在著大量現實──鋼鐵和炸藥的現實，貨船和帳簿的現實。在本世紀的前兩個十年裡，日本軍事變得愈發成熟。在第三個十年裡，她已經與西方平等外交，工業也逐漸走向成熟。第四個十年，見證了她對抗那些阻礙她前進的、最強大國力的全面挑戰。日本崛起是二十世紀最重要的發展大事。日本所做的，是要結束我們西方資本主義體系，並打破我們的帝國。

　　日本建設了世界上最高效、最現代化的機械化工業。作為一個既能買又能賣，又能發送滿載貨物船隻的國家，她正在打造世界上最成功的商船艦隊。她決心擁有世界上第一支海軍作為補充。她在 16 世紀開始伺機軍事擴張，一直到 19 世紀也沒有形成風浪，卻在 20 世紀重新覺醒，並把軍事擴張與商業擴張緊密結合。

第二章　日本：表象與精神

　　像大多數有能力派駐外交官、實施審查和控制宣傳的國家一樣，日本也戴著面具。透過多多少少的堅持，也許會冒著觀察的風險，我們總能看到面具背後的真實面孔。但如果我們再深入其中，便會發現那個令人驚嘆、堅不可摧、瘋狂自我的精神，那就是日本。

　　對於我們現代人來說，日本似乎十分神奇，因為我們已經忘記了自己在中世紀的經歷。我們變得過於聰明又過於簡單。我們忘記了源自比「功利想法」更深層次的動機。在日本，不顧利益和痛苦的忠誠及豪邁，有助於塑造出史上最有趣的人生。與日本相比，沒有哪個國家能培養出更多色彩豐富、誇張、引人注目的人。所以要了解他們，了解他們的國家。透過他們的言論、抱負、愛恨和動機，透過他們願意生死追隨的事物，我們可以了解日本人，也可以知曉這樣的人因為相信他們的時代已經到來，而對我們自以為是的世界做了什麼。

　　日本人在思想和身體上的多樣性，與美國人、英格蘭人或法國人一樣豐富，可他們擁有一種統一的信念，即國家命運，而這種東西在現代歐洲和美國是缺乏的。在他們大多數人中，存在著一種宗教愛國主義，一種在西方不為人知的殉道精神，這一點我們認為已經過時，因為在西方，宗教殉道者選擇在火刑柱上赴死，已是很久之前的事了，這種集體狂熱自十字軍東征以來再沒見到。

　　任何時期或情境下，一個國家的面孔，都是由當時引導或推動它的人們的綜合面孔所決定的。拿法西斯義大利來說，它就是墨索里尼（Benito Mussolini）張著嘴的那張臉。在德國和俄羅斯，情況稍微複雜一些。在印度，它就是甘地（Mahatma Gandhi）的面孔和一個放債王公的肥胖面孔，疊加在一起所形成的面孔。面孔就是表象，並不是全部，會隨著時代的變化而變化，而且會變得面目全非。但在表象背後往往存在一種精神，在日本，這種表象背後的精神，自從一個號稱神聖血統的大和民族開始征服日

017

本內海沿岸以來，就沒有改變過。

我們審視這個崛起中日本國家的表象，理解過去 15 個世紀發展結果在其面孔上所展現的挑戰，是合乎邏輯和不可避免的，那麼，太平洋時代的世界歷史趨勢就變得清晰了，揭開人類歷史戲劇面紗就變得更加有意義了。

假使我們想理解，為什麼日本如此強烈地要求與白人大國享有種族和海軍平等權力，或者評判她在帝國霸權、工業霸權和海洋霸權方面成功的可能性，我們就必須要考慮諸如日本人的種族背景、獨特品格、國家形成過程以及其發展邏輯等因素。沒有日本人會在沒有相當知識的情況下面對或討論美國。

身為西方人，由於沒有關注這些，我們完全沒有為解決太平洋問題做好準備，可現在這個問題已成為主要的國際問題。首先，官方上並沒有重視所謂的「日本」(Japan)。這個國家的名字是日本(Nippon)，它的神聖統治者應該稱為天皇，而不是「Mikado」[005]。在西元 1941 年 12 月 7 日珍珠港遭襲之前，我們中只有不到百分之一的人（從聽講座觀眾的舉手情況來判斷）知道一兩個重要的日本人名字，比如日本海軍上將東鄉平八郎！

我希望向你描述一下這些人和他們的動機及抱負，讓你和我一樣有真實感受。我曾和他們坐在一起交談，並感知他們的喜怒哀樂，也曾與他們交流他們喜歡的輕鬆八卦的消息，也曾參與他們優雅的談判，也曾和他們互相交流他們追崇的詞句和雙關語。我還曾參加過他們莊重的節日，參與他們的愛國遊行，與他們一起在火災、洪水和地震廢墟中抗戰，還曾向他們兜售過他們完全無法理解的西方幽默。我還曾安逸地睡過他們整潔的草蓆，與他們一起在酒吧關閉時狂歡暢飲，感受他們深情的愛和母親般的關

---

[005] Mikado 是一個英語詞彙，源自日語中的「御門」。它最初用來指代日本天皇，特別是明治時代（西元 1868～1912 年）之前的天皇。英語中，Mikado 已經不再作為天皇的官方稱謂使用，正式稱謂是 Tenno。

第二章　日本：表象與精神

懷。我更躲避過他們軍國主義的冷酷，感受過那種敏感的刺痛。我追溯了他們過去到現在發生的多個勇敢無畏的成功故事，故事人物從平民百姓到萬人敬仰的英雄都有。

　　這一切的背後有著一種信念。他們相信，日本正在拯救世界，無論是東方還是西方。當日本堅信某件事時，她會堅信到底。就像古代猶大王國一樣，她承擔著一個來自上天的使命，使她的人民成為《舊約聖經》中所說的「特殊民族」，她要求他們做好付出最大犧牲的準備，但同時承諾給予他們最終的勝利，就像上天對地上事務的掌控一樣確定無疑。

　　這是西方人所了解的、關於日本的一個階段，對於知曉情況的人來說，這有些過於奇特而不值得深慮。然而，這卻是最重要的階段，也是書寫歷史的階段。日本人對此毫不遮掩。一位在美國長大受教育，並對美國知之甚深的日本政治家，就是這樣和我們講的。這個人就是松岡洋右[006]，是他在表達不滿和抗議後，帶領日本代表團離開國際聯盟大廳。

　　身為所有日本人中最西方化的人，松岡洋右對西方表現出最為堅定的敵對態度。我們可能認為美國與日本關係不大。然而，我們接收了這位日本學生，為他安排一個美國寄養家庭，將他培養成人，然後送他回國成為一位宣傳家、政治家、鐵路高層、帝國建設者，以及堅定支持日本抵抗全世界的中堅。在西元1932年從日內瓦返回日本時，松岡洋右曾途中停下來，到一塊無名墓地前豎立一塊墓碑，這位女墓主是一名奧勒岡開拓者，她曾經撫養過他。他雖然接受奧勒岡州公立學校和州立大學的同學宴請，但在他內心深處，總體來講對白人特別是美國人是怨恨不滿的。

　　他的「美國母親」將他視為一個孩子和一個人來愛，他知道這一點。可是在他成長的過程中，其他美國人，從教授到奧勒岡州工廠的木瓦編織

---

[006]　松岡洋右（Matsuoka Yōsuke，西元1880～1946年），日本外交官、政治人物。處理過日本退出國際聯盟、簽定日德義三國同盟條約、日蘇中立條約等太平洋戰爭爆發前，日本外交的多次重要事件。日本投降後，在同盟國召開的東京軍事法庭審判中途病亡。

背景

工，常給予這個「日本小孩子」居高臨下的恩惠。在內心深處，他對這樣的好意並不領情，這些所謂的恩惠，比起那些嘲笑他斜眼和膚色的年輕惡棍們用詛咒和磚塊攻擊他，更讓他難受。實際上他的眼睛並不歪斜，相反它們閃爍著怒火，不過他壓制住內心的憤恨，學會了像美國人一樣「直截了當」地反擊，並以「大言不慚」令他們留下深刻印象。

從奧勒岡大學畢業後，考慮自己的年齡和「太過美國化」，反而不容易融入的這一實際情況，松岡洋右回到日本後，開始了一段令人驚訝的職業生涯。

對希望在中國東北三省平原上進行帝國建設，並尋求行動自由和政府支持的集團來說，他的作用不可或缺。日本軍事高層們令他派駐日內瓦執行特殊任務，他的個人智慧表現超出了整個外交團隊，確保了在白人外交官面前，不會有任何猶猶豫豫或支支吾吾。

松岡洋右和他的同僚們在現代日本歷史上，邁出了第二個重大步伐。第一個重大步伐當屬由日本政治家們在西元1867年發起的重大政治變革，由此國家登上世界政治舞臺[007]。日本人內心深處的真實感受，從未像「美國人」松岡洋右那樣坦率地表達出來。他說：

……「大和民族（日本人）的使命是阻止人類變得邪惡，拯救人類免於毀滅，並引領它走向光明的世界。」

……「普遍的蕭條……不過是現代文明的僵局。當前一代人墨守成規、追求物質的文明，最終將整個世界推入了現今混亂的泥潭……我不禁覺得所謂的文明世界變得有些遙遠……科學和機械方法、個人主義和追逐利潤的原則，並不能解決戰爭帶來的滅絕危險，也無法解決蕭條和失業問題。」

---

[007] 西元1867年發起的重大政治變革，是指「明治維新」。這一事件代表著日本從封建時代過渡到現代化國家，目標是推翻幕府體制，恢復天皇的實際權力，並追求國家的現代化和西化。

第二章　日本：表象與精神

……「除非我們日本人改變模仿西方文明的習慣，否則不僅無法完成我所陳述的、日本的偉大使命，而且我們注定要毀滅。（在做法上沒有人比我們更勤奮地模仿，但在目標上要反對西方文明的影響。）我們大和民族有著無與倫比的傳統，我們沒有理由陶醉於歐洲文明。我們所要做的就是發掘自身輝煌歷史中的可貴之處。回歸日本精神，重新審視兩千年的國家歷史！」

……「上天呼喚日本承擔使命，將人類從現代物質文明的僵局中解救出來。」

對於西方人來說，這些可能是令人震驚的宣告，因為他們認為日本人在派軍隊前往他國領土或轟炸他們自稱不會開戰的國家的一些城市時，一定會猶豫不決。然而，在美國成長的松岡洋右摒棄了日本人通常保留的態度，表達出所有日本人內心的想法。

「統治人民的本質在於啟迪他們。如果還有人沒有得到適當的統治，那是因為他們尚未從帝國的統治中受益……要是發現那些在帝國統治下仍未受啟迪的人，必須予以征服。」

這段文字是西元8世紀日本宮廷學者，從西元前兩千年的一位中國皇帝的遺囑中抄來的，然後被西元後兩千年的日本人奉為圭臬，並在以天皇繼承血脈為核心的日本國家統治期間加以實施。正如西方教士將經文和傳統用於證明自己的主張一樣，克倫威爾（Oliver Cromwell）也以同樣的方式借用猶太經文，來激勵與合理化「鐵騎隊」的勝利。

也許這一切聽起來就是「中世紀思想」，簡直超乎想像。但我們應該注意到，那些在中國東北三省建設鐵路、使日本退出國際聯盟、在我們廣播上發表演講，並組織日本法西斯黨的日本人，就是這種中世紀思維方式。若是忽視這一點，就是在透過我們自己現代思想眼鏡，錯誤地看待日本。

我們身處個體比較自由、人們情緒比較穩定（至今為止）的西方世界，

背景

不過我們可以透過席捲德國、義大利、俄羅斯和土耳其的超國家主義思想，來了解日本人的思維方式。日本的歷史和生活方式會讓我們認清，日本人的信念有更強大的根源、慣性和動力，這些都是西方情緒主義浪潮無法相比的。

從十字軍東征開始，我們可以與自己的過去做一個比較。我們可以重溫那時每個受人尊敬的基督教派，都擁有拯救人類靈魂的方法。（我們最近一直處於政治派別時代，每個派別都堅信只有它能拯救人類。）

在十字軍東征和列寧主義之間這一範圍內，我們可以找到今天日本所具有的一切特點。對我們來說，令人震驚又嚴肅的現實是，這些中世紀的利己主義思想，卻在激勵著一個擁有潛艇、航空艦隊的國家，而且，這個國家還擁有全球最便宜的水力發電站，和比曼徹斯特紡紗機還好的紡紗機。

在西方崇尚自由的國家，國家利己主義思潮已降至歷史最低點，然而日本的國家利己主義卻達到了高峰。當日本學生用鮮血寫下愛國誓言時，英美學生正在宣稱他們永遠不會為國而戰，無論正義與否。當「白人的負擔」[008] 在盎格魯撒克遜世界中成為一句戲言時，一名在奧勒岡州長大的日本政治家，宣布了日本在世界上的神聖使命。日本人宣稱這一使命所表現出來的絕對真誠，是源於他們熱切地相信，就像我們祖先在百年戰爭中為國王神聖權力而犧牲生命一樣熱切地相信。日本人為了堅持這個理念可以慷慨赴死，而且經常是以自殺方式。

中世紀思維的現代日本人，在我們這個複雜的世界中令人不安，就像一條游弋在第五大道上的魚龍[009]一樣。魚龍般的思維在西方也存在，它

---

[008] 〈白人的負擔〉（The White Man's Burden），源自一首詩中的表達，該詩由英國作家魯德亞德·吉卜林（Rudyard Kipling）於西元1899年的創作，暗示西方國家對非西方文化和民族的優越感和干涉傾向。

[009] 魚龍（ichthyosaurus），一類已經滅絕的海洋爬蟲類，曾經是海洋中的頂級掠食者，以捕食其他海洋生物為生。

們可能暫時會在一些國家橫行，但我不相信它們是二十世紀西方社會主流思維的泉源。

松岡洋右在西元1940年擔任外交大臣，叫停了基督教在日本的傳教活動，只是他本人也是一名基督教信徒。《日本時報》的編輯也是一位信奉基督教的人，他為傳教士寫下了這篇告別辭：

「幾十年前，人們認為東方要進步的唯一機會是藉助西方文明。推動這種西方文化傳播的、最活躍的人士就是傳教士。由於日本人天生具備選擇和接納不同文化元素的能力，這種西方影響受到了一定的限制和改變，只留下了有益的部分。因此，我們對西方文化在創造新日本方面所做出的貢獻表示感謝，但我們記住，日本只是用從西方獲得的東西鍛造了一種新武器，而握有這一武器靈魂的仍然是日本人。沒有人可以毀滅自己的靈魂，然後指望一夜之間獲得另一個靈魂——這正是深受西方和共產主義影響的中國人在試圖做的事情。」

日本一度在帝國建設、製造業和軍國主義方面，比以往更加瘋狂地模仿西方，她將自己的生命賭注押在打敗我們所長、超越我們的成就上，於是，她轉向古代倫理道德作為她的哲學，並慶幸自己擺脫了我們骯髒的行徑，她的力量變成了十倍之多，因為她的內心純潔。

松岡洋右在日內瓦的經歷，成為日本的轉捩點。他說：

「國際聯盟的事態發展趨勢，讓我深深地感受到，日本必須堅持自己的道德和精神。在爭端中，日本獲得的經驗和教訓，將有助於日本在未來面對重大國家危機時更好地應對。國家有興盛有衰落，這是無法改變的宇宙秩序。西方大國所倡導的和平，只不過是一種維持現狀的徒勞企圖。」

我們今天所面對的日本相信：唯一一個不受衰落法則支配的國家，是那個由神祇統治並充滿神靈精神的國家。這個國家已經穩步發展了兩千五百多年。上天注定的時刻已經到來，它將向世界展示其福祉，並讓拯

救者過上更加榮耀和豐裕的生活。

「遠東的和平」對於日本人來說，不僅意味著整個太平洋亞洲地區在向至高無上的皇室神聖意志屈服，還意味著在日本法律下，這些地區秩序未受外部影響。遍布於朝鮮半島、中國東北三省、中國上海、馬來西亞以及日本涉足的任何地方，其新建的神殿就能說明這一點，這些神殿裡供奉著天皇家族和日本傑出英雄。

世界和平對於日本人來說，必須有相同的定義，而且是擴大的。對他們來說，只能有一個和平，就像對普世教會來說，只能有一種宗教一樣。當國際聯盟的祕書長或者身在華盛頓的美國總統羅斯福（Franklin D. Roosevelt），與身在東京的外交大臣就遠東地區和平的維護進行通訊交流時，你可以看到，雙方談論的完全是兩碼子事。

在世界歷史中的大西洋時代，曾有一段時間，高傲的西班牙統治著海洋。她對北大西洋上一座濃霧籠罩的島嶼發起的挑釁幾乎不予理會，直到發現時為時已晚。後來，儘管仍然堅持傲慢不願妥協，並試圖擊敗她年輕而強大的對手英格蘭，卻失敗了。從此西班牙衰落成四流大國，而英格蘭則建立了一個日不落帝國。

在西元1934年出版的本書原版中寫道：「關於西班牙和英格蘭的這個故事，可能會在太平洋地區或完全或部分地重複上演。無論歷史上兩個偉大島國，英格蘭和日本之間的歷史類比是否會走得如此極端，正如我們將要看到的，這個故事對日本產生了重大啟示。」

第三章
日本和英格蘭 —— 與十七世紀的類比

第一節

日本屬於多民族現代國家。她的歷史與世界上另一座偉大的島國——英格蘭的歷史屬於同時代,而與中國的歷史並不屬於同時代,後者比日本早了幾千年。身為世界工廠和主要海洋國家,日本逐漸成為英格蘭的競爭對手,並且在太平洋和拉丁美洲地區成為美國的競爭對手。然而,她表現出了一些令人迷惑、危險的特點,與這些同時代的國家格格不入。

是什麼使得現代日本變得如此無畏、好鬥呢?日本歷史背景是什麼?在此背景下,她的帝國建設者真實面目又是什麼樣子?

日本歷史在形成時期可與英格蘭歷史相媲美,這兩個偉大的島國在17世紀之前的發展程度相當。後來,日本出現了史上最為顯著的「邏輯發展停滯」[010],而英格蘭則開始了世界上最引人注目的帝國擴張。19世紀末,日本表現出歷史上最輝煌的追趕程序,到了20世紀的第四個十年,日本更展現出超越英格蘭的驚人跡象。接著,在第五個十年,日本開始挑戰英格蘭和美國。

日本和英格蘭之間的相似性,不僅體現在兩國地理情況上,也體現在兩國人民的孤立心理狀態上,並可以進一步擴展到工業化和世界擴張上。

---

[010]「邏輯發展停滯」(arrest of logical development),指的是在某個領域或某個國家的發展過程中,邏輯思維、理論、概念的進步或演化,出現了停滯或緩慢的情況。這意味著在思考、推理、理論構建或知識累積方面,沒有出現明顯的進展或突破。

顯而易見的心態和制度上的相似性也非常明顯。這些類比和對比將有助於我們這些盎格魯 - 撒克遜人後裔，更清晰地了解日本的面貌。因為無論我們是否接受過英格蘭歷史教育，英格蘭制度和帝國的發展，以及英格蘭歷史上的偉大人物，都能讓我們在潛意識中對自己的過去有所認知。

這樣的比較也有助於我們更容易理解日本和中國之間的關係，以及這兩個偉大東方國家迥異的國家經歷。中國和日本並不相似，它們並非一體，就像英格蘭與古希臘或埃及與巴比倫的古代文明一樣不相同。然而，就像任何一個英格蘭人，儘管保持著民族個性，但都會承認西方文明在巴比倫和埃及打下根基，在希臘得到肥沃滋養，在羅馬發展壯大，在中世紀歐洲發芽，在英格蘭全面開花，並最終透過日不落帝國在全球傳播。同樣，任何自負的日本人都會堅稱，日本文明源於古代中國，並從尚武的日本獲得了強健的生命力，最終在今天的日本開花結果。根據松岡洋右的說法，接下來，世界將急需日本文明進行新一輪傳播。

一位曾在日本生活過的英格蘭議員寫道：

「日本由島嶼組成的地理位置（與亞洲大陸的地緣關係）和英格蘭、蘇格蘭、愛爾蘭與歐洲大陸的位置非常相似。還可以做進一步類比。日本是一個海洋型、善於航海的民族。他們勇敢面對並克服逆境。日本的食品生產能力甚至比我們的還要弱得多。她的大部分島嶼不可耕種。與我們一樣，日本必須依靠工業發展，以生產商品交換原材料，以此供養越來越多的有活力、愛冒險、堅忍不拔的人口。他們善於接受、改造和完善現代材料工藝方法。」

第二節

現在讓我們上一次簡短輕鬆的日本人類學和歷史課，為了使這堂課生動，我們拿英格蘭歷史當比較。

第三章　日本和英格蘭—與十七世紀的類比

　　日本人並非純種族，而是世界上最顯著的多民族融合典範之一。歷史學家桑塞姆[011]表示，他發現日本與不列顛群島在某種程度上非常相似，因為在每個島的背後都有一個人口多樣的大陸。在它們的周邊是一片廣闊的海洋。每個島上都匯聚著因飢餓、恐懼來此避難或嘗試冒險的移民，在那裡，由於無法繼續前進，他們不得不就此生活下去甚或就此葬身。這種情況促使人們產生群聚互助的意識，同時也產生了與外界隔離的孤獨感。

　　日本人有充分的理由聲稱自己有白種血統。島上可以追溯的最早居民是阿伊努人，他們有著白皮膚、黑色頭髮、濃密鬍鬚、粗大骨骼，他們友好又好戰，生活簡樸。直到西元 8 世紀，他們仍在日本北部島嶼與來自亞洲大陸的東亞入侵者進行戰鬥。如今，在北部島嶼（北海道）上的一塊類似「印第安人保護地」的地方，還有僅存大約 150 名純種阿伊努人。在西元 1900 年的聖路易士博覽會上，這個幾乎滅絕族群中的幾個成員被帶來展示，他們可能是高加索人也可能不是。他們似乎與拉普蘭人是同一族群。那些體型高大、心地善良、情緒穩定類型的日本人應該和這血統有關，這種類型的日本人在日本北部最為常見。我們可以將日本的阿伊努人與英格蘭的土著不列顛人做對比，後者在西元 5 世紀時被盎格魯人和朱特人征服。

　　日本的主要族群，類似於盎格魯-撒克遜人在英格蘭，他們屬於蒙古人種，或者屬於人類學家所說的、起源於朝鮮半島背後亞洲大陸的通古斯人種。日本農村地區的人口與這個人種有親緣關係，然而，隨著平民地位的提升，在這些農民中也孕育出一些偉大的士兵、政治家和百萬富翁。這種大臉龐、厚嘴唇「亞洲」型日本人，也許可以視為是史前通古斯人血脈的延續，就像我們認為「刻板的英格蘭」型人是盎格魯-撒克遜人的體現一樣。

---

[011]　桑塞姆（Sir George Bailey Sansom，西元 1883～1965 年），英國歷史學家、外交官，是 20 世紀著名的日本史專家，對日本歷史和文化研究做出了重要貢獻。其代表作《日本的現代化》被廣泛認可並視為學術界的重要參考書之一。

背景

另外，日本受到了菲律賓、西里伯斯、婆羅洲和爪哇等太平洋島嶼國家或地區人口的滲透。我們可以將這類族群與大不列顛的凱爾特人相比較。日本南部島嶼地區的人情緒易變、簡單快樂，但脾氣急躁、極端執著，這些特點似乎和這個族群人種有關。在這些地區發生過許多載入日本史冊的運動。與此同時，還有一小部分尼格利陀人持續進入日本。

如果將日本語言與西元5世紀後就成為其重要組成部分的漢語元素分開，再將其與近70年來吸收的英語、德語、南歐洲的詞彙和美國俚語分開，那麼日本語言就是多音節、韻母流暢、子音短促的語言，這種語言特點在北亞和太平洋島嶼的土著民族中都十分常見。

還有一個融合種族進入了日本列島，這個種族在歷史上占有重要地位。就像平民亞洲族群進入日本一樣，這些長臉的滲入者來自大陸，他們骨架較小、血統純正，資深歷史學家稱之為「純正的中國人」，而不是「原始蒙古」類型人種。他們與現今的中國南方人非常相似，而中國南方人與中國北方人不同，他們沒有與蒙古遊牧民族融合。在西元前，他們是日本貴族統治階級，並一直統治到19世紀末。這與英格蘭諾曼征服者[012]非常類似，儘管所處時代不同。

他們帶來的中國文明，使他們能夠征服早期的野蠻居民，並以此宣稱自己具有天神的血統和神聖的統治權。由於他們斧頭般的面貌被視為貴族特徵，因此，這也就成為了美的標準，此後的日本木刻藝術家都喜歡在彩色版畫中描繪這一特徵。這種美的觀念一直持續到近些年才有所改變，如今追求發行量的報紙和廣告商開始利用平民，他們在泳裝選美比賽中熱捧嬌媚的鄉村女孩。

---

[012] 諾曼征服者（the Norman conquerors），在西元1066年征服英格蘭的諾曼第公爵威廉一世（William the Conqueror）及其後裔。這場征服事件被稱為諾曼第征服，象徵著英格蘭歷史上的重要轉捩點。諾曼第征服對英格蘭產生了深遠影響，諾曼人將法國的文化、語言和行政體制帶入英格蘭，並建立了諾曼第王朝。

第三章　日本和英格蘭—與十七世紀的類比

　　最後一次種族融合的優勢，可能體現在戰爭中金屬的使用，這也許就能解釋為什麼鐵劍在有關他們征服神話中如此重要。劍是天皇家族三神器[013]中最重要的一個。這些融入者要麼是沒有帶來，要麼是喪失了有關書寫的知識，因為在中國至少從西元前3000年就已經使用了書寫系統。結果，日本真實歷史直到西元六世紀才開始有記載，當時從信奉佛教的中國和朝鮮半島來到島上的傳教者，將新信仰傳給了他們失散已久的同胞。從此，這些博學的外國人和他們的日本新信徒，開始用古典漢語記錄國家歷史。

　　當他們在穿越朝鮮半島和日本之間的對馬海峽時，塔爾薩斯的西奧多、聖奧古斯丁和其他基督教，以及西方文明的先驅者們，正在穿越多佛爾海峽並開始記錄英格蘭歷史。

　　現在，在日本任何村莊街道上，仍然可以發現曾在日本這個大熔爐中占主導地位人種的蛛絲馬跡。例如，最近國家頭條人物之一，陸軍大將荒木（荒木貞夫），就是典型的幹練、敏感、貴族化類型的人。身材高大、舉止從容的海軍上將齋藤實有著阿伊努人的血統。身為齋藤實之後的臨時內閣總理大臣，海軍上將岡田（岡田啟介）骨架寬闊、性情溫和、冷靜果斷，有典型的蒙古人血統。松岡洋右似乎是阿伊努人和馬來人的混血。在外務省工作的、容易激動的天宇先生，屬於典型的、超級敏感的馬來人種，他捲曲的頭髮顯示出濃重的尼格利特人血統。

第三節

　　當佛教傳教者抵達日本內海海岸時，有關日本早期與中國接觸的真實故事已無人知曉，就像基督教傳教士抵達英格蘭時，有關凱撒（Julius Cae-

---

[013]　天皇家族的三神器（the three Symbols of the Ruling House），分別是「神劍」、「神鏡」和「勾玉」，這在日本的神話和儀式中具有極高的重要性，被視為天皇家族的特殊標誌。

sar）征服和羅馬統治的所有資訊已經失傳一樣。中國佛教徒在日本，羅馬基督徒在英格蘭，都發起了與世界上任何其他著名運動一樣成功的文化和宗教運動。這兩者都以先知為特徵的世俗智慧，把注意力放在傑出的本地首領身上。聖德太子成為第一位新宗教和文化的日本皇家贊助人，並於西元593年開始他的統治，比聖奧古斯丁在埃塞爾伯特國王保護下，在坎特伯雷開始傳教時間早了四年。

聖德太子的部落當時已經控制了大和平原，這是一片邊長96公里之多的三角形稻田沼澤地區，剛好位於琵琶湖、富士山山麓和內海之間。這個部落自稱為「神聖的大和人」，聲稱是神武天皇[014]的後裔。中國和朝鮮半島的傳教者發現他們崇拜野獸的靈魂，而且還有淨化儀式，包括燒毀被死亡玷汙的住所，這和早期拜火教徒及一些非洲部落的做法一樣。因此，他們的住所是原始的、臨時性的建築。

模糊的大陸傳統，激發出該部落對來自文明亞洲的傳教學者教導的快速反應能力，也許這種反應能力只是日本令人驚嘆的適應性特質的最早例證而已。聖德太子和他的朝廷迅速採納了傳教者所描述的、浮誇的中國傳統，任命國務委員，並粗糙地模仿中國式行政體系。這位部落首領採用了中國的「天子」和「天皇」稱號，而後者是日本皇帝的正式稱謂，並非「御門」[015]。

「天子」這個稱號所涉及的權力，在中國始終受到人本主義的限制，從他們的第一位哲學家周公（約西元前1000年）時候起，就維護革命權利，並堅持「天意即人意」，「人民是國家的基礎」。不過日本人一直都是字面思維，他們接受了這個術語字面意思，就像中國古代皇后的老師班昭夫人所制定的女性教養規範[016]（約西元200年），後來被他們完全接受並應用一樣。中國

---

[014] 神武，日本神話和傳說中的人物，被認為是日本的第一位天皇，也被認為是日本的創始者。
[015] 御門，最初用來指代日本的天皇，這個詞在現代日本並不常用，更多地被用作歷史上或文學作品中對日本天皇的稱謂。
[016] 「女性教養規範」是指東漢班昭撰寫的一篇教導自家女性做人道理的家訓，即《女誡》，這是她以自己的切身經歷對家中待嫁女子們的告誡。

第三章　日本和英格蘭—與十七世紀的類比

婦女從未真正遵守過這個規範，卻在幾個世紀後的日本被應用得淋漓盡致，以至於日本高階層婦女都被培養成地球上最溫順和「完美」的女性。

關於中國「天子」的說法，與大和部落超自然起源的本土神話非常契合。這些神聖但直白粗俗的故事，早於從中國傳入的文明，就像盎格魯-撒克遜的《韋德西斯》和《貝奧武夫》（Beowulf）的傳說，早於英格蘭的基督教文明。這些故事包括：創世神伊邪那岐和伊邪那美以及他們的女兒天照大神（太陽女神）的故事。故事中說，身為皇室血脈祖先的天照大神，曾因生氣躲進一個山洞，使得整個宇宙陷入黑暗，直到其他大神以滑稽表演誘使她出來。要想把大和部落這位首領聲稱的神聖血統與西方進行比較，我們就必須回到古希臘統治者宣稱自己具有神性血統的時代。甚至亞歷山大大帝（Alexander the Great）也鼓吹關於他母親在奧林匹斯神山附近玩的八卦。

盎格魯-撒克遜的古老傳說被神職人員比德、阿爾昆等人記錄下來，他們對傳說中原始野蠻內容進行了淡化或刪減處理，以同樣的方式，史前日本神話被編入了叫做《日本書紀》和《古事記》的經典文獻中。今天這些書也許可以稱為日本的舊約全書，因為日本人自18世紀民族復興[017]以來，就一直信仰他們的這一寶典並了解其中的內容。根據中國歷史事件、英雄故事和童謠，研究藤原家族（現仍是日本階層最高的貴族）宗教活動的學者們，編寫了西元8世紀之前的歷史。每個日本孩子從嬰兒時期開始，就在母親懷抱、祖母膝下，以及從幼兒園到大學公立學校，都毫不懷疑地學習和接受這個歷史。

為了讓讀者了解今天一個國家的思維方式，我應該在這裡宣告一下，這是一篇由本國和外國學者所做的歷史研究概述，如前所說，它可能被認

---

[017] 民族復興，日本在18世紀經歷了一個被稱為「民族復興」的重要時期，也被稱為「江戶時代」（西元1603～1868年）。這一時期是由幕府統治的和平時期，也是日本社會、政治和文化發展的重要階段。

為是對國家的褻瀆，而且作者隨時可能在日本司法管轄範圍內受到懲罰，無論這言論是否是在帝國國內發表！從西元 1920～1931 年，有一段短暫的言論自由時期，日本的教授們開始發表帶有一絲學術自由的言論。但現在，這些不幸的先生們要麼已經過世，要麼保持謹慎的沉默。日本的學術審查制度與英格蘭形成鮮明的對比。

第四節

　　兩個島國最早的永久性建築是修道院。在這兩個國家中，一些最古老的這種原始文化和法律中心仍然存在。在英格蘭，修道士們用石頭建造了哥德式建築。在日本，修道士們用手邊的木材建造了中國建築風格的修道院，這些材料取自高大的日本柳杉，日本柳杉與美國加利福尼亞紅木同屬，現在一些柳杉仍然高高地矗立在日本神殿旁。

　　聖德太子在奈良附近建造的法隆寺，已經歷了千年的火災和地震，如今成為世界上最古老的木結建構築，而奈良是日本歷史上第一座固定首都。

　　在日本和英格蘭，半個世紀的新文明使得法律編纂和社會階層確立變得十分必要。在英格蘭，奴隸交易停止，被壓迫者的境遇得到改善。我們在西元 645 年的日本大化革新[018]中也發現了類似的人道主義進展，日本歷史學家將其稱為日本憲政的起點。英格蘭和日本之間一個顯著的區別，是後者的宮廷和神職家族所擁有的奢華和精緻。因為中國大陸是近鄰，而且中國正處於享有巨大財富和極度奢華的盛唐時期。這個日本「溫室時代」[019]在紫式部的《源氏物語》（西元 1000 年左右）中有生動的描繪，這部小說是

---

[018] 大化革新，是西元 645 年發生的古代日本政變。其主要內容是廢除大豪族壟斷政權的體制，向中國皇帝體制學習，成立古代中央集權國家。
[019] 「溫室時代」，是一種比喻說法，是日本歷史上一個相對穩定和繁榮的時期，貴族文化和藝術得到了高度發展。

第三章　日本和英格蘭─與十七世紀的類比

世界上最偉大和最長的小說之一。相比來說，西方的權力和榮耀的中心位於遠離英格蘭的君士坦丁堡，而偉大的羅馬帝國早已被洗劫和蠻化。

　　日本文化發展早期的重要人物是弘法大師空海，這是一個類似於聖奧古斯丁的人物。不過聖奧古斯丁是平民出身，而弘法大師空海是藤原貴族出身，而且這個家族還總是樂於藉助他的名聲建立威望。他是日本第一位偉大的本土聖人，他的出生日經考證是西元774年。年輕時，他四處遊歷佛教廟宇，試圖尋找更多屬於那個時代的精神啟示。西元805年，當他31歲時，有幸加入一支前往中國唐朝宮廷的日本使團，那時中國的都城輝煌壯麗，但位於現在偏遠的黃河上游地區，那裡能看到古代中國的真實樣貌。

　　弘法大師空海的真誠和靈性，使他深得中國師傅們的喜愛。他獲得了接觸佛教神祕經典的機會，於是開始學習梵文，並成為中國書法的大師，以至於包括皇帝在內的中國大人物都向他求字。他返回日本後，不僅成為宗教領域最偉大的代表，還成為了中國經典、繪畫和詩歌的最傑出傳承人。直到今天，許多日本寺廟還聲稱，他們的主佛像是由弘法大師空海雕刻的，或至少是由他設計的。他還將中國醫學引入日本並建立醫院，這對於那個時代來說，已經是相當令人矚目的進步了。

　　人們認為弘法大師空海宣傳的宗教有人道主義的情懷。這位宣揚佛教的先驅，更關心人們此生的純潔、富足和幸福，而不是他們來世的狀態。他堅持真正的佛教教義，即我們所經歷的一切，包括感官的感受和存在，都是短暫的，就像夢境一樣。

　　這位偉大人物引入的佛教學派被稱為真言宗，意為「真正的言說」。它是最早從中國傳入本土的佛教天臺宗的分支和發展。真言宗是日本至今唯一仍然作為一個偉大教派存在的早期宗派。當被稱為諾斯替派和涅斯托利派的早期基督教派，將基督教引入中國唐朝宮廷時，弘法大師空海便有機會學到不少關於基督教的知識。他吸收了中國傳授的印度瑜伽學派的許

033

背景

多教義。他純潔、寫實的藝術作品，強烈地表現出希臘古典主義的特點，因為希臘古典主義的這種影響，已經滲透到了中國。當時，希臘藝術向西傳播到英格蘭，向東傳播到了日本。透過弘法大師空海的生平，我們可以看到日本在從無教化的荒蠻狀態下崛起後的幾百年裡，各種外部影響湧入這個國家。英格蘭的經歷則與之相似。

弘法大師空海，就像馬丁·路德[020]和約翰·諾克斯[021]一樣，深切感受到為國人建立一種通俗文學的重要性，特別是用於宗教教育的那種文學。為此，他發明最早的日本音節文字，稱為平假名。他從口語梵文中選取了四十八個音節而不是字母，然後將象形漢字拆開，像拿走一根肋骨，一隻手臂，一條腿，以此獲取用於書寫梵文音節的字母。他對中國學問非常敬畏，這或許妨礙了他將日本加入到以梵文字母為基礎文字的世界行列，而後來的佛教學者將西藏和蒙古加入到這個行列。

弘法大師用一首美麗的佛教詩將48個音節固定排列，這首詩是日本兒童學習字母表時必須背誦的。詩的翻譯如下：「花朵，無論怎樣香豔盛開，注定會凋謝——在這個世界上，誰能希望永遠生存呢？當越過最後一座高山時，我從短暫的夢境中醒來，從此不再受到迷醉的束縛。」

身為日本歷史上吸取外來文化的典型人物，弘法大師試圖透過將史前宗教經驗與新借鑑相結合，來維護日本人的種族意識。他提出，史前宗教的萬物靈魂和英雄精神，實際上是佛陀靈魂的原始化身，這樣就使得早期崇拜和佛教得以友好交融，這種交融一直延續到日本後期複雜時代[022]。

---

[020] 馬丁·路德（Martin Luther），16世紀德國的神學家、牧師和改革家，被認為是基督教改革的關鍵人物之一。他強調信仰的個人化和對聖經的重視，提倡信徒直接與上帝建立關係，反對教會的權威主義。
[021] 約翰·諾克斯（John Knox），16世紀蘇格蘭的牧師和改革家，也是蘇格蘭宗教改革的主要領導人之一。他強調信仰的純潔和教會的獨立性。
[022] 日本後期複雜時代，指平安時代（西元794～1185年）及之後的時代，包括鎌倉時代（西元1185～1333年）、室町時代（西元1336～1573年）和江戶時代（西元1603～1868年）等時期。這些時代被認為是日本歷史上文化、政治和社會制度高度成熟和複雜的時期。

而基督教的不融合特點在英格蘭卻帶來了相反的結果，德魯伊教完全被鎮壓並消失。

弘法大師在日本建立了最早的小學，在那裡教授他的通俗字母表、中國經典，以及可以深入學習的佛教經文。他在奈良附近的高野山建立一座類似寺院和學院的地方，這個地方作為真言宗信徒聖地到目前已有千年歷史，每逢這位偉大學者逝世週年紀念日，都會有數萬人群來此朝拜祭奠。天皇追贈這位大師和僧侶一個謙遜的名字「空海」（空無之海），追封他為「弘法大師」（傳法大師），後世對他都以這個名字稱呼。這位博學的天皇還追贈寒衣給這位僧侶，並附上一首詩，這首詩已成為日本文學中的經典之作。一百多年後，即位的天皇夢見弘法大師感到寒冷，賜給他的衣袍已經破舊不堪。從那時起，每位天皇在加冕之際都會送一套全新的衣袍到弘法大師的陵墓。

第五節

日本和英格蘭情況相似，本土語言在出現宗教文化的前兩個世紀才有書寫文字。基督教的傳教士使用拉丁字母來書寫英語。在日本，單音節的漢語表意文字，首先被用來書寫多音節的日語，結果日語成了世界上最複雜混亂的文字系統，這種情況在文字史上只有一個例子——中世紀波斯語用希伯來字母書寫，當時稱作巴拉維語。後來，弘法大師用他的平假名字母表來幫助解決這個問題。再後來，又發展出一種更簡化的、由沒有花體的短直線組成的字母系統，稱為片假名。片假名被認為是為兒童或「通俗文化」設計的，在當今日本，一些巨大的廣告牌和霓虹燈招牌上都可以看到它，那些深受平民喜愛的八卦小報、庶民新聞、宣傳冊或廣告，只使用片假名就能說明這一事實。

背景

　　如今，日語仍然以這兩種字母系統中的一種來書寫，或兩者中一種與漢字組合來書寫。而漢字則可以按照古代或中世紀的漢語發音，或者在面對具有文化素養的聽眾時，也可以用表示事物的本土多音節日語詞發音。從一個人的名片（通常用漢字印刷）上，往往無法確定他的名字應該如何發音，必須詢問他首選的發音方式。一個名字可能有幾種不同的發音。

　　大約八十年前，我們開始在這種混合體中加入拉丁字母來書寫日語。被輕易接納的外來詞，用我們的拉丁字母或其中一種日語字母系統進行拼寫。

　　由佛教傳教者帶來的中國文化浪潮逐漸高漲，最終淹沒了日本群島。如今我們所認為的日本特色無一不源自中國：建築和房屋、烹飪、服飾、藝術、音樂和體育。許多有才華的日本人前往中國，學習那裡的一切東西，無論是政體還是詩歌。大多數優秀的中國教師都有日本學生，他們的真誠令這些老師留下了深刻印象。中國歷史上最偉大的詩人李白，其《哭晁卿衡》永遠銘記了中國詩人與他的日本朋友之間的深情厚誼。

　　在日本，佛教因深受儒家倫理和老子及其他道德家無為而治的思想影響，無法成為一個帶有國家色彩的教派，也因此無法讓天皇擔任類似西藏活佛或英格蘭亨利八世（Henry VIII）那樣的職位。島上史前萬物有靈論崇拜和英雄精神崇拜被稱為神道，這是一個中文短語，意為「眾神之道」，是眾人崇拜天皇的主要理據。在日本，佛堂和神社友好共處在佛教寺廟和萬神殿中。

第六節

　　日本最早的、有教養的貴族是信仰佛教的藤原家族，他們統治日本相當長的時間。這個家族一直聲稱與皇室有著一定的遠親關係，或宣稱他

第三章　日本和英格蘭—與十七世紀的類比

們是有著「神靈血統」的家族。他們向皇室敬獻妃嬪、推薦攝政和宮廷人員，以此來控制朝廷。然而，正如英格蘭教會政治體系在第七和第八世紀受到北歐入侵的干擾一樣，日本的體制也受到了北方未被征服的白種阿伊努人的挑戰。在這些戰爭中，出現了一個武士群體，他們對皇室寫詩焚香的做派沒什麼好感。這些武士與被征服的人通婚，並建立了不受藤原家族控制的偏遠領地。因此，獨特的武士階級開始崛起，並從西元一世紀至十九世紀主導了日本的封建制度。

這一發展引發了日本和英格蘭經歷完全分道揚鑣的第一個時期。在英格蘭，被丹麥人侵擾所造成的混亂局面，在西元1066年被征服者威廉一世的強大軍事統治所終結。而在日本，混亂達到了緊要關頭卻未終結，皇室家族的兩個邊疆武士分支之間激烈地對抗，而且西元1156～1185年間的持續戰鬥，使日本內海沿岸的大部分文明遭受到嚴重破壞。天皇成為了雙方爭奪的棋子。當時在對立的陣營中，同時存在兩個傀儡競爭者，聲稱自己是「天皇」（人間的神），可謂皇家尊嚴喪失殆盡。

在這些戰爭中，源氏家族使用紅色的菊花標誌，而平氏家族使用白色的菊花標誌[023]。這些戰爭經常被比作英格蘭十五世紀的「玫瑰戰爭」。儘管導火線相同（都是軟弱國王與勢力龐大家族挾天子令諸侯願望之間的矛盾），但它們產生了完全不同的結果。約克家族和蘭卡斯特家族互相殘殺，雙雙衰落，結束了從未興旺起來的諾曼封建制度，這一制度之所以不成功，是因為受到了日益發展城鎮中個體商人和手工業階層的抵制。當亨利・都鐸（Henry VII of England）從威爾斯邊界進軍，清除了約克家族和蘭卡斯特家族雙方勢力，並以亨利七世的身分登上王位時，市民們給予他大力支持，這使得國王在英格蘭保持了絕對統治，直到民主到來。

在日本，情況則不同。首先，源氏家族幾乎被滅絕，家族最後一位繼

---

[023] 菊花，在日本文化中被廣泛使用，並與天皇和皇室有關聯。菊花通常被用作天皇家族的標誌和象徵。白色菊花被用作天皇的標誌，而紅色菊花被用作皇族的標誌。

承人是一個名叫源賴朝的幼童，因為他漂亮的母親委身給殺死她丈夫的平氏家族領主而得以倖存。源賴朝隱姓埋名，以漁夫兒子的身分長大。當他偶然間得知自己的真實身分後，便開始團結自己的族人向對手家族開戰，最終取得了勝利，也給這段日本歷史新增了眾多英雄事蹟。被追殺的平氏家族武士們溺亡在內海的洶湧波濤中，他們的貴族女性淪落為下關[024]的遊女[025]階層。經過七個世紀時間流逝，恐怕他們後裔的高貴感已經淡化了許多，但他們仍然以平氏家族的髮髻造型自豪。

源賴朝獨攬對天皇的控制權，將他當成無權的傀儡安置在京都，自己卻在當時北方邊疆的一個海灣建立了新首都——鎌倉。

在鎌倉，源賴朝統治著一個封建組織王國，而藤原貴族的遺老遺少也逐漸式微。藝術和工藝在源賴朝統治的陰影下緩慢發展，不過鎌倉在他的時代成為世界上最大的城市。如今，鎌倉只是東京一個寧靜的海灘郊區，還保留著證明其曾經輝煌的紀念物，如大佛銅像和八幡宮。

第七節

日本的武士統治與在亞洲大陸上忽必烈大汗征服中國相呼應，這徹底切斷了中國文化中的包容與和平主義影響。

蒙古人成為歷史上最偉大的征服者，他們征服並統治的領土範圍比亞歷山大、凱撒和拿破崙（Napoleon）的帝國加在一起乘以三倍還要廣闊。西元1274年和西元1281年兩次，就在他的堂兄們長驅直入基督教國家幾乎到達維也納之際，忽必烈大舉進攻日本。可日本人最終證明了他們是唯一能夠抵禦並戰勝蒙古人的民族。蒙古人的騎馬戰術，或許還有原始的火器，在陸地戰場中無敵，但當他們帶著成千上萬心懷怨氣的中國和朝鮮徵

---

[024] 下關，是日本山口縣的一座城市，位於本州的西南端，面向瀨戶內海。
[025] 遊女，是指從事藝術、音樂、舞蹈、詩詞等表演活動，並提供陪伴和娛樂服務的女性。

第三章　日本和英格蘭──與十七世紀的類比

召兵出海時，用現在的俚語來說，他們徹底「溼」（失）敗了。

兩次進攻日本都遭遇風暴，這有利於日本人徹底摧毀入侵者。戰局進一步堅定了日本人的信心，認為是神明在保護他們的神聖島嶼。他們現在堅信，當每一個日本人都站在天皇背後，天皇必定獲勝，只要神性的天皇仍然是國家核心，日本就必定獲勝。蒙古艦隊敗給日本，與三個世紀後西班牙無敵艦隊敗給伊莉莎白時代的英格蘭非常相似，兩者都表明在航空力量出現之前，陸地力量對島嶼作戰存在劣勢。

然而，戰爭的勝利卻導致了日本內部分崩離析。那些勇敢跳入大海並衝上蒙古戰艦殺敵的氏族戰士回到鎌倉，要求頹廢貧窮的源賴朝繼任者給予特殊獎賞。於是，封建領主們開始了戰利品和榮譽的爭奪戰，而在京都風雨飄搖的屋頂下，以寫詩為生的天皇已經無力阻止這一切。這個時候已經有兩千萬人口並橫跨三個主要島嶼的國家，陷入了一片刀光劍影和勇猛無畏的混戰之中，這場混亂注定要持續兩個半世紀。

到了 16 世紀後期，日本出現了自己的威廉式征服者，不過是三人組成的統治集團，他們是有史以來最傑出的日本人，也是這個世界上最引人注目的人物之三。

背景

第四章
日本混亂的終結者

▋第一節

　　日本歷史上有這麼三個人，名字叫信長、秀吉和家康，他們在16世紀上半葉相繼出生，年齡相差不過八歲。他們開創了具有歷史意義的偉大事業，結束了日本歷史上最血腥的時代，而此時英格蘭統一者伊莉莎白女王（Elizabeth I），剛僥倖避開劊子手的斧頭登上王位。作為那個時代典型產物，這三人在性格上完全不同，但都是軍人，他們表現出來的膽識、謀略，再加上純粹運氣，使他們依次成為日本歷史上至高無上的人物，而且第三位（家康）還創下除了「羅馬和平時代」以外，歷史記載的和平統治時間最長紀錄，在這個時代，傲慢無禮的貴族因違法亂紀被處死也變得相當正常。正是在這個時代，形成了我們今天所看到的紀律嚴明、和諧統一的日本。

　　信長是一位坦率單純的武士，他情緒暴躁，缺乏自我控制力，喜歡戰鬥中那種狂野和冒險。秀吉除了是武士外，還是一位卓越的心理學家和謀士。現代的心理學家會說，秀吉有一張醜陋的麻子臉和凸出的眼睛卻統一了日本，與拿破崙身材矮小卻征服了歐洲，這兩者很有可比性，他的長相能讓人想起中國門神，難免當時受到許多人嘲笑，但到最後，他的劍或者智慧和勇氣，令他們感到驚訝和欽佩。

　　日本人喜歡取綽號，他們稱秀吉為「猴子臉」，後來又在這個綽號上加了「偉大」兩個字。自從秀吉開創大業以後，在日本，一個出生帶有猴子

臉的孩子被視為大有前途。除了上面列出的一些特點，秀吉還具備克制衝動的能力，這樣更能激發他強烈的個人奉獻精神和無限雄心。於是，一名真正的歷史創造者出現了。

秀吉具有一些看起來並非很日本的特質。他出身平民家族，很可能還有外國血統。他幽默大膽的舉止十分接近愛爾蘭人。他是整個日本歷史上最富有色彩的人物。不過若沒有第三位成員家康，這位貴族出身、性格冷血、極度警惕的後繼者，秀吉的一生成就只會讓世界記住一個英雄而不是一個國家。

信長，三人中年齡最大的一個，在二十出頭時，就成為了富士山麓一個高貴的地方家族的領主。他被平民出身的秀吉推選為領袖，雖然秀吉比他小兩歲，卻已經以武士、謀士和冒險家在當地聞名。在秀吉的幫助下，信長向相鄰的一個強大封地發起進攻，殺死了其中一個封臣。被殺者的十八歲兒子並沒有馬上繼承父位，因為老族長覺得他年輕，為此，年輕人感到自尊受挫。這個年輕人就是德川家康，他立刻調轉方向加入了殺死他父親的這兩位年輕武士的行列。於是，這個顯赫的三人統治集團就形成了。

在日本經常會出現典型的青年結盟，這三人就這樣決定一起征服日本。然而，不可避免的難點是，三人中誰最終將成為至高無上的統治者。他們同意以獨特的日本方式解決這個問題：當其中任何一個人感到內心足夠強大，去親見神聖的天皇陛下，並請求重獲幕府將軍源賴朝的至高無上權力時，他可以不與夥伴商量就這樣做。那麼誰當首領將毫無爭議，其他兩人將自願成為他的屬臣。

多年來，信長和秀吉在日本傳統的巨大力量面前不斷爭鬥、不斷失敗。而更具貴族氣質的家康則在等待自己的機會，直到年老才獲得最終的成功。有幽默感的日本人為這三人編了一個段子。信長說：「如果杜鵑不

唱，我就殺了牠。」秀吉說：「如果杜鵑不唱，我就勸牠唱。」家康說：「如果杜鵑不唱，我就等到牠唱。」這個故事展示了家康在等待的同時也做了許多準備。

第二節

這些堅定不屈的大俠式人物，從激進的青年到頑強的老年，讓日本在 16 世紀末成為一個國家。在 19 世紀中葉，同樣類型的人重新塑造了日本，這給今天年輕人集團密謀和暗殺提供了借鑑，也為松岡洋右的言論提供了道理，他說，倘若他認識那些將成為日本未來帝國建設者的三十個年輕人，他會將日本交給他們。

信長年輕時做事循規蹈矩，對他老師的辛勤付出表現出漠不關心，以至於忠誠的武士為了觸動年輕人的良知而剖腹自殺，這種做法極端卻有效。毫無疑問，許多西方教師也曾被他們的學生逼到自殺的邊緣，但沒人會這樣做。

在青春期，秀吉表現得非常難以管教，以至於他的家人不得不把他送進一間寺廟，可他在那裡取笑僧侶，還把新來僧侶組織成業餘武裝團體，總是讓聖地陷入一片混亂，導致最後神職人員不得不將他趕出去。他的一個表兄幫他介紹做各種行業和職業的學徒，結果他連續被開除了三十七次。

秀吉的家人最終看透了這個敗家子，將他接回家，但他很快又自作主張，申請成為一位武士的侍從，結果被斷然拒絕。他假扮成水夫跟隨這位武士參加戰鬥，並在緊要關頭救了他的命，最終他獲得了在戰鬥生涯中渴望已久的立足點，這通常是一個非武士階級出身的人無法獲得的。

接下來，正如前面提到的，他冒著生命危險與年輕的信長會面，加入了他的行列。在秀吉看來，信長總是注意不到他。他習慣比其他士兵早一

個小時站在城門上警戒，一天清晨，信長出來欣賞風暴，憤怒地喊道：「難道沒人值勤嗎？」秀吉回答說：「你軍隊中唯一重要的人就是我！」在一次信長指揮戰役的緊要關頭，一場暴風雨摧毀了三百碼的城堡圍牆。負責修復事務的城堡看守卻不慌不忙，只有秀吉敏銳地看出他是敵人的祕密盟友。秀吉故意在年輕主人面前說了一些風涼話，直到信長生氣地命令他一個人在三天內重新修好城牆，因為他說三天時間足夠了。秀吉用魚、酒、錢收買該地區所有石匠，還胡亂承諾完事之後會有更多的錢，最終任務如期完成。

信長感到驚訝卻沒表現出高興，他給了秀吉一些獎賞，但遠遠不足以兌現他對工匠們的承諾。秀吉試圖擺脫困境，他只好告訴他們說主人已經占用了他們應得的報酬用於軍事開支。當然，這個把戲最終暴露，信長是又欣賞又憤怒，只好支付了餘下的報酬。可他不允許秀吉再和他說話。

秀吉感到迫切需要私下向主公透露城堡看守的叛國陰謀。於是他向城堡神職人員請教茶道，儘管他鄙視這個人和茶道。一天下午，他設法獲得了為主公沏茶的機會，於是賄賂侍從告訴主公說，他先在主公的茶杯中品了一口，不僅如此，還任由這個謠言在城堡中傳播，這可是一種殺頭的侮辱。勃然大怒的信長召見了這個年輕人。秀吉冷靜地說：「如果你的雄心是成為日本的統治者，那你最好別生氣，因為我的冒犯是有目的的。不過，若你滿足於保持尾州的小領主地位，那你就殺了我。」

信長無法抑制自己的好奇心，聽取了秀吉的告發。「要是你沒有辦法解決這個問題，為什麼還要告訴我呢？」他問道，「除非我們能夠摧毀對手陣營中的陰謀頭目，否則在我們自己的陣營中殺死這個小小叛徒沒什麼大用。」「我在中國古書上讀到一個計謀，讓我試一試。」秀吉回答道。於是，他偽造了一封信，以敵營中陰謀頭子筆跡寫成，信中極大地侮辱了其他同謀們，最後讓他們出於榮譽的原因將他殺死。

背景

　　這些有關日本最偉大野心家的軼事，可能比沉重的歷史更能揭示日本人的特質，實際上，最認真的日本歷史學家也如此認為。

第三節

　　從那時起，秀吉不再害怕信長發怒，手裡掌管的事務也越來越多。他們共同開啟從日本中部地區向西延伸至內海沿岸，最後直至面向中國海岸的征服大業，與此同時，年輕的家康在後方抵抗來自南北兩面領主們的威脅。當秀吉圍攻位於高松的大城堡，這個最後一個挑戰他們權威的氏族領地時，他的征服事業遭遇了最大危機。但他靠智慧打通了通往至高無上的道路，這種智慧甚至超過拿破崙。

　　這座城堡的廢墟今天已成為內海的一個旅遊勝地，人們能夠看到一些用中國堆疊方式建成的天守閣、圍繞的城牆和護城河、防禦大砲和一些傾瀉熔化鉛的機械設備[026]，大砲和這些設備是根據葡萄牙水手對歐洲城堡描述建造的。歐洲人是在幾十年前才到達日本的，這個時期日本各地城堡擴張驚人，側面反應出日本人大規模接受了歐洲思想，尤其是軍事方面。日本的金屬工匠們在看到第一門大砲後，三個月內就鑄造了700門這樣的武器。這些風景如畫的城堡進一步加強了封建統治，它們幾乎不可能被當時的軍隊攻陷，這種情況讓日本保持了分裂狀態。

　　被秀吉圍困的城堡居民飢餓難耐，最後提出談判，但是一些關乎榮譽的不合理條件，會激發城堡裡的人持久而拚命的抵抗。就在這時，一名信使帶來一個消息給秀吉消息，說另一位家臣在京都刺殺了信長。這位刺客希望這一消息傳到被困城堡，會激發城堡裡的人牽制住秀吉，而他則趁機

---

[026] 日本城堡中傾瀉熔化鉛的機械設備，通常被稱為「鉛滴落」。這是一種用於防禦的設備，用於抵禦敵人的攻擊。當敵人攀登城牆或攻擊城門時，城堡守衛會傾瀉熔化的鉛或其他熔化金屬以對敵人造成傷害或阻止他們進入城堡。

奪取秀吉的位置。秀吉採取了一切預防措施，防止消息洩漏到城堡內，只是留給他行動的時間不多。他知道，只要城堡指揮官清水還活著，他就後患無窮。於是，他提出某種程度上還算慷慨的條件，但同時又顯得誇張和極端。他的條件是清水的首級。清水的部下回答說，他們願意接受有關他們自己和手下的條件，不過他們想知道，該怎麼向清水報告對手要求他的首級。

「問清水吧！」秀吉含糊地回答道，同時下令發起猛攻。秀吉的整個未來，甚至日本的統一，都取決於他對城主心理的猜測。清水對那些面帶羞愧向他報告的軍官沒有回應，卻在那個晚上剖腹自盡了。於是，他的軍官們向秀吉投降，秀吉占領了城堡並宣布大赦，隨後下令以光榮的方式安葬清水，也就是說，清水落得一個完屍。

接著，秀吉帶領大部隊渡過內海，向京都進軍。當清水的武士們得知秀吉的首領在京都已被刺殺身亡時，他們瘋狂了，支持重新在秀吉後方發動襲擊。這裡涉到一個有關日本軍人面子的問題，這麼多的陰謀詭計讓西方人感到十分困惑。清水的貴族親屬們要求清水的那些武士遵守停戰協議。在本島的一場大戰役中，秀吉代替信長，坐上了那個至高無上的位置。與此同時，家康靜觀其變，等待時機。也許當秀吉請求將軍頭銜，但以平民出身為由被拒絕時，家康曾滿意地笑過，不過秀吉最終被授予一個特別建立的頭銜——太閣，即「大君」。

信長死後，秀吉為爭奪至高無上的地位而展開的戰役充滿了血腥。秀吉首先向一個競爭對手妥協，然後設下陷阱將其困住。被打敗的首領無奈選擇了包括他妻子和一百名隨從在內的集體自殺。

背景

第四節

　　信長和秀吉領導的戰役，使秀吉最終成為至高無上的統治者，並創造了日本軍事上的統一。秀吉上位以後，日本就出現了類似拿破崙時期無法停止的帝國擴張欲望。相似地，英格蘭也在同一時期出現了類似的欲望。然而，有趣的是，無論是伊莉莎白統治下的英格蘭，還是信長去世時的日本，在自己的小島之外都沒有擁有一寸土地。英格蘭與日本在這段時期不同的是，在亨利八世和伊莉莎白兩個長期統治時期，英格蘭沒有發生戰爭，因此，國家財富和人力資源得以保護。伊莉莎白去世後，沒有什麼能夠阻止英格蘭的發展。相反地，秀吉和拿破崙一樣，是在一個被幾百年內戰和流血衝突削弱的國土上建立帝國。日本的帝國建設注定會困難重重，直到家康及其王朝像紅髮女王[027]在英格蘭主政那樣，為日本實現了嚴明紀律、財產保護和文化建設，情況才有所好轉。

　　信長在去世前，完成了一場旨在結束宗教勢力干涉政務的鬥爭，這場鬥爭可以與亨利八世在英國壓制神職影響力的活動相媲美。佛教僧侶在京都上方風景如畫的比叡山上，建立了3,000座類似要塞的寺院，現在遊客可以乘坐纜車上山，並在搖盪的纜車裡欣賞兩峰之間的美景。

　　這些僧侶已經忘記了他們所信仰的和平主義，一度組織了30,000人的武裝，闖入城市並干涉封建主之間的戰爭。信長最終焚毀了這些古老的建築物，並處死這些僧侶。另一個類似的僧侶活動中心，是大阪的一座堡壘似的寺院，在歷經十年零散戰鬥和三次激烈圍攻後被摧毀，期間有10萬名武裝僧侶喪生。然而，日本統一後，他們不得不應對來自西方的新宗教問題，可英格蘭卻不必面對這樣的問題。

　　征服者信長是第一位與歐洲人面對面接觸的日本統治者。這位白人是

---

[027] 紅髮女王，指伊莉莎白一世，她是英格蘭歷史上最知名和最有影響力的君主之一。她的紅髮是其特徵之一，因此人們常稱她為「紅髮女王」。

第四章　日本混亂的終結者

一位耶穌會神父，名叫佛洛伊斯（Luís Fróis）。西元 1568 年，也就是信長成為至高無上統治者的那一年，他獲准在信長的城堡吊橋上會談。這位耶穌會教徒和這位至高無上的武士，在對佛教僧侶的看法上達成一致，隨後這位基督教徒受邀參觀城堡，並得到了實質上的官方鼓勵來傳播他的宗教。

在這次會面二十五年前，歐洲人首次登上日本列島。最早來到島上的歐洲人是三名葡萄牙人，因為颱風偏離了他們原本的中國沿海航線。他們的火槍是日本武士首次見到的火器，在他們離開之前，鹿兒島附近的日本鑄造師已經開始生產仿製品了。

在三位葡萄牙船員抵達之前，白人世界對於日本的了解，局限於威尼斯商人、旅行家和曾在中國當過朝廷官員馬可‧波羅（Marco Polo）的報告。馬可‧波羅向歐洲人介紹他在大汗忽必烈宮廷（後來的北京）聽到的、關於「日本國」（意為「日出之國」）的消息。最吸引歐洲人的是，他說金子在日本產量非常豐富，甚至用來覆蓋房屋。忽必烈的情報人員可能將寺廟和領主宮殿上金色的漆面與貴金屬混淆了。然而，馬可‧波羅向歐洲人報導了關於忽必烈出征日本的兩次失敗，所以，歐洲冒險家們一致認為，曾征服過穆斯林世界以及大部分基督教世界的蒙古人都很難拿下的國家，還是遠離為妙。

直到 17 世紀初，葡萄牙是唯一與日本接觸過的歐洲國家。接著，西班牙與日本有了接觸，與葡萄牙形成競爭。西元 1493 年，教宗試圖透過在中國沿海劃定一條線來阻止這種競爭，規定劃線以西的世界（包括美洲）應歸西班牙國王，而劃線以東的異教世界則歸葡萄牙國王。當時的帝國主義地理學家們，從未解決過日本究竟在那條線的哪一邊的問題，而偉大的日本統治者秀吉最終採取了行動，使這個問題變成純粹的學術問題。

西元 1549 年，耶穌會創始人聖方濟‧沙勿略（Francis Xavier）抵達日

背景

本，白人的影響也隨之而來。沙勿略本人是西班牙人卻受葡萄牙國王的保護，在他等待（可從未獲得）進入中國的許可期間，隨葡萄牙商人來到了日本。他在日本逗留的時間很短，後來返回葡萄牙在中國沿海的定居點澳門，並在試圖進入那個偉大的中國時去世。在此之前3個世紀，早期的天主教修會已在忽必烈大汗統治下的中國開始傳教。

然而，沙勿略在日本南部島嶼留下的那些熱衷傳教事業的修士們，逐漸進入到主島並與日本的領主們建立起連繫，因此，他們傳教的成效令人矚目。與中國人相比，日本人天生具有宗教情結，因此，他們對新宗教非常渴望。他們對5個世紀的內戰和搶掠感到厭倦，他們之前相信佛教僧侶們宣揚的不殺生，然而這些人後來卻拿起武器成為最具掠奪性的團體，這使佛教聲譽盡失。

到西元1582年，也就是信長去世的那一年，耶穌會已經為超過200,000名信徒施洗，並建立200多座教堂、幾座修道院和一些學校，還獲得幾個貴族家族的贊助。到17世紀初之前，耶穌會擁有的信徒數量已是這個數字的兩倍，他們在帝國開始發展壯大。這看起來很像七世紀佛教在日本征服的再版。

在信長去世前不久，耶穌會傳教士瓦萊尼亞尼（Valegniani）帶領第一批由四名貴族青年組成的日本使團前往歐洲，以獲得教宗的祝福。假使羅馬天主教對日本的滲透能再智慧些，基督教各派之間的爭鬥能再少些，日本可能會成為繼菲律賓之後的第二個亞洲基督教國家，並成為像在歐洲一樣有輻射作用的亞洲基督教基地。肯定地說，日本在接下來的兩個半世紀裡不會與西方世界隔離，而是會與不斷崛起的歐洲國家一起逐步在政治、科學、工業以及太平洋帝國建設等方面進步，並且建立起與西方國家可匹敵的帝國。若是那樣，今天的世界將會呈現出截然不同的畫面。

第五節

秀吉早年就對佛教僧侶沒有好感，他延續了信長對基督教的友好政策，甚至允許他的兒子秀賴與出身基督教家庭的女性結婚。天主教傳教士聲稱秀賴本人接受了這個宗教信仰。

然而，歐洲傳教士狹隘且不合時宜的思想，很快就與日本統一者強烈的民族主義發生衝突。早在西元 1565 年和西元 1568 年，京都的皇室就感覺到，日本的基督教傳播將剝奪天皇在那個時代唯一擁有的精神地位，因此頒布了反基督教法令。然而，基督教傳教士們並沒有拿這些法令當一回事。傳教士們教導信徒，法是約束人的，哪怕秀吉本人。秀吉得知後勃然大怒，並給耶穌會傳教士們二十天的時間離開日本。不過怒火平息後，他沒有實施這個命令。

這一新宗教在日本的地位逐步下降，當時在菲律賓的西班牙人，嫉妒葡萄牙支持的日本耶穌會的成功，於是派遣他們的方濟各會修道士前往日本，開始競爭性的傳教活動，希望在日本實現他們在菲律賓為西班牙王室所取得的成就。對此秀吉做出快速反應，他派遣一支使團到馬尼拉（西元1591 年），首次表達了日本擴張主義精神，要求菲律賓的西班牙當局派西班牙傳教士來日本開展宗教活動，但要在日本宗教權控制之下。秀吉遺憾自己晚出生了半個世紀，無法在西班牙之前吞併菲律賓群島。

腓力二世[028]（Philip II of Spain）任命的菲律賓總督德·馬里納斯是一位非常狡詐的人，他接受秀吉的要求，覺得是一個作為機會，於是派遣一個由五名方濟各會修道士組成的談判使團前往大阪。這些修道士是被菲律賓耶穌會修道士同行們要求停止活動的一些人。這些人以外交使者身分進

---

[028] 腓力二世，西班牙哈布斯堡王朝的國王，統治了西班牙帝國的一個重要時期。在他的統治期間，西班牙帝國達到巔峰，成為當時世界上最龐大和最強大的帝國之一。他的統治包括西班牙、荷蘭、義大利南部、菲律賓以及其他殖民地和領土。

背景

入日本後，留下來擔任神職，並非法在大阪建立幾座修道院，後來這些修道院對基督徒以及他們個人來說，最終都帶來悲劇性的結局，歐洲在日本的影響也普遍受到損害。

這個階段，秀吉已將他的帝國建設重心轉向另一個方向，全心全意地投入到入侵朝鮮半島的中。此時，輪到家康與外國傳教士打交道了。西元1593年，當秀吉忙於朝鮮半島戰役時，家康正在富士山下自己的城堡裡，與耶穌會傳教士羅德里格斯討論日本修辭學，讓傳教士感覺基督教說辭與佛教徒和儒家學者的說辭衝突，以此取樂。最終羅德里格斯在家康的鼓勵下創作了日本語法。在注重文字表達的歐洲人涉足太平洋和亞洲地區之前，既沒有中國人也沒有日本文人對這種偽科學感興趣。

秀吉最能幹的將領就是一位信仰基督教的領主。朝鮮將領李舜臣（中文名字），透過裝甲戰艦——海戰歷史上首個裝甲戰艦，擊碎了秀吉的帝國建設構想，他同樣也是一名基督教徒皈依者。

西元1590年，秀吉要求朝鮮國王提供援助，至少允許他自由透過朝鮮半島攻擊中國，他宣稱要吊打中國。朝鮮國王回答，秀吉的計畫就像在龜背上插稻草，或者用貝殼舀海水一樣不切實際，這些比喻對於現今的日本擴張主義者來說可能無法接受。

被激怒的秀吉向他的封建領主們徵集了兩三百艘漁船，並用這些船隻將超過200,000名武士運送到朝鮮半島。然而，朝鮮將領李舜臣指揮一艘舀子狀的船，切斷了他們的通訊。這艘船由樟木製成，外覆銅板，據說船甲板上還有一個金屬圓頂。這艘船由槳手驅動，比日本船隻快，最重要的是，船頭有一門形狀像龍頭的青銅火炮能向敵人噴射火焰。秀吉被迫撤退，但在隨後的和平談判中羞辱難當。此後，於西元1597年，秀吉再次派遣超過150,000武士入侵朝鮮半島。這些是自羅馬帝國滅亡至波耳戰爭期間，向海外運送的、規模最大的軍隊。「小」日本在其現今帝國擴張之

前，早已展示了在海外維持龐大軍隊的驚人能力。

秀吉的指揮官們此前一直處於絕對優勢，直到朝鮮這位基督徒將領和他指揮的「龜船」戰艦出現，但這位將領和他的「龜船」戰艦，之前因受陷害一直處於隱退狀態。這次，這位金屬戰艦的先驅又建造了幾艘早期的鐵甲艦，不過日本人很快也學到了這門技術。秀吉的那位基督徒將領轉變為艦隊指揮官，率領一支裝甲艦隊出海。兩位東方基督徒指揮官在一次海戰中遭遇，不幸雙雙殉職。不久之後（西元1598年），秀吉的軍隊在朝鮮半島北部取得決定性的勝利，殺死了38,700個中國人和朝鮮人。

然而，在那場戰鬥的六週前，秀吉已經在位於大阪的城堡裡去世，臨終之際，他懇求不要讓他的勇士們成為敵方土地上的孤魂野鬼。此時，沒有人願意繼續秀吉的遺願，而居於領導地位的家康，很快證明其政策與在大陸上擴張的目標完全相反。因此，攻打中國的計畫暫時擱淺，這種狀態一直持續到家康王朝結束。而那時，西方帝國，尤其是大不列顛和俄羅斯，已經教會了日本如何利用外交手段來滲透征服，而且還說服日本為保護經濟和國家聲望需要這樣做。

那些日本勝利者無法方便地帶回戰敗者的首級，所以他們割下敵人的鼻子和左耳，將其裝在盛滿鹽水的木桶中透過日本海運回。如今日本的旅遊景點之一是京都大佛像附近的割耳塚，那裡隱藏著那些令人毛骨悚然的紀念品，埋起來是為了避免被人看到和聞到。在日本，割敵人首級的做法一直延續到西元1877年，在這一年，根據皇家命令西南之亂的英雄領袖西鄉隆盛被割頭，這也成為了日本歷史上最後一次割頭事件。這種惡劣做法表現出日本群島原始文明的一面。

有可能，秀吉對外作戰也是無奈之舉，因為他必須讓成千上萬的職業武士們有事可做。他解決了大約10萬人的問題，但農民和城市居民仍在貧困中掙扎，而這些農民和城市居民是國家的支柱。除了割耳塚這個「財

富」外，日本從其首次嘗試在大陸擴張中獲得的財富，是我們現在知道的製作裝飾瓷器的工藝祕訣，即薩摩燒，因為返回日本南部的薩摩武士模仿並完善了這種藝術，所以獲得此名。除了這些外，這次代價高昂的向外冒險擴張，也使日本產生了再次嘗試的野心，從而開始重視海軍。

對於秀吉個人而言，他最渴望的目標並未實現。他雖然權力滔天，卻從未敢自稱將軍。從抑制自己的虛榮心來看，他似乎比拿破崙更明智。如果他與天皇公開衝突，無論天皇拒絕給他這樣一個出身貧寒之人這個頭銜，還是無條件地答應平民出身的秀吉的要求，他屬下那位忠誠但嫉妒心特強的支持者家康，就會獲得優勢推翻他，而且如今的日本就會咒罵他而不是欽佩他。秀吉希望自己的死，能給他帶來人生中所錯過的榮譽，可他不願意將主動權寄託給後世，於是，他建造了一座華麗的寺廟來供奉自己的靈魂，可惜它從未成為聖地。身為神國最偉大的歷史人物，秀吉仍然是一介凡人。

秀吉曾想過，要是他不能成為日本的將軍，那他將出征外國，成為那裡的皇帝。然而這一計畫失敗了。他最後強烈的願望，是讓自己的血脈繼承至高無上的權力，然而這個願望注定要遭受不義的背叛和悲慘的失敗。這就是人類的野心。但秀吉對於普通日本人來說仍然是一個激勵。身為孤兒的秀吉，他的名字和家徽都是別人給的，這個連姓都沒有的平民，在帝國卻獲得了至高無上的權力，儘管沒有榮譽。

第六節

在著手朝鮮戰役之前，秀吉將統治日本中部山嶽以北和東部最近開墾地區的任務，交給了他的老朋友和家臣家康。家康在江戶灣的沼澤地上建造一座堡壘，他非常精明，認為堡壘最重要的是堅固和寬敞，其次才是高

第四章　日本混亂的終結者

度和裝飾。那座城堡的護城河今天仍環繞著天皇的聖地，而那座城市的摩天大樓俯瞰著它們平靜的水域，這座城市就是當今世界第三大城市東京。

秀吉臨終時，將家康召到近前，家康滿懷期待，希望能夠被任命為繼任的最高統帥，以回報他畢生的堅韌隱忍、足智多謀和忠誠不渝。然而，這位行將就木的統帥卻要求他的老朋友和其他近臣，以自己的鮮血起誓，將秀吉的兒子、年幼的秀賴，推到日本 214 個封建領主之上的位置。

看出了那些低層領主們的嫉妒，家康再次讓原則克制住野心，當然這也是最後一次。後來，他費盡心思地解釋說，他作為筆墨寫下床前誓言的鮮血，並非如武士道準則規定的那樣，來自他的手指或牙齦，而是來自他耳後的擦傷[029]，他說這塊傷疤使他有資格將此誓言視為沒受到法律或道德的約束。這類日本推理的小例子，有時會讓我們的國務部門感到困惑。家康還回憶說，在類似情況下，秀吉對信長的繼承人要求不怎麼理會。

秀吉的兒子似乎很願意將權力交給叔叔家康，家康則將自己的女兒送給他當側室。在信奉羅馬天主教的武士影響下，秀賴成長為一個討人喜歡的年輕人，儘管秀吉在晚年對基督教公開表達敵意，做過一些難以置信的蠢事。

一艘聖菲力浦號西班牙戰艦，在遭遇颱風後停靠在日本第三島[030]進行修理，卻被野蠻的土佐武士團用一貫伎倆劫持，他們先派一名領航員上船，指揮船隻駛往他們聲稱適合修理船隻的地方。領航員故意引導船隻擱淺並使船背斷裂。然後，他們根據一項古老的日本法律，擱淺的船隻屬於發現者，於是他們占有了這艘船。由於這次扣押是合法的，所以秀吉批准了武士團的行動，這是日本法律觀念的又一個典型例子。

---

[029] 耳後的擦傷，傳說德川家康在兒童時期曾被一名忍者襲擊，忍者用匕首刺向他的頭部，然而，德川家康的管家趕到並擋下匕首，但德川家康的耳朵後面被匕首擦傷，留下了一道傷痕。這個擦傷的傳說被認為是德川家康勇敢和堅強的象徵。
[030] 日本第三島，指的是九州，它是日本四個主要島嶼中的第三大島嶼，位於日本西南部。

背景

正是因為對法律的這種無理解釋，最終導致19世紀美國海軍准將比德爾（James Biddle），和後來的准將培里（Matthew C. Perry）率領遠征艦隊來到日本海岸。順便提一下，人們也許會想起近期的一件事，對一名日本軍官的所謂「懲罰」，是休假和環遊世界之旅。因為這名軍官將價值超過一百萬美元的美國軍隊物資，愚蠢地賣給了曾當過土匪的中國滿洲統治者，這些物資是伍德羅·威爾遜[031]（Woodrow Wilson）派遣的美國部隊遺留在符拉迪沃斯託克，並由日本部隊保護的物資。

身處絕境的聖菲力浦號西班牙領航員試圖以勢壓人，他在世界地圖上指出西班牙擁有多少領土，並警告日本侮辱他的君主腓力二世將會有多麼危險。聰明的土佐武士反問西班牙是如何獲得如此多的領土？領航員天真地回答說，西班牙首先派遣傳教士在她打算征服的國家勸降信徒，然後派兵與新基督徒聯合起來對抗當地政府。武士們立即將這個證言透過信使快速傳遞給秀吉。在秀吉人生歷史上，這是他最後一次發怒，他下令將大阪的方濟各會傳教士，以及一些耶穌會傳教士和當地人立即釘在十字架上。日本原來沒有古羅馬式的將罪犯釘死在十字架上的懲罰方式，但由秀吉引入使用了，作為對那些總是談論十字架的基督徒一種恰當的懲罰。不過，這位日本的「凱撒」稍有慈悲之心，用兩支矛直接刺死受刑者[032]。

這是日本史上第一次對基督徒和歐洲人嚴重暴虐，長崎周圍的一百三十七座教堂被摧毀，所有的耶穌會傳教士都被集中起來準備驅逐出境。就在這時，秀吉去世了。家康猶豫不決。耶穌會傳教士逐漸返回各自駐地，最終他們將遭受更可怕的命運，因為這位德川家族建立者深思熟慮後，認為他不需要這些人或他們的歐洲文明。

家康年紀逐漸大了，留給他建立王朝和統一日本的時間也不多了。而

---

[031] 伍德羅·威爾遜，美國第28任總統，是美國歷史上第一位在全國選舉產生的民主黨總統。
[032] 與被釘在一個木製十字架上經歷長時間痛苦和折磨而死相比，也許直接用矛刺死，算是慈悲一點。

第四章　日本混亂的終結者

　　此時，他的女婿，那位新宗教支持者，就居住在大阪那座由秀吉精心打造的、世界上最自給自足和堅不可摧的堡壘裡，他覺得新宗教和女婿對自己的計畫，已構成難以忍受的威脅。家康從順服的天皇那裡獲得將軍的頭銜，這是信長和秀吉都未能獲得的，從此開始掌握猶如十二世紀源賴朝被賜予的那種至高無上的軍政和民政大權。終於，五十年前那個劍客三人組所發的誓言得到了實現！隨後，家康退位，將頭銜傳給他已經成年的長子德川秀忠，並嚴格教導他如何實施和運用權力。

　　西元1614年，家康頒布了他人生中最後一次針對基督教的法令。他思想狹隘的兒子很快就緊隨其後，進行了有史以來最殘酷，也可以說是最成功的迫害。德川家族認為，只要秀吉家族和大阪的那座城堡還在，他們就不安全，因此，這對父子向秀賴的支持者發動一場戰爭，並逼至大阪城堡各門口。因為秀賴母親的妹妹與家康關係密切，所以他們利用她說服秀賴的母親，所談的和平條件是允許填塞寬闊的外護城河，該河對於當時的任何軍隊來說都是無法越過的，因為太深、太寬，水量太大。當到了填塞時間，家康迅速調集了數十萬名工人運土填河，同時還填塞了一段內護城河。

　　這項條約讓秀賴得以活命，但這個局面應該以某種方式加以糾正。在一個合適的機會，這位年輕人內心沉重地鑄造一口精美的青銅黃金大鐘，來紀念他與父親曾經的家臣、父親的合作者兼他自己的岳父之間的誤會消除。

　　你今天可以在京都看到這口大鐘，上面刻有主要漢字銘文：「為了民族團結：和平與繁榮。」第二個和第四個表義漢字是指家康名字中的「家」和「康」，而由巨大雪松原木做成的日本風格鐘槌，剛好來回撞擊懸掛大鐘上的這些漢字。這真是侮辱啊！這口鐘還刻有一段類似中國經典的銘文：「東方迎來明亮的月亮，西方送走下沉的太陽。」有人可能認為這是日本帝

055

背景

國擴張的暗示,可是對於德川家族來說,這意味著他們將像落日一樣消逝!然而,最諷刺的是,引發日本歷史上最血腥戰爭的銘文,很可能是一個德川家族成員提供給天真的秀賴的!

在這場戰爭中有大約 10 萬名武士喪生。有了填塞大阪城外護城河這一不公正條約,德川家族的軍隊便有靠近大阪城的機會,並最終點火燒城。面對著熊熊火焰,秀賴自刎身亡。隨後,家康繼續消滅秀賴以前的同僚和他的整個家族,男女老少無一倖免。

如今,大阪古老城堡的壯麗外牆,和未填滿的、深淵似的護城河依然存在。自從西元 1933 年以來,人們可以乘電梯登上一座由混凝土複製的、被燒毀的天守閣。城堡牆體由數千塊棕色花崗岩大石塊構成,這些石塊大多長 6 估公尺左右,寬 3 公尺左右,其中一些石塊可能長達 11 公尺左右,寬達 4 公尺左右,厚度約為 2 公尺左右。秀吉橫跨內海將這些石塊從第三島運到這裡。似乎沒有人記載這些大石頭是如何運輸和砌成城牆的,但它們比京都的割耳塚給人的印象更深刻,更能讓人聯想起秀吉超人才智和無上權力。

第五章
停滯時代

▎第一節

　　德川幕府統治時期，日本實現了統一。德川幕府剛建立幾個月後，家康去世。他的遺體（據說只有他的一根頭髮）最終被安葬在家鄉日光的陡峭山坡上，高聳的日本杉樹下。當時引進了中國建築師和工匠來建造這些陵墓，所以現在這裡有現今世界上最華麗的陵墓群。夏季，遊客乘坐快速電車從潮溼炎熱的東京來到涼爽的日光只需四個小時，來到這裡後，每位遊客都會為著名木雕作品──沉睡的貓和三隻猴子（「不聽惡言，不見惡景，不出惡聲」）拍照留念。

　　第一代德川幕府並未解決日本基督教及歐洲關係等問題。家康在世時沒有處決過任何一位歐洲人。雖然他沒有像秀吉那樣有強烈的對外征服欲望，不過他和秀吉一樣有對貿易的渴望，並真誠地尋求一種與歐洲人打交道的方式，既不讓自己國家陷入歐洲人糾纏不清的宗教，也不讓自己國家的帝國野心無限膨脹，同時又能保持平衡。不管怎樣，他還是想出了許多辦法──在找不到一種安全處理方式之前，對待這些偏執白人的辦法。

　　家康很自然地轉向荷蘭和英國，因為他們沒有參與西班牙和葡萄牙受教宗祝福的世界分割活動，而且沒有任何擴張表現。西元1600年，一個偶然情況下，一艘荷蘭船抵達日本，船上的領航員是一位相當出名的英國水手威爾・亞當斯，他雖然不太熟悉陸地生活，卻具備天生的政治才能。耶穌會傳教士迫不及待地汙衊這些不速之客是海盜，可是家康卻想聽一聽

背景

威爾·亞當斯怎麼說。這次歷史性會面最終讓這位英國人留在了日本，雖然會受到善意的限制，不過他得到了比在家鄉更多的土地和榮譽。這位沒有受過教育的英國人威爾·亞當斯，成為了日本具有教養的、最高領主的船師和個人顧問，直到去世。

這位卑微的水手，在日本擔任有史以來授予白人的第一個也是最高的顧問職位。沒有跡象表明，他像當時大多數非羅馬教派英國人和荷蘭人那樣，對天主教徒心懷怨恨。但當家康詢問他對天主教的看法時，亞當斯都會坦誠地回答。他讓家康了解到，在歐洲世界中，有相當一部分國家沒有理會西班牙和葡萄牙的野心，就像將軍對此的態度一樣。他描述了基督教宗派之爭的野蠻，這讓家康感到震驚，因為家康總是傾向於寬容，除非受到威脅。

家康派遣一位日本學者西草信（Nishi Soshin）遠赴歐洲考核亞當斯所說的情況，而西草信偶然看到了托爾凱馬達[033]審判罪人的恐怖場景。他受到國王和樞機主教的歡迎，回到日本後，他協助家康繼任者們對不幸的耶穌會傳教士及日本信徒，採用了托爾凱馬達的各種酷刑手段。

家康受此影響，進一步反對基督教，甚至對他的一個兒子（一位信基督教的官員）也是如此。後來又發生了一件事，一位西班牙水手透過一位葡萄牙傳教士獲得了測量海岸的許可，這兩個人急於測量，引起了德川家康的懷疑。在諮詢亞當斯時，他告訴家康基督教國家認為外國人測量他們的海岸是敵對行為。葡萄牙人和西班人懇求將軍將荷蘭人驅逐出境，甚至提出派船將荷蘭東印度公司的商人送離日本水域，他們這些請求反而使他們自己陷入更深的困境。

在馬德里的西班牙侍臣和神父，當著一位來訪的日本耶穌會教徒荒木

---

[033] 托爾凱馬達，西班牙宗教裁判所的首席大法官，也是西班牙宗教裁判所的建立者和主要執行者，他以殘酷和無情的方式執行宗教審判，被認為是西班牙宗教裁判所最具代表性的人物之一。

的面，公開談論西班牙擴張統治日本，這和日本心理誤判不謀而合。他們之所以勇於公開談論，是因為他們認為荒木不可能那麼愛國，深受侮辱的荒木返回日本後，告誡家康要提防信仰基督教的同胞。西元1611年，家康將所有基督徒永遠驅逐出他的宮廷。三年後，所有傳教士，無論是日本人還是歐洲人，都被送往澳門。教堂被拆毀，信徒被解散。儘管亞當斯享有特權，但也被迫放棄了他那種非主流的基督教信仰。

荷蘭商人丟掉了歐洲人最後一絲尊嚴，他們嘲笑詆毀白人同胞、卑躬屈膝自取其辱、服從有悖尊嚴和良心的律令。他們甚至為了討好而偽造文件，將日本基督徒送上酷刑和死亡之路。

英國人比較正直，儘管很少被欣賞。今天沒有人能嘲笑英國東印度公司性格開朗的船長薩里斯寫的船舶日誌，他在日誌中寫到，他邀請日本女基督徒到他的艙室，並向她們展示一幅巨大且淫穢的維納斯畫像，這些女士們困惑而虔誠地跪拜在畫像前，將其誤認為是某種未知的聖母瑪利亞的形象。而且此時，英國在印度和中國的事務過於繁忙，無法抓住家康和亞當斯給歐洲人創造的機會，而荷蘭人則由於被英國人在印度和中國擠壓，所以願意為這個小小機會出賣他們的靈魂。

第二節

在秀吉之前的那個血腥世紀裡，日本人與同時期的英國人一樣，成為了海盜和掠奪者。日本對中國沿海地區的掠奪尤甚，以至於明朝在西元1550年之後停止了與日本的一切來往，而滿清王朝在西元1644年建立後，將中國沿海居民全部向內陸遷移近5公里。

一個出使西方的大規模使團，讓日本主動外交達到了高潮。在「清教徒先驅者」登陸普利茅斯岩石之前的五年，日本北方大將伊達政宗在德川

背景

家康授命下，雄心勃勃地派遣六十位日本貴族，乘坐一艘在威爾·亞當斯監督下建造的使船橫渡太平洋。

這個使團由伊達政宗的家臣支倉常長，和一名西班牙傳教士索特洛（Sotelo）（政宗曾救過他免於殉道）領導，顯然政宗希望這次出使西方，能打開與他德川封主相稱的對外貿易。這艘船停靠在墨西哥的阿卡普爾科，在那裡，使團成為西班牙國王的客人，隨後，繼續前往哈瓦那並橫渡大西洋。他們在塞維利亞受到盛情款待，而此時在日本所有基督教傳教士正被驅逐到長崎，他們卻受到了教宗的接見！

西元 1615 年 10 月，支倉常長向教宗遞交正式文書。兩年後，使團再次到達阿卡普爾科。一位剛剛任命到菲律賓的西班牙總督租用他們的船前往馬尼拉，於是雙方一同出發。

這次拜會教宗使團最終只剩支倉常長和其餘十一人，他們於西元 1620 年 8 月回到了日本北部的仙臺。支倉常長宣稱基督教是一種「虛假的表演」，而政宗與基督徒的交往也沒對他本人產生太大的影響，以至於在臨終之際政宗仍遵循野蠻的東方習俗（即殉死），儘管這一事件受到德川家康本人譴責 —— 也就是說，政宗讓兩名家臣在他的葬禮上剖腹自殺，以便能陪伴他到冥界。出於忠誠，家臣中有四名武士依次自盡。

家康去世後，他的繼任者們盲目地施行閉關鎖國，而在南方島嶼上，一個已經放棄信仰的基督徒領主扮演著托爾凱馬達的角色。這種宗教迫害導致了日本最後一次內戰爆發，而接下來的 230 年是德川封鎖時期，日本與西方世界完全隔絕。此時的西方正處於科學發現時期，而且或許比歷史上任何階段發展都快。到了我們現在的時代，為了追趕超越，日本比任何西方國家都更加努力。

第三節

　　德川幕府邁向孤立主義的第一步，是頒布一項禁止日本基督徒出國或從事貿易的法律。他們與馬尼拉的西班牙人斷絕了一切連繫。值得注意的是，日本民族主義思維一直都在，首先是北部的「基督徒」伊達家族，然後是薩摩家族。在看到西班牙沒有報復且看似軟弱的樣子，便重新提出了吞併菲律賓的計畫。他們派遣間諜和士兵偽裝成平民前往馬尼拉，但當政的德川幕府阻止了他們的計畫。西元 1635 年，德川幕府頒布一系列嚴厲的法令。日本船隻必須限制在適中的漁船大小，甚至造一艘帶甲板的船也被視為叛國罪。

　　從此以後，日本人很少出海。全國的男女老少都必須在佛寺登記，並獲取非基督教徒的證明書。而且獲取證書儀式要求在傳教士面前踩踏十字架，甚至連荷蘭商人也要參加這個小儀式。最終，這種做法演變到一種令人髮指的程度，那些願意踩踏十字架的改宗者，不得不出賣自己成為奴隸，以賺得佛教僧侶給他們「非基督教徒證明書」時索取的賄賂，如果沒有這張證明書，他們很可能被綁在火刑柱上燒死、用竹鋸割成兩半，或者倒吊在坑上直到死亡。

　　深受基督教影響的南方島嶼人們，對苛捐雜稅和宗教迫害極度不滿，最終引發了西元 1637 年的島原之亂。儘管德川幕府採取了每五個家庭安插一個官方間諜，以及獎勵告密者的員警制度，但 3～4 萬名基督徒依然和他們的支持者，包括武士、婦女和農奴，在事先定好的日子帶著他們能湊合來的武器，逃往了位於長崎附近海岸的一座廢棄城堡。

　　他們英勇頑強，以至於幕府派來的大部隊也久攻不下，直到荷蘭基督徒到來並給日本基督教最後一擊。科克貝克（Koeckebecker）是平戶附近荷蘭貿易站負責人，受國家之命想盡辦法贏得日本官方青睞，他啟用貿易站所有船隻把城堡包圍，並砲擊城內無助的居民，致使傷亡慘重。在這次

幕府軍大屠殺中，有 37,000 人喪生。在最後一次攻城前，婦女和兒童從海角跳入大海自盡。

荷蘭人「獲得的回報」是被從風景宜人的平戶趕走，並被關在圍繞著小島的高高木板牆後面，他們的貿易規模被限制為每年兩艘船。

根據德川幕府間諜的發現，帝國中沒有一個基督徒存活下來。但是，消滅一個宗教需要的時間，遠比傳播它的時間要長。西元 1650 年，身為德川幕府官員的儒學家林鴻年公開反對「腐敗的外國信仰」。他說：「基督教類似於狐狸附體。它透過迎合她們反對多妻制的嫉妒天性來吸引婦女，透過寬恕他們擁有多個妻子的貪婪本能來吸引武士。」

在島原之亂兩個多世紀後，第二位美國駐日公使來到日本，他是亞伯拉罕·林肯（Abraham Lincoln）屬下將軍之一，最為諷刺的是，還是一個名叫泛·瓦爾肯保的賓夕法尼亞荷蘭人，他開始在南方島嶼遊歷並宣傳宗教自由。當時，有數百人（多數是婦女）聚集在一起進行基督教活動，這些人已經透過七代人口頭傳承，並祕密保持了基督教信仰。他們很快遭到了逮捕，最終在美國公使的介入下獲釋。從那時起，日本的宗教自由再次開始，並發展成為對傳教活動的完全自由。日本人學會了將基督教作為其民族主義的主要支柱，就像我們一樣。

第四節

17 世紀上半葉是太平洋地區活動頻繁的時期。俄國人於西元 1636 年涉足太平洋，並在西元 1680 年與中國清朝展開了一場國界之戰。西班牙的大帆船定期航行於墨西哥和菲律賓之間，這些地區是墨西哥總督轄區的一部分。葡萄牙在中國沿海有著堅實的立足點，而英國和荷蘭則是經常造訪者。

第五章　停滯時代

　　直到日本閉關鎖國之前，它在這個沒有什麼作為的太平洋時代活動中，也扮演著重要角色。西班牙人在西元 1565 年抵達菲律賓時，發現有日本船隻在那裡進行貿易，還有一個與當地人通婚的日本聚居地。日本和中國的海盜經常勾結在一起搶掠這些島嶼。日本船隻與暹羅進行著定期的稻米貿易，並從南海島嶼到阿留申群島探索太平洋。關於日本人是否在克里斯多福・哥倫布[034]（Christopher Columbus）之前橫渡太平洋到達墨西哥，此事雖然存在疑問，但在隨後的一個世紀裡，許多日本商人在西班牙總督轄制下到訪過墨西哥。

　　在威爾・亞當斯被家康接收之前的西元 1602 年，家康曾派遣一個使團前往菲律賓尋找造船工匠。威爾・亞當斯的造船技藝和處理沿海事務的能力，極大地激發了家康的野心。到西元 1617 年，將軍的商船隊已經擁有 198 艘遠洋船隻，它們飄揚著圓環裡三片葉子的徽章旗幟，獲得了前往朝鮮、中國、澳洲的貿易許可，據說還有歐洲（如果我們相信資料的話）。與西班牙、葡萄牙、荷蘭和英國等歐洲海上強國相比，這支船隊表現得相當出色。在日本，將軍級的船隻被稱為「丸」──這個詞的起源已不可考。儘管「丸」可用於指代任何漂浮物體，但它已經成為西方「S.S.」的對等詞。日本的遠洋商船在西元 1636 年廢除，不過直到西元 1650 年，日本仍有一千艘運送稻米的沿海運輸船。

　　在這個時期，日本有著令人期待的海上實力，與英格蘭相比可謂不分伯仲。自從西元 1350 年愛德華三世（Edward III）宣告「狹海」[035]屬於英格蘭以來，英格蘭一直宣稱對其擁有主權。無論日本自己是否宣稱，事

---

[034]　克里斯多福・哥倫布，著名的探險家和航海家，生活在 15 世紀末～ 16 世紀初。他是義大利人，但為西班牙服務。哥倫布最著名的成就是西元 1492 年的航海，他帶領一支船隊穿越大西洋，發現了美洲大陸，為後來的歐洲探險和殖民奠定了基礎。他的航海活動開啟了哥倫布時代，也被認為是歐洲與美洲之間交流的重要里程碑之一。
[035]　「狹海」，指的是英吉利海峽，是位於英格蘭南部和法國北部之間的水道。它連接了大西洋和北海，是英格蘭與歐洲大陸之間最狹窄的海峽之一。

背景

實上，自從蒙古艦隊時代[036]起，日本也控制著自己的「狹海」。西元1583年，伊莉莎白任命了海軍上將（被西班牙視為海盜的人）德瑞克（Sir Francis Drake）、弗羅比舍（Martin Frobisher）和羅利，以確保英國海上實力。他們將大帆船更新為甲板式戰艦。但五年後，當西班牙艦隊抵達時，英國只有200艘遠洋船隻，其中很多並不在霍金斯（John Hawkins）的光榮艦隊[037]中。西班牙「無敵艦隊」只派出120艘船隻進入英吉利海峽，其中一半是糧食和補給船，總共裝載了2.4萬人，其中一半人還生著病。與忽必烈的蒙古艦隊相比，這只是小巫見大巫的事件。

按照正常的發展軌跡，16世紀和17世紀太平洋地區活動中心，本應是一個迅速發展的日本海上帝國，範圍包括南太平洋的島嶼、澳洲大陸，可能還有從阿拉斯加到加利福尼亞的美洲海岸。然而，日本在西元1635年透過法令讓自己遠離海洋，並在18世紀中葉之前逐漸與外界隔絕。每年只有兩艘荷蘭船和十艘中國船被允許進入日本，這成為她與外部世界的全部往來。荷蘭使團的團長每隔幾年被允許跨越日本國境，向將軍朝拜一次，更有一項法令規定「同一封地中不得同時有兩個中國人」。

在一直到18世紀末的這種封閉狀態中，最後一次嘗試打破日本封閉的事件，發生在西元1640年，當時由四位傳教士團主帶領的70人葡萄牙使團來到日本。使團幾乎所有人都被處死，只有最低級別的13人倖存，並帶回了日方禁令：「今後，只要天地還在，任何人都不得擅自前往日本，即使以大使身分也一樣，此宣告一經釋出，不得違抗，否則將處以死刑。」

歷史上沒有其他哪個國家經歷過如此封閉和自負狀態。當這種封閉結束時，我們的亞伯拉罕·林肯接待了首位官方拜訪西方的日本人，這也是

---

[036] 蒙古艦隊時代，指的是13世紀時蒙古帝國的擴張時期，特別是蒙古帝國大汗忽必烈統治下的海上擴張。在這個時期，蒙古帝國試圖通過海上力量進一步擴展其勢力範圍，尤其是對南方地區進行控制。

[037] 霍金斯的光榮艦隊，指的是英國艦隊，由海軍上將約翰·霍金斯指揮，在16世紀末期（約西元1588年）英國與西班牙之間的衝突中取得了勝利。

第五章 停滯時代

兩個半世紀以來沒有過的事情，而此時的日本在文化和思想上，還停留在伊莉莎白女王時代。

因此，世界的太平洋時代被阻礙了，並注定要追隨而不是與世界歷史中的大西洋時代共存。這一挫折對日本人的心態產生了重大影響，最終導致西元 1921 年一家東京報紙發表了這樣宣告：「在二百五十年的時間裡，當歐洲各國忙於建立殖民地和征服領土時，日本人在國內沉睡。我們被禁止出國。我們被禁止建造大型船隻。我們被迫待在室內，把精力浪費在詩詞和茶道等娛樂活動上。德川幕府的封閉政策，使得政府在二百五十年的時間裡安全發展，卻在此期間阻止人們與國外交流，導致我們現在面臨人口過剩和種族歧視的問題。我們現在正為德川幕府的政權買單。」

但是，如今的日本民族主義者，對於德川幕府時代的間斷期有了新的解釋。他們開始推測上天的旨意。按照他們現在的看法，德川幕府是宿命工具，用來保存日本資源並提高國家士氣，直到世界上那些不敬神道國家自食其果。原始、純粹和有活力的日本，現在可以履行她在世界上的責任，同時收穫她應得的回報！

背景

第六章
治國天才

第一節

　　從一部保存在將軍家族中被稱為《家康遺訓》的文獻中，我們可以對這個引人注目的德川幕府時代，和這位偉大的德川家康人物的性格有更多的了解。據說這一文獻是在家康去世後三年內編寫的，是由親信家臣記錄家康的談話筆記，這或許比基督和穆罕默德（Muhammad）的言論記載得更準確。它對於後世統治者施政和日本人民塑造都有極大的影響。在這部文獻中，家康推崇儒家施政原則，首先是「人民是帝國的根基。」他說這話時是從仁慈角度表達，而不是從民主角度來說，如今這被視為異端學說。西元1889年日本憲法修正通過了「天皇是帝國元首，擁有王權……天皇後裔世世代代統治和治理日本帝國」條款。

　　雖然當時的家康對此沒有現代人那麼誇張，但他堅持日本的神道理論。在《家康遺訓》的第72條中，他說：「我們肉體出生在神道帝國，完全採納其他國家教義，就是背棄自己的主人和忘記自身存在的根源。應該明確什麼是適合採納的，什麼是需要拒絕的。」中世紀的德川家康與當今的奧勒岡州培養的松岡洋右，兩人在這一點上完全一致。儘管他的地位依賴於軍事力量，家康卻警告帝國不應該以此為根基，而是要意識到帝國內部「神道」的存在。要是日本人民忽視了他們神道之國的起源，自私慾望就容易滿溢。他說：「這樣的罪過並不輕微，將在天堂受到懲罰。」他熱衷於透過像當今墨索里尼或史達林（Joseph Stalin）那樣的間諜系統，來保護

第六章　治國天才

自己和家族，也就是說，他實際上承認了「刺殺權」，這仍然是當今日本政治的一個顯著特徵。他說，不尊重臣民尊嚴的上級會招致刺殺的命運。

《家康遺訓》是一本引人入勝的百科，涵蓋了治國理論、個人辯論、國家經濟和社會組織等內容。正如《家康遺訓》總結的那樣，「這只是發揮示範作用，雖然可能沒有達到目標，也不會偏離得太遠。我已經道出了我內心有限的思考。不希望後代嘲笑我像老奶奶一樣心慈手軟。我只是一位思想傳遞者（這是從孔子那裡借來的），而不是一名創立者。我沒有讓自私動機對自己產生絲毫影響。」

遺訓中的一些內容是純粹的馬可·奧理略（Marcus Aurelius）[038]式的道德說教：「保持你的心靈純潔，虔誠地崇拜神靈。全神貫注地對待那些本能上令人厭惡的事物。踐行你所宣揚的，即使它會不斷折磨你。每個人都有自己的用途。人們可以對天、地或海洋無所不知，唯獨對人心無法探知。明智統治者從來不會過於自信。在僱傭和解僱官員時，請記住，冷靜的僕人可能比熱情的僕人更好。」

家康仁慈的一面也有體現：「對於鰥寡孤獨者要特別同情，這是仁慈政府的基礎。」他反對賭博和飲酒，卻表示不應對違法者給予過分嚴厲的懲罰。他根據中國儒家思想，譴責陪葬行為——與主人一同前往來世，並頒布法令來有效終止這一惡習，即剝奪過於熱衷此道家臣後代的財富。（然而，家康的一個孫子曾命令兩位國務參事隨他一同前往黃泉——東方冥界，而這一惡習至今仍然存在。發生在我們這個時代的經典例子是，明治天皇葬禮上軍事將領乃木希典將軍夫婦共同自殺。在海軍上將東鄉平八郎下葬時，也有幾位愛國者選擇了自殺陪葬。）

家康的嚴酷一面體現在他對階級界限和對絕對服從的嚴格要求上。他

---

[038] 馬可·奧理略，羅馬帝國的第 16 位皇帝，統治時間為西元 161～180 年。他的哲學思想和統治才能聞名遐邇，被認為是斯多葛學派的最後一位重要代表，他的哲學思想主要體現在他的著作《沉思錄》（*Meditations*）中，這是一本關於個人道德、生活哲學和反思的書籍。

背景

說「不知天高地厚的傢伙」可以毫不猶豫地剷除。如今，「不知天高地厚的傢伙」和「傻瓜」是沒有髒話的日語中，唯一真正的「髒話」。根據家康的說法，罪大惡極行為是家臣舉手反對主人，或者低層反抗高層。他命令對此行為要株連九族，並對本人施以酷刑處死。家康反而把縱火、造假和投毒犯罪，排在所謂罪大惡極犯罪之後。他的這種嚴厲執政方式在他之後有過之而無不及，最後實行的連坐原則使日本普通百姓整日提心吊膽。每五戶家庭組成的一組人中，一人的過錯或罪行會導致整個團體承擔責任或受到懲罰，除非某些成員向當局舉報同伴來拯救自己。

家康堅持法庭嚴格和公正，並要求賞罰分明。而且必須有高級顧問（經常是將軍本人）不時地坐在屏風後聽取法官、原告、被告和證人的陳述。

家康將懲罰分為九大類，包括烙刑、割鼻、流放、監禁、斬首（有或無暴露頭顱）、釘十字架、火刑和煮油。他的分類中沒有包括鋸刑、車輪刑和活埋，而且明確禁止用牛拽裂人體，不過他的後代在對叛亂分子的鎮壓中，使用了所有這些懲罰方式，當然，當涉及不幸的基督徒時，任何手段都是可以使用的。鋸刑是將罪犯綁在橋柱上，然後用一把短而鋒利的竹鋸從肩部開始切割，路人可以持續拉動鋸子直到把罪犯割成兩半。為了讓路人感到參與刑罰的「光榮」，官員通常在第二天才將罪犯處死以完成任務。為了逼供，使用的刑罰通常包括將熔化的鉛或銅倒入傷口，然後覆蓋上能使皮膚乾燥裂開的石膏。

德川幕府時代的懲罰手段，並不比上個世紀基督教歐洲實施的懲罰更殘酷，整體而言還可能更加公正。日本懲罰多樣性受到了基督教世界的影響。在15世紀的歐洲，將愛爾蘭女奴扔進大海來減輕風暴中船隻負擔，是司空見慣的事情，折磨女性囚犯也似乎成為施暴者的特殊樂趣。而在日本有特別的法規適用於女性，除了謀殺、縱火和叛國罪，她們並不會受到更嚴厲的懲罰，只是剪掉頭髮或賣為奴隸。事實上在日本，婦女已經處於受

第六章　治國天才

奴役的境況中。

西元 1870 年後，明治時代引入的拿破崙法典，在相當程度上改變了日本的司法懲罰，甚至可能在寬大處理上出現了錯誤。日本現行法典是現存的最人道法典之一。當然，德川幕府時代的懲罰並不適用於武士階層，他們就像英格蘭神職人員一樣，擁有利於他們自己的法律。對於違反法律或招致領主不滿的輕微違規行為，武士只會被降低軍銜和年糧津貼。若是犯重罪，男性只能「快樂了斷」（剖腹自殺），女性則是割喉。除非是擁有「男子般」地位的特殊女性，否則普通女性沒有剖腹權利，當然，平民也沒有，這些與歌劇中年輕的蝴蝶夫人[039]情況有所不同。

第二節

家康表示，對於武士階級來說，土地邊界是神聖的。這個邊界應該由合適的法官來決定，而對這個邊界決定發出抱怨的人應該沒收財產。家康對決鬥持放任態度，對預謀犯罪持嚴厲態度。根據中國儒家格言「父之讎，弗與共戴天」，他承認私人復仇的權利，可是家康的法律要求復仇者向法庭宣布他復仇的對象並提供證據，而且要在法庭規定的天數內完成復仇行動。

家康說：「要讓人們自由選擇他們所喜歡的宗教，除了那個虛假和腐敗的學派（意指羅馬天主教）。」托缽僧、乞丐、巫師和社會排斥人群（數量約一百萬人），將由他們自己的世襲領主來管理。社會排斥人群包括兩個群體，即「庶民」和「賤民」，他們社會地位低下的起因不明，但在佛教環境下，他們被賦予了殺生、處理獸皮等汙穢活計，這使得他們的魂靈無

---

[039] 蝴蝶夫人，歌劇《蝴蝶夫人》中主要角色。她是一位年輕的日本女子，與美國海軍軍官平克頓結婚，最終被拋棄。在劇情中，蝴蝶夫人生下她與平克頓的孩子，但她選擇以自殺結束自己的生命。

| 背景

法在來世轉生為人類。他們居住在被隔離的社區，甚至通過他們村莊的道路長度都會從計算里程中扣除 [040]。

社會排斥人群地位低下情況一直持續到 70 年前，直到軍隊和公立學校體系令日本各階層平等化。但仍有一個「賤民」之王，聲稱自己是菊花戰爭偉大的勝利者、日本首位將軍源賴朝的非嫡傳人。一些「賤民」開始在仕途和軍隊中嶄露頭角，更多的人則在商業領域獲得成功。基督教社會改革家賀川（賀川豐彥）認為，「賤民」女性比一般日本女性更漂亮，他認為這是因為她們最常被作為情婦送給外國遊客和居民，導致她們這個階層從混血中受益。目前許多廉價妓院中的妓女都是「賤民」的後裔。

家康聲稱自己的祖先可以追溯到所有的「神道家族」，特別是日本首位將軍源賴朝。他表現出典型貴族對農民、工匠和商人等平民階級福祉的關注，並提出按照尊重程度給予上述三個階級排序，佛教僧侶構成第四個階級。德川將軍以稻穀收入（特殊衛士與他個人有關的家族成員除外）來排列封建領主地位，但他說評判他們真正如何偉大，應該根據他們農民的富裕程度而不是他們自身的富裕程度——然而，德川幕府時代農業狀況卻持續下降，而商人和工匠卻蓬勃發展，這種情況在現代工業化時期再次出現。

家康強調，無論財富如何，平民中那些有古老血統和良好聲譽的人，應該得到一切官方支持以樹立在地方的聲望。平民行政職位和稅務徵收職位，應該由這樣的人擔任。村莊和公會有權選舉顧問與官員一起開會，甚至「五家庭小組」也可以選舉自己的頭目，作為一年的官方密探監視其他人，這些做法無疑表明了對民眾支持政權的極大信心。

家康還制定了修剪樹木、保護農作物、防止建築物和樹籬陰影損害作

---

[040] 當道路經過平民村莊時，被從計算里程中扣除，這可以解釋為對這些平民群體的歧視和隔離的一種體現。這種做法反映了當時社會對這些群體的貶低和限制，對他們的存在和活動施加了不平等的對待。

物生長，以及村莊和城市防火等等諸多條例。

家康的人性還在於他把那些小領主定為「優待家族」和將軍保鏢，因為他們在他對大阪戰役心存疑慮之際，堅決地支持他。藉此他們也能夠抬起頭，與帝國最富有的封建領主平起平坐。家康說：「無論大小封臣都表現出絕對忠誠，甚至願意把自己的骨頭磨成粉，把自己的血肉切成塊供我享用。因此，無論他們的後代犯何種罪，除非真正叛國，否則他們的財產不得沒收。」

他對自己在理政方面的進步感到欣慰：「在我年輕的時候，唯一的目標是攻克和征服敵對區域，並向祖先的敵人報仇。然而，中國經典教導我們『幫助人民就是給帝國帶來和平』，自從理解這個教義後，我一直堅定地遵循。任何背離這個原則的人，都不是我的追隨者。」

家康回憶說他曾經歷過一萬次的險境，和八十至九十次的親身戰鬥，為了紀念他十八次「死裡逃生」，他在江戶附近建造了十八座寺廟。

第三節

家康針對各種儀式、地位等級、宮殿保護、天皇和領主家族都制定了條例，在這些複雜條例之間，家康展示出許多成熟的人生觀。他說，醫生不應該太富有，以免他們變得懶散和對生命麻木不仁，他們應該根據疾病治癒程度來獲得報酬。他說婚姻是人類最偉大的關係，並建議所有十六歲的年輕人找媒人幫他們找妻子。他們應該組成和諧之家，而沒有孩子的男人要收養一個繼承人。實際上，如果一個家庭無法透過生育或收養，獲得直系男性繼承人，其財產將被沒收，而其他親屬則不予考慮。

隨著日本繼續推行閉關鎖國政策，人口從西元1600年的大約1,900萬人，成長到西元1850年的3,000萬人，家康關於婚姻的建議開始時不

背景

受重視，而且武士在三十歲以下結婚和有兩個以上的孩子，是一種丟臉的事情。當時，主要透過平民墮胎和殺嬰控制住了人口。不過，日本在上世紀中葉接納了西方文明，並且日本領導人渴望有取之不盡的工廠勞動力和戰場炮灰，所以，這種人口控制法必須透過反棄嬰法和鼓勵生育來改善，如：國家供養家裡第六個孩子的鼓勵政策。有了這樣政策，再加上衛生、醫學現代化和城市化的推動，最終日本人口從西元1850年的3,000萬人躍升至西元1941年的7,500萬人，並且除去戰爭死亡人口，現在以每年100萬人的速度成長。

家康規定一個被出軌的平民男子，有權殺死他的妻子和情夫，但如果他饒恕了他們中的一個，他將被視為同罪，這對於僅僅想擺脫妻子的丈夫來說，不失為一種有效的威懾手段。至於武士階層，他說他們「知道不應該犯這樣的小錯，而破壞社會秩序」，其中有罪男性和女性應該受到上級的即刻懲罰。事實上，他們享有許多在普通平民中被禁止的性自由。

家康對同性戀表現出極大寬容，他表示此類案件應由法官慎重處理。實際上，直到最近時代，武士階層養「男色」一直被容忍，這一點很像歐洲。眾所周知，《家康遺訓》裡還說，天皇可以有十二個妃嬪，王子可以有八個情婦，領主可以有五個情婦，武士可以有一個妻子再加兩個侍女。家康又說，「在這之下的都是普通已婚男人，可任何一個武士如果因為更愛侍女而忽視了妻子，他也應該知道到這是非常墮落和不體面的，同時也要避免妻管嚴，家務事要歸妻子負責，大事要歸武士負責。」他還謹慎地措辭，避免人們懷疑他做過「社會調查」：「詩人和賢士認為賣淫是社會壞掉的那部分，但它是一種必要之惡。」

他規定道路、河流、橋梁、淺灘等作為「地方業績」必須保持良好，而且那些犯下過失或過於富有的領主們，必須透過修路工作來感謝給予的額外改錯機會。他規定了道路的寬度：東海道，即「海之路」，是連接江戶

第六章　治國天才

和京都的國家主幹線，寬 11 公尺，包括兩側的樹木和溝渠，總寬度接近 40 公尺。東海道至今仍是「主要幹線」，如今已有幾條鐵路、一條航線和一條混凝土高速公路。次級道路的寬度為主幹道的一半，甚至小路的寬度也近 2 公尺。

在德川幕府時代，日本擁有那個時代最好的道路，但奇怪的是，幾乎沒有車輛交通。老爺和夫人們根據階層乘坐不同數量轎夫的轎子。平民不得騎馬。運輸由擔夫公會負責，他們的薪資、運輸里程、工作時長以及馬匹、人員負載，都有全國統一的法律規定。只有官方驛站和軍事運輸可以不受此規定約束。直到今天，這種情況在日本仍然存在，那些想向計程車司機或人力車夫多支付或少支付費用的旅客，會發現他們做不到。

第四節

江戶是世界上獨特的城市。其人口中有百分之七十是生活在全國其他地方的武士階層[041]，其餘人口則是為他們服務的僕人、藝術家或商人。三十二位大領主建在山底的城堡，可與歐洲大部分宮殿相媲美，除此之外還有五百座稍小的府邸。林蔭大道穿過景觀花園通往塗漆門廊，門廊後面是大廳，大廳覆蓋著每年更換的豪華、厚實、有彈性的榻榻米。裝飾著滑動屏風的隔牆，將大廳分隔成不同房間，領主和夫人們身穿絲綢和錦緞，屈膝而坐，盡顯獨特的日本身姿：臀部靠著腳跟，腳背貼著地板。

在蘆葦叢生海灣開墾出來的土地上，有到處是房屋和曲折街巷的商業區，還有熱鬧的吉原區，這裡有多達一萬五千名訓練有素、美麗動人的優秀女性，從事著「最古老的職業」[042]。整座城市都會出來觀看她們在街頭

---

[041] 儘管江戶是幕府的中心，擁有重要的政治和經濟地位，但並非所有武士都居住在江戶。許多武士被分配到其他地方，例如領地或城鎮，以執行各種職責和任務。
[042] 最古老的職業，這裡指女性賣淫。

背景

舉行的、吸引客人的才藝展示。穿著華麗、舉止優雅的她們，特徵是一條寬腰帶和一盞紅色日本燈籠。運河上有幾十座欄杆塗著厚漆的拱形橋，這裡是公共場所，可用於處罰犯罪分子，也可以用來約會。

德川幕府建造了水利工程，還出資支持志工消防隊。這些志工通常身著中世紀服裝，肩扛著梯子和長柄斧頭，他們的身影也許在現下帝國偏遠地區仍然可以見到——儘管現代化機動雲梯車和化學消防隊，可能會與他們一同出現。德川幕府禁止在江戶建造茅草屋。直到西元1850年，該城市在現代化方面與倫敦和費城保持同步。在現代化方面，就像其他方面一樣，日本發展落後西方不超過五十年。

數以千計離開領主家族而無所事事的武士或保鏢，以及其他數以千計的浪人在街頭徘徊，尋找刺激或娛樂。浪人的字面意思是「漂泊的人」或無主之士，因為他們的領主被廢除或他本人被解僱。這座城市成為了武士、職員、工匠和傭人的兄弟會老巢，在這裡，他們經常會墮落為有序的流氓組織。流浪的僧侶和尼姑也為街頭增添了色彩，從各種記載來看，這些尼姑都是漂亮並有股男子氣的年輕女性，她們不理會女性端莊或矜持的傳統。

這座偉大城市有兩位德川幕府市長，他們每六個月交替擔任該市第一行政長官。他們十分聰明，在狹窄的街道上建立了可以根據訊號關閉的門閘。然而，在西元1660年的大火中，由於急躁的官員或瘋狂的看守過早關閉門閘，造成數萬人死亡。這些門閘至今還保存在熱鬧的吉原區和繁華的赤阪區。

位於帝國內海另一端的大阪，當時是最繁忙的市場。領主們在江戶擁有宮殿，在大阪則有倉庫和商業代理人，通常還有小型軍隊。德川幕府不允許他們直接在領地之間進行商品交換。一切交易都必須經過大阪這個由將軍及其特殊衛隊控制的大型集市。在大阪，商人和銀行家最先開始獲得

財富和尊嚴，這使他們在我們這個時代的一段時期內，取代了武士階層，成為這個國家的貴族。

以皇室為中心的京都是帝國的巴黎。在這裡，藝術家和文人聚集，服裝、體育和文學領域不斷湧現新潮流。

第五節

關於家康對付封建領主的控制手段，歷史學家表現出濃厚的興趣，這種控制手段遠比歐洲封建制度更具系統性也更有效。家康要求每個封地的大領主，每年在江戶官方居所住六個月，這樣他就可以隨時掌握大領主的動向。大領主必須將重要妻妾一直留在那裡，在他回到封地的六個月時間裡，他的繼承人或大管家也必須留在那裡。德川幕府設立了十六個關卡，控制著公路系統，每個經過的領主或者農民都必須接受詳細的搜查，並說明他們的去向。侍衛們特別留意那些巴結天皇的封臣，或者那些從江戶官方居所私自離開的領主夫人。坐落在富士山山肩上的高海拔箱根城關卡，通常要求婦女摘下頭上的油光髮髻，以檢查是否隱藏任何資料——這使得該關卡所在城鎮的髮髻師公會，成為本國最富有的公會之一。

在他的遺訓中，家康說帝國總收入約為 3,000 萬石（一石相當於 180.39 升的稻米）。按現在的相對價值，大約在三至五億美元之間——對於 17 世紀的國家來說，這是一筆可觀的收入。其中，他指定 2,000 萬石給他的封臣，不論官職大小，剩下的 800 萬石或 1000 萬石用於政府，也就是用於德川家族、他們的城堡、軍隊、特別員警，以及維持天皇的開支。實際上，天皇及其宮廷獲得的份額，與國內最低階的領主獲得的份額相當，少於一些鄉士或富農（半武士半平民）。西元 1871 年，德川幕府時代結束時，領主和武士的土地被剝奪，不過鄉士的土地被允許保留，他們的後代

成為1920年代和1930年代的地主階級，他們在地方都市努力維持表面形象。然而在租戶拒絕支付租金後，依賴這些地主階級存款的日本小型現代銀行便破產了。

明顯可以看出，家康喜歡打獵、鷹狩和與「潛水鳥」（鸕鶿）一起釣魚，那些譴責武士從事這類運動的道德家，家康並不贊成他們的觀點。他希望這些運動在不損害農民和漁民的情況下進行。他說，這些活動在和平時期提供了令人嚮往的、類似戰爭般的刺激。在這一點上，他有些像英國人。另一方面，他也不贊成那些譴責武士從事文藝活動的冒險家們。他說，音樂對於軍人來說是一種非常適合的愛好。他自己就是一個熱衷於音樂的人。我曾有幸看到一張大約是西元1580年的能劇[043]節目單，上面顯示信長、秀吉和家康在同一場戲中扮演主角。然而，家康並不是一名軟弱平庸之輩。在他建立的這個和平時代之後，一代代日本人也成為了這個樣子。後來，在19世紀中葉的內戰和日本的外交鬥爭中，日本人的戰鬥精神得到了恢復。

家康向他的武士們推薦軍事學院和儒學。他的遺訓中包含被荒木將軍和當今一些超級愛國者引用的著名詞句：「腰刀是武士的生命靈魂。」對於忘記帶刀或被抓住沒有帶刀的武士，家康會輕聲下令：「這種過失是不能原諒的。」也就意味著要剖腹自殺。

我們還會看到，德川幕府統治不是盲目遵循先例，但保守主義是其主旋律。家康在遺訓中說：「在沒有先例的情況下，禁止制定任何新措施。動盪總是起因於創新，倘若一條有缺陷的規定已經有效地執行了五十年，那麼就讓它繼續存在吧……」他接著坦白道：「我曾經針對一個佛教宗派做

---

[043] 能劇，日本古典戲劇的一種形式，起源於14世紀。它是一種高度儀式化的表演藝術，以其簡約、緩慢的表演風格和深沉的哲學內涵而聞名。能劇通常由男性演員扮演，他們戴著面具，穿著傳統的袍子和服裝。演員通過精緻的動作、優雅的舞蹈和吟唱來表達情感和故事。能劇的主題通常涉及神話、歷史和宗教故事，強調人類的痛苦、悲劇和超越。

過創新。現在總結,還是不要創新好。」德川幕府時代的這種頑固保守統治,最終導致了西元 1850 年群情激憤的年輕愛國者採取暴力手段,進行砍殺行動。

背景

第七章
向外擴張

▍第一節

　　透過德川家康引人注目的遺訓，我們可以看到一個非常人性化的畫面，這位統治者給一個曾經經歷五百年最嚴重內戰的國家，帶來了歷史上最長時間的和平。在德川幕府統治下，日本成為了 17、18 和 19 世紀中最寧靜、最有文化、最繁榮的國家之一，也是世界上唯一一個始終保持不間斷和平的國家。在此期間，英格蘭是另一個沒有經歷大規模內亂的國家。也許兩國只是僥倖避開了這種情況，因為日本和英格蘭一樣，江戶也曾差點被一個火藥陰謀 [044] 所毀。然而，在這個時期，日本在物質上和道德上，卻都落後於那些實施血腥戰爭的白人國家，這為尼采們（Friedrich Nietzsche）和希特勒們（Adolf Hitler）提供了一個論據！

　　彼時，英格蘭直接從內部團結走向商業和政治擴張；日本則在內部團結周圍建立起一道隔離牆。一旦日本跨越這道牆，日本和英國的發展相似之處會再次明顯。

　　讓我們總結一下這道牆內發生了什麼。從西元 1650 ～ 1860 年，日本是一個龐大的、分層的金字塔結構：兩千多萬農民、工匠和商人（占百分之八十），以及在他們之上不同層面的一百多萬武士和貴族，還有大約一百萬的儒家學者、佛教和神道傳教者、尼姑和寺廟侍從作為塔層間的填

---

[044] 火藥陰謀，是西元 1605 年發生在英格蘭的一起由英格蘭天主教徒策劃的陰謀，旨在炸毀英國議會大廈，暗殺國王詹姆士一世（James VI and I），並引發一場起義，以恢復天主教在英格蘭的地位，然而，這樁陰謀最終失敗了。

充,而塔尖是德川幕府的統治者。從攝政（如果幕府將軍未成年）到平民地方行政長官,一切實行世襲制,要是沒有平民地方行政長官,則可以由代官[045]來擔任此職,每位代官負責統治2～5萬名農民。人口受限於稻田的糧食產量。

這個社會已足夠穩定,經受住許多次洪水和乾旱引起的大饑荒、許多次毀滅性的地震和颱風,以及一次大火和冬季風暴合併災難（西元1657年）。這場大火和風暴合併的災難,嚴重破壞了這座最偉大的城市江戶,共造成10萬人死亡,並摧毀將軍城堡、500座貴族宅邸、300座寺廟和神社以及9,000座倉庫。然而,德川政府能夠從倉庫中拿出食物發放給難民,並提供重建城市的信貸。

日本江戶大火發生9年後,倫敦發生一場大火,據山繆‧皮普斯[046]（Samuel Pepys）日記記載,那場火災造成公共建築以及13,000座私人住宅被毀,6人喪生,但與日本江戶火災相比,它只能算是一把篝火。即使藉助山繆‧詹森[047]（Samuel Johnson）的文筆,倫敦也沒有像日本儒家學者林羅山（Hayashi）這樣人物,他被人用椅子抬出燃燒的房屋時,還在看書。直到西元1923年的地震和火災再次摧毀同一座城市,造成了10萬人死亡,才有了比這更悲慘的災難規模。

除了克服這些「天災」之外,德川幕府時代的日本還供養著占總人口百分之五～七的、不參與生產的武士階層,和歐洲都沒有的龐大軍隊。西元1634年,當時的幕府將軍率領307,000名武裝人員拜訪天皇。當時沒有任何西方國家能夠動員超過60,000人的軍隊,也沒有一個國家能夠派遣像秀吉遠征朝鮮那樣龐大的軍隊,直到英格蘭的波耳戰爭（西元1900

---

[045] 代官,在日本歷史上是指被派遣到某個地區,代表中央政府行使行政和司法權力的官員。

[046] 山繆‧皮普斯,17世紀英國的重要歷史人物之一,是一位政府官員、海軍軍官和日記作家。他的日記被認為是英國文學史上最重要的個人日記之一。

[047] 山繆‧詹森,18世紀英國一位知名作家、評論家和詞典編纂者,他以其卓越的學識和文學才華而聞名。他的作品和觀點對當時英國文學和文化發展,產生深遠的影響。

年）發生。與西方大國相比，「小日本」從歷史上來看從未小過，無論是在軍事實力還是國家收入方面，日本一直是一流大國。

然而，到了西元1800年，維繫這個堅實結構的專政體制，已經在財政和道德上瀕臨滅亡。家康的後代變成了無足輕重的人物，他們把時間浪費在養狗或深奧研究上，而他們的顧問也變得腐敗墮落。這種荒謬混亂在一名世襲攝政王身上得到了驗證，他透過發放以獲得宮女恩寵為目的的官方蓋章許可證，來滿足自己的存在感，或許他算是優生學的先驅！那些曾經輝煌的封建家族和政府官員也經歷了同樣的墮落，越來越多的無業武士、學者及其學生開始公開批評。

在英格蘭閉關鎖國時代結束後，該國一直忙於處理印度和中國事務，俄羅斯忙於在西伯利亞尋找定居點，而西班牙和葡萄牙則逐漸淡出視野。現在，由俄羅斯和英國領導的擴張活動再次開始，並由一個新的美利堅合眾國推向高潮。俄羅斯人開始踏足日本最北部島嶼以及存在爭議的細長島嶼庫頁島，然後再一次向北涉足。西元1807年，列扎諾夫（Nikolai Rezanov）在從加利福尼亞回西伯利亞家鄉途中去世，生前他受俄羅斯女王葉卡捷琳娜二世（Catherine the Great）授權，建立了俄美公司，並打算利用這家公司開發整個北太平洋地區。在西元1792～1807年間，俄羅斯艦隊多次進入日本港口。德川幕府無力懲罰這些違反日本法律的行為。

西元1813年，史丹佛·萊佛士爵士（Stamford Raffles）在新加坡確立英國政權後，努力與日本建立關係。西元1846年，美國的比德爾准將率領兩艘砲艦進入日本浦賀港，將一些漂流在太平洋上瀕臨絕境的日本漁民送回日本，並與日本建立友好關係。

起初，日本人拒絕接收比德爾帶來的波爾克總統（James Knox Polk）信函，但最終還是接收了，並要求他離開。他們要求他到一艘日本船上遞交信函。在他前往這艘日本船的途中，他被一個日本人推倒。由於他接到

第七章　向外擴張

指示「不要引起敵對情緒或對美國不信任」，因此，他接受道歉，沒有追究。後來，他在美國發表演講，建議征服這些封閉島民，並將日本轉變為美國在東方的基地。一年後，一名遭遇海難的美國水手警告日本看守說，美國戰艦會進行報復，可他們並不害怕，因為一位日本普通士兵曾經撞倒一名美國指揮官，也沒怎麼樣。這讓人想起富蘭克林・D・羅斯福總統在命令美國艦隊從太平洋臨時撤退時，日本人做出的反應。日本人的心理從西元1846～1934年沒有發生過變化。

西元1853年，美國海軍准將培里指揮的蒸汽動力戰艦艦隊到來，打破了日本封閉的幌子，並在十四年內導致德川幕府統治的瓦解。

日本官員的典型表現是，像狐狸一樣從他們的巢穴裡觀察。在荷蘭人向江戶政府提供世界時事年度摘要和歐洲期刊時，西方的外交部門並不知道除了幕府將軍外，日本還有其他統治者。培里來到時稱幕府將軍為「皇帝」，並且日本人對當今外界政治一無所知也讓他跌破眼鏡。第一位駐日英國大使哈里・帕克斯爵士曾作為外交官在中國擔任多個重要職務，他來到日本後才真正了解江戶政府的真實地位。

如同飢餓的雞群奔向飼料，19個國家（包括祕魯和夏威夷王國）紛紛提出並獲得與美國簽訂貿易條約。參加貿易條約談判的唐森・哈里斯先生是一位持有高度保護主義的共和黨人。對他來說，關稅是一項道德原則，而禁酒也是如此。哈里斯向德川幕府官員介紹關稅，並為他們制定第一份關稅表，其中對酒類設定了高得令人望而生畏的關稅。他將關稅表列入條約的做法，對日本來說是一個無盡的麻煩。西方大國的自私變得毫無掩飾，它們努力壓低日本對其銷售商品的進口關稅。例如，英國一直在努力壓低日本進口卷布的關稅。後來情況則完全顛倒：大不列顛在卷布出口上設定壁壘，而日本則竭盡所能降低這些關稅。直到西元1911年，日本才成功擺脫外部對其關稅的干涉。

第二節

　　堅強品格讓日本免受英美鴉片販子帶給中國的侵害。另一場與西方貪婪的抗爭，發生在日本金銀幣的出口上。不僅金幣幾乎耗盡（黃金對白銀的比率遠低於西方，為西方貪婪者帶來巨大的利潤空間），而且正在消失的銀幣也只換來外國人高價出售的小玩意。愛國主義者以日本人特有的方式，發動了一系列暗殺行動，這引起人們對金銀幣出口問題的關注。荷蘭人儘管不情願，還是給出建議，他們向日本官方保證，這種行為不會成為戰爭的藉口，聽了建議，日本官方在西元1866年實施第一次的金銀禁運。作為回報，日本的荷蘭人被免除了必須改變宗教信仰參加踩踏基督教十字架的儀式。

　　在1930年代，關於黃金流出，日本人表現出與過去截然相反的認識。作為應對經濟衰退的措施，美國財政部以人為價格購買日本能賣的所有黃金，然後將其埋藏在肯塔基州的地下金庫中。而日本則愉快地以獲取鋼鐵、石油、橡膠和飛機零件的方式，徹底清空了黃金儲備。

　　天真的德川幕府官員們，先前也接受了對中國和泰國適用的治外法權原則，直到日本打敗中國並展示出海軍實力後，她才擺脫了這種主權侵犯。當日本面臨困境或挑戰時，他們可能會以情緒化或情緒驅動的方式應對，而不是基於理性和客觀的判斷。在日本與外國保持條約關係的最初幾個月裡，武士們七次襲擊外國人，並焚燒了英國和美國的使館。這些武士們幾乎不知道治外法權或關稅是什麼，只知道他們不喜歡紅鼻子野蠻人的「魚眼」窺視著自己的國家，也不喜歡西方的「大象腳」踐踏他們神聖的島嶼。外國列強堅決要求懲罰襲擊者。德川幕府會支付賠償金，卻很少懲罰那些武士襲擊者，因為他們對自己的家族來說是英雄。

　　當德川幕府政權崩潰後，接管政權的政治家們因為「允許」國家的「恥辱」繼續存在，而遭到殺害和砍斷雙腿。現在暗殺活動比過去多，那

第七章　向外擴張

些總是處於領導位置的日本高官從背後遭人暗殺，讓人清楚感覺，原因在於他們沒有把國人更快地帶離險境。西元 1931～1934 年間發生不少暗殺事件，在這之後，一位議員憤怒地評論道，死於暗殺槍彈的官員比死於戰場上的將軍還多！

在為爭取國家平等權利進行的長期鬥爭中，日本一直得到美國的同情，然而，美國同意放棄在中國的特權卻有前提，即其他所有國家也要這樣做。日本於西元 1888 年與墨西哥簽訂第一份平等條約。從那時起直到大太平洋戰爭，日本和墨西哥官方之間皆保持著友好關係，然而，德國皇帝在西元 1917 年初，命令他的外交大臣齊默爾曼（Arthur Zimmermann）向墨西哥提議，讓墨西哥奉勸日本改變立場，並加入分割美國的行列。德國的這一愚蠢做法被英國情報部門巧妙地截獲，然後愉快地傳遞給美國，這比潛艇沉船[048]更讓美國總統伍德羅・威爾遜憤怒。

日本在國際上處於劣勢地位，是其歷史中的一段錯誤插曲，而德川幕府之所以被國人憎恨，更多的是因為造成了國家的被動局面，而不是其他任何原因。就像在 14 世紀，足利家族因向中國進貢而被憎恨一樣。在德川幕府政權被推翻之前不久，一位武士愛國者用鋒利的武士刀，砍下了京都足利家族十二個木製雕像的頭顱，這是對德川家族的典型日本式警告。日本歷史的過去與現在如此驚人地相似：西元 1934 年，受到愛國者攻擊，再加上媒體揭發內閣部長曾撰寫過一篇諷刺木製雕像砍頭事件的文章，齋藤內閣垮臺了。這篇文章是內閣部長在他早期從事新聞工作時寫的，他做夢也未曾想到，發表一個對中世紀事件的不同意見，會結束一個現代職業生涯。

---

[048] 潛艇沉船，指的是第一次世界大戰期間發生在美國和德國之間的潛艇襲擊事件。在一戰期間，德國使用潛艇進行海戰，襲擊敵對國家的商船，以削弱對手的經濟力量。這些潛艇襲擊導致了大量商船沉沒，其中包括一些美國的商船和平民船隻。

背景

第三節

在西元 1854～1889 年的動盪時期裡，美國官方的態度始終是不干涉日本內政，最早持有這一立場的人是丹尼爾・韋伯斯特[049]（Daniel Webster），然後是海約翰[050]（John Hay）。西元 1860 年，當時在林肯總統辦公室工作的海約翰，參與接待日本武士的使團，首次與日本人有了個人接觸。對日本的這種態度，可以說是白宮對中國政策的延伸，美國在這方面曾與英國和法國對抗。英國首相帕爾默斯頓勛爵十分理解美國的態度，可是他的部長們和遠東的海軍將領們，卻多次違背他的指示，干涉日本事務。在聯合艦隊轟炸長州並索取價值 300 萬美元的黃金補償後，美國國會免除了美國應得的那份，這與後來處理義和團賠款問題時，對中國所採取的做法一致。日本利用美國返還的資金，在橫濱港修建一座防波堤，現在遊客在那裡會受到水警的盤問。

日本在西元 1867～1868 年和西元 1874 年，先後經歷了兩次血腥內戰結束了舊時代，並且透過一系列強勢的外國軍力展現和海軍示威，迫使天皇即刻承認奄奄一息的德川幕府簽署的對外關係協議。日本態度變化可以在天皇顧問的奏摺裡略見一二：「不要再愚蠢地把『外國人、狗、山羊和蠻夷』進行歸類了，要改革那些從封閉的中國宮廷學來的做法。並且按照國際通行慣例，邀請外國代表前來。」

---

[049] 丹尼爾・韋伯斯特（西元 1782～1852 年），美國著名的政治家、法學家和律師，曾三次擔任美國國務卿，並長期擔任美國參議員。一生政治觀點多變靈活。西元 1957 年，美國參議院將韋伯斯特評選為「最偉大的五位參議員」之一。
[050] 海約翰（西元 1838～1905 年），美國政治家、外交家和作家，擔任過美國總統威廉・麥金利（William McKinley）和狄奧多・羅斯福（Theodore Roosevelt）的國務卿。在這個職位上，他負責處理美國在國際舞臺上的外交事務。

第四節

　　當日本開始在工業化和軍國主義現代世界中迎頭趕上時，英國以她對世界發展的典型反應，試圖「利用」日本！現在看來，是日本徹底利用了英國，這是任何白人國家沒有碰過的。精明的英國人遇到了對手。

　　在上世紀末，大不列顛的主要擔憂是「像人一樣行走的熊」——俄羅斯可能在亞洲地區占主導地位，並威脅英國作為最大洲際霸權的地位。大不列顛的另一個擔憂（或者用更英式的說法是「厭惡」）是，德國在太平洋地區的政治擴張、在中國沿海的活動和不斷增長的貿易。她的第三個煩惱是，威脅英國在太平洋地區貿易的美國競爭。面對這些困擾，英國政治家認為，智慧的做法是要扶持一個遠離亞洲沿海的、有野心的海上強國，這個國家可以牽制俄羅斯和德國，並能讓麥金利、羅斯福和塔夫脫（William Howard Taft）的美國帝國主義和美元外交降溫。

　　不過上帝和每個英國人都知道，它永遠不會成為不列顛的真正競爭對手，因為它不是英國人也非劣等種族，於是，英國人便提供貸款（利息高達 10%）給明治天皇身邊的年輕政治家們，在德川幕府被推翻後，這位天皇是現代日本的第一位統治者，這些貸款主要用於土地測量和分配、償還那些無依無靠的封建領主和武士，他們已經貶值的養老金債券，以及日本海軍建設（英國為此另擬合約，從中獲得第二筆利潤）。

　　談到日本與中國的戰爭（西元 1894 年），《泰晤士報》預測小日本走進了巨龍之口，這使得英國借貸人感到一些憂慮，但他們相信政府有能力保護他們的貸款，即使中國獲勝。日本人在有序組織戰爭方面展現出令人意想不到的能力。機槍、海軍火炮和鋼鐵戰艦在這場東方國家間的戰爭中，首次得到了真正的試驗，然而這些武器卻是在孤立日本時期，西方改進的武器，這真是一件自相矛盾的事。結果，中國滿清王朝只是替自己做了個證明，它「統治著一個富有的國家，總是願意賠款，卻從不願意戰鬥」。

背景

英國政治家們及時與這個後起之秀正式結盟，以支持她對抗俄羅斯，並阻止伊藤博文[051]將亞洲分割為俄羅斯和日本兩個勢力範圍的計畫。最初形式的英日同盟，除了作為一種手段來阻止這個新的亞洲強國擺脫其他競爭對手的影響之外，幾乎沒什麼意義。對於精明的日本來說，這個同盟最終是為了幫她獲得整個亞太地區，而不僅僅是一半，而且還能為國際銀行家（主要是英國人）提供安全保障，以利於日本籌款與沙皇作戰。俄羅斯宮廷認為，日本擊敗中國是為俄羅斯太平洋前線掃除障礙。他們與法國合作，利用法國資金開始在深受辱難的中國滿洲地區修建鐵路和海軍基地，甚至企圖霸占朝鮮。

日本遏制了俄羅斯，同時贏得狄奧多‧羅斯福的支持，也讓俄羅斯受到比英國政治家們期望的還深的恥辱，這時英國人發現自己有必要大大擴展英日同盟的範圍。因此，在西元1914～1918年的第一次世界大戰中，日本與世界上最大的海上工業國再一次續簽這一寶貴的同盟。然而，英國發現自己陷入了一個尷尬的境地，既涉及到她在亞洲的自身利益，又涉及到人們不斷高漲的、對日本帝國主義的反對情緒，而且還涉及到人們對美國、加拿大和澳洲這些盟國中，這些盎格魯 - 撒克遜民族之間的陰謀外交愈發反感的局面。事實上，對此時的英國來說，日本現在更像是她的競爭對手，而不是受她保護的國家，因此，在西元1922年華盛頓會議上，英國很高興與日本解除了這種公開式的雙邊聯盟關係。

透過與英國的聯盟，日本得到了戰爭資本。有了這一聯盟關係，日本除了能夠擊敗俄羅斯外，也不太擔心美國對她侵犯中國和明目張膽吞併朝鮮的不滿，而朝鮮獨立已在一項條約中被美國承諾為「重大關切問題」。這個英日同盟為「干涉他國事務」提供了很好的藉口，對這一點，日本外交官林（Hayashi）早有預言。為了「幫助她的盟友」，日本參加了第一次世

---

[051] 伊藤博文（西元1841～1909年），日本歷史上重要政治家和國務活動家，是明治維新時期一位主要人物，曾多次擔任內閣職務，包括日本歷史上第一位內閣總理大臣。

界大戰,占領太平洋上的德國島嶼,並奪取德國在中國山東省的武裝港口和鐵路。在中國,日本進行了實實在在的侵略,引起中國人民的抗議,而這反過來成為日本提出「二十一項要求」的藉口,其目的無非就是要將中國轉變為一個附屬國。

白人國家之間的主要戰爭結束後,日本將入侵西伯利亞作為對歐洲盟友的義務。美國總統伍德羅‧威爾遜試圖透過派遣約 1 萬名美國軍人,來削弱日本遠征軍在西伯利亞地區的影響力。他承諾日本不再派遣更多兵力,但日本在這裡卻有 10 萬兵力。然而,俄羅斯的嚴冬和布爾什維克抵抗,使得這次吞併西伯利亞的努力失敗。如果西元 1921 年的日本軍隊,能像現在一樣在零下四十度條件下作戰(現在日本軍隊在零下四十度的中國滿洲地區開展軍事行動),那麼在貝加爾湖和日本海之間,今天就不會有俄日爭端。如果那樣,俄羅斯早已被排除在太平洋和遠東大國之外,而日本帝國也將能夠集中精力消除美國在太平洋地區對她造成的阻礙。

背景

第八章
日英對抗

▎第一節

　　德川幕府時代（西元1603～1868年）是日本遲來的伊莉莎白時代。在這一時期，法律和秩序明顯改善，最高中央權威得以確立，外貿活動開始興起，而且機械引進所帶來的中產階級也很快崛起。在亨利八世時期，英格蘭發動了一系列與外部的戰爭。在日本統一時代之前發生的這些英格蘭戰爭比較持久和激烈，而且日本統一時代採取了極端封閉做法，並沒有必要地多維持了一個半世紀，最終墮落為一段停滯不前的時期，基於這些原因，日本在與英格蘭平行進步的道路上，落後於英格蘭大約兩個世紀，而這些道路恰是一些島國從歷史黎明開始所走過的路。

　　當伊莉莎白女王於西元1603年去世，以及家康於西元1616年去世時，日本和英格蘭在其群島之外都沒有一寸土地。這兩位不同島國的統治者在世時，其軍事關注點都是不太平的內部屬下領地：這位日本幕府將軍關注的是北方的阿伊努人（現在的北海道），而這位英國女王關注的是蘇格蘭和愛爾蘭的宗族勢力。不過，在伊麗莎白去世後，英格蘭便準備展開世界上最驚人的帝國擴張。此時，英國的航海家德瑞克和海軍指揮官霍金斯，已經航行在遙遠的海洋上。英國東印度公司在伊莉莎白去世前成立，在非洲和北美哈德遜灣不久後也誕生了英國公司。伊莉莎白時代的瓦爾特‧羅利爵士和約翰‧史密斯，正準備在一個新大陸上升起英國國旗。

　　而日本在家康去世後，卻進入了漫長的休眠狀態，這狀態一直持續到

第八章　日英對抗

差不多一個世紀前，當時已經感到不安的年輕愛國者們，被越來越嚴重的白人主導國家的現象所喚醒。他們接管了政權，並著手收復兩個世紀的失地。在一個世紀的時間裡，就物質方面而言，他們確實做到了這一點，甚至更多，直到日本超越了西方世界，特別是她那個同時代的島國英格蘭，就像她曾經暫時被超越那樣。

第二節

在伊莉莎白時代和德川幕府時代，英國和日本的發展有許多相似之處。兩個國家都是從粗野荒蠻文化崛起，並伴隨著不斷增加的優越感發展到高度優雅，這種優越感在莎士比亞戲劇作品中有所體現，莎翁（William Shakespeare）視英格蘭為地球上唯一的文明國家，這類優越感也在日本新儒家學者的著作中有所體現，他們視自己為中國古典學問的菁英。家康的武士中有百分之九十是文盲，他希望他們有文化修養。

此外，家康希望武士們能對戰爭之外的事物感興趣，因為他正在建立一個和平時代，期望透過學問來抵禦基督教教義的滲透，以及他和前輩們所抗爭過的佛教影響。他開始正式推行中國經典著作，最終使得這位中國學問首席學者成為了帝國的理查魯[052]。實踐證明，沒有什麼比孔子更能讓戰士們的熱血冷靜下來，儘管是在中國的十四、十五世紀版本中，這位古聖人的常理學說、仁和倫理更受歡迎，這些版本承認「直接行動」，並帶有一種實用主義的色彩，就是亨利・詹姆斯[053]（Henry James）和約翰・

---

[052] 理查魯，西元 1585 年出生在法國，在教育方面取得了極大的成就。他曾是一名神父，後來逐漸成為一位政治家。在路易十三統治下，理查魯成為法國宰相（西元 1624～1642 年）。他也是一位文化贊助者和保護者，在他的領導下，法國文藝復興得到了繁榮。

[053] 亨利・詹姆斯（西元 1843～1916 年），19 世紀末～20 世紀初美國的一位重要作家和文學評論家，是美國現實主義文學的重要代表之一，也被認為是國際現實主義文學的先驅。

杜威[054]（John Dewey）也得折服。

到了18世紀中葉，武士們嚮往的是略懂一些中國學問、知曉中國茶道，並能透過辨別兩百種氣味，準確地說出茶的名稱，還能用詩歌暗諷政治、批評辱罵或賣弄風情，就像路易十五（Louis XV）的朝臣們懂得如何跳迷你舞一樣。

另一個從中國引進的東西是柔道，官員們鼓勵用這種方式來消耗能量，而不是揮刀舞劍。

正如英國伊莉莎白時代開始實行普及教育（針對上層階級）一樣，日本在西元1666年開始為武士子弟設立公立學校。學者們開始研究愛國歷史。這些學校和愛國史教育孕育了推翻德川幕府的精神力量。

德川幕府為日本帶來了猶如伊莉莎白時代給英格蘭帶來的時代風向儀：法律至上，勝過個人權利和幻想。當然，有一點不同，對英國人來說，基於先例和歷史教訓的法律高於君主，並且在理論上適用於所有階層。在日本，直到德川幕府垮臺，法律對不同階層有所不同，重點是秩序規則，而不是典型的英國法治。然而，家康在他的遺訓中明確表示，即使對於最高的領主，也有法律可管，他們的地位和權力不能使他們脫離法律。

英格蘭良好風貌在於人民對法律的潛意識接受，這讓英國在與其他國家打交道時，能夠保持穩定並有強大力量處理各種事務。日本的士氣和推動力則源於秩序規則。兩個民族的不同之處在於，日本人被他們內心的神性所困擾，他們願意以自己的生命表達忠誠，個人良知可以凌駕於法律之上。在英格蘭，法律則高於個人內心的神。日本和英格蘭都有一定程度的保守主義傾向和對慣例的敬畏，這為他們的國家結構提供鋼鐵般的支撐，不過日本一位偉大的政治家和外交家加藤說過：「日本人傾向於激進。我們沒有像英國人那樣對變革感到反感。」

---

[054] 約翰·杜威（西元1859～1952年），美國著名的哲學家、教育家和心理學家，被廣泛認為是現代教育哲學和進步主義教育運動的重要思想家之一。

第八章　日英對抗

在德川幕府統治下，就像在英國都鐸王朝統治下一樣，民族主義開始形成。相鄰城鎮的人們成為同胞而不再視為異族。然而，日本民族主義體現的是，願意為主人犧牲的狂熱忠誠和愛戴，這與英國人純粹的實用主義勇氣形成了鮮明對比。後者是倔強的勇氣，前者是狂熱的勇氣。另外，這兩個島國之間的根本區別，在於英國人是唯物主義者，他們將上帝變成一個通情達理、行為得體的宇宙監察官，一個天上的喬治國王，而日本人仍然充滿精神衝動。

當然，這兩個民族都將上帝與國家需求和野心混為一談，只是強調方式有所不同。比較吉卜林的〈白人的負擔〉[055]與松岡洋右的〈神聖使命〉，就可以看出這一點。英格蘭從未真正感到有征服世界的神聖使命，但她確實認為自己擁有一種神聖的特權，可以隨意開發世界上大部分資源。英國人把他們這種特權視為應得之物——可以說，上帝把世界交給了最優秀的人類，並期望他出於對自己的尊重，而保持這個世界的體面。可是英國人從未將自己與上帝連繫在一起。上帝在天堂，他們在地球上。而日本人認為自己是神的一部分，相當於神的手臂介入塵世混亂。他們的歷史不僅僅是向神致敬，更是像英國人那樣，是神的旨意直接實現。

我喜歡那位英國歷史學家的觀點，他幫助我進行了對比：「若是沒有基督教的影響，英國人就會產生與日本人相同的情結。英國人特有的自我中心主義，代表了他們與宗教的妥協——將崇高的自負昇華為對世界和平的真誠渴望，但不承擔建立和平的全部責任。」

與西班牙、葡萄牙和荷蘭相比，英格蘭帝國建立較晚。英國人向來不很清楚他們要踏上哪塊土地，他們失去北美的大部分領土，又去統治印度和馬來亞（在美國約克城投降的康沃利斯勳爵在馬來西亞的檳城有一座雕

---

[055]〈白人的負擔〉，是一首詩歌，由英國作家魯德亞德・吉卜林於西元1899年創作。這首詩歌表達出當時英國帝國主義觀念的一種信條，鼓勵歐洲列強將其文明和價值觀，傳播給被認為是「野蠻」或「原始」的非洲、亞洲和其他殖民地地區。

像），他們以高昂代價又與荷屬麻六甲交易，獲取荷屬東印度群島。但無論英國人的腳步踏到哪裡，他們在加強統治時都會表現出令人驚訝的頑固和狡詐。只有當擁有殖民地明確成為一個虧本買賣時 —— 如在印度的趨勢那樣 —— 英國才會樂意減輕自己的負擔。

對英國人來說，命運就是隨時在退潮時去挖蛤蜊。他努力使自己的肌肉強健以便挖掘 —— 儘管他通常不得不臨時湊合自己的鐵鏟。而日本，就像羅馬一樣，是一個堅定的帝國建設者。眾神降臨，推開大海，創造了日本列島，並將他們信仰神道的子嗣留在那裡，繼續在一個沉淪世界裡傳播秩序的使命。

第三節

日本透過與英國的政治關係，攀升到一流大國的地位。更重要的是，她透過這種關係獲得了工業上的利益。這些利益足夠寫一本書，而且在休·道爾頓先生的倫敦貿易委員會辦事處，有數千份機密報告文件都是關於日本獲益的資料。由於我這裡已經有足夠多的書籍，因此，我僅提供一個傳聞來解釋整個發展過程。西元 1933 年 9 月，曼徹斯特的紡織製造商由於無法與日本產品競爭，最終從日本訂購了兩百臺改良過的大阪織機。不料，就在這些裝箱的織機在大阪碼頭準備啟運時，日本最高貿易委員取得了這些織機的控制權。結果，日本機械製造商被禁止向國外出售機械設備，或透露日本在設備上的改進細節，儘管西方國家已為日本提供了所有基礎設備。日本在機械領域第一個重要產品紡織機上，超過了英國，而紡織製造業是英國財富和世界貿易霸權的基礎。

此時，英國和日本之間的工業相似性頗高。早在西元 1576 年，英國航海先驅哈克盧伊特（Richard Hakluyt）就曾寫道：「我們最大願望，是找

第八章　日英對抗

到合適的市場來銷售我們的羊毛製品，這是我們國家的天然商品。透過我的閱讀和觀察，發現最適合銷售羊毛製品的地方是日本的眾多島嶼、中國的北方以及毗鄰的韃靼地區。」英國歷史學家特瑞維廉也曾評論說：「並非是征服的欲望而是商品的銷售，最先吸引了我們的同胞。」

可以比較16世紀末英國渴望打入亞太市場銷售羊毛製品，與20世紀日本向英國和英國殖民地推銷棉製品。日本在英國銷售棉製品，刺激了來自曼徹斯特的國會議員在下議院會議上，展示他們購買的日本棉布內褲（這些日本棉布內褲是在本地工廠不景氣情況下購買的），並瘋狂要求本地產品保護，阻止日本棉製品以低於英國工廠的同類商品成本價銷售。

事實證明，英國在全球取得成功的，並不是哈克盧伊特所說的羊毛製品，而是模仿印度手工織品的機器製造棉製品（這導致印度織工全部失業）。相繼地，日本在棉製品製造方面的優勢，為她建立了貿易帝國地位，也為她的政治帝國提供了支援。亞洲的工業化與歐洲一樣，也是從棉花開始的。中國、印度和日本都是這種情況。然而，日本並不打算讓一個新的競爭對手超過她，雖然她曾超過英國。因此，她轟炸了所有不在日本控制之下的中國棉紡廠。如今，世界上三個重要的棉製品中心，分別是日本的內海、中國的長江下游和英國的曼徹斯特。前兩者受日本控制。

豐富優質的煤炭資源，使英國能夠以機械為支柱建立霸權，並成為19世紀的世界工廠，也成為了世界商業和銀行中心，因為她需要不斷地從世界各地引進原物料，或將成品運輸回國。

英國擁有寶貴的煤炭資源，相對應地，日本擁有豐富的、易於開發的水力資源。日本大部分地區地勢崎嶇，主要風向從東海岸溫暖的日本海流到西部的北極洋流。溼氣雲團在連綿的山脈上凝結，形成持續的降水流向大海。日本工業先驅，如三井和三菱，三十年前就開始劃定水力發電站點，如今能夠以世界上最低廉的電力成本，供應各種工廠用電。曾經幫助

他們起步的美國、英國和德國的電氣集團，目前要保持住在本國市場上的份額，只能竭力對抗那些利用這種低廉電力製造的燈泡、發電機等各種電器產品。

西元1932年，日本在水力發電上投入50億日元，這是一筆盈利可靠的投資。她有850座發電廠在營運，還有6,000公里的電氣化鐵路。此外，還有7,000座主要用於個體工廠的發電廠。到這一年底，已經竣工和正在建造中的總裝機容量約為600萬千瓦。

水力發電讓日本成為世界上、尤其是亞洲、南美和非洲的廉價商品工廠。白人資本和人力，設法將日本商品排擠在歐洲和美洲市場之外，而且一定程度上，在其他西方帝國主義仍有影響的地區，也做到這一點了。因此，西方競爭體系迫不得已背離了自己推崇的自由競爭和適者生存的哲學。

第四節

英國在她的擴張時期，內部團結和平，這種優勢遠遠超過她的競爭對手。自亨利八世時代之後，除了克倫威爾家族由興到衰引起的短暫內戰外，英國的戰爭都是在他人的領土上進行的。內部的團結和繁榮，使她能夠充分利用機械和蒸汽動力的優勢資本。而日本在同一時期，為準備與世界對抗，不得不進行一些激烈而血腥的內戰。但自西元1894年以來，日本也和英國一樣開始在他人的領土上進行戰爭。還可以做進一步對比。英國建立了帝國，而她的大陸競爭對手們則在大打出手。日本也在計劃趁著白人和基督教國家相互殘殺和相互遏制之際建立帝國。

英國在大陸擴張比日本起步早，但日本比英國更幸運。日本與她大陸上的那些鄰國比較，其實是有相對優勢的，除了俄羅斯。不過俄羅斯中心

第八章　日英對抗

地帶距離她有近萬公里，這令她在大陸上沒有一流的軍事對手。這種有利局面對日本來說是一種誘惑，日本也許採取英國那樣的策略更明智，即在大陸上干涉卻不擁有。況且，日本國內並沒有像英國五百年來累積的亂局。日本統治的殖民地人民，是一個在物質上比她更為原始的人群，而且她這個機械化國家相對於那些工業落後民族的軍事優勢，從未如此巨大。

再有，日本地理位置比她的那位島嶼帝國對手更優越。荒涼的大西洋沒有像臺灣、菲律賓、婆羅洲、爪哇和澳洲等地那樣的富礦區。英國必須穿越廣闊的海洋才能找到像嫩江、黑龍江和松花江那樣的優質小麥谷地，因為它們位於滿洲地區和俄羅斯邊境的西伯利亞。英國沒有機會控制歐洲的礦產資源、通訊、銀行業和工業，但亞洲的這些資源現在卻都掌握在日本手中。

英國確實充分利用了歐洲新教國家（如荷蘭和斯堪地那維亞）與她共鳴，並作為他們的潛在保護者，將他們納入其貿易帝國。然而，在這方面她的機會並不如競爭對手日本，日本按照自己的想法把佛教國家暹羅、蒙古和西藏，變成了世界上一流的佛教聖地。英國在歐洲從未贏得過殖民地人民的歡心，類似反抗白人統治的叛亂，在中國、印度、緬甸、爪哇和菲律賓也普遍存在。甚至有傳聞說，非洲東海岸的一些國家對崛起中的日本，表現出濃厚的興趣。

如今的日本展現了建設現代工業和現代帝國的最美圖景給世界。它的構成是：太平洋西伯利亞和滿洲的農業；蒙古的毛皮和畜牧業；西北太平洋的漁業（全球最富有的漁業資源）；日本的水力；中國和滿洲的礦產；庫頁島和婆羅洲的石油；菲律賓和南海島嶼的熱帶產品（對現代工業至關重要）；朝鮮和中國的順服、低水準人力；紀律嚴明、非常適合做監工的日本管理人才；易於壟斷、潛力巨大的中國市場；渴望廉價商品的荷屬東印度群島、印度、非洲和拉丁美洲市場；以及那些迄今為止在世界上占統治

地位的國家，他們已經在自己的工業競爭遊戲中被超越。

　　日本曾犯過錯誤，卻沒有錯過任何機會，也做到了利用一切機會。日本無法充分利用好地理和歷史優勢的情況，只存在兩種可能：一種可能是，西方仍存的力量聯合起來，在她還脆弱的時候對她施加壓力；另一種可能是，她過度估算自己的實力。第一種可能性不太大，因為這需要俄羅斯和美國聯合，還得加上不情願的英國一起對付日本。對於第二種可能性，讀者可能已有自己的判斷，因為國民個體表現是評判一個國家的最佳標準。就個體而言，我發現每個日本狂熱分子都屬於一個日本保守派，每個日本人的魯莽特質，又伴生著謹慎和耐心等待時機的控制力。此外，迄今為止，日本參與國際競爭博弈的這些年，我並沒有發現她犯下任何災難性的錯誤。

　　讓我以直接引用的方式總結一下，西元 1941 年珍珠港事件之前的日英關係，引用一些我在西元 1934 年寫的段落。我不會在頁面上加引號，因為我在引用自己的話，讀者可以將時態改為過去式：

　　英國人在國際政治中最為現實。他們比任何其他國家更能理解日本固有特質、地理位置優勢，以及所面臨的巨大困難和所付出的代價。也許與其他同時代國家相比，英國的國家進步和工業成長與日本更相似，這使他們對日本有更深入的了解。30 年代的英國無意對抗日本，他們有一種向無法阻擋的政治形勢妥協的本能（他們稱之為常識）。

　　當日本直接侵入英國市場，並從英國上層社會獲得股利，最終導致本國工人失業時，英國當然感到不滿。就像最近在印度做的那樣，英國嘗試了一些小規模的貿易戰、高關稅和禁運措施，但日本還是在英國彌補了西元 1931～1933 年中國抵制日貨運動帶來的損失後，找到了一個貿易樂園。而英國的貿易戰總是以妥協告終。

　　對於日本而言，在國際政治和海上勢力方面，情況也是如此。英國絕

不會重複俄羅斯的錯誤，讓海軍艦隊航行八千多公里進入敵人懷抱。她加強了香港軍事實力，裝備上新式槍械，鑿出貫穿峭壁的通道，並在港口入口處布設水雷。她匆忙地完成了位於新加坡島後方的、價值五千萬美元的海軍整修基地。這些是她的第一和第二防線，只要獲益就要保持住，但她也意識到，它們的價值更多是道義上的而非實際上的。

在戰爭中，她幾乎不可能與這些地方保持通訊，就像俄羅斯無法保持通往旅順的海上航線一樣。至於貿易戰，要是日本占據中國南部、印度和菲律賓群島的市場，香港和新加坡對於崇尚現實主義的英國人來說，將變成毫無用處的昂貴裝飾品。日本定期與順服的泰國政府探討「克拉地峽運河」專案：一條穿越馬來半島 32 公里左右的、人工挖掘的海平面水道，這條水道能令東京到印度孟買或歐洲的海上航線縮短 1,610 公里左右，並能令曼谷靠近一條航道，但新加坡則被孤立在南方 965 公里左右之外。在這條運河上設防禦工事，將在相當程度上消除新加坡海軍基地的策略意義。自然環境條件適合日本人主導這個工程——這條運河遲早會建造的。

大不列顛利用這種形勢（無助的荷蘭人驚恐所在），暫時在荷屬東印度群島上建立一種心照不宣的攝政政體。這迫使荷蘭做出一定的商業讓步，而對英國來說則沒有任何代價。大不列顛沒有將這種局面繼續推進，所以沒有對日本構成公開威脅。據東方一些報紙報導，當在巴勒斯坦享有聲望的英國將軍艾倫比，前往新加坡與那裡的高級海軍軍官商討此事時，英方獲知日本愛國者計劃暗殺他，於是將他祕密帶到海上，之後也沒做任何聲張。

英國在中國採取同樣的「等貓跳」觀望政策。如果日本與美國或俄羅斯或與兩者進行生死大戰，大不列顛將能夠從這個東方帝國（以及戰爭的另一方）獲得許多好處，而且，要是日本被擊敗，中國和南海地區，包括菲律賓，將會被迫跌入大不列顛帝國懷抱——人們都曾這樣認為。設在

背景

　　印度的英國宣傳局局長在十年前（現在是十八年前）對我說：「當留在印度不再有利可圖時，我們將離開印度。但上帝總是偏愛英國人，我們仍然擁有非洲，這個世界上最大的未開發大陸，那將是 21 世紀英帝國的建設領地。」

　　我想他的這種說法是錯誤的，21 世紀將不會再有帝國，非洲英國殖民地拒絕為了支持曼徹斯特而限制廉價日本商品進口，就側面印證了我的想法。此外，紐西蘭、澳洲甚至加拿大的發展，使得像已故的英格教長[056]那樣對大英帝國持悲觀態度的人預測，對待日本崛起的政策，將會導致大英國帝國徹底分裂。

　　不過，這位在印度的英國宣傳局局長，其有關英國政策的看法是正確的。對待日本的政策才是根本問題所在，倫敦《晨報》和《每日電訊報》的英國保守派，以及羅瑟米爾勳爵[057]主張恢復英日同盟並承認滿洲國，這和羅瑟米爾勳爵的「只要英國法西斯主義者沒上臺，就支持奧斯瓦爾德・莫斯利[058]（Oswald Mosley）」如出一轍。相反，工會領袖傑克・米爾斯要求勞工「逼迫」英國政府宣布：「在戰爭中，英國不會提供任何形式的援助，給那些被文明世界看作違反國際法的國家，無論是財政上的還是物質上的。」（指侵略中國的日本），同時還向英國工黨提出一項決議：「這裡的各行各業，都在日本工業世界的奴隸制下被逐漸摧毀。」

　　大不列顛將摸索前行，不作承諾，這時的保守派對日本強硬立場表示欽佩，而工黨人和理想主義者則是譴責日本的行徑，更少且不太發聲的親美派，向美國人保證我們是表兄弟，將永遠站在一起。英國政治家們毫不

---

[056] 英格教長（西元 1860～1954 年），一位英國聖公會神職人員和作家，西元 1899～1901 年擔任聖保羅教堂教長。在英國和國際上都具有一定的影響力，被認為是 20 世紀早期英國宗教思想的重要代表之一。

[057] 羅瑟米爾勳爵（西元 1868～1940 年），一位英國貴族和媒體大亨，是英國報業巨頭貝弗布魯克家族的創始人之一。

[058] 奧斯瓦爾德・莫斯利，西元 1896 年出生在英國曼徹斯特，是 20 世紀英國的政治家和活動家，曾是保守黨的成員，後來成為英國極右翼政治團體「不列顛法西斯聯盟」的創始人和領導人。

第八章　日英對抗

懷疑一場大規模戰爭即將在太平洋上爆發，但他們並不打算參與其中。借用一句古老嘲諷之辭，英國可以透過讓每個美國人和俄羅斯人盡責，來最大程度地從戰爭中獲益。

從莫斯科、海牙和南京傳出的英日同盟報導，隨著日本與美國、英國之間海上爭議的日益加劇，而變得更加密集和頻繁，人們可以結合上文提到的英國國內態度來看待這些報告。英國對滿洲國的友好和貿易使命也可以如此看待。日本和英國之間的諒解無疑是存在的，儘管是區域性的、短暫的。

比如，在上海戰役和之後的日軍占領期間達成諒解，或比如，當日軍占領並控制長城與海洋交會處的英國煤礦特許權區域時達成諒解。前一個諒解在相當程度上，阻止了南京中國政府提供援助給上海本地抵抗部隊，否則可能導致日本對全中國宣戰和發動進攻；後一個諒解使得英國煤炭管理機構能夠讓日本煤炭迴避競爭，而將自己的產品高價銷往市場，而且還供應給上海等地願意接受日本指示的行業。可這些僅僅是為了應對暫時情況而達成的、小小務實的諒解，並非真正的同盟。從人類事務的本性來看，這兩個世界上最重要的競爭對手之間不會形成同盟關係。國人與帝國

第九章
日本多面性

第一節

　　隨著西元1868年德川幕府垮臺，日本陷入了一片混亂。二十年後，日本逐漸發展成我們現在所面對的帝國。當時權力掌握在皇室家族的親王三條（Sanjo）手中，他是異常聰明、精力充沛的十四歲明治天皇的攝政王。出身於世界最的古老朝廷，三條是一個非常適應環境的人物。他和他的家族顧問大久保、板垣、西鄉等人，願意將權力交給像伊藤、山形、高橋、勝、井上等年輕人手中，這些年輕人曾在倫敦或舊金山闖蕩，也曾被強徵加入西方船員之列，因此，他們對西方有幾個月的親身感受。

　　人們不會預料到這些年輕人的經歷會帶來什麼好處。然而，身為政治家，他們對待西方的政策卻顯示出日本人的歧視意識，因為他們這些年輕人都曾被這些西方國家虐待、忽略或輕視過。在關鍵時刻，他們是這個種族中僅有的一群、對日本必須面對的外人有所了解的人，這些年輕人以他們的軍事才能重新塑造國家，就如同要應對從未見過的敵人編隊和戰術那樣。

　　他們進行了大量嘗試。那時西方崇拜神聖民主，建立了君主立憲制，這些年輕的政治家們最初的努力，也是基於這樣的信念，在日本引入一些民主和憲政的東西，以期提升民族聲望，快速增加國家實力和財富。日本天皇制已經在700年來的日本政治生活中逐漸喪失重要性，在這個時候它可以輕易地發展成君主立憲制，也可以輕易地朝著專制主義的相反方向發展。

第九章　日本多面性

年輕的明治天皇並不把自己看成神一樣的存在，而是人一樣的存在，根據現已被封鎖的當時報導，他喜歡這種狀態。那些從國外歸來的年輕人們的想法是，首先讓明治天皇取消德川幕府的天皇代表權，並將這位年輕天皇打造成類似英國亨利八世，或普魯士腓特烈大帝（Frederick the Great）那樣的君主立憲制君主。西元 1868 年，明治天皇在京都封建領主集會上頒布了「憲法誓言」：「政府決策應該基於廣泛的討論，所有措施將透過公開辯論來決定。上下一心，來維持良好的社會秩序。必須確保各階層民事權利和軍事權力，使民心滿意。」

「打破過時未開化習俗，以自然規律的公平正義作為行動基礎。為建立帝國基業，應該向全世界學習。」

「大膽攀登」是聰明年輕天皇的主旋律，也是他創作眾多短詩中一首開篇語。

他率領手下一行人轉移到江戶（現改名為東京，即「東方之都」），從此，江戶取代了京都成為名義上和實際上的國家首都，而京都在過去的六個半世紀裡，一直是這個國家的首都。明治天皇身穿華麗流蘇黃袍，頭戴武士髮髻，參加港口工程和鐵路開幕式，令普通民眾激動不已。

自日本文化早期以來，民眾就沒有見過天皇。明治天皇甚至堅持看報紙，而現在的天皇透過皇室記者口述聽取新聞。在明治天皇為新橫濱車站剪綵之際，車站裝飾成世界上最美的菊花展。人群跪伏在地但無須低頭避諱，人們可以看到天皇，因為上層樓窗戶也沒有像現在這樣緊緊關閉。即使在深夜，這位很有人情味的天皇，也允許伊藤親王戴著帽子、抽著雪茄進入他的待客室，甚至在旅順口戰役中，日本擊敗俄國的那個重大夜晚，伊藤親王穿著夜袍來見天皇。

背景

第二節

日本是否還會保持本土特色將成為一個問題。德式服飾元素被採用融合到日本傳統服飾中，並一直延續至今。後來成為《日本史》作者的砲兵教官布林克利上尉講述了一個故事，他曾借給日本伊勢的藤堂伯爵一套英國軍官制服，他穿這套制服去見天皇，為了感謝他借軍服之恩，藤堂伯爵送給他一張面值 5,000 英鎊的債券（這些債券是發給封臣以代替封地的）。在上尉的英國大砲還在運輸途中的時候，他的日本學生兵們使用木頭製作的排炮進行演練。在真正的大砲到達後，布林克利上尉發現，他很難讓武士們放棄在每發砲彈發射時，互相鞠躬行禮的習慣。

人們開始使用羅馬字母書寫日語，而不再使用中文字和兩種日語音節文字的混合形式，這似乎成為一種時尚風潮。大量來自歐洲的語言，特別是英語的詞彙被引入日語。曾經一度，甚至有提議將英語作為帝國的官方語言，而且穿著歐洲服裝（糟糕的剪裁）在首都成為一種時尚。身為財政部長的井上甚至支持歐洲舞蹈，以此讓西方人對日本時髦程度留下印象，於是，在東京沙龍的地墊上，那些 O 形腿的紳士和淑女們，沉迷在上竄下跳的舞蹈中。

不久之後，一些極端愛國者發動幾起有針對性的襲擊活動，終止了這一切。在目前這樣愛國熱情高漲的時候，混合舞蹈在日本具有不愛國和不道德的味道。西元 1934 年之後，警方禁止私人住宅中跳這種舞蹈，只允許高級酒店在一週的某一天晚上 8 點～10 點半可以有這類舞蹈活動。夜總會取代了舊式的吉原娛樂區[059]作為日本合法的娛樂場所，不過人們普遍認為去那裡的人就是為了沉溺於低階趣味，這些夜總會透過某些政治關

---

[059] 吉原娛樂區，東京（當時稱為江戶）最著名的紅燈區之一，是一個專門為男性提供娛樂、休閒和性服務的地方，擁有眾多的妓院、茶屋和娛樂場所。吉原以其獨特的文化、藝術和娛樂形式而聞名，同時也是當時社會中性文化和性工作的重要組成部分。

第九章　日本多面性

係獲得了豁免權，可以營業到深夜十二點半左右。

西元 1935 年，東京有八家獲得許可的舞廳和大約 150 家舞蹈工作室，舞蹈愛好者公開表示，引進西方舞蹈極大地增添了日本青年的優雅和穩重。然而，愛國者們對他們保持密切關注。女孩只能與顧客跳舞，不能與顧客交談或喝酒，更不能與學生「結伴」。一場名為「巴黎生活」的美國百老匯時事諷刺歌舞劇在上演時，被日本國家基金會的成員破壞了，他們上臺斥責觀眾並發手冊，宣傳手冊上面寫著「在與俄羅斯戰爭迫在眉睫的當下，情愛或色情表演都是對日本精神的破壞。」演出資助人被象徵性地抓走，美國演員未能獲得簽證延期，被迫結束了在日本的演出。

1880 年代時，對外國的狂熱已經結束，最初迎接培里[060]到來時對白人的普遍恐懼，已經轉變為尊重甚至喜愛，這是因為早期代表西方在日本工作的醫生、教師甚至商人，讓日本人感受到他們高尚的個人品格和友善態度。在西元 1894 年日本對中國戰爭[061]獲勝之後，日本對白人的敵意普遍消失了，隨之而來的是試圖透過粗暴對待白人，來努力展示平等或優越。逐漸地，這成為日本人與白人接觸的普遍態度。

在西元 1870～1890 年間，日本雖然出現一些發展不平衡的現象，但採取了一系列非常明確的治國措施。西元 1871 年，他們廢除了封建制度，國家貴族領取養老金並遷往鄉鎮。到了西元 1874 年，透過一項有史以來最大規模的測量工作，土地分配給農民，農民完全擺脫了對土地的束縛，以貨幣形式徵收的土地稅，取代了以稻穀收成為依據的徵稅方式。

日本並沒有像其他東方國家那樣，因對西方先進機械盲目崇拜而忽視那些務實方面。西元 1882 年時，日本僅有 125 公里的鐵路和一百多艘鋼

---

[060] 培里，美國海軍准將，於 19 世紀中葉（西元 1853 年和西元 1854 年）率領美國船隊前往日本，進行了歷史性的外交使命。這次使命被稱為「培里的日本遠征」，旨在結束長期的孤立主義政策，開放日本與外界的貿易和交流。
[061] 西元 1894 年日本對中國戰爭，指的是中日甲午戰爭。

鐵船，但在同樣的十年裡，卻建立了 30,000 所面向平民和貴族的美式公立學校，並且平均每所學校有 100 名學生。

將兵役和公立學校的特權，擴大到平民和所謂的被排斥人群，抹去了階級界限。由於武士不守公序以及崛起平民對此不滿，政府很快發表了廢刀令。在幾年內，曾經劈砍平民來試劍鋒的人，開始擔任銀行和辦公室的保全，甚至為了生存拿起鞋刷而不再是刀。

第三節

在不平衡發展的 1870 和 80 年代，我們所面對的日本塑造了三個主要特徵。第一個是天皇的神聖地位；第二個是日本對其文化前輩韓國和中國的優越感；第三個是日本對國家在世界上神聖使命的信念。

同一位在童年時期成為受歡迎的立憲君主的天皇，在成年後透過西元 1889 年的憲法被定義：「天賜的、神聖的、超越所有臣民的卓越存在，必須受到尊敬和保護。法律無權追究他的責任。對於天皇的人身不可褻瀆。他不應成為被貶低評論或討論的話題。」對於家康的「人民是國家基礎」，憲法替換為「皇帝是國家基礎」。

日本制憲者從俾斯麥（Otto von Bismarck）的普魯士學到的經驗，極大地鞏固了天皇的權力。他們認為日本需要有歐洲國家的國教那樣有用的東西。因此，之前佛教曾友好接納，並在大型寺廟中為狐靈、兔靈等設立小神龕的所謂神道教，由法令確定為一個由政府管理的國家教派，並委託其神職人員照顧皇家祖先和國家英雄的神龕，承辦國葬和軍事葬禮、國家勝利慶祝活動等事務。每個村莊必須建立一間神道教神社 —— 一種簡樸的、茅草覆蓋的、史前日本建築風格的建築，而且前面一定有一條鳥居大道。其中較大的神社通常會有一門被繳獲的大砲或某種戰利品，以及類似

第九章　日本多面性

神聖白公雞或馬的原始宗教信仰殘存物，亦或懸掛著帶有紙飄帶的編織稻草注連繩。在神社門外是漂亮簡單的「手水舍」，遊客可以在此用平底竹製舀子來洗手漱口。

　　西元1933年，夏威夷美籍日裔青年佛教協會代表團，參觀了專門供奉神鏡的伊勢神宮，而當年前往朝拜該神宮的人數達600萬人。最近，澳洲的貿易專員約翰·拉瑟姆先生訪問日本以促進商業外交，贈送了兩打澳洲白色萊格霍恩公雞和母雞給伊勢神宮。普通的日本民眾相信過去偉大人物的靈魂寄居在神社中，並在這些神位上守護著國家的福祉。（這些神聖的禽類比神職人員幸運，因為神職人員是不允許攜帶情人進入神社的！）

　　每年的日本皇室人員生日和其他眾多的愛國節日，成為神道教神職人員操忙的日子。其中最有趣的節日之一是五月五日的兒童節（男孩節）。男孩們會參觀代表歷史英雄的玩偶展，這是灌輸戰鬥和堅忍精神的重要時刻。在日本家庭中，不過男孩節或不祝福家裡兒子健康、成功和幸福，會被認為是很不吉利的。最近，日本皇室一位嬰兒王儲慶祝了他的第一個男孩節，這被看成是宮廷、貴族和政界的盛大節日。這位年幼的王位繼承人收到了一件精美的木雕藝術品——九世紀征服北部島嶼上阿伊努人的英雄田村丸的雕像。女孩們在3月3日有一個相對小一點的節日，當天也會有顯示女性魅力的玩偶展覽，給小女孩們帶來歡樂和教育意義。

　　神道教在今天的日本並不是一個非常活躍的宗教，但它對活躍的愛國主義精神具有強大的保護作用。它已經開始充當從滿洲和中國掠奪的戰利品的保管者。這些戰利品被收藏在皇宮花園中的神社裡，該神社在神道教神職人員進行淨化儀式後對外開放。

　　一派自稱為天理教的神道教確實存在，並於西元1938年建成一座宏偉的寺廟，該寺廟是由數千天理教追隨者建造的，他們稱這項工作是為上帝進行的神聖勞動。這個教派實際上是由一位類似於瑪麗·貝克·艾迪

(Mary Baker Eddy）的日本版創始人建立的、日本本土的「基督教科學教會」，主要倡導公眾「無憂無慮的充實生活」。

這位創始人稱她的教派為「世界最後的教義」，她也被稱為該教派的「神職之神」，她將所有疾病歸類為八種心理蒙塵的結果：嫉妒、吝嗇、情慾、仇恨、敵意、憤怒、貪婪和傲慢。現任的教派領袖是創始人的後代，他是日本頗具影響力的一位風度翩翩的紳士。目前該教派規模不小，據稱在日本擁有11,000座廟宇，在亞洲大陸有60座，在美國有34座。該教派以超現代的方式運作，他們在日語和英語大報上釋出精巧動人的全版插圖廣告。

當然，在最古老的寺廟中，仍然存在自稱為神道教的純粹巫術。最近一位登山傳教士的書中，生動描述了這種附體現象。在御嶽山峰「神仙降臨」，一個「面容異常甜美，特別靈性的」年齡大約二十歲的女孩，在參與一個神仙附體的儀式。她手持著神聖的御幡桿。五名陪伴她的男子跪在她面前，吟唱祈禱，最後讓女孩聽他們擺布。然後，書中寫道：「突然，她轉過身面對他們。隨著他們繼續吟唱，她緩慢地搖晃著身體，時而又像痙攣一樣顫抖。

「過了一小會，她慢慢抬起頭。所有美麗不見了，取而代之的是繃緊的面容。朝聖者們此刻靜默無聲，因為神正在降臨。接著，她睜開眼睛，但並非為了看什麼東西，因為她的眼睛像盲人一樣。此時，站在她面前的男子們再次做出手勢、吶喊，並猛烈地揮動著御幡。突然，她說話了，卻不是她的聲音，而是一種不自然、可怕、邪惡的聲音。」

「她宣稱自己是八位大神化身，在為他們代言，她願意回答朝拜者想知道的祕密。人們不斷地問著問題……後來，人們一個接一個地走上前，跪在這位神仙附體的女孩面前。隨著一位神職人員揮手，轉眼間她又動了起來，對著她面前的人就是一番刷、戳、打、推的動作，然後，隨著一聲

第九章　日本多面性

輕響，她就像操練中的士兵一樣即刻回到最初姿態，僵硬的手臂托著面前的御幡。接著是另一位朝拜者，同樣表演再重複一次，即便是孩子也同樣對等。」

「最後，所有朝拜者都心滿意足，她也按步恢復了正常狀態。」

但這一切與日本官方神道教沒有任何關係，就像牛津運動[062]與英國國教沒有任何關係一樣。

第四節

對於她的那些東方鄰國，日本可以將自己塑造成幫他們對抗掠奪性白人國家的鬥士，或者乾脆加入後者，參與掠奪東方國家的博弈。無論是物質上需求，還是心理上驅使，都推動著日本加入了掠奪者的行列，其中心理因素甚至比物質因素更為強烈。與西方列強相比，日本海軍艦隊的發展暫時處於相對弱勢的地位。正是因為這種弱勢情況，日本政治家們猶豫不決，不願對抗這些掠奪性國家，似乎鼓勵他們將貪婪目光投向中國更為明智，可同時日本也要加入其中，因為這樣可以防止這些西方列強將中國當成對抗日本的基地。而且，如果日本要在資源和市場上與他們競爭，就能夠以犧牲她的東方同胞為代價。

不過產生決定性作用的，是日本人民的虛榮心。日本渴望向某個較弱的國家索取賠款，就像英國和美國向她索取賠款一樣，而且也希望能迫使她的一些亞洲鄰國對日本人實行豁免權，就像西方國家在日本強制實行領事裁判權一樣。通知一些比她落後的國家，要對她運輸和銷售給他們的商品徵收多少關稅，對於一個嶄新的製造業國家來說，這是多麼令人自豪的事情！

---

[062] 牛津運動，19世紀英國的一個宗教運動，支持者主張在聖公會中恢復古老的儀式、禮拜和教義，旨在恢復英國聖公會與羅馬天主教教會之間的連繫和傳統。

背景

　　日本就像街區上的小男孩，加入幫派的掠奪來證明自己是個正常人。不久之後，日本將變得足夠強大，以取得戰利品中的精華。當她成為地區掌控者之後，她開始發現同夥們的行為極其可惡，於是，她開始扮演起亞洲的保護者角色來對抗他們。西元1901年，日本獲得了士兵在中國自由行動的特權，就像白人士兵在中國一樣的特權。那是一次偉大的道義勝利。但是如今，日本以「維護和平與秩序」的名義控制著半個亞洲，並且以「促進和平與秩序」的名義轟炸城市和村莊，結果令市民感到驚慌和恐懼！

　　日本對待她的東方鄰國所採取的手段，不亞於西方大國對待她的方式。美國的「懷俄明號」戰艦於西元1863年駛入下關海峽，擊沉了幾艘長州藩主的船隻，使她的陸上炮火沉默，然後卻向她索取高額賠款，然而她向美國船隻開火造成損害的賠償都沒那麼多。日本把類似的手段用在了中國。

　　在1860年代，倫敦以10%相對較低的利息借錢給日本，以此償還英國索取的賠款。英國因此受益兩次。相繼地，日本於西元1895年從中國索取一筆戰爭賠款，迫使這個古老的國家首次負起了國債。西元1917年，日本無視中國民眾的抗議，借給中國官員6億日元，作為簽署放棄國家權益的報酬。然後，日本威脅要占領中國，因為中國未能及時償還這筆所謂的「債務」。

　　日本不僅研究而且恰如其分地應用了英國在歐洲或亞洲使用過的每一個花招，也學會了狄奧多・羅斯福獲取美國在巴拿馬建設和營運運河特許權的原始方法，以及美國政府支持拉丁美洲高度腐敗的金融伎倆。日本將這些花招、伎倆都用在了她的那些鄰國身上，還口口聲聲地說，她對這些國家肩負著安全和繁榮大任。

　　聯想到秀吉當時的做法，朝鮮統治者對日本在亞洲大陸的行徑並不感到驚訝，但她決定在白人侵略遊戲中再勝一籌，這讓中國吃驚不已。孫中

第九章　日本多面性

山在西元 1925 年去世時，仍然希望日本可以轉變態度，成為亞洲「羊群」裡對抗白人「惡狼」的誠實「牧羊人」。然而，現在的中國已經放棄了那種愚蠢的希望，儘管印度革命家和暹羅王公們，由於距離遙遠而不知內裡，可能還抱有這種希望。

若是一個人尋找中國對日本的仇恨根源，他會發現它並非完全是因為日本打敗並懲罰中國，也不完全在於所有不可原諒的軍事恐怖和干涉，而更是在於日本背叛了教授她文化的前輩並侵略，而這種侵略實際上是承認了對西方的自卑感[063]，但這種自卑感卻是中國本身從未感受過的。倘若日本選擇了另一種方式──成為亞洲的領導者而不是主宰者──今天的歷史就會重寫。

第五節

日本第三階段的發展軌跡，可以簡單地透過一些發言人的陳述來追溯。我認為這些陳述從未按照順序排列過。我從德川幕府被推翻之前的西元 1858 年，由堀田勳爵（Lord Hotta）遞交的奏摺開始講述，這真是一份引人注目的文獻，當時的日本與西方建立外交關係僅僅四年：

「世界各國之間缺乏團結……爭強好勝的各國首領自封為國王或皇帝，各自力圖壓過他國取得霸權……而世界各國之間存在緊密關聯，因此，一個國家的行動會涉及其他國家。政治家必需根據世界整體情況審時度勢，而非根據任何單一國家的實力來做判斷……這種競爭態勢將不會停止，直到某個擁有非凡力量的國家承擔起霸主職責，將其他所有國家統一

---

[063] 一些觀察家認為，日本對中國的侵略行為，部分是出於對西方的自卑感的回應。他們認為，日本試圖透過向西方列強展示自己的強大和能力，來克服自身的自卑感。這種理解認為，日本在侵略中國時，試圖在殖民主義時代的格局中找到自己的位置，並透過追求帝國主義的道路，來實現國家的自尊和自豪感。他們認為，日本希望透過向西方列強證明自己可以像他們一樣控制和剝削其他國家，來獲得西方的認可和尊重。

在其唯一權威之下⋯⋯將我們本可以及時利用的國家變成強大敵人，完全違背理性和自然法則⋯⋯」

「當前的世界狀況顯示，人類缺少一名統治者，一名足夠強大且有德行的統治者，能夠統一所有國家的統治者。除了日本之外，全世界國家中沒有一個統治者足夠高尚勤奮，可以來統領全世界臣民。能夠擁有這樣一位統治者統領全世界，無疑是天意所願。在西方國家尚未在這樣一位統治者的領導下統一之前，我們需要與他們建立關係，形成聯盟，並締結條約⋯⋯當其他國家干涉時，我們也應該採取同樣的措施⋯⋯我們應始終以確保在所有國家中奠定霸權地位為目標。」

「為此，我們應大力發展航運和貿易。在外國人超越我們的領域，我們應該及時彌補自己的缺陷。國家資源要充分利用在軍備上。當我們國家實力和地位得到承認時，我們得帶頭懲罰那些違背國際利益原則的國家。我們應該公開保護那些無害但影響力巨大的國家。這種政策無疑體現我們嚴格執行天照大神賦予的權力和權威。有了國家聲望和地位，世界各國才會把天皇視為偉大的統治者，並遵循我們的政策，服從我們的決斷。」

「實現這一理想後，日本的統治者就完成了天地賦予他的巨大責任。我們神之國自古以來由一脈相承的天神統治，國君與臣民之間關係牢固，基本制度明確。那些制度頻繁變更的統治王朝和國家，與日本無可比擬。我們一脈相承的天神後裔統治者，始終坐在王位上，而且我們國家在這些最古老國家歷史中，位居最重要的地位。我們的領土雖不廣闊，可是土地肥沃、人口素養高，遠超其他國家。此外，我們的人民勇敢忠誠，這將使他們獲得天神的特別青睞。我們可以放心依靠偉大的宇宙統治者的保護。現在正是我們國家利用舊世界變化的好時機，努力實現前文所說的、我們被期待的偉大使命。為此，懇請盡快批准與外國開展交往活動。」

了解到這樣一個基本事實，也許會讓讀者大開眼界：最早敦促日本天

皇與西方國家建立正常外交關係的這位官員，身為當政幾個月的日本實際統治者，認為與西方大國建立關係可以視為天皇成為世界統治者的第一步，並且透過謹慎參與國際事務，日本最終將獲得世界霸權。我懷疑即使是那座建立在羅馬七座山上的城邦，在介入地中海盆地國家事務時，也沒有如此地自負和如此地堅信天命。這位最早在奏摺中提出日本神聖使命是征服世界的堀田勳爵，他的直系後人就是當前的日本外交官堀田，這位外交官與墨索里尼達成了交易，並在「珍珠港事件」之後，成為日本駐希特勒納粹政府的大使。

日本人相當真誠，他們對自己的信念是天真和純粹的。種族盲目的優越感使他們認為，對於神國及其統治者提出的這些主張，是合理的和不言而喻的。當其他亞洲國家或我們西方國家，不把日本視為世界最終立法者和秩序建立者時，日本人真的會感到驚訝和痛苦。他們嚴肅地認為我們反對他們觀點，是因為我們可悲無知或故意阻撓天意。

堀田遞交奏摺二十年後，我們再傾聽一下谷干城子爵（Viscount Tani）從西方歸國，並剛好（西元 1888 年）參與起草日本憲法時說的話：「要透過軍備讓我們國家安全起來……激發和保護國內人民，然後等待必然會到來的歐洲混亂時機……這樣的時機同樣會引起東方國家的動盪，而我們將成為東方首要國家。」

接下來是外交官林（Hayashi）關於德國、俄羅斯和法國，這三國干涉日本發起的西元 1895 年甲午戰爭及掠奪勝利果實的評論：日本必須保持沉默，消除疑慮，等待時機——然後不僅要排除干涉的國家，還要自己作主。」

按時間順序，接下來是「黑龍會」在第一次世界大戰爆發（西元 1914 年）時發表的宣告：「我們必須巧妙地利用世界大勢……實現我們偉大的帝國大計。現在是日本迅速解決中國問題的時機。這樣的機會千載難逢。

背景

目前中國的情況有利於我們行動……這是日本的神聖職責，現在就行動起來。」

在此之後幾個月，曾在西元 1905 年時就與外交官林（Hayashi）建立密切關係的日本內閣總理大臣大隈重信說：「優等民族將成為統治者。我們必須為成為統治者做好準備——我們需要強大的軍事力量來支持外交事務。」大隈重信的外交官們用帶有槍炮和戰艦浮水印的軍事檔案，向中國遞交了臭名昭彰的《二十一項要求》。

隨後，大隈重信利用他在美國人中的巨大聲望和良好聲譽，透過日本新聞機構向美國人傳遞三條誤導他們的消息：「日本的行動符合正義，無愧於心，與盟友目標完全一致。日本沒有擴張領土的野心……帝國政府不會採取任何可能引起其他國家對領土或財產安全擔心的行動。身為日本內閣總理大臣，我再次宣告，日本沒有任何其他企圖，不想獲得更多領土，也沒有掠奪中國或其他國家財富的想法。我的政府和人民已經做出了承諾和保證，會像日本一直以來所做的那樣，光榮地履行諾言。」然而，此時的日本軍隊已經踏上了中國領土，隨後占領滿洲、吞併託管島嶼，並發動西元 1941～1942 年的侵略戰爭，所有這些都是這種光榮承諾的後續表現。

由於基督教國家間相互纏鬥，使得日本在世界大國中相對地位得到提升，這也在邏輯上證明日本神道思想的發展，正如西元 1918 年野中少將所表達的觀點：「大家都渴望的和平不會到來，除非世界處於一個中央集權之下。第一次世界大戰帶來了兩個新趨勢：軍備競賽和對戰爭的強烈譴責。

「但在每個條件都不利於實現普遍和平的情況下，靠什麼獲得普遍和平呢？司法權威若是沒有官方權力來執行裁決，那將毫無用處。此外，不同國家的公平標準和榮譽準則各不相同。軍備限制理論上是不可行的。對於不同國家，應該使用什麼標準來限制軍備呢？世界上沒有什麼力量可以阻止緊急情況下的軍事動員。世界各國人民都渴望和平，可是只要存在自我生存的資

第九章　日本多面性

源問題，只要人口增加，社會條件和政治條件就極可能引發戰爭。」

「當整個世界處於一個政府統治之下時，和平就會到來。當前世界正朝著這個方向發展。現存的每個國家都是透過征服許多部落而建立的，當它的中央權力強大時，國內就會出現和平。現在的日本就是最好的證據。權力爭奪的最終結局，是一個帝國征服全世界。什麼樣的國家才有可能成為這個世界的征服者呢？那個國家必須有高度團結的愛國主義追求，有著不可抑制的帝國野心，並願意為最終目標做出一切犧牲。在當前爭奪世界霸權的競爭中，日本不能沉溺於短暫的繁榮夢想。鑒於日本輝煌的歷史和地位，日本國應該做好準備，履行她天定的使命。」

中國人和「反日」美國人曾對一份所謂的《田中奏摺》議論紛紛。據說這份奏摺於 1920 年代末，由不太重要但比較和藹的田中將軍（也是一位男爵）提交給天皇。該奏摺據稱包含了占領滿洲、控制中國、吞併託管島嶼、征服俄羅斯和擊敗美國海軍的計畫，這些計畫現在似乎已經實施。

西元 1934 年，一本名為《田中奏摺》的書出版（華盛頓州西雅圖哥倫比亞出版社），書中附有該文獻的歷史紀錄，因為作者想盡可能地證實其真實性。但我們沒必要推測一份文獻的真實性。我們最好關注文獻裡提及的那些明確指示建議，例如堀田勳爵、谷干城子爵、內閣總理大臣大隈重信和黑龍會提供的指示建議。美國人之所以感覺田中奏摺令人震驚或不可思議，是因為他們對之前發生的事情知之甚少。

西方的傲慢和侵略行為就像「硫酸」一樣，「溶解」了日本的自負與物質匱乏的「化學鹼」，並形成了要把人類從這個星球上毀滅的「炸藥」。讓我以西元 1934 年版的原文來結束這一章節。讀者會把這些話與他們曾預測過的事件連繫起來。所以，這裡的文字就是原版中的文字，它們的應用並不完全過時：

觀察家們必須知道而且一定不能放鬆警惕的一件事是，儘管日本國內

> 背景

充滿了高漲情緒，但她有目標和計畫可以等待。有些人會說：「嗯，戰爭本來要在今年春天爆發，現在是冬天，一切都平靜了。」這裡要提醒那些人記住，日本對中國發動戰爭的所有可能，都出現在西元1884年，不過日本等到西元1894年才開始。那些說「利益衝突可以透過和平妥協來解決」的人要記住，日本知道在她與中國戰爭結束的西元1895年後的六個月內，她一定會與俄羅斯交戰。在那種情況下，沒有一個歐洲國家能夠再忍耐超過兩年，但日本等了九年。

那些說「危機已經被徹底化解」的人，可以閱讀西元1903年冬天和西元1904年春天的報紙，那時倫敦的社論撰稿人評論說：「所有的激憤沒有任何理由，日本和俄羅斯不會開戰，因為兩國都沒有進行戰爭的能力。」讀者會看到當時俄羅斯軍隊不再保持警惕，俄羅斯在亞洲大陸的運輸變得懶散，而日本也在談論和解。讀者繼續閱讀會發現，到那個春天的早晨，東鄉平八郎突襲了那些遠離母國基地的俄羅斯艦船。那些說「日本已經明智地把精力轉向已有領土的開發」，以及「軍事行動現在已不是重點」的人要記住，在日本特務成功策劃暗殺中國總督[064]的西元1928年，日本軍隊就已經準備好占領滿洲。在西元1931年，當全世界認為帝國主義在日本消亡時，她的軍隊占領了滿洲。

上面講到的歷史和人物，向人們展示了他們想要了解的日本。至少蘇俄已經看懂了日本。因此，在西伯利亞邊境上，貌似戰爭發生的可能性越不大，莫斯科投入的軍隊和物資就越多。

現在應該來研究一下日本人的生平，這樣更有利於了解在帝國擴張時日本人的情況。

---

[064] 中國總督，指張作霖，「總督」是作者對其稱呼，並非其當時擔任的官方職位。張作霖於西元1928年6月4日搭乘火車在瀋陽附近路段遭到炸彈襲擊，傷重身亡。這次暗殺行動被認為是由日本帝國關東軍策劃和執行的，旨在削弱中國東北地區的實力，為日本在該地區的擴張提供便利。

第十章 精神特質

第十章
精神特質

▎第一節

　　如果在大英帝國崛起時代有人問：「英格蘭是什麼？對她有什麼期望？」最好的回答應該是：埃塞爾伯特國王、征服者威廉（William the Conqueror）、莎士比亞、伊莉莎白女王、羅伯特・克萊夫、喬治・溫哥華（George Vancouver）和霍雷肖・納爾遜勛爵（Horatio Nelson），以及有關這些人物的生平，足以構成一幅全景圖。透過他們，可以體現出英格蘭民族那種自信的、守紀的、勤勞的品格。

　　談到日本，松岡洋右曾說過：「明治維新是由二三十歲的年輕人發起的。而應對當前緊急情況的卻是老年人。要是能有三十或四十個年輕人站出來應對形勢，像我這樣年紀的人最好及時退出。」

　　松岡洋右當時還正值中年，他所提到的一些堅毅不屈的人物，如西園寺公望、高橋和齋藤，已經年過七旬。在「珍珠港事件」之前，代表天皇的西園寺公望和朝鮮總督齋藤去世，而浪漫的金融天才高橋則被刺身亡。但是，松岡洋右在半個世紀前關於年輕人重塑日本的言論，讓我們知曉了那些站在日本全景圖中的第二排人物。今天，無論是松岡洋右還是其他什麼人，都無法預測半個世紀後將與半個世紀前的木戶、大久保、板垣、西鄉、福澤、山縣、伊藤、勝海舟、大隈、乃木和東鄉等人，一起進入神社的三十名年輕人是誰。然而，那些所謂英雄、政治家和卓越冒險家們的過往，好像與最近因暗殺和恐怖活動而受審的狂熱年輕軍官及超級愛國者們

背景

並無太大不同。

勾勒出明治時代人物群中一個人的生平，就是在多了解一個封建群島被打造成為世界一流大國的歷史。我認為，最具代表性的人物有勝海舟、山縣、伊藤和東鄉上將。在我的另一本書《傑出的亞洲人》中，已有描述山縣和伊藤的人物形象，有時間和興趣的讀者可以去查閱。其他讀者則可以從勝海舟的簡要生平介紹中，獲得那一代日本人的相關情況。

勝海舟（麟太郎或安芳）在去世時已經被封為伯爵。在他小時候，曾祖父是一名極度貧窮的盲人，那時日本的階級界線幾乎和印度的種姓一樣嚴格。勝海舟看起來虛弱陰柔，這可能是幼時被一隻瘋狗嚴重咬傷造成的後果，然而，他卻是最具威脅力的帝國劍客之一。他是日本海軍的創始人，也是他的種族中第一位指揮蒸汽船橫越太平洋的人。他透過在書店裡看書來獲取知識，是一位精通古典漢語的大學者，也是最早精通歐洲文學的日本人之一。

他的盲人曾祖父從日本海的淒涼越後地區來到德川幕府的首都，現在的東京，用討來的硬幣為城門附近的武士們提供賭博的賭資，並從贏家那裡獲利50%。雖然他看不見客戶，但他一定有用盲人的直覺來挑選贏家，因為他最終累積了一筆可觀的財富，替兒子購買一個武士家族中有繼承權的女婿身分。

直至今日，根據日本習俗，一些只有女兒沒有兒子的家庭，可以招繼承岳父姓氏的上門女婿。關於這一點，有一則令人吃驚的報導，東京助產士工會抗議最近頒布的醫療法：「你們指責我們，僅因為我們不夠漂亮，不能嫁入另一個家庭，也不富有，吸引不到一個男人嫁到我們家。」倘若外國人想成為日本國民，唯一可行的方法就是成為上門女婿。拉夫卡迪奧・赫恩（小泉八雲）就曾經利用過這一點。

勝海舟的父親是一名士兵和學者，除了嚴苛地訓練年幼的兒子麟太郎

第十章　精神特質

（勝海舟）外，便沒有什麼可以給予他了。在一隻狗幾乎把這個小男孩的睪丸全部咬掉時，父親告訴麟太郎說，沒有人會因為這種低等動物的恥辱傷害去死，於是他鼓足了活下去的勇氣。但那個時代日本還沒有麻醉劑，修復他的傷口只能使用最疼痛的縫合手術。父親將他的劍放在孩子眼前：「如果你發出一聲哭喊，」他說，「你就以一種至少不會讓人感到羞恥的方式死去！」手術後，父親成為最溫柔的護理師，全心全意地照顧孩子，讓他安全度過難關。

為了彌補這個幼年時期的不幸，麟太郎決心成為日本最優秀的劍客。為了證明自己配得上東京的一位偉大劍術大師名號，他每天晚上都去一間廢棄的寺廟，用木劍練習和默想到天明。然後他會去上課，或繼續日常工作。

武士劍術是一種心理和體能的訓練，注重身心合一，透過訓練來培養專注、冷靜、自律和意志力，而這些東西與精妙的劍招一樣重要。當時的林（Hayashi）和荒木就是把這種心理訓練與長劍，一起融入到日本軍官的教育中的。當一個日本人從歇斯底里的憤怒轉變為冷靜狂暴的狀態時，確實令人敬畏，這種狀態讓人不寒而慄。我們所了解的、最接近這種狀態的情況，是亡命徒的「殺手」式冷靜狂暴，可那是一種粗糙和未經訓練的狀態。日本的劍術修行，令劍客從內心深處獲得一種理性控制，同時又像一隻潛伏的老虎一樣危險。

勝海舟的家庭曾有過極度貧困之時，連過年時的蛋糕都沒有錢購買。一名住在遠郊的親戚準備了一些蛋糕，年幼的勝海舟穿過整個城市去取，午夜過後，他筋疲力盡，幾乎凍僵，透過各家紙窗可以看見人們吃喝歡慶新年的影子，年幼的勝海舟身心疲憊地到達了家附近的運河橋。身為一位伯爵和偉人，勝海舟過去常常回憶起他一生中最黑暗的時刻，那張包著他珍貴蛋糕的粗糙手工紙破裂了，蛋糕滾落到髒水中。為了在輝煌日子裡也

能保持謙遜，勝海舟過去常常去那座橋上站一站。

他渴望學習，對書籍著迷，並養成了在一家固定書店閒逛、凝視書名的習慣。一位名叫澀田的商人也是經常光顧那個地方的書蟲，他理解勝海舟的心思。然而，這位熱愛書籍的商人很久之後才敢與這個年輕人交談，儘管這位年輕人穿著粗糙的棉袍，面容憔悴，卻佩戴著兩把祖父購買了佩戴權的武士劍。在那個年代，最富有的商人不會與最貧窮的武士說話，除非武士先開口，或者商人渴望被劈成兩半。書店的店主設法讓這個害羞的男孩先向商人打招呼。於是，商人才有機會向這位年輕人表達提供紙張和書籍給他的願望。他說，這是他為了國家強大而做出的貢獻。勝海舟從此開始寫日記和做筆記，並在每一頁的頂端寫上：「謝謝你，澀田。」

不過勝海舟並不滿足於閱讀日本和中國書籍。他曾看過一些奇怪的、從左到右印刷的、笨重的荷蘭大部頭巨著，這啟發了他的想像力，讓他渴望了解整個外部世界。自從德川幕府頒布禁止遠洋航運的法令以來的兩百年裡，日本與歐洲的唯一連繫，是每年在長崎小港口裝卸貨物的一兩艘荷蘭小船，以及十幾名被允許在名為出島的小島上，半監禁居住的荷蘭貨物押運員和商人，現在這座小島已成為海岸線的一部分。

荷蘭商人大多是一個缺乏文化修養的族群，他們滿足於在受限的居住地喝酒、與漂亮的、被放逐的平氏家族（見第三章第六節）女人胡搞，而當局對性方面非常寬容，允許這些女人自由地與荷蘭商人交往。儘管官方禁止日本紳士與荷蘭人社交，但是當他們與荷蘭人交談時，荷蘭人都會利用這個機會盡力詆毀他們的白人同胞，如葡萄牙人、西班牙人和其他羅馬天主教徒。

在勝海舟的童年時期前後，一些傑出的荷蘭人以醫生的身分來到定居點，他們獲得了比商人更多的自由，並開始傳播一些革命思想。東部和南部氏族的年輕人開始探索反抗德川暴政成功的可能性。他們想要學習西方

可能知道的、獲得政權的一切祕訣。像勝海舟這樣住在德川幕府首都附近的一些年輕人，同樣對革命抱有熱情。

　　早在西元1771年，兩位年輕的武士用一個放逐者屍體，來向探索解剖學的知識分子們證明，他們接受的中國解剖學在人體結構組織方面的知識是有明顯錯誤的，而一些荷蘭書籍上講的是正確的，在歐洲發現解剖學之前，中國解剖學就血液循環方面而言，被認為是正確的。以學習醫學為藉口，一些武士獲得了學習荷蘭語的許可，並讓荷蘭人提供一些書籍。令人驚訝的是，不少涉及醫學的書籍在封面之下，有關於軍事戰術、軍械等內容，這是拿破崙戰爭後在歐洲流行的、德國學派的重型軍事科學。

　　年輕的勝海舟拜訪了在江戶這座大城市裡最著名的荷蘭語日本學者，而這座大城市就是後來在勝海舟參與下改造成的東京。「但你是個江戶孩子（類似於紐約人的身分，今天通常翻譯為『東京孩子』），」這位學者以諷刺的口吻對這名熱心的年輕人說道。「你有江戶孩子的急躁，我能從你的臉上看到。江戶孩子沒有耐心去學習蠻夷語言，出去吧！」他甚至沒有給這位淚流滿面的年輕人時間去解釋，他祖上從越後區來這裡才不過三代，根據東方的說法，他還是個越後人。

　　無奈，勝海舟只好找上另一位老師，並且在不到二十歲的時候，就獲得了之前那位拒絕他的老師所擁有的榮譽，成為帝國內首位荷蘭語學者。他拜師後不久，需要一本荷蘭語詞典，不過帝國內沒有出售，他就親手抄寫了兩份完整的詞典，而且還將其中一份出售給他人，來換取足夠費用購買學習資料。就在這個時候，一家書店來了一本荷蘭語的軍事戰術書，售價為50兩，大致相當於3,000日元，而勝海舟連30日元也沒有。他與書店達成了一項交易，每年支付10兩（按時支付）作為租借這本書的費用。然後，他帶著這本書回家開始抄寫。

　　在他十六歲時，父親漠然退隱到一座寺廟，並把整個家交給他。家長

| 背景

退隱並創作詩歌、研究美學和宗教是一種習俗（現在的日本仍然存在），但必須是在家長保障兒子能夠自立的情況下，才能對孩子產生激勵效應。以下是勝海舟在他一年抄寫工作的最後一頁上，寫下的感傷又有意義的後記，這種壯舉可以與我們中世紀抄寫員的巨大勞動相媲美：「夏天沒有蚊帳，冬天沒有毯子，整天抄寫，與其睡覺凍僵，還不如保持清醒並用凍僵的手寫作，拆掉走廊木板生火來烤我僵硬的手指，溫暖我生病的母親和飢餓的妹妹。」在這段話下面，他寫下了一個漢字「完」，在「完」字下面，又用漢語寫下一行非常小的字：「但是啊，最終的成功仍然在我無法觸及的地方。也許不該期待！」

勝海舟寫完最後一句話時，確實期待最終的成功並繼續為之努力，只是有一種雄心勃勃的憂鬱感，這就是整個日本人心態的寫照。

這並不是這位堅毅的年輕學者抄寫書籍的最後一次艱苦經歷。因為那家書店又來了一本荷蘭語的軍事戰術書籍，可以肯定它和第一本書一樣笨重，可它來自那個奇妙的歐洲大陸，對勝海舟來說，它就是一個無價之寶。這本書的價格是 60 兩，相當於 3,600 日元。這一次，這位貧困的學者向他能接觸到的親戚和同輩，每人討要了一些小錢，最終湊齊了這筆購書款。然後，他認真地沐浴一番，穿上最好的、漿洗過的和服，佩戴上劍，帶著這筆可以讓他從事任何生意的財富走向書店時，卻發現這本書在幾個小時前就已經賣出了。

在勸說和威脅下，那位膽小的書店店主，最終把買家的身分告訴這位年輕的武士。勝海舟穿過江戶城，來到那位富有的年輕武士家中。「你願意把那本書賣給我嗎？」他問那個滿臉驚訝的人。「不賣，」那個人回答道。「那麼你願意租借嗎？」勝海舟問道。「不租借。」「那你能把書借給我嗎？因為你拒絕了前兩個選項。」「我需要這本書。」那個人乾脆粗暴地回答道。「你不睡覺嗎？」勝海舟問道。「睡覺，晚上睡覺。」「我不睡覺，」

第十章　精神特質

勝海舟說道。「那麼你願意讓我在你睡覺時來取書，天亮時歸還，並以這筆錢作為抵押嗎？」「我不會讓這本書離開房間的！」越來越惱怒的買主回答道。勝海舟的手伸向了劍。這幾乎到了一個涉及生死榮譽的關口。「那麼，」勝海舟說道，「你願意讓我在你睡覺時，來這裡閱讀嗎？」

年輕武士一下崩潰了，只得表示同意，但很可能是故意的，因為他沒有告訴守衛勝海舟晚上來家裡看書的事。然而，勝海舟每天晚上都會走近5公里的路來到這裡，就站在守衛面前，一直等到守衛不忍心阻止。六個月後，他已經讀完並完整抄下這本八卷的書籍。當那位富有的年輕武士看到這一切時，改變了對勝海舟的態度，並贈送印刷版書籍給他，堅稱這是他公平贏得的。勝海舟以30兩的價格出售這本印刷版書籍，並創辦一所戰術和槍炮設計學校。不久之後，他就開始為帝國各地的領主生產軍火。

西元1643年，日本金屬工匠開始模仿他們見過的第一批葡萄牙火繩槍，但直到勝海舟和他的同仁們出現，才趕上了十八和十九世紀歐洲火器的進展。

日本鑄造工匠的卓越才能，可以在日本寺廟的雕像和大鐘上看到，他們郵寄設計師佣金給勝海舟，不過令他們驚訝的是，勝海舟將錢如數退還，並指示他們將這些錢用於生產更好的火槍上。

此時，薩摩半島上強大的氏族權威人物大久保，正在成為即將爆發革命中的約翰・亞當斯（John Adams）式人物，他看重自立堅毅、年輕有為的勝海舟，於是將他介紹給幕府高官中最具前瞻性的領主安倍。從那時起，勝海舟便成為了參與國事的重要人物。後來，勝海舟與荷蘭人的交往，讓他的注意力轉向了航海和海權以及軍火。西元1853年秋天，美國海軍准將馬修・培里指揮的蒸汽艦隊出現在東京灣，這讓幕府高官和民眾都感到震驚。根據當時的記載，這些「長毛蠻族」引起的恐慌，比二十年後席捲全國的瘟疫還要大。老人、婦女和兒童逃離江戶。白種人在這裡被稱為

背景

「粉鼻子」、「魚眼睛」或「長毛蠻族」，與白種人接觸將會受到汙染。

如今，在日本仍然有一些老年人認為外國人是天生不道德的，他們不洗澡，穿著靴子睡覺，以及其他一些表現，都顯示他們更接近動物而非日本神聖人種。勝海舟雖然對白種人有正確評價，卻也得面對這些偏見。他擺脫偏見，至少獲得了許可，在培里登陸的同一年，在長崎建立了日本第一所有荷蘭教官的海軍學校。荷蘭國王贈送一艘150馬力的炮艇給日本艦隊，由勝海舟指揮為德川幕府服務，可以說這是日本海軍的基礎，儘管在此之前，東部氏族領主們已經獲得了一些小型蒸汽船。

在接下來的幾年裡，勝海舟的冒險經歷主要發生在海上。有一次，他的戰艦駛入一個偏僻的小海灣，在拋下船錨時，他看到兩名鄉村武士藏在修整好的黃瓜藤架後面，準備點燃朝向他們船隻的大炮引線，距離僅有十步之遙。這些鄉巴佬的目的顯然是等到他們看見對方眼白[065]時，就毫不猶豫地發射。勝海舟從甲板上大踏步跳到岸邊，越過炮口，迅速地拔出了引線。

他經歷過太多的船隻失事，無法一一記錄。有一次，在冰冷的海洋中，他將自己綁在桅桿上，以便能在波濤席捲的甲板上下指令。桅桿在他頭頂折斷，繩子最終也斷裂了。麻木的勝海舟勉強恢復了體力，抓住船舷以免被海浪衝走。剩下的船員放棄了與海浪搏鬥，都躲進了下方船艙，但勝海舟還是爬回去重新把自己綁在桅桿上，直到風暴平息，儘管這麼做只是一種純粹無用的日本精神的展示。

---

[065] 這個表達方式常用於描述戰鬥中的緊張局勢和極度危險的情況，強調參與者的決心和行動的果斷性，意味著在極端近距離接觸中，只有當敵人非常接近並且可以清晰看到他們眼白時才開火。

第二節

　　西元 1860 年，日本與西方國家之間簽署了第一批條約，這是在培里准將的堅定信念，和首位美國駐華全權大使湯森‧哈里斯 (Townsend Harris) 的外交手腕共同推動下達成的。當時有建議說，日本應該派堀田勳爵親自帶領使團前往美國首都簽字並交換條約，這個在當時看似奇怪的建議大久保卻接受了，這讓勝海舟感到非常高興，因為他和夥伴們得到了一個可以到西方大國內部看看的機會！他們當時並不知道，但現在日本外交官和軍事人員已完全清楚，這個西方大國就像處在玻璃屋裡一樣，是完全透明的，甚至還為那些想刺探國家執行方式的對手和潛在敵人提供方便。可勝海舟無法容忍貴族出身的日本大使們，接受湯森‧哈里斯提供的美國戰艦波瓦坦號上的通行證，因為這有辱日本的自尊。

　　勝海舟無法得到任何正式消息，只獲得了大久保的半官方批准，指揮他的初級軍艦（咸臨丸）護送美國戰艦。他在出航當日發燒嘔血，對朋友福澤說：「我寧可死在海上，也不願在草蓆上無意義地死去。」因為妻子完全不知道勝海舟的計畫，於是他安慰地向妻子保證道：「我要去對岸的橫濱新洋人居住點取些煤和外國藥，我回來時就全好了。」他的水手們像他的妻子一樣，也不知道他的計畫。後來成為日本明治時代六大教育家之一的福澤與他一同前往。

　　出海後，美國戰艦波瓦坦號很快就把它的護航艦徹底地拋在身後。於是，從未在海洋中真正航行過的勝海舟和他的船員以及咸臨丸，便選擇了北方那條風暴頻發、危機四伏、尚未開闢，但是能縮短前往金門大橋航程的大圓航線。當波瓦坦號駛入金門大橋時，咸臨丸已經在等待著使團到來。她是第一艘在美國水域揚起太陽旗的日本艦 —— 也是第一艘橫渡太平洋的日本艦，更第一艘出現在美國港口的日本艦。身體柔弱的勝海舟因此成為世界第二大遠洋商船先驅，他的艦隊也成為世界最大的三支海軍之

一，而這還不是終點。

他和福澤一路上都暈船暈得厲害。舊金山邊境上的人們給這第一位日本海軍英雄非常熱烈的西部式歡迎，穿著和服的勝海舟在他們看來，更像是一名骨骼纖細的女人，而不是傳統的海上老水手，但他的劍卻亮如閃電。

當他的航海經歷走到這一步時，勝海舟已經完全陷入了日本人的冒險心態裡，他決心要探索南美海岸，並向祕魯展示日本的榮威，不過他的使團團長阻止了這項計畫。日本使團成員穿越整個美國大陸來到白宮，並在美國內戰激烈的時刻，受到林肯總統的接見。他們身穿中世紀的日本服裝。最近，他們對美國的印象已經以英文出版。他們表示，他們從未想像過會有這麼廣闊的土地，也沒有想到會有像亞伯拉罕·林肯這樣的人，或者像在華盛頓那樣穿著環裙跳舞的女士。

勝海舟帶領船隻順利返航回國。儘管途中有大部分水手死於霍亂，但他仍被任命為海軍首領。實際上，他是日本第一位海軍大臣。然而，他並不是把海軍視為自己領地的薩摩貴族，而是出身貧困，來自越後地區低矮松樹林中的貧窮青年。他開始培養東鄉平八郎和那些將成為日本海上集團人物的薩摩人。

在他回國後，周圍環境對他來說可謂險象環生。他的工作附屬德川家族，然而不久後，德川家族遭到了南方大家族無情暗殺和軍事打擊，最後被推翻。他憑藉個人勇敢無畏的膽識、無可挑剔的誠實和如火純青的劍術，在西元1867～1868年的血雨腥風中倖存下來。在京都，他曾遭到刺客的襲擊，那刺客正是革命怪才阪本龍馬，身為帝國最偉大的劍客，他發誓要殺死勝海舟，因為他支持國外思潮並維護外國人進入日本的權利。勝海舟透過勸說讓這位英雄不再拔劍相向，並使他成為自己的學生。此後，阪本一直是勝海舟的支持者，直到他被戲劇性地暗殺——這是日本舞臺

和銀幕上一個常見的主題。當時，出動幾十名劍客才制服他。

由於對海軍的偏見仍然甚囂塵上，德川幕府將軍在兩百五十年來首次被召到京都朝見天皇。（在那麼長的時間裡，是幕府而不是天皇一直處於「召集」地位）。勝海舟動用了他唯一的一艘船，將幕府將軍送到大阪，以免他經歷傳統陸路行程之苦。儘管他們遭遇了一場可怕的風暴，勝海舟仍舊說服這位皇室客人繼續乘船。這對海軍派來說是一次顯著的勝利！

虛弱的幕府將軍到京都訪問天皇，也未能阻止德川幕府覆滅的浪潮。長州氏族的皇家衛隊已完全控制了形勢。在大阪（相當於京都的港口）待命的勝海舟，看到了那座63公里外的古都突然燃起熊熊大火。於是，他獨自一人離開船去探聽究竟。他看到三名武士乘坐小船疾駛而來，最後跳上岸，接著看到其中兩人將匕首刺入彼此心臟雙雙自殺，第三人割喉自盡。他們沒有時間進行傳統的剖腹自殺儀式，這證明局勢非常危急。另一艘小船上的一名武士突然被來自岸邊的一陣子彈擊倒。勝海舟的帽子也中了幾發子彈。

勝海舟至少成功勸阻了王黨派想要燒毀德川幕府重要城市大阪的意圖。這不得不讓人懷疑他對德川幕府抱有同情心，因此，勝海舟被解職並被限制在家。這通常是導致剖腹自殺的常規前奏。大久保勸告他這位年輕朋友對這種不公正要淡然處之。然而，鬼使神差的是，這封大久保寫給勝海舟的具有命運預示意義的密封信件，並沒有轉到勝海舟的手裡。

勝海舟身穿為死人準備的白色棉衣，前往請求各方停戰。在長州領地的一家小旅館裡，他受到監視並遭到槍擊。對待嫌疑人，日本人相當公正，他們對同胞和外國人一視同仁。婦女和兒童早已逃離了這個地區，旅館裡唯一的老奴僕為了照顧勝海舟，累得幾乎筋疲力盡，她做了一身新棉衣給他，每天為他梳理髮型。當她大膽地詢問這位貴客大人怎麼會有這麼古怪的習慣時，他告訴她說，一個人必須準備好穿戴和髮型迎接死亡，這

讓她更加不安，但她後來以此為傲，並向自己的孫輩們講述這個經歷。

因為勝海舟的皇家榮譽地位高於前來與他交涉的貴族，所以，這些身穿絲綢的貴族，坐在一座寺廟的陽臺上，而勝海舟則穿著棉衣跪坐在大廳裡。他們很高興能夠抓住勝海舟，並希望一劍結束這個德川幕府官僚體系的代表，不過他們有自己的規矩，需要在正式會面時表現出應該有的尊敬。勝海舟笑著站起身來，「既然你們不願意進來見我，」他說，「那我就出去見你們。」他走出去，在陽臺上跪坐下來，然後大家都站起身來，走進大廳。

赴英國的長州五傑中，最聰明的人是年輕的井上。當聽說家族面臨危險時，他與同伴伊藤從倫敦趕回來，結果卻被同族人攻擊，因為他們違反了出國的禁令。井上身受重傷，最後倖免於死，日後成為日本國家財政的奠基者。

勝海舟告訴長州氏族人們，面臨歐洲人、美國人和俄國人對日本的壓力，此時不是兄弟殘殺的時候，大家覺得有道理，完全贊同勝海舟的說法。不過他們的邏輯是政府應該與他們一起合作，全面屠殺外國人，對此勝海舟無法說服他們放棄這樣的想法。

後來，勝海舟回到幕府首都，感覺到上司德川幕府領主慶喜在讓他冒完這次生命危險後，不再提起曾經授權他的這個任務，這似乎對大家都好。在東方，每個談判代表都必須習慣這種情況。但是，勝海舟覺得應該維護主人的面子而不是自己的面子，於是他毀掉了所有檔案並承擔責任。而當幕府將軍的位置因將軍死亡而突然空缺時，正是勝海舟直率地提名這位辜負他的慶喜領主成為德川幕府的最高統治者，因為德川家族成員都不敢提出這個建議。最終，家族議會批准了這項提名。但是，慶喜統治時間很短，他代表著德川家族的最後一位統治者，也代表著封建時代的結束。

第三節

德川政府與長州氏族之間的敵對關係，一直持續到薩摩領地和土佐領地公開加入長州，並有許多其他領地也被動加入，這種形勢最終導致了長達兩個半世紀的幕府時代結束和整個封建制度的瓦解。

曾經長州氏族五次在下關海峽附近向外國船隻開火，導致英國、美國和荷蘭聯合艦隊組織起來準備報復，危急時刻，是勝海舟挺身而出，前去說服外國海軍上將們給予六個月緩和期。但是，長州氏族與「粉髮野蠻人」[066]之間擦槍走火的事件仍在持續發生，直到一支聯合艦隊對長州領地首府開火懲罰。長州氏族樂意接受年輕的井上和伊藤自發進行的調解。不過接下來，伊藤面臨的是一個非常微妙的任務，他需要引導曾高呼：「消滅外國人！」的氏族人們，建立與白人世界的友好關係。這位二十歲的年輕人創下了新帝國的對外關係，他後來成長為首位元老政治家，並參與憲法起草。

年輕一代正在崛起，勝海舟這一代人的負擔有所減輕。此時，東鄉平八郎即將從勝海舟的海軍學校畢業。然而，在東鄉進入事業平靜水域之前，勝海舟還有一些微妙的局面需要處理。

回到東京後，勝海舟發現受德川政府邀請來的英國海軍教官和荷蘭海軍教官之間，正進行著激烈爭鬥，這些荷蘭人是乘坐荷蘭政府派出的軍艦，並隨同一個日本人來到日本的。但人們幾乎可以聽到兩方競爭對手在一件事上看法一致：「這些日本人永遠無法靠自己取得進步。如果他們願意給予我們足夠的權力，並服從我們的指揮，我們或許能夠幫助他們做好他們能做好的事。」西元1936年，傲慢的日本人也是自滿地對中國如此說。勝海舟早期與荷蘭人有著密切的連繫，可是，他卻選擇了在英國而不

---

[066]「粉髮野蠻人」，是日本人比喻的西方人，這種形象常被用來反映對西方文化或外國人的某種刻板印象或誇張描繪。

背景

是荷蘭的指導下創建日本海軍。他盡了極大努力才籌集到三年預付薪水，給那些難纏的荷蘭人，還給了他們額外獎金，並為他們舉辦盛大告別宴會，然後將他們送回家鄉。

因此，這位身體虛弱的日本劍客，擔負起建立世界兩大海上帝國關係的重任，讓這個東方帝國能夠從西方帝國獲取海軍經驗，並從老牌帝國那裡獲得資金來發動戰爭和發展新興產業，使日本有能力對付俄羅斯，並促成英日同盟，從而最終讓日本能夠挑戰導師的海洋霸權和全球貿易工業中的地位。

雖然勝海舟忠於德川幕府，但他在德川幕府最後時刻，阻止他們向法國借款20億法郎來對抗氏族人們。勝海舟知道，若是德川幕府這樣做了，英國將相反地為氏族人們提供資金支援，結果日本將遭受印度的命運，印度王公們與法國並肩對抗英國支持的皇帝，結果印度很快就失去了所有的獨立性。勝海舟曾委婉地建議德川幕府將軍慶喜退位，這樣不僅可取消德川幕府至高無上特權，也可結束德川幕府制度和封建時代。他已經證明了自己的忠誠，並是為數不多的、能夠執行這一微妙使命的內部人員之一。「可是，」將軍抗議道，「德川幕府的地位，是經歷三個世紀才建立起來的！」

勝海舟的回答非常適用於今天的日本，實際上，也適用於今天的整個世界：「如果三個世紀的歷史和傳統與時代精神不相容，那它們的價值就微不足道。一個政治家首先應該掌握時代總趨勢。」

按照新帝國憲法，勝海舟先後成為海軍上將、海軍部長、貴族院議員和伯爵。他將兒子（勝小鹿）送到安納波利斯學習，使兒子成為那裡最早的東方學子之一，並於西元1887年自豪地迎接這位年輕畢業生回國，然而，不久之後，他又不得不堅強地面對兒子在騎馬事故中死亡的痛苦。西元1899年，榮譽滿身的勝海舟去世，他堅強的意志讓他虛弱多病的身體

堅持了77年。在他去世前，幕府將軍德川慶喜的十男勝精，迎娶小鹿之長女伊予子，成為小鹿的婿養子，也成為「勝海舟」這個曾經卑微名字的繼承人。

　　每當日本出現勝海舟這類人物時，日本就將創造歷史。

第十一章
性格迥異

第一節

　　維新時期培育出來的兩種迥異性格，逐漸衍生出現代日本的兩大主流思潮。後來的頭山滿，西鄉，荒木，末次，松岡，東條以及黑龍會，日本陸海兩軍的軍魂和神聖使命的擴張主義思想，都源自虛張聲勢。

　　神勇無比和崇尚自我犧牲精神的狂熱分子西鄉隆盛；從溫文爾雅又瘋狂拜金的福澤諭吉，衍生出現代實業家；從福澤這個班傑明·富蘭克林那樣的日本人，又衍生出一系列精明睿智的外交家，其職責就是極力在世人面前維護一團和氣的假象，那就是富士山下櫻花搖曳的海市蜃樓。西元1934～1935年間，這兩種不同的潮流聚嘗試合成一股洪流，在軍隊和戰艦的支持下，將日本商品推向全世界。

　　關於西鄉的傳記有一百多部。他生前是一位鬥士，他的固執有如一頭大熊，身材魁梧，那張胖臉上點綴著一雙洞察一切的大眼睛。他出生在南島盡頭的薩摩藩，是典型的日本北方原住民阿伊努族人。

　　當時，薩摩藩早就成為德川家族的「眼中釘」、「肉中刺」。這就是日本的斯巴達，給江戶製造了不亞於希臘的斯巴達帶給雅典的麻煩。薩摩藩經常突破德川對外交往的禁運政策。這裡是最早與歐洲人交往的地方。歐洲人16世紀就開始製造火器了。西元1858年，封建領主成彰密謀推翻德川幕府最後的統治，效仿現代普魯士火炮原型鑄造了800門大砲。

　　在這次起義造反的大背景下，西鄉和他更加圓滑的弟弟，都出生在鹿

第十一章　性格迥異

兒島港的鐵匠鋪大街，他們的父親是武士時代不入流的小職員。西鄉的繼母是他的首任老師兼摯友，在她的教導下進入培養少年武士的氏族學校。13 歲時，因不能履行武士信條而受到嘲笑，他拔出 12 歲時開刃的武士刀與人決鬥，這令他受傷，終生落下了肌肉僵硬的毛病。由於不能成為一流的劍客，他轉而鑽研中國的經典、禪宗思想和研究軍事理論，藉以出人頭地。

後來，他成為禪宗教義的真正傳人，他認為如果適度地調整內在的精神世界，轉向接受日本民族專有的天授激勵，那就無須過多了解當前國內和世界發生的諸多大事。注意，這與勝海舟的理念正好相反。日本正是從這兩人處獲取力量。西鄉的對手大久保也在同一氏族中成長起來，他注定要成為勝氏一派的保護者。

從西元 1828 年起，西鄉在幕府中任職。西元 1850 年因被指控在領主的圍場偷獵，他被流放到著名的（奄美）大島，在那裡婦女擁有並耕種土地，男人只負責出去打漁。在培里到訪日本的第二年，他及時返回並陪同領主來到江戶。德川已經傳喚主要的封臣來協商如何應對即將到來的海外蠻夷。另外，他既要提防屬下，確保他們沒有私下和這些蠻夷勾結，還要杜絕大家發起叛亂，來反對一個看來無力抵抗蠻夷的地方將軍。

在去往江戶的漫長路途中，薩摩藩主喜歡上這位身材高大的西鄉，抵達將軍所在都城的藩主府邸時，就立刻封這位武士為御庭方役，這樣地位懸殊的兩人長時間談話時，就不會引起他人懷疑。薩摩藩主最終離開了江戶，在京都停留時和矢志推翻德川幕府的天皇推心置腹地交流後，便回到自己的封地開始動員軍隊倒幕。沒想到他突然暴斃，整個氏族集團又被移交到一些無能之輩手中，這些人和江戶又達成了和解。

西鄉起初想要切腹自殺。被朋友阻止後，他來到京都，又走了一步險棋，成為京都寺院住持月照的貼身保鏢，此時德川家族正因篡權而希望致這位住持於死地。西鄉和月照成為那個時期的大衛和約拿單（David and

背景

Jonathan)，似乎身材高大的保鏢也成為了住持的戀人，同性戀的話題經常出現在僧侶和保鏢的圈子中，尤其是在崇尚斯巴達精神的薩摩藩，據說至今這種現象仍然存在。

一直遭到追殺的這兩人，不斷地沿著內海和南島的海岸輾轉逃亡，最終他們藏身於薩摩藩署之中。他們被發現後，西鄉的領主要求其送他的知己離開薩摩藩，移交給等候在藩地邊界的將軍派來的劊子手。但他們乘坐一條中國的小船逃離了鹿兒島，並帶上珍饈美味。他們安全地來到海上，酒足飯飽後來到船頭，彼此道永別後就跳入大海之中。月照溺亡，他的屍體被打撈上來後，上面發現了一首詩：「清心似皎月，墜入薩摩波。」在被救下來的西鄉身上，也發現了他的絕命詩：「浮身寄海運，任憑風浪追。」

誰知，月照的死反而救了西鄉，他在藩署衙門中的朋友放出話來說，二人都已經淹死了。後來他們又一次把西鄉偷偷流放到大島上。他一直在掙扎，因痛失知己而淚流滿面。在大島上，地方官對這囚犯印象十分深刻，他將自己的女兒送給西鄉做妾，為他操持家務。最終，傳來了德川被保皇派刺殺的消息，西鄉大擺筵宴，到外面的花園來了一番劍舞以示慶祝。

西鄉的氏族領主把他帶回到鹿兒島，再次將他流放，領回來後任命其為氏族軍隊的司令官。他被授命率軍北上與主島另一心懷不滿的長州大家族接觸，並在那裡等待領主的到來。西鄉下定決心公然反抗德川家族，繼續向大阪進軍，一心尋找作戰機會。他的領主又驚又怒，把他降職送到一個荒無人煙的小島上軟禁。

西元1863年，一名英國使團成員在江戶附近，因為前面的領主經過時沒有下馬而被殺，為了報復，英國海軍中隊航行到達鹿兒島，擊沉了薩摩藩的炮船（大部分現役的日本海軍高級軍官都來自薩摩藩），並燒毀城市。驚愕的氏族領主召回了西鄉，任命其為名義上的氏族首領。大久保、

第十一章 性格迥異

勝海舟和其他人等勸說將軍退位，新的皇族政府成立後，西鄉被任命為兵部大臣，後任皇家國民軍的總司令。他在自己的領主手下吃過很多苦，因此在廢除封地運動中他熱情高漲。日本的封建體系於西元 1871 年 8 月被正式廢除，當時沒有任何領主膽敢挑戰西鄉的軍隊而發出質疑的聲音。

但是西鄉本質上還是在搞虛張聲勢，他堅持重組後的日本應該立即建立帝國，繼續 225 年前豐臣秀吉的法統。由於領主回到自己廣袤的土地後，搖身一變又成為了鄉紳，普通武士的生活開始變得痛苦不堪。西鄉需要一場戰爭提供工作機會給他們。他獲准帶領遠征軍進犯臺灣原住民（西元 1873 年），不過這讓日本和中國交惡。英國因平息了此事而獲益頗多。西鄉隨後命令發兵朝鮮。他的同僚大久保意識到開始對外擴張前，日本還有許多工作要做，令天皇否決了西鄉的帝國方案。西鄉便辭掉東京新政府的職位，回到鹿兒島，向失業的武士承諾他們應該擁有參戰的權利。

他在薩摩藩建立了一所學校，其分校在這個島上到處都是，每一所學校在政治上都是鼓動反抗的溫床。那些武士們尤其對西鄉昔日的學生，年輕的山縣創立的一所現代平民軍隊十分憤怒。他們身穿卡其布衣服，邁著整齊的正步訓練，兵源都是從新成立的普通平民學校招募來的。對於平民甚至可以手持毛瑟步槍參戰這一說法，以往那個揮舞武士刀，身穿盔甲，頭戴孔雀翎的武士階層一直在極力地嘲諷。

西元 1874 年 1 月，一些狂熱的青年武士從皇家戰備處手裡，奪取了鹿兒島新建的軍火庫，並開始為自己的軍隊製造火藥。直到今天，在日本歷史上他們的行為反覆上演，這迫使領導人西鄉要麼斷絕與追隨者的連繫，要麼公開領頭造反。他們的藉口就是想要把被挾持的天皇從東京解救出來。

大久保作為新生政體的主要人物留在了東京，以日本人特有的方式努力開創一個消除危險的捷徑。他清楚西鄉對國家的設想是多麼重要，在日本全面地公然顛覆統治了幾百年的武士階層是多麼危險。他祕密派 19 個

年輕人到薩摩藩，指示他們一旦老朋友西鄉訴諸武力就將其刺殺。一名年輕人受到懷疑後被嚴刑拷打，交待了其中的陰謀。他的供狀抄本被傳檄全藩，作為武士起來反抗新秩序的總號令。於是，大久保被逐出了氏族集團。

消息傳到了京都大久保那裡，他一句話也沒有說，就免除了其他大臣的職務，做出想要和解的假象。倘若他召集內閣開會，他們可能還會猶豫，一切努力都將付諸東流。那天晚上，大久保平靜地出席了藝妓晚宴，晚上成功地在公告上蓋上天皇玉璽，公告命令年輕的山縣帶領新軍取得西鄉的項上人頭，將反叛者全部消滅。

整個日本都驚得喘不過氣來，可是天皇這位「聖人」的地位現在得到了保證。問題的焦點在於武士階層的無上榮耀和對天皇的無限忠誠。結果經過一場激戰，付出了7萬多條生命的代價，終於結束了武士階層的存在。僅此一役就充分地證明了，持槍的無產階級遠勝於持劍的貴族階層，日本將牢牢記住這個教訓。隨著武士階層垮掉，日本的平民最終走到了檯面上。年輕氣盛的山縣才二十多歲，就成為日本帝國的建立者，他一直保持著這一頭銜直到85歲去世。

西鄉的士兵作戰猛如虎，不過這個大塊頭並不好戰。他對天皇要砍他的人頭也不怨恨，只聲稱他已經傷透心了，就連自己的親弟弟都反對他，所以他的性命也無關緊要了。他眼含著熱淚，這個平時十分無情的青年山縣，下令將乾草堆上發現的西鄉屍體砍掉頭顱。以前反對他的一名親戚川村上將，提起血淋淋的人頭，清洗乾淨按照武士的規格隆重安葬。

西鄉已經成為一名英雄，他對於日本帝國就相當於叛將羅伯特·李（Robert Edward Lee）在美國人心中的地位。他是現代日本的奠基人之一，作為一種仍舊在這個島國盛行的精神化身，這種精神脫胎於內心的忠誠和衝動，而不僅是頭腦的見識和警醒。

第十一章　性格迥異

▎第二節

　　在這一關鍵時期，福澤諭吉與眾不同的個性和心智，幫助他了解日本的人力資源。他是勝海舟的朋友，勝也勇於帶著這位先驅乘坐日本輪船橫跨太平洋的首航。兒童時期開始，他就務實地將理想主義和世俗智慧相結合，這也是美國殖民地對班傑明‧富蘭克林的影響。年輕時候崇尚儒家道德的哥哥，問他是否確立了人生目標，他回答道：「我一定要成為日本最有錢的人。」

　　在他十二三歲時，哥哥一天因他踩了寫有藩主名字的紙條而斥責他，這引起他的反抗，他感到奇怪，說道：「要是我踩到一個大神的名字會怎麼樣呢？」於是他真的嘗試了，而且天神也沒有怎麼樣。後來他又做了一個終極測試，拿一張寫有神聖名字的紙張，實踐一個男孩所能想到的、最下流的用途。他坦言在受審的過程中怕得要死。他還從整個東方最敬畏的靈魂附體的狐仙神廟中，用塊石頭替換了狐仙畫像。福澤諭吉幸災樂禍地看著鄰居們過來，傻乎乎地在一塊石頭面前敬拜。從那以後，甚至在皈依基督教後，他骨子裡都是一個理性主義者。這一經歷和中華民國的國父孫中山早期的經歷相像，孫中山也是基督徒，也是理性主義者，他小時候打碎村裡神廟所有的塑像，來測試破壞聖像的後果。

　　福澤是帝國最早一批的英語翻譯，他在朋友勝海舟學習荷蘭語的時候學習英語。德川幕府派他陪同使團訪問歐美時，他就搭乘勝海舟的船隻。為了這趟差事，他提前領到了 400 美元，其中 100 美元寄給長州藩年邁的母親。其餘的錢分文未動，帶到倫敦全都買了英文書。他記錄下使團成員認為他們不能吃西方蠻夷的食物，隨身攜帶大量稻米的事情。他們還帶了燈籠和蠟燭，認為西方的旅館中可能會派上用場。他們都穿著和服，頭上留著武士的髮髻，每人還配備了兩把武士刀。

　　西元 1864 年回國時，福澤造訪了自己的家鄉中津，並勸說他的一些

信徒接受西學。他發現士兵帶著各式的槍枝和刀劍在大街上行軍，呼喊著反對洋鬼子的口號，孩子們無論唱歌還是遊戲，主題都是剷除蠻夷。幫他剃頭的人說，和藍眼睛的惡魔打交道的日本人，要是來這裡理髮，他都會割斷對方的喉嚨。當然了，福澤是一聲也不會吭的。

他一生中有過兩次冒險，一次是兒時玩伴的表弟，他站在福澤屋外，整個晚上隔著窗戶紙向屋裡看，盼著客人早點離開，這樣家族內部出現的凶殺，就不會冒犯到陌生人。然而這位客人似乎被清酒醉倒了，整個晚上都沒走，徘徊在屋外的愛國青年累壞了，就直接回家了。還有一次和店主有關。福澤在準備乘船離開是非之地街區的那天夜裡，他和母親停留在一家旅店，店主把消息透漏給幾個愛國青年，他們急忙趕往旅店，卻因為邀功請賞一事發生爭執，天亮了，船走了，他們也沒有爭出個結果。

第三節

福澤和富蘭克林一樣，有著千奇百怪的興趣愛好和無盡的好奇心。他接受到任何新鮮事物，都想應用在日益變化的祖國身上。他是日本第一個皈依基督教的名人，這使得基督教新教在日本得以廣泛傳播，他又把講演藝術介紹給日本，成立了慶應大學，這所大學因在三井財團的資助下，培養了不少日本早期的外交官，外務省又被戲稱為「慶應系」。

福澤在文部省的影響非常大，因此文部省又被戲稱為福澤創辦學校的一個分校。他把田徑引入日本的青年教育，取代了傳統的劍術。他還成立日本知名報社並擔任編輯，改進棉紗機，修建水電站和創辦其他實業，實現了兒時累積百萬財富的夙願。他向新生的日本傳達西方實用的成功學：取法古今中外一切有用的東西和力爭第一。

如今日本的政客演說可以連續六個小時給觀眾帶來快樂，議會辯論唇槍

第十一章　性格迥異

舌劍，唾沫橫飛，學生舉辦英語[067]和日語講演比賽，工人鼓動者站在肥皂箱子上演講，愛國人士的感言令聽眾潸然落淚，紛紛投身政治謀殺事件，像賀川豐彥那樣的改革家更令觀眾著迷，收音機每天播放數十篇演講，餐廳俱樂部演講要比世界上任何一個國家都要激烈，外交官和學校教師來訪的歡迎致辭，都是滔滔不絕演講的絕佳場合。無論好壞，西元 1873 年前，日本是不知道有公開演講這回事的。讀者可能根本不相信，但是事實正是如此。

　　德川時期對於這種透過演講來傳播思想的方式肯定不夠友好。日本文學界也普遍認為，他們的語言雖然適合在師傅的指導下學習各種知識，但並不適合公開演說。西元 1868 年帝國的「憲章誓言」明確了公開討論和辯論的合法化，卻沒有辦法真正得以實現。福澤對國人是福是禍並不重要，不過他於西元 1873 年翻譯的羅伯特的《議事規則》，的確解放了國民生活中一股新生力量。他創造了一些議會政治的術語，有些詞彙如：演說、前提和結論這些詞，很難譯成日語。

　　福澤成立了一家小型的講演俱樂部，請來街頭和茶館中說書藝人來說教，他說只有這些人才有本土的講演藝術。甚至福澤的朋友，教育改革家森有禮也勇於在一眾學者面前，聲稱針對嚴肅話題的公開演說難以令人理解。福澤隨即起身說道：「諸位，請讓我說兩句。」他開始就當時的熱門話題〈臺灣遠征軍〉開始講演，一個小時後，他發現大家還在認真傾聽，他突然問在場的人是否都聽懂了，大家都點頭。他說道：「那麼，剛才大家聽到的就是講演，是用日語做的講演」。福澤用了十五年時間確立公開的議會講演模式，這使得日本議會能夠正式得以運轉。日本議會始於西元 1890 年，從那以後似乎從來都不缺講演。

　　福澤拋開基督教聖經中「萬惡之源」的說法，來告訴他的國民說：「金錢是萬能的，同胞們，你們必須全力去賺錢，這是國力基礎之所在。」這

---

[067]　從西元 1939 年起德語取代了英語。

背景

種始終灌輸國民賺錢和重商主義的畸形教導，正是低等人的標識，因為幾百年來身處貴族階層的武士，是禁止從事盈利的實業的！然而這種觀點很快流行開來，福澤本人就是這場運動的領導者之一，他教導新一代的日本商人商業道德是第一位的，任何形式的詐欺都不可原諒。

當貿易取代戰爭，成為雄心勃勃的日本人的主要利益關注點時，既粗暴又可悲地違背誠實商業原則隨處可見，這讓日本人在世界上有了汙點，也成為一條公認的常識，即「日本人不誠實，他們不得不在日本銀行僱傭中國人當櫃檯。」歷史上這種傳言，源於有遊客看到英國滙豐銀行在日本新開分行時，見到了中國雇員。中國以前的行會商人「言出必行」與「日本人不誠實」的名聲差距根源在於：在中國，百年老店已經成為老字號，商人極受尊重，組織嚴密，行會為維護名譽制定了嚴格的誠實守信原則，而日本除了像三井這樣的幾家老字號，在維新前商人一直都是賤民。

在維新開始後的前幾年，商人通常都是被罷黜的武士，他們對商業一無所知，並且還被以前的僕人隨意擺布。如今日本政府為了進一步將日本貿易擴展到全世界，嚴格地監督企業經營。與此同時，中國出色的舊式行會在政治動盪和西方工業化的影響下土崩瓦解，對比中日兩國商人誠實守信的老話諺語，也應該互換了吧！

福澤始終堅信盈利是資本的權利。三井銀行引用他的說法來為自己正名，西元1932年，銀行拋售黃金犧牲了國家利益而獲利1億日元。

福澤早期以反傳統主義而出名，因此被稱為日本的羅素和伏爾泰。他對憤青的行為極盡嘲諷，他畫了一些日本武士的配文圖畫，一位報社記者拿它和巴黎聖母院屋頂的怪獸滴水嘴進行了對比。在日本很少有人能夠歷經磨難而壽終正寢，福澤可能是唯一的一位手中筆比手中劍更加鋒利的日本偉人。今天日本極其需要一位元理想主義的反傳統的福澤式的人物，他要洞悉世事，內心既要自私，還要保持情緒穩定。

第十二章
愛國黑幫

第一節

　　秩序井然的日本社會，其表面上由受到高度管制、始終服從並尊重官員和貴族的國民組成。對於那些了解實情的人來說，像頭山滿那樣全國性超級黑幫的存在，足以令人吃驚。整個日本民族心理的突顯，影響到這位主要人物的政務決策，現在這位族長已經年近九旬，身形挺拔，眉弓高聳，白鬍飄撒，有著天使一般的臉龐。身為經歷了日本封建社會和帝國工業發展至今仍然健在的大老，一位日本記者稱他為現代世界唯一真正的荷馬式人物，這話一點也不為過。

　　西元1924年，作者寫到數千人隨時準備為頭山滿獻出生命。就在前一年的大地震和大火中，一群日本人甚至還有一些朝鮮人，不顧他們的個人安危和家庭財產，冒著大火衝進頭山滿家中，把他和他的家人救了出來。幾年後，頭山滿暢行無阻，為所欲為，嘲笑官方譴責他煽動年輕人謀劃政治暗殺，諸如：西園寺王公（西園寺公望）、齋藤首相、牧野大公、美國外交和領事代表等人。

　　這個現代的「世外高人」的權力和影響達到了頂峰。原因在於他獨掌黑龍會及其分支機構，其中有可敬的組織如神武會、國本社、玄洋社，還有一群超狂富豪聚攏在嚴厲的陰謀家平沼騏一郎男爵周圍。這些協會組織的資金來源依仗勒索富人、煽動政治捐款，還有來自陸海兩軍和外國宣傳機構偷偷劃撥的預算撥款。甚至據報稱，他們還敲詐過日本兩家最大的報社。

背景

　　平沼出身貧苦，先當上一名律師，後來做了檢察官，任上結識許多重要人物，因此封爵成為天皇內務府成員。正是透過平沼的協助，頭山滿才能直接得到天皇的玉璽。後來平沼當上首相，成為策劃偷襲珍珠港的核心成員，可能也是得到了頭山滿的指令。

　　沒有人知道在員警的名單上，頭山滿擔任高級教士的會社有多少會員，但是數量肯定是多得數不過來。這些組織延續了虛張聲勢的武士團體的一貫做法，他們在上個世紀中葉最先攻擊外國人，然後推翻了已經統治兩個半世紀閉關鎖國的政府。透過維新時期的幫派，現有的這些幫會，都與中世紀血腥的恐怖組織有著千絲萬縷的連繫。它們在軍營和貧民中一直都存在，就像美國南方窮苦白人中特別有影響的3K黨及其相關運動，有時候它們會在全國蔓延，控制學校和政府，1820年代的美國3K黨就是這樣，日本這些社團組織包括很多對此毫無疑慮的政界和工商界領導人。

　　駐東京的美國報紙《日本廣告商》一名記者，鼓起勇氣採訪了幾個愛國幫會的頭子。一個大都會警官對這位記者說，「我得先提醒你一下，對這些幫會的報導一定要小心，一篇讚美的報導會令他們開心，會使他們更加猖獗，但是稍微冒犯到一點他們的自尊就會很麻煩。記住那兩家大報社的經驗教訓！」

　　「他們都是流氓和小混混，整天渾渾噩噩，混跡於賭場，他們的人生規劃就是處理好大哥和小弟的關係。大哥多數情況下都是建築承包商。（這也使得夏威夷那邊的情況更真實，承包合約幾乎完全都在日本人手中，承包商都是日本商界種族歧視嚴重的那些人。承包商很容易找到炸藥，保留工具作用武器。）[068] 警方認為較明智的做法是留有一定餘地。把這些小混混分散到全國各地也於事無補，他們的行為完全取決於幕後的操控者。」

　　這名報社記者發現，大文化協會的總部是五間房，有一間大堂用來練

---

[068] 這部分內容見西元1934年版中。具體指的是西元1941年12月夏威夷的「第五縱隊」。

第十二章　愛國黑幫

習柔道（柔術）和擊劍。領導人告訴他，把日本國內政治的私密，詳細地透漏給外國人不是明智之舉。「普通民眾就像瞎子，一定要有值得信任的人來領導他們。」他說，「我們這些帝國的愛國青年團結起來完成自身的神聖使命。我們越來越依賴受過良好訓練、隨時能夠投入行動的年輕小團隊，而不是需要很多人手。對於政務，我們還沒有明確的方案，不過我們會適時出擊響應任何正義的召喚，心懷正義是日本人的固有精神，一定不要和外國人的正義感混淆。我們感覺自己和義大利的法西斯運動有一定的淵源。一旦我們的熱情被點燃，誰也不知道我們會做出什麼事情來。」

在大使命協會，報社記者發現一個身著神道祭司服的大老。「我們沿著中間的大道行走，」他口中唸叨著，「靠左和靠右都是不對的。我們萬眾一心，堅信大和民族主義。我們打算喚醒當前渾渾噩噩的社會，現在的行動是實現目標最有效的手段。我們已經承擔了艱難的任務，有責任向一潭死水中投下第一塊石頭，目前是行動的最佳時機，因為當前的社會還不能接受講演和出版品所表達的觀點。我們的精神和活動的典型：1. 襲擊帝王飯店的舞會，2. 富豪壽宴上的反對聲音，以及 3. 反對實現男子普選權。我們感覺和義大利法西斯高度吻合。社會就像一個每個角都被釘住的三角形。」

在黑龍會，這家報社記者發現這裡生意興隆。名義上的會長內田良平先生告訴他，「我們協會主要涉及日本的對外關係，但是也不可避免地要考慮國內事務。在這兩個領域，我們信守大和魂，即「大和民族，至高無上」。對於勞資雙方的糾紛，我們還沒有一個明確的態度，不過會熱心調查這些糾紛的起因。我們營運一個可以容納 300 勞工的出租屋。」（在這個出租屋裡發現了從美國大使館旗桿上扯下來的美國國旗。）

接下來，記者又來到了反赤協會。「儘管我們還保留了雪花星團的名字，可是現在我們的目標，不僅是保護這個國家和人民不受布爾什維克主義者的

影響，我們還是社會的導師，僅此而已！我們還組織了日本實業會，這是一個全國性的工會，它將完全符合天皇和國家合一的精神，透過工業發展和帝國擴張來維護帝國的特權。」

在國粹會，這個提問的記者得到的回應是：「政黨領袖就是賣貨給出價最高的商人。可以培養具有保守思想的無產者，去堅守日本的古老傳統，反對像你這樣的高領開明人士。」軍中退役的少將開心地笑著說道。高領是日語對英語 high collar 的挪用，經常用於世界產業工人聯盟如日中天的那段時期。

侵華時期的日本外相廣田（廣田弘毅）是頭山滿的學生，從小就是黑龍會的成員，接受協會的教導，其個人對頭山滿無限忠誠。向美英開放大門的軍閥東條也是頭山滿的信徒。有著日本傲慢笑容的「世外高人」，在內閣和陸海軍總參謀部中有不少他的「青年才俊」。

現在的日本有像頭山滿那樣的人物並不是唯一的現象，還有佛教徒井上和其他一些愛國幫派的首領，以及水戶藩「愛國會」的建立者立花，水戶藩是直接行動愛國者的發源地，也是農民和軍隊連繫的紐帶。不過井上的兄弟會既沒有黑龍會資格老，也沒有黑龍會根基深，因此井上坐了牢，被指控謀殺和他同姓的財政大臣井上準之助，和三井財團的理事長團琢磨，以及煽動東亞高級會社密謀謀殺首相。立花因牽扯到謀殺「老狐狸」犬養毅而被判終生監禁。就在他們被監禁期間，他們所在的組織被頭山滿逐漸掌控，而員警可從來不敢拘押這位龍頭老大。

第二節

頭山滿出生在思想偏狹狂熱的日本南島，時間比勝海舟和福澤要晚 10～15 年，但很早就受到西鄉的影響，他在「英雄的搖籃」接受教育，在高場

第十二章　愛國黑幫

蘭女士的指導下接受嚴格的斯巴達式訓練。高場是一位獨特的女性自律者和陰謀家，性別讓她無法成為那個時期最有名的俠盜之一。她在日本深受斯巴達影響的地區舉足輕重，因為那裡女性地位最低，不受重視，即使在感情生活方面，她們也經常處於從屬地位，就像柏拉圖（Plato）生活的希臘一樣。

高場蘭終生未婚，家中從來沒有斷過前來諮詢的政客。她的傳記作者說：「高場女士錯投了女兒身，她一輩子都在怨恨老天對她開的玩笑。她從來沒有穿過女人的衣服，如果誰提及她是個女人，那說話者臉上一定會瞬間招來一頓小拳頭的猛擊。她甚至還隨身帶著兩把武士刀，儘管這不被法律和傳統所容許，可是沒有人敢對她說一個不字。」生性好鬥的頭山滿對她一直心存感激，在他眼中，她的影響力不存在任何女性化的說法。頭山滿從小就把偉大的征服者秀吉當成自己的榜樣，後來他成為拿破崙的狂熱崇拜者。

此處那些拿破崙式的人物，在世界上快速傳播的影響力不容錯過。亞歷山大大帝的事蹟，直到中世紀仍舊激勵著歐洲豪傑，似乎那個征服印度的阿育王（Ashoka）和實現中華大一統並修築了萬里長城的大秦，在西元前三世紀時，一定被從西方傳播到亞洲的亞歷山大的英雄事蹟所感動。在我們這個時代，凱撒直接影響了墨索里尼和穆斯塔法‧凱末爾，拿破崙對當代的影響使歐洲出現墨索里尼和希特勒，日本則出現了頭山滿。

他年輕時效仿青年時代的秀吉，仔細思索該如何逃避當各種學徒。有一次他的家人把他送到賣馬鈴薯的那裡，半夜他開始高聲叫賣：「賣馬鈴薯啦！誰買馬鈴薯？」當被告知不要吵嚷時，他抗辯說正在學習新業，不應該受到干擾，除非他的家人同意，他才會放棄。接下來家人送他去賣木屐。一天，老闆回到店裡時，看到一大群人爭先恐後地擠向櫃檯購買木屐，他的存貨幾乎都要賣光了。正當他正慶幸找到一個年輕的銷售天才

143

時，卻發現頭山滿每雙木屐僅賣五日元，這幾乎使整間店鋪破產。

後來，頭山滿在國內四處輾轉，效仿自己的榜樣，遊歷名山大川，造訪古寺名剎，不時地還做出一些勇敢無畏的怪癖舉動，這使他到處為人津津樂道。他曾經冒著生命危險救下一個溺水的夥伴，還有一次，他滿身塵土地出現在長崎最時髦的旅館。他說：「頭山滿需要一間房。」結果他被高傲而不失禮節地告知，旅館已經住滿了。「那好吧！」他威脅道，「在貴處我能要杯茶嗎？」（在這裡茶是不收費的。）呷了一口茶後，頭山滿把10日元鈔票放在托盤裡。「這是茶水費（小費）。」頭山滿說道。於是，旅館就替他找了一間房。第二天早上，頭山滿掛起一幅卷軸，上面他替這家旅館改名為「十元飯店」，這家旅館起初受到了奚落，後來奚落變成了美名。時至今日，長崎的「十元路」十分繁華，正是因為有了和頭山滿的淵源。

後來，頭山滿恰巧來到一處落後的地區，那裡的窮苦人家剛好被劫匪頭子打劫。頭山滿來到劫匪的老巢，坐下來只是盯著匪首，直到他鞠躬道歉，將搶劫的財物遞給頭山滿交還原主。土匪頭目隨後發誓，他再也不打劫窮人和弱勢團體了，這也正是頭山滿自己的原則——只要那些窮苦的弱者還是「神族」的子民。

第三節

西元1901年，黑龍會成立，當時才四十多歲頭山滿會長，就為日本的官場公開制定了兩條不可動搖的規矩：

第一條：在國際上，日本卑微的地位是由外國政府增加日本的關稅，和國內臣民實行統治給予否決的條約決定的。

第二條：日本應該對華發動戰爭，以奪取朝鮮或者滿洲，不容俄國染指上述這些大陸地區。為了強調第二個目標，幫會採用了現名「黑龍」——該

名源自位於滿洲和西伯利亞之間的阿穆爾河的中文名字「黑龍江」。

信奉馬基維利（Niccolò Machiavelli）的大隈重信侯爵是早稻田大學的創始人，於西元1877年砍掉了武士階層的退休金，逼反西鄉手下的武士，又透過賄賂北海道大地醜聞中的高官，而強制批准了西元1899年的憲法。後來他先後擔任財政大臣、外相和首相。身為日本最偉大的健談者，他廣開言論，誇口從來不動用筆墨。他的手跡只有幾個簽名，這對收藏家來說極為珍貴。頭山滿成為他心中的魔鬼。

早在西元1871年，頭山滿因日本從英國貸款修築國家的第一條鐵路，而稱大隈為叛徒，據稱大隈曾給了25萬日元賄賂，讓他永遠離開日本，頭山滿回答道：「錢我可以拿，但是人不會走。」西元1892年，大隈和外國祕密談判達成協議，要求逐漸取消那些損害日本主權和尊嚴的外國特權，此間因為條約草案中有外國法官的條款而遭到反對派的抗議。此事被倫敦《泰晤士報》披露，消息傳回國內，頭山滿派一個弟子向大隈的馬車投炸彈，炸掉了這名政客的一條大腿，大隈失血過多，但僥倖逃過一劫。因殺手當場自殺，沒有證據證明頭山滿有罪。

頭山滿在大阪被捕後，出言嘲笑盤問他的員警，不久這些員警和司法部門都收到了死亡威脅，隨後只能滿臉堆笑地將其釋放。從那以後，他事實上就已經完全逍遙法外了。頭山滿後來拜訪了大隈，大隈接待他時，一種諷刺的語氣問他，是否來送回他的那條腿。頭山滿臉上帶著和善的笑容，聲稱任何一個高官都應該樂意為天皇和國家獻出一條腿。大隈坦言他十分敬佩這位冒險家！

頭山滿拜訪五大「神族家庭」的領袖松方正義時，發現有座車等在門口，然後他被告知主人正準備出行不見任何人。頭山滿傲慢地令僕人回覆，主人是否堅信自己能夠順利抵達目的地，頭山滿於是得到了接見，松方正義的出行計畫也因此推遲了。

背景

　　頭山滿最著名的一次拜訪，就是拜訪副島種臣，副島對財富的攫取，已經成為愛國者閒談的話題。頭山滿的這位伯爵嘗試著轉移視線，問道：「你知道國家財政最急需的是什麼嗎？」頭山滿直盯著伯爵回答說：「對於我來說，就是成為富豪！」頭山滿立即出來向東京放高利貸者借錢，自己很快就成了暴發戶。放貸者要求還錢的時候，頭山滿邀請他們和一些社會名流來到高級飯店，極盡豪華地用美食和藝妓招待他們，整個晚上的費用他全包，承諾如果他們也能做到這一點，他會在第二天他們開門營業之前，把所有的錢都還上。

　　他走後，第二天早上帶來所有的欠款，還給當時困苦的朋友和熟人帶來很多的賀禮。在此期間，他出門把透過政治施壓獲得的北海道煤礦所有權，賣給了三井財閥。這個公開上演的巨大寓言向世人表明了，政治的腐敗和攫取財富的容易。在生命的後期，儘管他可以在幾個小時之內獲取上百萬日元財富，可頭山滿還是一如既往地以窮人的形象示人。在他位於東京和橫濱之間的破舊板房家中，沒有一個窮困的求助者空手離開，要知道，他家當時已經是整個亞太地區的權力中樞。有人曾見他脫下自己的衣服，送給一名窮苦的訪客。

　　頭山滿對於表揚和批評充耳不聞。政府官員多次想透過提名或者任命他一個職位，以便拔出他的爪牙，但都沒有成功。他寧願在幕後甩響無解的刺殺皮鞭。西元 1933 年，一名作家寫道：「頭山滿已經把刺殺變成日本最體面的政治工具了。」日本人對於刺殺的態度，源自他們對生命的輕視，只不過比希臘的反西方主義更激進一點。人們普遍認為，受害者應為了國家和民族的利益而離開這個世界，這不一定是他個人的汙名，更可能是政治上的汙名。牧師山本先生在為自己的道友神父井上辯護時，用佛教禁殺螻蟻的詭辯認可了這種態度，他說道：「佛教把對有害人類（人類就是神聖的日本人？）福祉的任何殺生，作為人類和平的主要目標，在佛教看

第十二章　愛國黑幫

來，這種殺生並不是罪過。」

最近出版的一本有關愛國者軼事的書籍，充滿了對黑龍會的祝福，書中提到因腐敗而臭名遠揚的黨魁星可能深受頭山滿的影響。那位支持日本的「俾斯麥」，軍國主義獨裁者山縣，僅僅因為換取議會政友會成員的投票，而支付 30 萬日元的賄賂。山縣透過其他方式也能達到目的，不過他有許多理由證明，能夠等預算順利通過而不誤事，開銷遠遠不止那 30 萬日元。他和一個朋友是從私人的私房錢中拿出這筆錢。那個消化不良的軍閥睚眥必報，最終開始報復星，星因和一名法國女郎有染最終自殺。但是頭山滿暗示星獲取 30 萬日元，是政友會籌款經常採用的手段，完全是一種愛國行為。

第四節

日本進入維新時期後，只有這個人物或者被他欺負的當事人死後，他的大部分干預活動才會被曝光出來。日本的一家主要雜誌社講述了一件厚顏無恥的行為，才讓一些內幕得到深刻的揭露[069]。對我們來說，重要的是該書的出版只是導致這些龍頭大老微微皺眉，該雜誌的廣大讀者群似乎已經認為，這是當今時代的典型特徵。

據報導說，頭山滿小睡醒來看到一個弟子悄悄溜走，他看出了這個小子臉上的尷尬，頭山滿說道：「你要殺人就告訴我，我不會攔你。」「是的，」年輕人回道，「但是請不要問我要殺誰。」「好吧！」日本的這位「世外高人」說道，「不過你不能殺伊藤。」年輕人哭訴道：「啊！你說的這個人，正是我要殺的人！伊藤在阻礙我們國家發展，他對天皇不忠，他是反戰集團的老大。現在是對俄開戰的最佳時機，我們會失去戰機嗎？伊藤會阻礙

---

[069]　見西元 1934 年 7 月《日出》刊載的野村琴的《伊藤和頭山滿》。

背景

我們,他是外相,還是天皇的密友,必須殺掉。」

「聽著!」頭山滿說,毫無疑問對於自己成功教導這些年輕人而沾沾自喜,「坐下來慢慢說。伊藤有很多理由阻止我們,他只是動作遲緩,過於謹慎了。他告訴過你,他也是為國行事。」

這個年輕人以日本典型的歇斯底里表現自己的失落,他失聲痛哭起來。老者安慰道:「假設現在我們能改變伊藤的想法呢?」年輕人抗辯道:「那些和我們看法一致的大員們已經求過他了,都沒有任何效果。」「頭山滿不還是沒有去拜訪他嗎?拿著你的刀,等我去見他。」

這是西元 1903 年的 7 月,沙皇的祕探正在向朝鮮滲透,沙俄正在滿洲大草原上建立軍事基地,那就是今天的哈爾濱。愛國人士更加關心的是,由社會主義者片山潛領導的和平運動,此時他們正在大規模地進行反戰遊行示威,帝國的第一位政治家伊藤本人,也傾向於和俄國在日俄兩國勢力範圍瓜分朝鮮和中國。

據報導人員說,一次日本的祕密會議召集了日本最大戰艦的艦長,其他陸軍軍官和外交部的幾名成員,決定不宣而戰快速進攻俄國。「我們必須帶上伊藤,否則就把他殺掉。」他們最後得出這樣的結論。可是通常和伊藤溝通的那個中間人沒有資格參加會議,因為不久前他喝醉時曾公開聲稱,不能讓伊藤多活一天。頭山滿接管了這個問題,他下令道:「你們年輕人都哪來哪回吧!伊藤的事由我來處理。」

幾天後,他在四名朋友的陪同下靠近伊藤的官邸,其中有一個叫河野的是下議院的議長。伊藤當時正在送前任外相青木。「太好了!現在他不能說不在家了!」越走越近時,其中一個人大聲說道。青木在臺階上經過頭山滿時,對著這個龍頭老大驚呼道:「你不會打外相吧?」「我不知道!」頭山滿咆哮道,然後就和朋友們推門進屋了。伊藤也聽到了這些話。頭山滿甚至連以示尊重的衣服都沒有換上。此情此景伊藤也沒有什麼心情招待

了，五個人圍著他，他知道拒絕談判就得死在當場。他還記得前任大隈的命運，於是將這些人領到了接待室。

河野發表了七百字的講演，說明日本不可避免地遲早會與俄國一戰，上天都已經安排好了開戰時間。伊藤冷靜地聽著。突然頭山滿插話道：「河野，停下！伊藤侯爵的情報人員比你還清楚這些事情，伊藤先生，我不想強迫你拿出理由。身為一個政治家，你認為誰才是日本最偉大的人物？」「你認為是誰？」伊藤反問道。頭山滿回答，「當然是天皇陛下。」他們都低頭以表敬意。

「是的，」伊藤說，「這沒有什麼好爭議的。」「然後呢？」頭山滿繼續追問，「在天皇的臣民中，誰最偉大？」「這個嘛──」這個政壇老手哽住了。頭山滿盯著他，「伊藤，你想成為日本最偉大的政治家嗎？還是想當一條死狗？」很顯然，後一句話裡有弦外之音。伊藤，這位日本憲法的起草人慢慢地起身，把手伸給這個超級敲詐者和威脅者。「頭山君，我明白，」他語氣生硬地說道。「為了這個國家，」頭山滿起身說道，「現在我們是一個精誠團結的國家，我們一定會贏。」他使個眼神示意大家離開。

這就是日本官場決策的內幕，這樣的決策在西元 1941 年前讓日本發起這次日俄戰爭。在頭山滿和伊藤會面的幾個月後，日益崛起的東鄉平八郎上尉，這個來自日本南島的頭山滿的學生，在伊藤外務省釋出對沙皇的正式宣戰後，從家鄉開拔對俄開戰。在某種程度上，這就是西元 1941 年 12 月突襲珍珠港的預演。

第五節

頭山滿強大的影響力不僅局限於自己國內，甚至還傳到並左右了中國和印度的革命。在二十世紀的前十年，孫中山這名中國的外科醫生、空想

背景

家和革命者，擺脫北京滿清慈禧太后的刑問最終逃亡到了日本。正是這位可親的頭山滿透過中日兩國的官員為他提供庇護，成功躲過了慈禧手下刺客的暗殺。在頭山滿的屋簷下，孫中山改造了他的革命計畫，成立了偉大的革命政黨同盟會，他得到頭山滿的鼓勵和一部分資金返回國內，取得了革命的勝利。

那時犬養毅是頭山滿內部圈子的核心成員，同時也是孫中山的朋友和庇護者。犬養毅是日本政壇的老狐狸，有一次在頭山滿家裡給我看了孫中山寫給他的卷軸，這份手跡如今也是世界上最珍貴的文物之一。有趣的是，另一個核心成員星野博士是東京帝國大學最著名的學者，也是激進主義的力量來源。西元1932年，他派自己的手下去刺殺時任首相的犬養毅，他將星野軟禁在自己的寓所直到去世。這足以證明頭山滿在國內從不拉幫結夥，而且還能夠清理門戶的異端分子。

關於日本侵略國民黨治下的中國，最有趣的現象也許是頭山滿與獨裁大元帥蔣中正的友誼。這個上了年紀的龍頭大老和年輕的獨裁者結拜成異姓兄弟，這對於東方人來說很重要。蔣中正畢業於日本陸軍士官學校，成了孫中山的代筆人，後來組織國民革命軍，在孫中山死後成為大元帥。在孫中山從莫斯科借來的鮑羅廷和布爾什維克軍官的幫助下，蔣中正從廣東發兵北伐直接打到漢口，然後順江而下攻占南京。

此時，他和俄國以及親俄的合作者徹底決裂。透過快速無情的打擊，確立自己至高無上的地位，結果在西元1927年被畏懼他獨裁統治的同僚逼迫下野。他立刻隱退回到老家福建（譯者注：原文為福建，實際應為浙江）也就很容易讓人理解了。實際上他祕密來到橫濱感受到龍頭大老的鼓勵，他同樣曾經鼓勵過先師孫中山。

西元1928年，他從頭山滿的庇護下再次回到南京，成為新時代中國的主要人物，第二年，他在南京給了日本人頭山滿國家元首的禮遇。這就

解釋了困惑歐美記者的幾件事，如：西元 1931 年秋，中國國民黨領袖蔣中正沒有提供物資支援給他的總督張學良，而當時張學良已經被日軍中這個龍頭老大的弟子趕出東北；西元 1932 年春，中國的這位大元帥兼總統，同樣迴避了軍事支援上海街頭英勇抵抗擁有絕對優勢日軍的第十九路軍。但是西元 1936 年，被他放棄的張學良實行兵諫後，他向張承諾抵抗日本，蔣中正才開始對頭山滿手下的帝國建立者，發起了不屈不撓的無休止抵抗。

大英帝國和中國都感到了頭山滿的影響。西元 1915 年日本加入協約國盟友，參加了第一次世界大戰，英國要求逮捕兩個活動在日本和中國的革命者。頭山滿透過黑龍會在日本掀起了一陣抗議的狂潮。英國施加的壓力極大，日本員警開始通緝印度的陰謀者。可是這些人都不見了，員警特意沒有搜查頭山滿的家。甚至連日本員警都知道鬆弛有度，當大使開始猛烈抨擊的風頭一過，這些印度人又出現了，現在都成為羽翼豐滿的日本臣民了。這樣一來，英國提高了日本商品進入印度的壁壘，他們又成了印度本土激起不滿情緒的重要力量。英日關係破裂後，西元 1941 年，這些印度人帶領代表團宣誓印度向天皇效忠。

西元 1915 年，日本充分利用第一次世界大戰在中國修築的鐵路，與頭山滿手下的「烏合之眾」有很大的關係。占領東北和發動對華戰爭的序曲，都沒有經過正式宣戰，這與對俄方式是一模一樣的，只有西元 1931 年的外相幣原喜重郎沒有贊成，而伊藤是堅決贊成的。於是軍隊無視他的意見繼續進軍，當民眾的情緒達到高潮時，頭山滿的愛國者迫使幣原辭職。

所有這些大事中，日本最德高望重的暴力先知，都發揮了決定性作用。我們知道在鐵拳高高舉起的時候，頭山滿這樣的人物，可以用來抵消謹慎或有良知的官員帶給日本鐵拳的制衡。西元 1874 年，年邁的西鄉沒有帶領國家參戰，但是他的學生頭山滿使日本的戰爭計畫更加完美，他沒有他的

背景

老師具有紳士風度，而是殘酷地執行縝密的戰爭計畫。

頭山滿在東北擴張的主要助手是小井德三，時年43歲，是黑龍會未來的會長。他為軍事發展打下了基礎，是新成立的帝國滿洲國的核心成員，並且樂於仕途冒險。畢竟每次風暴的中心都似乎異常平靜。於是小井感到不滿而退職回到日本，透過出版極為坦誠的自傳，報復那些「軟蛋」，這令日本的外交戰線極為難堪。傳記被禁，小井關於自己的生平被打上了騙子的標籤，他卻因此發了一筆小財。

小井出生在琵琶湖邊的一座小山村，這個湖位於京都北面與日本海平行，綿延60英里。從小他就稱自己為中國浪人，浪人是沒有身分的武士和俠客。在南滿鐵路株式會社工作十年後，小井辭職開始在中國和滿洲四處遊歷收集情報。最後他被年輕有為的外務省亞洲局局長吉澤聘為顧問，作為回報，西元1931年他幫助吉澤成為日本赴日內瓦代表團首席代表，並當上了外務大臣。

小井曾誇口說在西元1925年策動叛亂，反對財大氣粗、附庸風雅的滿洲土匪出身的小個子總督張作霖。他一個勁地抱怨說，如果日本掌控南滿鐵路的金融財團不支持張作霖，滿洲一定會在日本人的掌控之下。小井氣急敗壞地退出了官方的密謀，但是當軍方正在謀劃西元1931年的衝突時，他們卻邀請他當首席顧問。他說西元1931年9月占領奉天，推翻被刺的土匪頭子的兒子少帥張學良，攻占滿洲的政府銀行，這都是對日本帝國發展的貢獻，這完全取自日本軍部大臣南的信函內容（南是荒木政策的前臺人物，荒木本人後來也從幕後走到前臺）。

小井暗示土肥原少將在其授意下，綁架了藏在日本天津租界的滿清退位皇帝，把這個自稱為亨利‧溥儀的年輕人帶到大連。小井在奉天組織中國人成立傀儡委員會，宣稱滿洲脫離中國，要求溥儀登基繼位。小井開誠布公地對國聯調查委員會主席萊頓勛爵表示，滿洲是日本進入中國的門

戶，經營滿洲符合日本和世界的福祉。

小井最得力的特務之一就是大橋，他和作者的友誼最後決定讓他不要去滿洲國。大橋具有雙重性格：穿上西裝和褲子，他就是身材小巧的羅斯福，穿上和服就是東方溫文爾雅的新渡戶博士。幾年前他還是日本駐西雅圖的領事，筆者有機會堅持他應該得到美國的充分保護，不要住在流氓群集的、當地人口中的時髦地。後來，他成為駐洛杉磯的總領事，勢力大到以前在日本侵華時，在原來反日社區中以及南加州的大城市，都轉而同情日本了。在被當地社區報紙稱為「小日本」的洛杉磯，是除了亞太地區和夏威夷之外最大的日本人聚集區。

西元 1931 年 9 月 18 日，日軍發動進攻時，大橋是駐哈爾濱的北滿總領事。大橋（日語音意為「筷子」）負責處理對俄事務，巧妙地透漏足夠多的兵變預警消息給蘇聯軍官，以阻止俄國捲入。日軍抵達哈爾濱後，大橋成為俄中團體的「小王」，後來又當上滿洲國的外交部長。他參與了從蘇俄手中收購北滿鐵路，在同樣有美國生活經歷的松岡手下，他又成為東京外務省的代理大臣。

這就是精密機器中一環套一環的齒輪，日本正在其神聖使命的道路上一點點地前進。

背景

第十三章
日本的納爾遜勳爵

▌第一節

　　參孫式（Samson）的西鄉，使我們把時間撥回到西元 1874 年；而他的弟子——身材矮小的東鄉 [070]（東鄉平八郎），則把歷史帶到了西元 1934 年。其中一人要求他的祖國開始在亞洲大陸擴張，結果卻發現自己反對時代超前的政府（儘管在他看來從來沒有反對過天皇），而另一個在東半球把自己的祖國建成了一個海軍強國，讓建立亞洲帝國成為可能，並將日本塑造成為白人世界強而有力的挑戰者。

　　東鄉於西元 1848 年出生在比西鄉地位還要低的家庭，他的父親是一個縣的小軍官，這個孩子能否有資格攜帶武士刀都可能是個問題，但是他申請西鄉的學校就讀，引起了那位愛國者注意，他熱情地擁抱東鄉，並以「小傻瓜東鄉」向世人介紹他。

　　就在西鄉被流放期間，西元 1863 年 6 月，16 歲的東鄉幫助抵抗英國對鹿兒島的猛烈轟炸，這一事件令西鄉官復原職。抵抗現代軍事裝備和戰術戰法的教訓是深刻的。西鄉把自己最得意的學生，送到勝海舟位於神戶附近的新式海軍學院學習。勝又將其和其他 13 名畢業生送到倫敦泰晤士航海學院深造，他在不列顛國王陛下砲艦「威爾徹斯特」號上填寫了學員表。

---

[070] 這是上一代「航海的」東鄉，不要和突襲珍珠港的外相東鄉（東鄉茂德）相混淆。他們都是來自薩摩藩。一部西元 1934 年東京出版的、關於東鄉上將的英文版鴻篇傳記，由他同時代的前傳記作家小笠原上將的兒子出版。

第十三章　日本的納爾遜勳爵

　　同時，東鄉家族的戰鬥成員都在西鄉叛變中被消滅了。那時他還是一名學生，在英國留學讓他有幸成為日本的「納爾遜勳爵」。學員期滿他受命督造英國建造的戰艦「比叡」號，東鄉帶著這艘日本艦隊最大的戰艦歸國，並開始了他的職業海軍生涯。34歲時他娶了日本新貴族一位子爵的女兒為妻。

　　他的性格完全結合了融和以及頑固。海軍上將山本權兵衛回憶說，在「扶桑」艦上兩人還都是初級軍官時，山本就向身材矮小的東鄉發出挑戰比賽爬索具，他兩次打敗了東鄉，可東鄉不承認失敗，聲稱他的褲子已經破了，自尊心迫使他一次只能爬一級。事實是，另外一種自尊心不容許他承認自己的失敗。

　　他的固執還體現在對來訪戰艦上的外國政要鳴禮炮時，斷然拒絕服從海軍的命令。東鄉似乎誤會了該名政要的軍銜，鳴放的禮炮數比預期的少了幾響。此人向政府抗議，政府只好命令東鄉帶領他的戰船重新操作。東鄉開船出海只是鳴放了缺失的那幾響禮炮，他寧可冒著被撤職的危險，也要拒絕鳴放更多的禮炮。

第二節

　　東鄉首次登上報紙的頭條還是在西元1893年，當年他身為浪速號的艦長，被派往夏威夷王國炫耀武力，有傳言稱這個彈丸之地的小王國即將併入美國。他的下一次曝光出現在西元1894年的甲午戰爭。這場戰爭由頭山滿的黑龍會敲定發動，儘管他知道沙皇和中國宰輔李鴻章簽訂了祕密協議。不過真正令日本退縮的並不是懼怕沙俄，而是當時英國也站在中國那一邊，她正在準備出售巨型戰艦給中國，從而在長江流域建立商業據點。

東鄉的命令是，確保沒有更多的中國軍隊被運送到朝鮮。在從黃海直到北京的直隸灣一帶航行，東鄉艦長遇到了正在轉運 1,100 名軍隊的英制艦船「高升號」，他命令該船停船，中國步兵軍官阻止英國艦長停船，隨即東鄉擊沉了該船，船上人員幾乎全部罹難。對華戰爭未經宣戰而爆發，一度看來戰爭似乎與英國有點牽連。

東鄉回國向海軍司令山本上將彙報。後來他坦言，他害怕收到懲戒，但是山本讓他坐下並要了香檳和兩個酒杯，就此東鄉知道他的行為被默許了。他又被派往公海，經過幾次成功的遭遇戰，他在山東威海衛指揮夜襲中國海軍，這實際上摧毀了當時比日本強大的中國海軍北洋艦隊，海軍提督丁汝昌誓死不降，自殺殉國。

西元 1898 年東鄉晉升海軍少將，成為海軍艦隊的司令官，在中國義和團運動中又大放異彩，他攻占了通往北京的海上門戶大沽炮臺，掀起八國聯軍解救被圍駐京英國使館裡的歐洲和日本僑民的序幕。

東鄉絕佳的機會出現在四年後的日俄戰爭。隨著形勢變得越發緊張，他被任命為聯合艦隊的司令。經過東京時，他只是匆匆見了妻女和兩個兒子一面，當時孩子還在學校上學。儘管感冒身體孱弱，又深受氣管炎併發症的困擾，他仍急忙回到「三笠號」說：「我總是一到海上，身體就好了。」他告訴家人不要寫信給他，以免分散他的精力。他的長子過去常常每天騎著腳踏車，來到海軍辦公室打聽這位一家之主的消息。在整個戰役期間，他都沒有寫信給家裡。在三笠號上，黝黑的東伏見宮依仁親王身為教官，心甘情願接受平民官員東鄉的指揮，儘管後來東鄉飛黃騰達，他也不過是親王集團中的一名參贊。

第十三章　日本的納爾遜勳爵

第三節

　　在正式宣戰前，東鄉就以日本特有的特徵，開始夜襲俄軍的旅順港基地，其手法和襲擊威海衛如出一轍。他在狹窄的入港門戶聚集了小型魚雷驅逐艦，港口四周有陡峭的群山環繞。幾艘主力艦都停擺妥當，等到俄軍司令馬卡洛夫明白過來時，已經為時已晚。東鄉在狹窄的水道中自沉一艘戰艦，以便將俄軍的大型戰艦封鎖在港內並完成攻擊。然而，有幾艘戰艦逃到了公海，企圖與海參崴趕來增援的幾艘巡洋艦合兵一處，但東鄉在後面追擊，逐一將其全部擊沉。

　　俄國人一直認為，他們在太平洋兩大海軍基地旅順港和海參崴港的海軍力量，足以防止日軍登陸亞洲大陸，不過東鄉很快就將俄國人從太平洋上消滅了。乃木希典大將能夠將數十萬部隊送到滿洲，把俄軍從朝鮮趕走，在奉天打敗俄軍，修築山坡上的堡壘保護旅順港，俄國人精心打造的相當一部分戰力，現在已經使不上力了。

　　東鄉因為出色地摧毀了沙皇的波羅的海艦隊而舉世聞名，然而東鄉堅持認為，他奇襲並摧毀這支俄國小規模的太平洋艦隊意義重大，他說：「消滅這支勢均力敵的對手，我們自己沒有受到重創，但若是波羅的海艦隊一到，我就得犧牲整個日本海軍才能摧毀它。」東鄉死後，在他的遺物中發現一部俄軍對手馬卡洛夫關於海軍策略的書，在西元1904年之前都有被翻閱過的痕跡，頁邊也都有註解。東鄉正是透過這部書才了解他的對手的。沒有人知道東鄉的心思，但歷史又重現了。

　　彼得大帝所創立的海軍強國歷史的最後一章，可能是海戰史上最驚心動魄的一頁。戰果似乎完全取決於東鄉一個人的性格特點和策略眼光，這一戰果開啟了西方強權和尊嚴衰落的時代。沙皇不情願地接受派遣俄國偉大的波羅的海艦隊遠赴亞太的建議，這一舉措對俄來說，興衰榮辱完全在此一役。

背景

　　西元 1904 年 10 月 15 日，海軍上將羅熱任斯基帶領艦隊離開波羅的海順著北海而下，俄國懷疑英國與日本有連繫，他們擔心在北海遭到魚雷艇的攻擊，於是緊張地向多格灘的英國拖網漁船開火，造成幾個漁民喪生，這幾乎要讓英國開仗。一支英國艦隊尾隨著俄國艦隊，直到開闊的大西洋上。由於現在已經不可能經過英國控制的蘇伊士運河，俄國人只好繞過好望角，這也打破了現代海軍最遠航程的紀錄，艦隊停靠在馬達加斯加時，他們接到了消息說旅順港已經陷落，北太平洋唯一可以去的基地就只剩海參崴了。

　　與此同時，乃木犧牲了 3 萬人占領一些俯瞰旅順港的山頭，將面對著前赴後繼的士兵的炮口，調轉指向臨近的山上堡壘和軍港內的船隻。俄國國內群情激昂要求召回艦隊，卻沙皇被勸阻，主要還是為了保留羅熱任斯基的顏面。結果俄國最後的幾艘船艦被調給海軍少將涅鮑加托夫，以增強俄國無敵艦隊的實力。這次俄國人取道蘇伊士運河，這兩支艦隊於西元 1905 年春，在法屬交趾支那的金蘭灣匯合。俄國的金融盟友法國友好地接待了艦隊，允許其得到充分的裝備補給繼續向北航行。金蘭灣是中國南海最佳的海軍基地，這已經進入了日本海軍專家的視野。西元 1941 年法國向希特勒投降後，這些日本專家就讓金蘭灣成為征服馬來亞和荷屬東印度群島的新主要基地。

　　時間回到西元 1905 年春：正在舉行日本海軍高級軍官御前會議，會議決定僅憑軍功選舉一位艦隊最高指揮官。結果東鄉當選，可是關於他和海軍部的策略爭議還沒有得到解決。軍部希望採取謹慎措施，對奔著日本遠道而來的龐大艦隊打消耗戰，而東鄉則想要冒各種風險來完成對敵的突襲全殲。

第十三章　日本的納爾遜勳爵

第四節

　　俄國人顯然想要透過太平洋的公海，經日本北部或者對馬海峽抵達海參崴，對馬海峽位於朝鮮和日本之間，寬度只有 200 英里。東鄉從來沒有懷疑過懶散的羅熱任斯基即將選擇的航線。海軍部已經將大部分的日本軍力部署在北線附近，不過東鄉憑直覺確認後報告說，俄軍艦隊距離中國海岸太近，不能進入寬闊的太平洋，這樣就會落入他的掌中，他命令將日本全部的海軍力量，集中在對馬島海峽中間的兩個島上。有一個非正式說法稱，他將所有的部下將領都叫到他的旗艦上，平靜地對他們說：「我決定鋌而走險，如果和我一心，你們就此發誓，要是賭錯了全員切腹自裁，賭對了就摧毀俄國艦隊，是賞是罰全由天皇裁決，聖人行事一向如此。」

　　為了在航行過程中迷惑羅熱任斯基，東鄉釋出一個公告說，自己的旗艦受損不能參加作戰任務。他因日本人典型的大膽和無視技術的局限，損失了 6 艘主力艦中的 2 艘，而他全部的艦隻也不過 8 艘。俄軍主力戰艦數量占優勢，巡洋艦處於劣勢。另外他們的巡洋艦還必須保護補給船隊、運煤船和醫護船等等。俄軍艦炮射程比日本遠，但是東鄉告訴他的指揮員，當艦隊靠近時，射程便不重要了，日本人總是樂於近戰。

　　東鄉並沒有僅靠自己的直覺和官兵勇於冒險的意志行事。儘管日本是學習西方科技最晚的國家，但是東鄉率領的海軍，是首個在戰鬥中利用最新發明無線技術的軍隊。10 年前，馬可尼（Guglielmo Marconi）就已經向世界宣布他那不可思議的發明了。這位年輕的義大利發明家向美國海軍展示，西元 1899 年杜威將軍（George Dewey）從馬尼拉凱旋時，從紐澤西海岸邊的一艘小船向紐約進行無線電發報。聽說紐約不能辨識他的訊號，西方海軍就不太注意無線通訊技術的發展。可是東鄉弄來一些小的無線通訊工具安裝在日本漁船上，由海軍接線員布置在海上俄軍來的方向，每一套設備都能夠中繼傳遞一兩英里。

儘管如此，所有的俄軍艦隊還是差點貼著東鄉溜了過去，5月27日早上，東鄉的一艘船在日本本島和朝鮮之間二百英里寬的水道上，發現了俄軍艦隊。十分鐘後，俄國人就會成功地抵達海平面。東鄉的艦隊從兩個小島後面現身，包圍俄軍艦隊。他對所有指揮員下達了納爾遜勳爵在特拉法爾加海戰中下達的命令。它採用了日語中非人稱命令式：「帝國盛衰在此一舉，諸君全力以赴。」

俄國人開始反擊，但是東鄉的艦隊側對著敵軍，他們的戰艦在翻滾，準度也很糟糕。東鄉下令直到距離6公里後才開火。這種策略是大型戰艦作戰史上得到最完美執行的策略之一，日本人的合作精神無與倫比，炮擊十分致命。由於東鄉的旗艦攔住了俄軍艦隊，日軍的巡洋艦速度快於俄軍，圍著俄軍艦艇繞圈，在兩側和後方形成致命打擊。夜幕降臨時，東鄉卻召回了所有的大型戰艦，派上魚雷驅逐艦，堅決地對任何發現的船狀物發射魚雷。爆炸聲整個晚上此起彼伏，早上戰艦返回徹底消滅俄軍的海上力量。有些戰艦投降後被編入日軍的艦隊。羅熱任斯基受傷後選擇與艦同沉，只有兩三艘戰艦擺脫了被摧毀和被俘獲的命運，駛入日本海抵達海參崴的金角灣。一夜之間，一個東方國家一躍成為世界海軍強國之一。

東鄉給日本人的勝利戰報上這樣寫著：「感天皇聖德及上天仁慈……」他從戰場直接來到伊勢神宮，向日本民族的主神宣告勝利的消息。

第五節

歷史上還沒有哪個偉大的艦隊，能夠再次在這樣高度一致的協同下作戰，至少在西元1914～1918年英德之間的海戰，都是充斥著對方的無線電干擾和短波衝突，旗語和鏡面訊號也因煙霧屏障而衰減了。可能沒有哪個艦隊能再次攻入敵軍心臟戰勝強敵。因此，英國規劃了新加坡海軍基

第十三章　日本的納爾遜勛爵

地,美國組建了珍珠港基地,完全吸取了東鄉在對馬島的教訓,日本在西方白人居統治地位的這兩大強國崗哨之間的這片海域,保持著唯我獨尊的地位。

東鄉一直對突襲情有獨鍾,對於國策,他的心裡一直都有下一個作戰目標,他勤奮並精心地做好準備,一旦衝突不可避免就先發制人。[071]（沒有書名）

整個日本都被東鄉的勝利沖昏了頭腦,在日本人心中,他已經不再是普通英雄了,而是神一般的人物。東鄉研究會就此成立。東鄉在神戶的一口井中喝過水,那裡因此立了一塊石碑,上面有兩位上將題寫的碑文。他被稱為是除了天皇之外日本地位最高的人,儘管由於某種政治原因,他從來沒有獲得正式的最高榮譽。不過這種讚美並沒有令他動搖,他是一個真正無私的人,自認為是國家的工具。

這名身材矮小的日本「納爾遜」大勝後,穿著海軍中將的制服參加美國大使格雷司考的國宴,因為他沒有時間讓裁縫替他量身定做一套上將的行頭。要是他能聽到在他的國葬上,男子只能穿晚禮服和絲綢上衣,而女子只能穿日本宮廷令人討厭的維多利亞時代的禮服的命令,他那典型的嘴臉一定會把嘴閉得更緊。

自從東鄉獲勝後,日本海軍就有了一個規定。這在政治上只有一次破例,那就是西元 1930 年倫敦海軍軍備會議上開明的內閣總理大臣濱口雄幸,竟敢未經海軍部的批准接受外國條約。西元 1922 年,在華盛頓會議上的配額比例,是對付東鄉海軍的有效策略,但西元 1930 年對限制痛恨至極的日本海軍,看到了獲得與英美海軍平起平坐的機會。

年邁的東鄉已經退職多年,堅決反對這個條約,他說這打破了日本海軍的三條主要要求,表明立場之後,他拿出固有的執拗堅持自己的觀點,

---

[071] 隨時準備打仗的人總是在書架上保留這本書（沒有書名）,該書一直被陸軍和海軍軍官學校採用,其作者為布雷默頓、劉易斯堡、珍珠港、紐波特和萊文沃思等地的軍官講授。

背景

因此當以前因反對該條約曾尋求他支持的海軍將領們，嘗試讓他迫於政治的壓力做出讓步，暫時接受這些條件，他也堅決不從。他們只好讓天皇從朝鮮召回他的老朋友齋藤，來勸說老將軍不要固執，因為他們也不敢冒犯這位老人，畢竟他是全日本人心目中的偶像。

西元1930年，有報紙開始幽默地攻擊這條在陸地上作戰的「老海狗」。那是愛國者「清洗」國家又開始建立偉大帝國之前的事情了。西元1934年5月30日東鄉逝世，享年87歲，沒有一家報紙敢重提當年針對他的溫和批評。

西元1911年，身為東伏見宮依仁親王的隨行人員，東鄉參加了英王喬治五世（George V）的加冕典禮，隨後開始了盛大的全球旅行，戰時他是東伏見宮依仁親王的教官。對俄戰爭另外一個英雄乃木希典也是隨行人員之一。英國公眾開始把東鄉當作英雄崇拜，這種風氣在歐洲大陸和北美甚囂塵上。在倫敦他受到了人群的歡呼，英國報紙大勢宣揚英國因造就了這樣偉大的人物而感到萬分自豪。他在母校泰晤士航海學院對學員發表演說，拜謁了當年指揮官愛德華·史密斯船長的衣冠塚，並向船長的遺孀贈送禮物。他在泰晤士航海學院用英文演講，這是據我所知，東鄉一生中唯一一次用其他語言發表的正式演講。

與他共進晚餐的有赫伯特·阿斯奎斯（H·H·Asquith）、羅伯茨、霍雷肖·基秦拿（Horatio Herbert Kitchener）和歐內斯特·沙克爾頓（Ernest Shackleton）。席間東鄉的話很多，阿斯奎斯還警告說，他有可能失去「沉默的海軍上將」這一稱號。他到了美國後，重新確立了自己的這一稱號，威爾伯克將軍代表紐約州長迎接他的艦船，帶他登上一艘快艇參觀紐約港一個小時。這位美國將軍出生在日本，父親是早期的一名傳教士，便用日語解釋了一些景觀。報社記者注意到東鄉懂得英語，卻一句話都沒有回應。他可能對威爾伯克的日語感到驚訝，也可能對照顧他的場面反感，也

或許完全是出於謙遜的態度而保持沉默。說日語誰能懂呢？他在紐約市政廳市長威廉·蓋諾籌辦的招待會上一直保持沉默，這令這位健談的政治人物和他的隨員尷尬不已。

但是，他這種和美國人盛大的歡迎儀式形成鮮明對比的回應方式，並沒有降低東鄉在美國的人氣。他在美國參議院受到了接見，眾議院還通過一項專門法案為他的到來撥款，這種殊榮以前只有像拉斐特那樣的英雄人物享有過。他此次巡遊的高潮，是拜會已退休的西奧多·羅斯福，當時他就住在牡蠣灣漫無邊際的薩加莫爾山莊園。這位好客的泰迪急匆匆迎出去問候這位身材矮小的上將，「薩加摩爾山從來沒有接待過像東鄉大將這樣的偉人，以後也絕不會有了。」羅斯福說的是事實。這位身高不足一米五二的東鄉有可能做了一些什麼事，這件事將來極大地影響這個國家的命運，這也是一個國家被一位外國人所影響的經典案例。

東鄉身材矮小，頭髮很短，語言克制，但是他性格和善，行為民主，嘴角扭曲贏得了全美公眾的喜歡。他成為了素描畫像、攝影作品的主角，媒體稱之為「我們的東鄉」。他是唯一公認為美國大眾所熟知的人物，美國人一度替他們的寵物取名「東鄉」，來表現他們對英雄的崇拜。不過那只限於一戰前。戰後美國人忘了他們唯一認識的日本人，以至於當他去世時，除了報紙停屍間的訃告之外什麼資訊都沒有，我們最有名的報紙雜誌採用了慣用的社論模式說：「我們從來不發表逝者的文章。」

美國公眾從來都不知道，東鄉扭曲的嘴角是他大半生的痛苦導致的，而且隨著時間的流逝而愈發嚴重，直至死亡。他患有膀胱結石、喉癌和氣管炎症。他巡遊回來後被安頓在東京市中心一座小山上寒酸的房子裡，這是日西混合風格的房子，窗戶門框都沒有油漆，一半的地面鋪著日式的墊子，現在大多數日本中產人家仍舊是這種風格。大多數人都不知道，東鄉曾是皇太子即現任天皇的私人教師。這也就解釋了當今日本皇室的海軍優

先思維，在東鄉去世時，美國海軍上將斯坦德利在他向全世界發表的頌詞中，就告訴人們注意這一點。

他就是個傳奇人物，每到勝利紀念日那天，他就會在大眾面前出現，他已經成為海軍年輕軍官眼中的戰神。海軍大臣大隅為犬養毅遇刺後的海軍學員審判時，在得到他的表述後欣喜若狂，他說：「帝國海軍的所有軍官必須謹言慎行。」

第六節

在日、美、英新一輪海軍軍備競賽，和西元 1935 年海軍大危機會談背景的刺激下，日本人正在如火如荼地瘋狂慶祝東鄉二十九週年勝利紀念，這時他們才獲悉昔日的英雄將不久於人世。他們聽說東鄉即將接受日本醫院和海軍提供的 35 萬日元的雷射治療，他從床上起身，想要對著王宮鞠躬行禮，因為天皇會離開王宮參加他的勝利紀念日慶典，可這樣做卻加速了他的死亡進程。

陸海軍的代表和外國使節開始到寒酸的木屋中探病。皇后送給他一個果籃，從東京周邊各個學校挑選的六百名學生，來到他的庭院鞠躬祈禱。最後天皇賜予初等宮廷爵位侯爵（許多工業富豪都曾獲得這個爵位），批准安排國葬和恩賜十二瓶紅酒。最後這一項是回天乏術之後才能獲得的榮耀。東鄉要求將他的正裝放在床上，心存感激地接受這件禮物，這在西方人眼中這無異於宣判死刑，接見完天皇的使者他就陷入昏迷，他的妻子在隔壁房間臥病不起也有六年了，此時也起身坐在他低矮床榻的墊子上，守護著他最後這幾個小時。他去世的房間只有八張床墊子那麼大，除了一張富士山的畫作之外什麼都沒有。

東鄉的國葬是維新以來六十六年間舉行的十一次國葬中最盛大的一

次。日本報紙吹噓稱，世界歷史上沒有哪個國葬有這麼多外國海軍要員參加。海軍上將沙文主義者加藤寬治曾經勸說東鄉反對倫敦條約，身為首席典禮官，他並沒有穿上將制服，而是穿著神道教精緻的白袍。緊隨其後的高級政要都穿著神道教服飾，但是在下葬的墓地，哀悼者都按照西方葬禮的模式每人拋了一鍬土。

無論身在何處，日本海軍的每一艘軍艦和日本水域的美英法義等砲艦，同時鳴放二十一響禮炮。在墓地埋下一塊兩英尺見方的石碑，上面刻著五百個漢字，記述了其一生的職業生涯，另外一塊石碑和其鉚合產生保護作用，日本報紙評論說，在一千年後這將是一個文物。他在對馬海戰旗艦「三笠」號上的十二名水手，讓兩盞燈籠連續燃燒了五十天，世界大國首腦、傑利科伯爵（John Rushworth Jellicoe）以下海軍英雄都送來了花圈。

作為海軍強國，中國派出「寧海號」巡洋艦出席這個將自己從海軍強國名單上除名之人的葬禮，這艘艦艇一年前在日本建造完成，滿員可載365名官兵，這是二十二年來第一次訪問日本的中國軍艦。日本砲艦在炮轟上海吳淞口時，這艘船艦就已經轉交給中國了，在這期間日軍還停火對該艦降旗致敬呢！其他日本建造的巡洋艦一直在尾隨著「寧海號」。事實上，中國的海軍都是日本在建設、訓練和操控[072]。中國派來參加東鄉葬禮的海員來晚了，沒有參加全程的閱兵式。美國海軍代表地位最高，帶領著外國的各支艦隊，中國跟在星條旗後，法英義緊隨其後，俄國的缺席十分惹人注目。

正式的葬禮結束後，帝國酒店對面日比谷公園中搭建的黑白靈棚，讓著便服的公眾可以靠近鞠躬弔唁。日本童子軍的建立者、八十九歲的秋元女士為隊首。很多人當場昏厥，還有一個男子在冒著大雨的人群中等待弔唁時喪命。國際廣播在日美英和馬尼拉之間持續播報盛況。美國海軍上

---

[072] 這是西元1935年的事。

將、海軍作戰處的處長威廉·斯坦德利在廣播中發表的悼詞,稱其為戰術與個性完美結合的卓越將領,都市廣播的樂隊插播了錫盤街交響樂隊演奏的「應景」日本樂曲。日本徹底震驚了,該樂曲是日本同性戀社區有名的祝酒歌,日本 JOAK 電臺為此不得不向全國道歉,都市廣播第二天在副總裁約翰·羅亞爾的主持下,召開了非常嚴肅的董事會!

隨著東鄉的去世,日本陸海軍失去了他們由底層崛起的、最高級別的軍官,剩下的三名陸軍元帥和海軍上將,都是擁有皇家血統的親王,這強化了日本皇室和部隊軍種的關係。

儘管有不少報紙都說,過度神話東鄉是非常危險的,可是後來,一個十七歲的少年騎著腳踏車將五十五日元交給員警,這筆錢如實地送到東鄉的住所,開啟了一場將東鄉的家鄉變成聖地,成了與乃木將軍和妻子切腹自殺地一樣的情景了。東鄉廣場就是日本的特拉法爾加廣場,皇室對東鄉精神的聖旨解讀如是:「敬啟先神,以警宿敵,君定國運……儲君之時,英明輔助,歷經三朝,忠心耿耿,舉國敬仰,威名永世。」一家主流報紙發起了用白話文而非古典漢語為英雄樹碑立傳的運動,就是從東鄉開始的。

陸軍大臣林銑十郎說:「國家面臨危機,我們的海軍已經沒有了英雄和聖人。」東鄉當年幫著抵制倫敦條約的總理大臣若槻禮次郎說:「東鄉上將對帝國海軍的團結居功至偉。」

日本的發展已經進入海軍時代。東鄉當年旗艦「浪速號」上的年輕少尉,現在的海軍上將已經成了總理大臣,就是希望將整個國家的資源都投放到西太平洋,將其置於日本的控制之下。東鄉的離世使日本海軍受到關注,這進一步強化了國家發展海軍的信念。東鄉在海上消除了俄國這一強勁對手。他的繼任者也被國民寄予厚望,戰勝美國在外交和軍事上的優勢,美國成為日本完成「神聖使命」的攔路虎。

第十三章　日本的納爾遜勳爵

美國《紐約時報》在評價東鄉在歷史上的地位時說:「四十年前黃海上的衝突掀開了一場戲劇大幕,滿洲國就是最新的一集。」日本的崛起在世界上任何地方,都能直接或間接地感受到。日本擊敗俄國對沙皇制度是一種衝擊,並使其從此一蹶不振。西元1905年,在旅順港和奉天,羅曼諾夫家族的命運已經徹底不可避免了。

「自從西元1917年3月以來,現在健在的人很少能夠逃脫俄國發生事件的影響。蘇聯的第一次試驗在西元1905～1906年之間的冬天上演,當時尼古拉斯二世(Nicholas II)因日本人大膽冒險帶給俄國的重大損失而名聲掃地。」

東鄉之死處處體現狂熱的民族主義情緒。就在英雄離世的幾天前,他的門徒和朋友岡田上將,從東鄉的隊友、老英雄齋藤手裡接替了總理大臣的職務,他說:「我從來沒有聽見東鄉大聲笑過,也沒有聽他高聲譴責過誰。他總是不聲不響地實現自己的目標。」

有人曾說,只有戰艦精準的爆炸聲,才能令他猝不及防從而打破這一局面。

背景

第十四章
冒險家和理財大王

第一節

　　現在請看日本的另一面。相比於大海時代的東鄉，這個人物的人生經歷，就是一部日本金融業的發展史。高橋是清幾次擔任帝國的財政大臣，這個年過八旬、笑聲爽朗的老人，仍舊肩挑國家預算有一半達不到平衡的重任。高橋就像蒼老肥臀的日本不倒翁，把他推到，結果找回平衡自己又站了起來，前後還要搖擺一陣子。

　　高橋完全經歷了兩種不同的人生，年輕時他依附於推翻封建勢力的菁英組織，後來於十九世紀中葉來到美國和英國，尋求西方的經營模式，當時穿著就像今天非洲剛果人進城那樣的衣服。他的政治生涯和經濟活動多次被摧毀。可以這麼說，刺客在他身邊射殺了三位首腦。他十分樂意合作以完成神聖的使命，一直在執著中保持樂觀態度。

　　他是日本唯一掌握巨大財富的高級經濟主管，還勇於告訴軍方，國家正走向破產的邊緣。

第二節

　　高橋是清生於西元 1854 年 [073]，他當時是武士階級真正僕人身分一戶人家的長子。

---

[073]　見西元 1924 年無名氏的系列傳記《東京日日》。

第十四章　冒險家和理財大王

就像日本歷史上很多重要的影響者，他在奶奶斯巴達式的撫養下長大，奶奶在首都有一個兩人居住的小院，於是這孩子就在改變日本的黑船事件的影響下長大。她最初就是希望這個孩子出人頭地，於是教給他儒家經典。

十歲的時候，他就開始做竹簾子了，就像古代的撒母耳（Samuel）（又譯作塞繆爾）一樣，成為廟裡的僕役。北方來的一位領主前來上香，並和住持一起下棋，他喜歡這個小孩並將他送到「洋人港」橫濱學習英語和西學。在這裡，他的第一任老師是一位美國傳教士的妻子。後來他跟一個同伴在一家英商辦事處工作。西元 1867 年，他十四歲時，根據東方人的計畫，他的宗族籌錢將他們兩個還有一個男孩送到了美國。

話別分離並不容易，特別是對於上了年紀的奶奶，然而奶奶堅持認為，他要去的國家就像火星一樣遙遠和怪異，可這都是為了國家。她給孫子臨別的禮物是一把鋒利的寶劍，同時告誡他不要主動打架，但是受到了侮辱一定要復仇，這就讓人想起安德魯·傑克遜的媽媽在這個年齡寫的那封信，當時他媽媽即將奔赴南卡羅萊納州的查爾斯頓，開始擔負護理黃熱病的危險任務。

這位未來的總理大臣和財政大臣，也是日後的一員上將和日本銀行的行長，搭乘八百噸的汽船穿越太平洋，同行的還有去營建哈里曼鐵路的七百名中國苦力。這些孩子已經習慣了每天的熱水盆浴和日本人精緻的愛乾淨。他們記錄下美國船員在船艙燃燒辣椒，強迫苦力們來到甲板上以便清理船艙的住處。

西元 1867 年，幾個年輕人在舊金山登陸，穿著他們以為還算不錯的外國禮服（就是去掉尾巴的大衣），和唯一能買到的、適合他們日本人小腳穿的女式皮鞋。穿著一身日本特色風格的衣服，他們等不及了，沒等日裔社區的朋友來接他們，就直接下船去找在伯克利學院學習的同鄉，結果卻迷了路。他們爬到舊金山附近山頂上俯瞰整個海港，看到了一面冉冉升起的

太陽旗。船上的英語翻譯可以幫助他們找到自己的朋友。

上個世紀中葉，在很多領域領先的英美貴族子弟，他們獲得的驚人體驗影響到我們的文明，但是沒有人能夠像十五歲的高橋一樣成績突出。自己和夥伴在美國的生活費，都給了在橫濱的美國商人手中，他再把錢轉給舊金山附近的父親。這些孩子在日本學會了舞劍，看待揮舞鋤頭的人就像武士試自己的劍，他們在自由美國找到了自己的位置，工作勤勤懇懇，在蔬菜農場的菜地裡辛苦地拔草，以換取一些麵包屑和睡覺的吊床。

高橋的夥伴充分利用這裡的條件，希望有人會過來解救他們，但是高橋鐵青著臉，沒有吃的東西就不去工作。於是，精明的美國人勸說他和一個住在舊金山的、上了年紀的同鄉，簽署一份合約，他就是見證人，這兩個日本人認為，這是替高橋安排一間學校接受教育。實際上，這是把他賣給住在奧克蘭的一戶美國政客家做學徒，這個人最後成了美國駐華公使。這就是高橋經常說起的，被賣到美國當奴隸的經歷了。

據本人陳述，這個年輕人受到的待遇更像家庭中的一員，是家裡孩子的夥伴而不是僕人，正是在這裡，他學會了美國人的道地語言並了解美國人的心理，不少美國先驅的怪癖舉止，後來也都在他和服外表的掩蓋下顯露無疑。當高橋因為和一名中國廚師爭吵被責備，又因為放肆無禮被主人打了耳光後，他回到自己的房間開始磨奶奶給的那把劍。

他暗下決心，要讓年輕的女主人見證自己的殺戮，第一個對像是中國廚師，然後就是她的丈夫。她這個女主人也必須得死，然後他就切腹自裁。當女主人進來發現他正在磨刀後，他告訴女主人自己的決定。女主人想方設法說服他放棄，並讓她丈夫為打了他而道歉。但是年輕的高橋仍舊認為他的顏面沒有保全，便離開了奧克蘭的家，在舊金山濱水區過著飢一頓飽一頓的日子。

後來他遇見一位美國商人，他是日本的名譽領事，他們一起向這位美

第十四章　冒險家和理財大王

國商人的父親索賠，說美國商人在日本侵吞了他的錢。這導致了老守財奴一直在強調通關路費，食物和衣服等費用，這令高橋和他的夥伴倒欠了五十美元！兩人為了還債，高橋不得不從路過舊金山的一個家庭富裕的日本學生那裡借錢還債。

此時，皇命禁止獨立存在的藩國派遣年輕人到美國。沒有了道德和經濟上的支持，這些男孩在一名滯美日本探險家的陪同下回到日本，然後他把這些孩子僅存的那點東西也騙走了。

時隔兩年再次回到橫濱後，他們假裝是美國人，被一名資深的冒險家領著，因為日本學生仍舊會因國外盜竊判死刑而冒險回國。高橋說過，在經過港口員警和官員身邊時，他們的頭髮都已經豎起來了，他們蹩腳地說著不連貫的英語單字，重複著乘法口訣表，嘴裡說著任何他們能想到了東西，這足以說明日本官方幾年前對西方的了解是多麼的匱乏，他們的規章是多麼的寬鬆。

高橋和他的朋友認為，當前最安全的藏身之地就是教室，他們在美國還沒有受教育，於是他們便跑去學校註冊。這些孩子（高橋已經十七歲了，沒有接受過正規教育）立刻就從教室中被拉了出來當老師，因為這些懂點英語還了解一些外部世界的人，在當時十分罕見。

高橋認為，年輕教授的人生需要城裡最有人氣的藝妓來點綴。他因此失去了工作，他認為這個女人應該支持他，等找到另外的工作後就一起生活。不久後，南島一群人一心想要學英語，他們不在乎誰教課，於是就邀請了高橋到那裡教課。

西元1873年，教育先驅森有禮推薦美國教授莫利給新組建的文部省擔任顧問，這位文部大臣傳喚年輕的高橋成為莫利的日語祕書和中間人。

與商界打了半輩子交道的高橋，間接地脫胎於教育界，這著實令人驚訝。莫利的朋友，美國傳教士霍普伯恩編撰了第一部日語詞典。這位傳教

士私下裡印了兩卷,結果卻發現每家小型的日本印刷廠都在瘋狂盜版,這種情況在當前也沒有多少改觀。莫利講述西方版權和專利的傳統給高橋聽,並讓他接觸某些人士,這讓他成為日本這方面最早的權威。

同時,高橋還得到了後來他一直津津樂道的「一份出色的工作」,即擔任文部省在大阪新成立的大學校長。他人生頭一次明顯感到,對自己的資質有點信心不足。他想到一名教員一條,一條十分厭棄人世的野心,便在一家寺廟修行。他親自來到廟裡力勸一條,稱在這麼關鍵的時期,消極遁世是膽小和自私的行為。可一條卻用嚴厲的語言動情地回覆說,高橋接受了大學校長的職位完全不合時宜,實際上他擔任任何職位都不合適。

隨後發生的一件事,只可能發生在日本或者重視學術傳統的德國。這兩人同意進行一次正式的、有關出世和入世的辯論,輸者無論如何都得支持贏者的生活方式。然而,即使高橋動用了自己一點興趣都沒有的基督教觀點,引經據典的一條仍將他辯得體無完膚。

於是高橋只好眼含熱淚,還沒正式走馬上任,就從這個職位上退了下來,這令賦予他重任的人十分惱火,而他教育家的職業生涯,也就此終結了。他在一條那裡停留了七個月,正是這七個月,讓這位熱心的冒險家成為一名偉人。透過內省研習中國倫理學,高橋擁有了自己的價值觀和人生觀,他後來的事業成功都源於此。其中最重要的教育之一,就是他巧妙地拒絕了一條的禪宗思想,在這種思想指導下,人們有理由追求任何實際行動,只要不是出於自私的目的。高橋認為有必要控制衝動,無論是多麼高級的衝動,任何事情都要看結果而不是動機來評價。

西元 1899 年,頭山滿手下年輕的俠盜闖入森有禮的家裡殺害了日本的賀拉斯‧曼(Horace Mann),就是因為其「危險的思想」和帶著拐杖進入伊勢的皇家祖廟的神社。三十多年後(西元 1936 年),高橋也遭到了同樣的命運。西元 1899 年的「危險思想」,包括支持取消佩戴武士刀和寧願乘馬

車也不願坐轎。但他們把今天自許保護日本純潔之士對遇刺領袖的指控進行類比。最直接的藉口，就是對神聖家族（五攝家）的某種不敬。就在西元1932年，連續不斷的暗殺要了官方家族首領的性命不久後，高橋在一篇重要的文章中說，指控森有禮攜帶拐杖進入聖殿一事，完全是捏造的。

即使在今天攜帶拐杖進入聖殿或者皇宮都是極高的榮譽，只有遞上聖旨或者證明給高度戒備的員警才可以。已故海軍上將東鄉曾有此殊榮，這在他的訃告裡有提及過。到日本旅遊的美國遊客一直納悶，為什麼他們一定要在聖地的入口放下雨傘或者拐杖，然後才在警衛身邊悄悄經過。知道殺害森有禮的理由後，我在伊勢神宮這個古老聖地，仍然感到渾身發抖。

在日本南方的這座神社中保存著皇室神聖的傳家寶——天照大神的鏡子。在這個公園中，小溪的岸邊種植著千年神樹柳杉，小溪水被日本人視為聖水，在流經神社時日本人汲取來漱口，一位眼尖的日本朋友和我，剛剛阻止了一個喝醉酒的美國紳士向河中小便。當時正值上海會戰爆發，反美的情緒在整個日本都激進到出現暴力的程度。要不是那個傢伙的手指不那麼靈活，這個世界一定會出現一場民族矛盾和種族鬥爭引發的政治事件，這一定會超出 H・G・威爾斯（Herbert George Wells）的想像力，他在《未來世界的樣子》(*The Shape of Things to Come*) 中描述了世界的最終一戰，是德國一名猶太人因要釋放假牙下一顆種子的壓力，而向一位波蘭法西斯軍官敬禮引起的。

西元1884年日本經濟產業省成立，日本唯一的商標權威高橋，受命成立並擔任以法國分部為班底組建的專利局局長。高橋的專利局主要旨在鼓勵和保護日本的發明創造而不是為外國的商品提供保護，但為此而感到愧疚的國家，日本並非唯一。

後來，有了上級的鼓勵，很早就想要日本參與國際開發的高橋請辭，轉而領導祕魯金礦和農業開發的計畫。不料，這一計畫實際上是著名的騙

局,還是由一位娶了祕魯總統千金的德國領事發起的。在調查研究此事的過程中,高橋發現他的經紀人已經出售了無法到手的和印加人開發的金礦。他發現在祕魯還有幾千日本農戶,工匠和礦工,國內還有聲稱持有五十萬美元股票的股東,實際上這些股票一分都不值。重要的是,這次日本最早嘗試海外開發的是拉丁美洲。

高橋變賣了東京的房產,並遣返祕魯的日本工人。退職幾個月後,他收到了憤怒股東的死亡威脅,這些人可沒有華爾街那些受害者那麼溫順,他在新成立的日本銀行謀得一份差事後,便當起一名普通的職員。

他當時只有三十五歲,身後有足夠多的冒險經歷來豐富其平淡的生活,不過他真正的職業生涯還遠沒有到來。經過慘敗之後,他時來運轉,財富和地位最終降臨在他的頭上。短短三年間,他就從銀行職員升任日本帝國銀行的行長,後來又被調往協助組織官方的外匯兌換機構橫濱正金銀行,很快就成為該行的副總裁。對華戰爭結束後,他來到歐洲發放日本第一筆外國認購的國債。這使他成為日本銀行的副行長,也成為日本的俾斯麥——山縣有朋的好管家,山縣有朋當時正在壓制民主潮流,使日本走上建立大陸帝國的道路。

日俄戰爭爆發後,正是這個一臉微笑的高橋,來到英國向其籌集鉅額貸款,他在雅各布‧希夫(Jacob Schiff)的幫助下還從美國借來一筆貸款,有了這些貸款,日本才能胖揍俄國沙皇。高橋後來繼任橫濱正金銀行總裁和日本銀行行長,更被賜予男爵和子爵的爵位。

第三節

高橋是清身居高位的時間長達二十五年之久,當日本因為缺少一個理財的管家而不能組建內閣時,高橋就會入選。在帝國內他要比任何人都更

第十四章　冒險家和理財大王

加精通銀行業和商業。他也很懂政治，西元1914年內閣被推翻後，他只圖一時之樂，就資助了多數派並成為黨魁。

高橋幫助原敬成功當選日本第一個平民總理大臣，並成為他的財政大臣，西元1922年，原敬批准了尊重中國主權和世界海軍配額的華盛頓條約遇刺後，他代理了日本總理大臣。另外一個總理大臣「老狐狸」犬養毅於西元1932年被刺時，他也是財政大臣，所以他對此並不陌生。下一屆內閣的上將齋藤為首組建的內閣，攻擊資深政客西園寺手下的愛國軍人，這完全仰仗高橋和他的財政支持。齋藤內閣在西元1934年因為高橋系內部的財政醜聞而垮臺，一名副職大臣鋃鐺入獄，而另一位副手從年邁的財政大臣肩上接過該職位，但是「財神爺」仍舊不受影響，一直笑到了最後。

有關高橋這個故事的其他細節，作者只能參考西元1934年版本中的內容了。他自己坦言正為「如何更新」感到困惑，也許這樣的表述更加有價值：

高橋是個大無畏的人物，他告訴抗議的納稅者說必須得加稅，然後他用一切可行的詭計來推遲加稅；他告訴同僚財閥說，他們必須再買十億日元的債券以滿足陸海軍的需求，否則他只能把他們交給荒木將軍來處理；他直言荒木將軍十分愚蠢，軍隊中的社會主義者一定會在半年內，讓日本成為全世界的笑柄；他告訴廣田外相，日本的對外關係必須依靠國民的互惠，而不是在世界上實現日本的神聖使命。

而後，他用洞察一切的眼光，冷靜地提出了比廣田更加具體的外交政策：「經濟衝突更加激烈，所有的國家都在壓制日本，商戰已經不可避免，而且要比軍艦更加危險。外交行動只有在充分的軍力保障下才能獲勝。西元1935年和西元1936年是這個國家最危險的兩年，我們必須為這兩年做好充分的準備。軍力的存在只會使外交行動更加順利。」

這是日本對馬基維利到俾斯麥時期流行的歐洲信條的解讀：當外交手

175

段沒用時，就會採用戰爭手段。當愛好和平的拉姆齊・麥克唐納（Ramsay MacDonald）宣布英國準備建立更加龐大的海軍時，現實主義者高橋承諾，會再拿出兩億日元撥給日本海軍，以應對西元1935年和西元1936年的危機。既然人類一定要上演一幕國際笑劇，他明白其中的緣由，可能他比其他參演人員更加洞悉一切。英美兩國也已經不再受到節儉原則的限制了，畢竟他們也想花錢開展自救，透過軍備競賽來拖垮日本的經濟。經過跨越式發展擴大了世界貿易的日本勇於接受挑戰。這變成了一場競賽，看看盎格魯撒克遜人是否能比日本人更快地駛出危險地區，在世界大洋中比日本人駛出的距離更遠。

即便高橋要比其他七千萬日本人更加現代和開化，卻只能按照日本人的要求去做，當日本人不再需要他時，他就只能是一扇珍貴的窗戶，透過這扇窗戶，我們仍可以窺探日本人的靈魂。

西元1939年後，日本人不再需要這位年過八旬的老者的見識和智慧，於是就將其刺殺了。

有了高橋的支持，整個日本進入崇尚個人主義的資本主義制度，這是一個精心打造的科學怪人。他按照日本人的了解來擬人化工業體系。假使成功建立了世界帝國，日本就會延續這種體制，直到自己像西方那樣突破極限。一旦現在日本打造帝國的方式停止，一個新型的帝國，即帝國國家社會主義就可能得到嘗試。所以說，高橋是日本歷史上一個重要人物。

第十五章
開明之士，聖人和科學家

第一節

　　迄今為止，日本是否出現了一些真正受世界理念指導的人物？我們看一些與關愛世界的理想最接近的日本人，而不是只關愛日本的那些人。

　　日本歷史上最重要的人物新渡戶稻造，他就像印度的泰戈爾（Rabindranath Tagore）一樣照亮了整個國家，影響了整整一代人，本書作者將其稱為大師和聖人。他內心的衝動總是傾向於表達耶穌基督理想主義的思想。童年時期，他就成為日本最早一批的基督徒，這對於高階層的日本人來說是不容易的。他很快就發現，自己強烈的宗派意識與傳教士有著無法調和的矛盾，為了獲得一間教堂以便能夠邀請任何教派的基督徒進入，他和年輕的追隨者，不得不利用自己有限的微薄資源來建造一座教堂。

　　新渡戶在他自述中明確地提到了跨國婚姻和跨種族婚姻：「日本最偏僻、最保守部族的男孩，與從美國最保守的城市費城領回來、宗教最保守的貴格會女孩。」提到宗教或者像婚姻那樣對日本人來說神聖的私人話題，新渡戶願意公然挑戰他的氏族和種族，這對於日本人來說，要比西方人更加有意義，半個世紀前雙方對此的理解，比我們當前的理解更加重要。

　　新渡戶成了國際主義的代名詞，這是國聯理念的首倡者之一，也是日內瓦祕書處一位我所知道的本土作家。這些著作似乎都有世界觀和超現代的理想主義思想的核心。的確，新渡戶成為愛國團體和沙文軍國主義者眼中的懷疑對象，他們充分克服了日本人對學者的敬畏而對他發出死亡威

脅，甚至粗暴對待。新渡戶成為世界導師，日本就是大本營，這一點就像泰戈爾這位世界導師以印度作為大本營一樣。他接受了他妻子溫和的貴格會宗教。經過幾年時間，就贏得許多美國男女老少的認可，他們跨過寬闊的大洋來到這位美麗的聖人腳下，就像聖廟中的蠟燭一樣照亮了日本「阿爾卑斯山」中的家庭，這都是這位堅貞不屈的美國妻子精心打理的，這無疑也是作家的榮耀。

西元 1924 年，美國移民法案中的歧視條款，對新渡戶的民族自尊心造成了極大的傷害，這也是他人生的轉捩點。他喜歡美國和美國人，我從來沒有見過有人因為我們的移民法案中的種族條款而如此痛苦不堪。他不可能口中唸唸有詞：「天父，主啊，原諒他們並不知道自己的所作所為吧！」如果這是對他的傷害，那真是很容易造成的傷害，但這可是對他祖國的傷害，對一個日本男人自尊心的傷害，對日本民族尊嚴的傷害，對聖人、對天皇和天子的傷害。新渡戶和他忠誠的妻子發誓，再也不會踏上被他稱之為「第二故鄉」的國度了。

他冒著生命危險批評自己國家的軍國主義思想，因為荒木大將為對華不宣而戰一事，向在美國樂於接受他觀點的人群致歉。在美國紐約一家飯店時，他對我說的最後一句話是，「約瑟夫，他們為什麼沒有叫我？每天早上我醒來時都一片漆黑！」他在大阪《每日新聞》專欄上寫的最後一篇文章是一篇奇怪的訪談，這是他本人和多年亡靈藉助忠誠的、困惑的老管家之口進行的。「老師傅最近總是一邊走來走去，一邊又自言自語，『身體勞累，目光昏花，很快就來了⋯⋯請再等一等，派武士過來，真正的武士，精神高潔的武士！』」

新渡戶的一生都在努力調和強烈的自我犧牲精神，以及日本的自我精神，在這裡，我們看到了偉大的高貴和來自外部世界的遠見。他的悲劇就在於無法調和互不相容的觀念。新渡戶不能像基督打造猶大在世界上的影

第十五章　開明之士，聖人和科學家

響力那樣，使他的日本心懷世界。

　　新渡戶努力從日本武士的崇拜中，打造一種高貴的信條，這信條需要得到世界的尊重並且激勵整個世界。他稱之為「武士道」，考慮到那些在日本封建時期獲得名氣的俠盜，這絕不是一個幸運的頭銜，我們西方的武士精神認為那些只知道吃喝玩樂的人，並不怎麼高貴。

　　武士道強調忠誠和簡樸，這值得我們尊重，可是它並不要求消除那些威脅人類毀滅的事物。西元1933年秋，在不列顛哥倫比亞省的溫哥華，新渡戶這一理想主義精神的創造者，即將死於悲痛欲絕而不是肺炎感染，他很清楚這一點，於是選擇了一個忠誠的日本人的死法。他將自己的精神置於日本大神的庇佑之下，因為他不能在自己的理想之神和民族大神之間達成和解。在他死後，據他的繼子，在美國受教育的外務省宣傳機構《日本時報》英語編輯披露，正是這個國際主義者新渡戶稻造，曾在西元1905年應邀提供建議給滿洲的未來，他告訴對俄戰爭的勝利者，要將占領的滿洲鐵路變成「日本的東印度公司」。

第二節

　　新渡戶的妥協首先是舉起反沙文主義的大旗，等他死後，老而彌堅的尾崎行雄一人繼續扛旗前行。這兩個人都有各自獨立的事業，走到一起完全是透過他們的家人，夏天他們是鄰居，是多年的密友。尾崎夫人有著一半日本人血統（媽媽是英國人），她超級敏感，酷愛文學，在日本，她要比那個費城來的、能力出眾、身材高大的純美國人新渡戶夫人更加奇怪。她的母性不斷地充滿自信地呵護著那些膽小的孤獨靈魂。

　　尾崎因其個性獨立、乖戾卻又令人尊重，而被稱為日本的蕭伯納（George Bernard Shaw）。在政界，他被稱為日本的參議員博拉，但他只有博拉的獨

背景

立個性和雄辯口才,不絕於耳的譴責聲一直令他的黨派陷於尷尬境地,而博拉的反覆無常卻絲毫沒有體現。這個保守的小個子,儘管身材不高,卻是一名獵手和登山愛好者(日本的卡通畫家以前喜歡展示他和來復槍隱藏在張揚的大鬍子背後伏擊的畫面)。他被忠誠的家鄉選區連續選入議會。西元 1878 年,他於 19 歲時進入政界,至此他因為堅定支持代議政府而被戲稱為「憲政大神」,但是七十歲後他卻展現出理想幻滅的跡象,在兩屆政府中,尾崎都是孤獨的老鷹。

20 世紀初,尾崎贏得了東京首任「改革」市長的美名,同時也是日本最傑出的獨身官員。身為東京市長,他送給友好城市華盛頓漂亮的櫻樹,每年春天櫻花都在普特馬克谷地綻放。後來日本駐美大使齊藤博效仿尾崎,也捐贈了櫻樹給紐約中央公園。

曾有一封錯發給東京市長的信件,引起了他的興趣。他發現收件人是日本駐英大使和其英國夫人的千金。這位空靈而又敏感的尾崎小姐,在義大利曾是瑪麗・柯爾利的祕書。她來到日本開始了童話和日本民間故事的文學生涯。這兩個尾崎見了面並結婚。這次聯姻所誕生的兩個女兒,與她們不諳世故的母親,和道德保守的父親格格不入,她們騎腳踏車,跳爵士舞,四處遊蕩身邊卻沒人陪伴,日本國內傑出的「摩登女」稱號非這兩人莫屬。這是來自英語「摩登女郎」的一個通俗說法,這個詞還有一個對應語「時髦仔」。

真誠的尾崎和善變的犬養毅都是大隈的門生,大隈是一位有著西奧多・羅斯福一樣政治影響力的政治家。西元 1898 年日本第一屆內閣組建時,尾崎是大隈內閣的司法大臣,他全力要把日本內閣打造成和英國一樣重要、一樣有影響力。然而,這是號稱日本「俾斯麥」的山縣所不允許的,山縣建立了日本陸軍並且壓制國內的政治分歧,為日後大陸帝國的建立打下良好的基礎。他和頭山滿的黑龍會派人去監視尾崎,他們聽說尾崎

第十五章　開明之士，聖人和科學家

在講演中譴責選區觀眾時，用了一個推斷的對比：「為什麼要投票給富人？如果日本是一個共和國，你們這些人會選出該國最有錢的人當總統！」各種報紙在全國各地大聲疾呼：「天皇萬歲！」這樣一來，不僅尾崎個人被打倒了，甚至連整個內閣都倒臺了。

每當尾崎出現在公眾面前，他都會受到指責，這種情況已經有很多年了。西雅圖的一名銀行家站出來同情他，結果失去儲戶破產了。真正讓尾崎受傷的是，他會隨時為了天皇獻出自己的生命。他開始出書來證明民主制度和帝國體制的相容性。軍國主義者交替譏諷他，又因熾熱的精神尊敬他。曾有三個不同的時期，那些沙文主義者都計畫要取了他的性命。有一次，他成功脫險全靠活躍的小女兒，她義憤填膺地面對闖入的刺客，把少女和服扔到這個正合身的小個子政治家身上，假裝這一間屋子裡全都是女人。

尾崎給許多政客和貪腐貴族帶來不少麻煩。西元1907年，他的激昂演講促進了彈劾內閣總理大臣桂太郎，直到這位王公大將下臺，但是由於入閣時間短，只有一次尾崎成為了議會反對黨的領袖，這正好體現了日本議會的構成不可調和的困境。這一事件引起美國的重視。

西元1921年，日美海軍的競爭進入白熱化，尾崎在議會提議召開解決海軍限制的會議，他的提議獲得了323票中的38票。於是，這位小個子講演家把這個問題推給了日本國民。他的成功證明了自己那套當選代表理論的荒謬。他在日本所有的城市對大眾發表演說，群眾分發致總理大臣的明信片，要求陸海軍削減開支、要求日本政府與哈丁總統（Warren Gamaliel Harding）和貝爾福爵士簽署一項海軍協議。那些嘲笑他的高官很快就被明信片淹沒。

尾崎運動是世界上第一個受歡迎的、國民自願支持限制死亡權利的運動，值得注意的是，這場運動發生在日本。日本沙文主義者最終因尾崎的

| 背景

競選活動感到震驚，追隨他播放一些並無準備的恐怖電影紀錄片。這次宣傳運動作用適得其反，98％的民眾發來了明信片。華盛頓的日本大使向國務卿休斯提到了這張明信片的泛濫，實際上為西元1922年華盛頓和會以及第一個海軍限制協議鋪平了道路。

這名理想主義者年老耳背，但是精力充沛，舉止優雅。西元1931年，軍事集團推翻他的努力，帶領日本捨棄和平國家之列轉而訴諸武力之時，他並沒有隱藏自己的真情實感。尾崎當時正在美國，在生性活潑、執著真誠的女兒陪伴下，探望在療養院養病的妻子。他的老鄰居新渡戶真誠地道歉並對西方人說：「你自己也做過同樣的事。」就在紐約阿斯特酒店的日本協會面前，尾崎在我的工作室描述日本軍閥，所用措辭新聞媒體都得經過修改才能付梓印刷。

尾崎夫人在美國死後，這名鰥居的老頭來到倫敦，在那裡，他收到了日本老兵組織的挑戰，稱他膽敢回國就會因其言論而被刺殺。他搭乘第一班返回日本的輪船，挑釁他們有本事來刺殺他！輪船抵達日本港口時，整個世界都非常關注此事。應軍閥荒木本人的命令，他本人十分欣賞這種精神，員警在碼頭將刺客一網打盡。隨後幾年，刺殺尾崎的行動一直沒有停止。只要僵硬的關節允許，他就會在日本國內自由行走。

當然了，如果這種勇氣真要威脅到對軍力的控制，而不是向失敗的敵人展示騎士精神的話，那就是另外一番情形了。重要的陸海軍要員可以對一個理想主義者慷慨大方，這人過去四處遊走告訴公眾（因為他相信），媒體對西方國家互相增加彼此軍力的報導，只是來自日本軍部的宣傳！

不過老尾崎始終不屈不撓，他組建了一個「藍十字協會」，成員包括賀川豐彥、安部磯雄，後者是「日本棒球和社會主義之父」，他帶領許多社會黨派在各地走上了開明的社會主義道路。

野口米次郎一度被稱為「日本的英語詩人」，第五大道畫室的獅子，

華金・米勒的門生，倫敦和印度的沙拉金尼・奈都（Sarojini Naidu）的朋友。野口娶了一位紐約的絕世女人並將她帶回日本，接納日本文化，把日語當成中介語在日本安家，並成為一名大學教授。他還娶了一位日本妻子組建第二個家庭，他天才般的美國妻子留下來養育生活貧困但天賦極高的孩子（其中有個就是雕塑家野口勇），她絕不允許有人說野口的壞話，這令她遠離了憤怒的野口夫人，因為她一提到野口的名字就發飆。這個美國化的日本人以前曾以詩歌「優美聖地」而聞名，成了「亞洲人的亞洲」的文學冠軍。他在日本招待印度的泰戈爾，西元1941年在泰戈爾臨終之際，這位接待者揭露了日本軍國主義的虛偽，聲稱要對中國和印度發動「解放戰爭」。同時野口的兒子野口勇是美國公民，母親是土生土長的美國人，他畫了一些宣傳畫為對華戰爭募捐。

就是這些人物代表了日本理想主義的各方力量，西元1939年，世界正處於戰爭邊緣之際，他們宣稱會和羅曼・羅蘭（Romain Rolland），H・G威爾斯以及在紐約、巴黎和羅馬專業的善意組織合作，做出更大的努力來挽救整個世界。

第三節

據說只有一個日本人超越了日本的民族主義[074]，這個人就是賀川豐彥，他幾乎是全日本或者整個世界公開宣稱並付諸實踐的基督徒。經常被稱為是日本「甘地」（Mahatma Gandhi）的他信奉神祕主義，絕對地英勇無畏，傲視外物和身體享受，完全可以媲美聖雄甘地。可能甘地還有點權力欲——至少他已經習慣了擁有權力。

如果真是這樣的話，比甘地小19歲的賀川，那就是真正的聖人了。賀

---

[074] 新渡戶死後，國際主義只得到跨國商人的支持，其動機顯然是極為自私的。其他大部人都是鄙視國際主義的「武士階層」。

背景

川對人類的愛似乎更關注普通人，為了某個正義事業不願犧牲個人利益。這可能是因為在日本人們遭受的痛苦，不像在印度那樣可以輕易地克服，日本的佛教思想已經與古老的、自成體系的儒家思想結合，總是強調個人的目的和行為，這與集體辛苦勞作的印度教非人力演變的概念相矛盾。聖人之間可能最大的區別，就是賀川更年輕一些，個人的情感更關注男子氣概，可能他嘗試幫助的人們沒有多次將其投入監獄。

為了應用愛的理念，賀川十分欣喜地穿著廉價的衣服，充分利用全部的財富和人類現代的設施，來實踐自身的理念。他會像馬克思（Karl Marx）一樣平均分配世界商品。甘地實際上綜合了耶穌、托爾斯泰（Leo Tolstoy）和梭羅（Henry David Thoreau）的思想，逐一發現他們的理念然後形成自己的觀念。賀川擁有日本人神祕務實的思想，可能是綜合了耶穌、卡爾·馬克思和亨利·福特（Henry Ford）的思想。他鼓吹內閣大臣們不要滿足這輩子生活在水深火熱中那些人的願望，可以承諾在下輩子給他們金磚鋪地和享用無盡的福利。賀川不僅在日本，在整個亞太地區都採用了英美傳教士宣傳基督教的方式。

賀川與松岡一樣，其大部分思想都來自美國同行。儘管這些思想背後堅定誇張的民族主義思想，給了松岡沉重打擊，但還是觸動了賀川的高貴靈魂，使他更加了解整個人類的需求，不論他們的膚色是黑、白、還是黃。

童年時期，他因深愛的母親的不幸遭遇感到萬分痛苦，母親是一名小妾，她性格高傲但慘遭無視。父親是早期的實業家，幫助成立了偉大的大阪商船株式會社（日本兩大世界級的航運公司之一）。不料父親早死，公司破產，這個敏感的孩子差一點就自殺。這時，在街頭傳教的美國傳教士梅耶斯遞上《約翰福音》（Gospel of John）。這裡面滿足渴望的理想主義思想，對於這個日本年輕人來說絕對必要，他要有所作為，有所犧牲，死得

第十五章　開明之士，聖人和科學家

其所，要勇於超越自我，除了個人享受之外，還有更重要的事情可做。

賀川開始將基督教義付諸實踐，此時普通日本民眾正在積極為國為己大展拳腳。他因收留流浪狗和棄嬰，被逐出傳教士神學院的宿舍，因缺乏食物而昏倒。後來，他在普林斯頓一戶美國人家庭做管家賺取研究生課程的學費。實際上，了解在基督徒中基督教的狀態，也並沒有讓他感到沮喪。今天把基督教義應用到社會上，通常都是組建工會、農戶、合作社或者名為耶穌兄弟會這樣的世俗組織，賀川已經成為整個東方經濟民主的先知。

他反對新的工業寡頭政治，其不遺餘力地支持農民令軍方不滿，軍方認為這種熱情會使他們感到親近。日本相當一大部分民族主義分子，如松岡等都是名義上的基督徒，就像建立大英帝國和滅絕了北美印第安人的那些善良基督徒一樣，他們也將基督徒的狂熱與原始的民族主義教條，緊密地結合在一起了。

出於對農民的某種同情，和對這一根基和泉源群體的極度設想，日本軍方容忍了賀川偶爾對愛國主義和軍力的譴責，允許他遊歷中國、菲律賓和美國後回到日本，對於日軍在海外的所作所為道歉而不受任何非難。在日本，軍方為了「保護其不受愛國人士的傷害」讓他保持沉默，在他周圍布滿警探，在他處所裡面也都有員警的保護。

在那個時代，賀川可能在日本、亞太地區或者整個世界都是十分重要的人物，但是他和耶穌一樣，在他那一代不可能改變歷史的進程，甚至當代的歷史學家都沒有提及，更別說耶穌那個時代了。

美國傳教士協會的希望就是這些，他們的代表曾經鄙視賀川，但在1930年代卻把賀川當做寵兒，引用他的話來證明我們沒有必要打擾日本。賀川有幾個忠誠的信徒，可他們沒有阻止席捲整個日本建立世界性帝國，或者擊敗德國的民族主義浪潮。賀川被迫從海外的和平協會辭職，他「擔心被自己的國民所誤解」。賀川在精神層面上詮釋了「日本的使命」，就像

耶穌詮釋了以色列的使命一樣。

西元 1941 年，他從美國搭乘日本官方指定的最後一班船返回日本後，日本軍閥讓他發表演講講述一下感受，他又一次提起美國可能首次轟炸東京的時間。一個戰敗的、驚恐的日本需要賀川這樣的人，並想方設法利用這個人。也許這個國家理解他的初衷並且還要感激他呢！

新渡戶這樣相貌英俊的人，他的悲劇證明了在日本這五十年來，人們不要期望真正的國際主義出現。在最近一次的聚餐上，老於世故的、堅持苦行的二荒芳德伯爵提出了遙遠的承諾：「有人會懷疑所謂的日本精神，是否是千百年來賡續的、真正的日本精神。真正的日本精神是國際性的精神，在於不戰而屈人之兵，對勝利的自信源自這種精神。轉而追求這種建立家國的理想，以應對日本在國際上的緊張局勢是完全正確的。」

日本的賀川和尾崎兩人，毫無保留地公開譴責了超級愛國者和他們的行為，但只有賀川是超民族主義者。賀川沒有一絲輕視天皇的意思，只是他的思想高度遠遠超過東京的帝王訓諭。在他看來，美國的排外法案是不對的，因為那是反社會的、沒有基督思想的法案。我認為，就像他會反對將該法案應用在中國人和巴塔哥尼亞人身上一樣，也會反對其應用到日本人身上。身為日本人，尾崎也反對那個法案，他站在深山中自家的草坪上，當時林德伯格上校和他的妻子安妮·林德伯格也在那裡停留暫住，他用一種特殊的語氣告訴我們這些人，這在其他任何日本人看來都是一種侮辱。隨後他的一個長相漂亮的女兒，為我們端上香茶和蛋糕。

第四節

此處需要指出日本軍界、政界和社會改革界之外，日本精神的典型人物，我特意選擇了醫學界的一位先驅。

第十五章　開明之士，聖人和科學家

我不知道在日本人中，還有誰比野口英世[075]更堅強、更敏感、更堅定、更執著、更勇敢的了。他的性格是在日本形成的，而名氣卻是在美國取得的，大部分傑出的工作都是在南美完成的，他在非洲的黃金海岸去世。野口的職業生涯，回應了那些質疑日本人是否都是有組織和模仿能力強的人。

西元1876年，他出生於福島縣的農民家庭中。當野口的父親知道還要多養活一口人時，就索性拋棄了整個家庭，當時這種情況十分普遍，日本小說家和戲劇家經常利用這種背景創作。因此這個新生嬰兒，便只能留給他姊姊照顧了，有一次當姊姊把他從後背上卸下來，去幫助媽媽耕種家裡的一英畝田地時，野口蹣跚著走到火盆裡。他的左手被燙得變形，右手則是在姊姊細心的照顧，和媽媽堅強的意志和努力下保住了，不過他身體的其他部位都留下了可怕的傷疤。

當年輕的野口進入村裡的學校就讀時，他的同學因其身體的畸形殘疾、貧窮和父親逃避的恥辱，迴避他或者辱罵他，這讓他一度考慮自殺。此時，一位在推翻封建制度十五年後，最早將西醫介紹到日本的外科醫生，碰巧來到這座村莊。他試著在這位敏感的身障男孩身上試驗自己的新技術，結果使得他的一隻手完全恢復了功能。出於感激的衝動和執著，野口不顧身體的殘疾也想學醫，將他的一生都獻給治病救人的藝術。這名外科醫生先驅非常感動，他拿出自己微博的收入，來幫助這個年輕人接受教育。

在野口看來，既然他想成為醫學家，那就一定要成為世界上最偉大的那一個。就像這個年輕人所說：「我要成為一個像拿破崙那樣的人，去拯救，而不是屠殺---我現在已經可以每天晚上只睡四個小時了！」他冷靜地宣布，「我要成為天皇的御醫。」他從來沒有考慮過，自己身體殘疾畸形是根本不可能進入天皇寓所的。實際上終其一生，他的野心都很大，甚至

---

[075]　此處借用了古斯塔夫・埃克斯坦的精采傳記，西元1931年由哈潑柯林斯出版集團出版。

背景

和不同種族的女人在一起親熱時，他也從沒有考慮過自己的身體殘疾。

他能買到西藥的最近的地方，就是小林夫婦開在偏遠地帶的一家藥房，他在那裡當一名雜務人員。他學會了一些基本的草藥知識，然後說服藥店老闆和老闆娘預支他的工錢去醫學院學習，附近的一個農民，也同樣被他說服資助他實現理想。野口身上具有日本藝術家典型的人格魅力，他只要想得到，就能從任何種族那裡獲取期望的東西，有時候還會提出一些十分唐突和驚人的要求。

在「經過」兩次美國軍醫的洗禮後，野口一路來到菲律賓群島替黃熱病溯源，19世紀時黃熱病席捲了許多美國城市。這兩名軍醫引起了他對流行病和美國的興趣。對於美國，他認為「那裡自由大行其道，任何人都能在那裡功成名就。」在中國短暫地停歇後，他決定去美國，他的朋友必須送他去，儘管其中一個不得不賣掉妻子結婚的和服為他提供盤纏。

在這裡，你可以看到野口浮誇短視和放蕩不羈的一面。即將成為最偉大醫生的他，來到西方求學一定得好好慶祝一番。因此他替自己辦了一場宴會，當支付完食物和藝妓的費用後，盤纏已經沒有了。每個人都清醒後，他的朋友又變賣了一些東西，這次他們買的船票只能是統艙票了。

野口到達費城之後，找到他認識的一名美國陸軍軍醫，沒有告知他任何東西，只是輕描淡寫地說了句，他是來學習和工作的，他的生活費需要朋友的接濟。結果人家還真相信了。

野口抵達美國那年，透過在哈瓦那兩名自願接受感染蚊蟲叮咬試驗的美國陸軍列兵身上，華特·里德（Walter Reed）證明了黃熱病是透過蚊子叮咬傳染的。接下來，就要等這位日本男孩只能用一手拿著試管和顯微鏡，來發現這種細菌了。

在實驗室中，他像愛迪生一樣一口氣工作二十小時、三十小時甚至四十小時。然後就像海龜一樣懶散，最後從這種狀態中恢復過來，把他能借到

或者找到的錢全都花掉。他幾乎都要娶一個日本女孩了，後來又和一個丹麥女孩搞曖昧，最後卻娶了一個紐約女孩。這女孩放棄了自己的一切，像母親一般照顧他和他的手稿，讓他按照自己的方式生活。

後來，洛克斐勒醫學研究基金會接手支持他的科學研究，此時野口正致力於蛇毒血清的研究。費城動物園爬行動物館的老飼養員如果現在還活著，一定會拉著你講述那個「有趣的日本人」的怪事。

野口在醫學領域的成就，包括在小兒麻痺、蛇毒血清和砂眼方面的貢獻。他最早獲得了梅毒螺旋體的純培養物，確定了全身癱瘓和脊髓癆的梅毒性質。西元1918年，他發現了黃熱寄生蟲，這引起報社的注意。隨著滅蚊運動的開展，他為可怕的疫情培育了預防性疫苗和血清，徹底消除了人類歷史上最大的禍患之一。

由於南美和非洲的黃熱病是否是由相同的，或者略有不同的螺旋體造成的，這個問題還沒有得到徹底解決，野口便成為前往研究的科學研究人員之一。

在全世界不同的危險地區開展調查之前，他先回到日本看望自己的母親，日本的報社報導了西元1915年9月8日那天，他在故鄉小村莊的新建火車站下車，受到了身著賽璐珞翼領和特色大衣的當地市長和全縣政要的接見，他的衣服和往常一樣沒有熨燙，皺巴巴的，這位科學家走向月臺，從他們身邊經過，然後向一位滿臉皺紋的農村老太太鞠躬行禮，她穿著一身破舊，但漿洗得十分乾淨的和服。

「媽，我是清作（他的乳名）。」野口連說了好幾遍，直到最後老太太認出他來。眼淚不禁流了出來，可她還是堅持讓兒子先完成官方代表團的接待，這也是他的榮耀，然再在來看她。所有官員都被忽視了，一聽到這個男人自稱清作時都大吃一驚，因為他們只知道他叫英世。其實他後來的名字「英世」，是他離開母親之後，這個自我意識極強的年輕人自己取的。

野口帶著自己的母親和「重生父母」藥店的小林夫婦，穿過瀨戶內海參加盛大的藝妓晚宴，這是日本名流在號稱帝國「紐約」的大阪為招待他而舉辦的，多愁善感的日本記者大肆報導他對母親和上了年紀的村莊藥店老闆的關注。由於野口無法說服那位當年資助他的老農來參加活動，因此在離開故鄉之前，這位極為傲慢的人來到農民的茅舍，不顧情緒失控的老農的抗議，跪下來向他磕頭。

野口在南美的工作，有效隔離了那兩大洲可怕疾病的寄生蟲和細菌。西元1928年，五十二歲的野口不顧妻子和洛克斐勒醫學研究基金會工作人員的強烈反對（因為他已經處於糖尿病晚期了），仍然組織了美國斯托克斯遠征隊來到病毒肆虐的西非黃金海岸。最終，日本人的高傲和對科學的狂熱，令野口走上了不歸路。

在阿克拉時，斯托克斯首先把有黃熱病的蚊子放在他的手腕上，然而在美國大陸發揮作用的治療血清，並沒有挽救他的生命，很快地，野口便在精神錯亂中被抬到船上。他死了，臨死前口中不住地念叨著，「可笑的野口！」他認為這是老天對他也許是對這個世界所開的一個天大的玩笑。他總是樂於把自己戲劇化。他做了不少重大的試驗，但都是日本人那種祕密的試驗，他不會向任何人吐露，直到他能夠完全抵抗病毒，以他生命為代價的知識也和他一道消失了。

第五節

日本造就了一大批科學巨匠，除了野口之外，還有一位北里柴三郎博士，他是著名的傳染病專家，儘管在此領域中，中國醫生伍連德成就最高。北里博士證明了破傷風感染是引起牙關緊閉的原因，他的研究導致了白喉抗毒素的發現。他成立的帝國血清研究所，發現了至少一種痢疾桿菌並製

第十五章　開明之士，聖人和科學家

成優質血清。西元 1925 年，北里博士辭去了慶應義塾大學醫學院的院長職務，因為他的兒子與藝妓有染企圖自殺而蒙羞。學生們都勸他回歸，他是一名了不起的人物。

但是野口英世的缺乏遠見、超級敏感、嚴格的自我要求、性情時而歡快時而鬱悶，具有強烈地以自我為中心的思想，他堅信自己要比整個世界都正確，這是典型的日本人藝術家和美學家的體現，是完美的日本武士的類型。很多美國一流的醫生和科學家都會永遠記得他。

恰如其分的是，精采的野口傳記是由一位德國科學家來完成的。一方面，他具有遠大的理想，以自我為中心，執著於抽象理想，一往無前地追逐目標，懷有宿命論的思想；另一方面，他多愁善感，有時還體現近乎傷感的美學情思。日本和德國的思想有明顯的相似之處，可以說，歌德的細膩更多地體現在日本人身上。日本人和德國人都有不服的武士、執著的科學家以及多愁善感的詩人。然而開明的思想、重視理論、無視人類的價值，使得德國跌落高臺，同樣也會毀滅日本[076]。時間和空間會證明一切，日本的機會更像古羅馬獲得的機會，而不是德皇所面臨的機遇。日本在現代世界中，還是一個有待判斷的新生力量。

---

[076]　見西元 1934 年版本。

第十六章
外交家和行政者

第一節

　　以前日本從富豪之家中成長起來的，還有另外一群人，有時他們被稱作自由派，他們沒有約翰・西蒙（John Simon）爵士開明，而且也不吹噓他們的理想主義，只是承認堅持君子的實用性，和某種避免極端的自尊。他們對歷史事件雖然沒有直接影響，但還是有一些左右能力。他們被任命主要和我們打交道，從他們身上，我們可以輕易理解日本這個國家。他們並不像日本黑幫、武士和聖人那樣，令人激動和開心，卻在世界史的太平洋時期扮演著重要的角色，而且記者也需要他們當新聞素材。

　　首先需要提及的就是老王公德川家達，雖然不是血親，但也是西元1606～1867年在日本擁有絕對統治權力，後來被推翻的德川家族的直接繼承人。經過短暫的懺悔，富裕的德川家族在非皇族血統的貴族中，被賜予相當高的地位，擁有世襲的王公頭銜。三十五年來，這位家族中溫文爾雅、奢靡豪華和熱情好客的族長，一直都是貴族議院的議長。

　　身為日本帝國扶輪國際社的贊助人和國內總裁，這個貴族佔據了善意大使的獨特地位，特別是駐美大使。他被選中向美國人民播報第一次跨太平洋的國慶資訊（西元1934年），他是「心如止水」的傲慢哲學倡導者。

　　德川是日本參加西元1922年華盛頓會議的代表團長，有著定海神針的作用。王公是日本國聯協會的會長（此時松岡正走出日內瓦的玻璃屋），直到他的組織藉機轉變成為海外宣傳日本的日本國際協會。這是日本人對國

第十六章　外交家和行政者

際協會真正功能的正確認知。

在遊歷西方的時候，王公因為上了年紀而自負。他是日本能劇的粉絲。能劇是一種傳統的、壓抑感情的表演，劇情冗長、動作緩慢。他一直贊助有巨大爭議的一個演唱流派：是否透過鼻腔發音或者在喉嚨後部發聲等。其他的業餘愛好有日本相撲，這是一種350磅重的選手在鋪滿沙子的土堆上頂肚子的比賽。

王公在美國公眾中製造了一些轟動，他指出日美貿易的互補性。「到目前為止，」他說，「我們只在幾個領域是競爭對手，如布品、人造絲、魚罐頭、橡膠製品、燈泡和輕便機械。」他沒有說我們在其他工業品成為競爭對手，因為日本正迅速開始仿造。他指出，在主要大國中只有日本沒有拖欠美國貸款。「記住，」他說，「我們日本已經經歷了長期的焦慮，並靠近世界上最糟糕的動盪——中國革命和俄國革命。」

在美國南部，他指出在中國要維護東方國家的關係和貿易代辦是一件麻煩事。我們美國人怎麼都不能理解這一點，而且我們很容易就捲入國際糾紛之中。為什麼不把這些都轉給日本呢？它會購買這裡的棉花，現場支付現金，負責整個亞洲的出口和加工，假以時日就會擴展到全世界。一些南方的編輯認為這是一個好主意，不過華盛頓的國務院和商務部認為，美國人有能力和自己的市場保持直接連繫。同時，日本在中國華北種植棉花，鼓勵在阿根廷和近東種植長絨棉。

王公在美國最後的行動，是禮節性地視察新建的、位於哥倫比亞大學的日本文化中心，他和校長尼古拉斯·穆雷·巴特勒都發表了互相讚美的講演。不管怎麼說，自從美國人無法提供日本人捐贈圖書相匹配的資金，日本文化中心似乎被降級為一個普通的哥倫比亞大學圖書館的日語閱覽室，這似乎更有用。

第二節

　　比王公少點貴族氣的，還有兩個分別畢業於日本陸軍和海軍軍校的開明人士，他們後來成為日本殖民地的管理者，他們就是海軍上將齋藤實和陸軍宇垣大將。

　　齋藤實著實令人想到了德國的興登堡（Paul von Hindenburg），西元1932年，隨著一系列的刺殺行動，他是唯一能夠掌握日本時局的掌舵人。兩年間，齋藤將日本人的愛國熱情控制在一定範圍，他對國會說：「我們面前有一個深淵，我們不能有絲毫的恐懼和不安，此時有必要更加信任我們的國家，因此我們需要良知。」

　　一名日本記者將齋藤描述為「一座不可踰越的高山，並非費邊主義的戰術所能戰勝的類型」。日本人對費邊主義的解釋是「大師級別的優柔寡斷」，記者認為這種人在脾氣急躁的日本人中極為少見。無論誰迫使日本人接受這個決定，都會認為瘋狂的「大師級別的優柔寡斷」就是日本人的特性，無論他是豆腐販子還是總理大臣。老齋藤的外號叫「黎明爵士」，意指他喜歡徹夜飲酒長談直到天明。就像松平和近衛文麿一樣，他是一位身材高大的人，日本諺語說的似乎有道理，「大」和「和」組合在一起，在日本這很可能是一個種族問題，身材魁梧可以追溯到阿依努白人先民那裡，歷史上曾經大量地居住在北方地區，這是一個長得虎背熊腰的和藹民族。

　　最初齋藤只是一名見習官，他來自日本的北方，海軍的管理和晉升都是在最南方的薩摩藩人的掌控之下，英俊的齋藤透過迎娶海軍中將仁禮景範的女兒，經過熟悉的日本領養程序成為一名薩摩人，透過這個手段來彌補這一弱點，他的晉升變得神速。

　　齋藤成為西園寺王公的弟子之一，在政黨需要紀律約束的時候當上總理大臣。而齋藤讓自己的性格融入日本帝國的偉大功績，就是平息了日本第一次帝國征服（吞併朝鮮）後的局勢。朝鮮經過一番動亂之後，包括西

元 1894 ～ 1895 年的中日甲午戰爭，西元 1904 ～ 1905 年的日俄戰爭，日本策劃刺殺朝鮮最後的女王，西元 1910 年天皇正式吞併朝鮮。

西元 1919 年的春天，初期的起義達到了頂峰，日本陸軍決定一勞永逸地鎮壓獨立運動，他們將朝鮮的基督徒釘死在十字架上，活埋了女性煽動者。在朝鮮富有同情心的美國傳教士，那時也被驅逐出境，他們替朝鮮人民帶來了希望，並讓日本在世界各地都有汙名，同時也為朝鮮人民帶來基督教的慰藉。結果基督教成為這個亞洲落後地區最受推崇的宗教，而激進的日本佛教徒正試圖改變這一局面。

松岡為了保護日本在朝鮮的軍事行動而嘲諷美國觀眾，畢竟日本在朝鮮殺的人，要比福斯頓將軍在菲律賓殺的人要少得多，而且福斯頓的水療不比朝鮮人受到的懲罰好多少。然而朝鮮（又名韓國）的混亂局面需要清理。西園寺派齋藤去處理，他的成功是帝國主義歷史上殖民地管理的典範。當他的總督列車開進漢城時，迎接他的是一陣爆炸聲，一枚炸彈掉在了他的腿上，他毫無懼色地將炸彈扔向窗外。

朝鮮人的這種「熱情」沒有影響他的和解政策。齋藤的政策是開明的家長作風，朝鮮人稱其為「毛茸茸的貓爪」。他一點也不屈服於武德羅・威爾遜的民主教條，和凡爾賽宮會上提出的自決。在美國主辦的教會學校受訓的朝鮮知識分子，引用宣揚他的主張。他的信條與日本人的信條完全相反：「法治，秩序、正義和物質財富比自由更重要，它們是文明社會的基礎。」

西元 1918 年，齋藤說的上述這番話，預見了墨索里尼對法西斯理念的簡潔論述。他並沒有忽略實用性的考慮。日軍士兵被命令隱藏對傳教士的憎恨，並示之以自始至終的禮貌，總督邀請他們喝茶，聽取他們塑造國家教育制度的建議。他調和他們反對日本的統治，任命不少日本的基督徒擔任下級管理人員。雖然沒有人說他贏得了這部分人的支持，可是齋藤使年

輕的朝鮮知識分子不再發聲，給他們一些無害的工作和豐厚的待遇，也讓他們在精心的審查制度下辦報紙。

齋藤對日本人說：「在朝鮮，我最重要的工作就是要讓朝鮮人認為和感受到，他們也是日本人。在朝鮮，人們也有高低貴賤之分，這必須得克服。」有人想知道是否在日本就沒有這種情況。

實際上，齋藤和繼任者宇垣治理朝鮮的十年間，在這個風景如畫的半島上，日本農民逐漸取代了水稻田中的朝鮮人，失去土地的朝鮮無產者被趕到了滿洲的平原上，作為日本在新屬國那邊的棋子，或者成為日本在東亞大陸戰爭工廠的廉價勞動力。一千三百萬朝鮮人中，有一百五十萬成為了傀儡王國滿洲帝國（滿洲國）的居民，但是仍受日本政府的直接統治。

日本在朝鮮推動大量的高科技圍墾項目和建造防洪設施，可是這只令日本居民受益，並透過日本居民讓日本金融家而非朝鮮人真正受益。

朝鮮人和另外一種蒙古人種的緬甸人，都是黃種人中真正的哲學家。日本和英國統治者，很難讓他們接受勤勞和節儉的觀念。在朝鮮開金礦的一個美國朋友，在半島門戶開放政策徹底關閉之前做了點好事，為了分享他的財富，他把礦工的時薪翻了一番，中國工人立刻就過來問他們是否能加班，而朝鮮人則決定每隔一天來上班就足以活下去了。然而朝鮮人比中國人和日本人更加吃苦耐勞，在日本人管理下，老闆能夠使日本工業資本家製造的產品，比日本本土的更加便宜。

共產主義的宣傳者取代了基督教傳教士，成為心懷不滿的朝鮮人的先知。對於日本維多利亞時代的管理者來說，問題更加新式、複雜，海軍上將齋藤男爵投入了軍閥荒木和法西斯分子松岡的懷抱。荒木對朝鮮的首要興趣，是建立世界上最大的工廠生產軍火和毒氣，這一地區選定在半島西海岸，四周三十英里圍上高壓電網，新建的鐵路和新修的隧道，將北滿的三江平原和西伯利亞連接起來。

第十六章　外交家和行政者

　　平靜的齋藤最喜歡的，就是「提升普遍的正義」和「國家命運的進步」。他說：「當帝國正在慶祝皇太子登基的時候，全體國民的中央架構就是皇室即將展開民族精神的復興，實現國民的理想和完成帝國的使命，並讓他們遵守『守護中庸之道』的聖命。我們不菲的國防預算是由世界局勢決定的。我們還有許多問題需要解決，現在仍處於緊急狀態之中。日本此刻正接受考驗，我們要把這種緊急狀態視為國家進步的預言。」性格爽朗的駐華公使有吉明稱齋藤是「鴨子打法」的戰術大師，水面上風平浪靜的同時，水下已經在瘋狂地划水了。

　　儘管存在軍國主義者和激烈的軍備競賽，以及帝國在大陸的擴張行動，並且還有一半的預算缺口，但老政治家齋藤仍有時間來考慮小學生的教育。隨著年輕的教育大臣陷入在美國經常被忽視的教材腐敗而辭職，齋藤自己帶領委員會起草一份新的教育制度，實現了教材的全面修訂，確保「灌輸道德而不是個人野心」。在日本，道德主要指的就是荒木和松岡口中談論的忠誠，不過齋藤將其和儒家的平衡和分寸意識結合起來，「中庸之道」就是他自己生活的核心。他在生命的最後幾年，致力於將小孩子們打造成能夠生存並獲取勝利的新一代人，使無數的松岡和荒木得以湧現。

第三節

　　像宇垣一成這樣的日本人，優先考慮科學觀點，他起草並實施了在西元1935年前完全實現軍隊機械化的方案。機械化和科技高效取代了數量和傳統，軍隊減少到四個師團並且裁減不少軍官。自然，他很不受人歡迎，當他被派往朝鮮管理時，各處都長出了一口氣。

　　在朝鮮，宇垣繼續齋藤的殖民地政策，並取得了空前的成功。在齋藤和宇垣治下，我從來沒有見過哪個年輕管理團隊，能比日本各部門首領更

> 背景

加出色,他們中有人在美國接受培訓。宇垣十分受農民的歡迎,他自然要考慮農民的利益需求。他曾一度要求組建農民黨,但對我們來說,他的重要功績在於實現了軍隊的現代化。

由於工業和出口重鎮都在大阪(日本的紐約和芝加哥的聯合體),他們懷疑東京官員就像紐約的利益集團對華盛頓的感覺,他們邀請宇垣來擔任總理大臣的職位。如果他的影響力沒有被揭露日本政治和社會瑣事所扼殺的話,他的旅程可能會對決策有所影響。他的小船停在了宮島這座聖島,想要參拜一下神社,及看一下漲潮時矗立在水面的鳥居。就在他要走下跳板時,突然出現兩名藝妓,就在報社記者點燃燈泡時,從這個偉大的軍事改革家和管理者手中各漏出來一個燈泡。

超級愛國者心目中的英雄荒木將軍,一直以他的高尚德行感到自豪,沒有人逮到他的任何汙點。第二天早上,他透過媒體向五十萬讀者發表演說,明確指出在民族危機時刻,政府高官的輕浮舉止是多麼的不合時宜。這條消息連同宇垣和藝妓的照片同時見報,什麼也不用解釋了。美麗的聖島禁止任何車輛通行,甚至連一輛人力車都沒有,卻有相當多的藝妓,那裡的旅遊業一直沒有受到影響。此次事件引起的嚴肅反響,就是大學生要在東鄉上將的國葬上,陰謀刺殺荒木將軍。

關於在未來的危機中入主內閣,宇垣用寓言般的語氣說道:「頭痛時我們找醫生,花園長滿蒲公英我們就要找園丁。」在日本神聖使命的極端表達中,他用的都是權宜之計。

當擺好造型讓一個努力的年輕畫家畫像,宇垣上將的人性和藝術的一面也有展示,但是他的畫作因為一件制服不準確不被接受參展。這位文雅英俊的男人濃眉睿智,積極響應的臉龐永遠被世人所記住,正是因為其實現了軍隊現代化這一民族大事,而絕非僅僅將民族主義放在心裡。[077]

---

[077] 這兩段內容見西元 1934 年版本。

第十六章　外交家和行政者

第四節

　　有些日本外交官都是相貌出眾的人物。其中就有長期駐華盛頓和聖詹姆士宮，出身高貴的松平（松平恆雄），這是一名體重180磅，熱愛戶外運動和音樂，學生時代就已創下游泳紀錄之人，他在華盛頓接受教育的女兒，成為了天皇西化的弟弟秩父宮雍仁親王的王妃。這位喜好和平的秩父，是個沒有子嗣繼位的皇太子。超級愛國者得知天皇夫婦生下一名男嬰後，比天皇自己還感到欣慰。

　　日本外交官的職責就是維護日本統一團結的外部形象，和日本尊重條約以及國際良好秩序的印象。考慮到面臨的挑戰，他們的工作很到位。石井子爵報告說，日本駐倫敦大使館戰前一直在抱怨，國內海軍勢力支持的海軍人士，不斷干預外務省的命令和大使館的公務；駐柏林大使館也同樣抱怨反對陸軍軍方人士的做法；日本駐北京公使說，軍官經常肆意踐踏外務省的外交政策。

　　不過外交思想只有在比頭等事業更大利益的驅使下，才顯得重要並引起人們的興趣，就像廣田內閣或者退伍老兵石井菊次郎子爵受到神聖使命的驅使，我們在他們身上發現精緻的外交思想，正如日本古老的外交政策一樣，實現了和工業利益集團的結盟。

　　石井菊次郎是一名溫文爾雅的君子，為美國商會計畫委員會所熟知。他是日本內部財閥集團的大祭司。他周遊美國，建議用「商人的常識來解決」太平洋地區的棘手問題。在紐約宴會上，面對著前任政要、金融家和日本協會的女會員，他提出應該修訂《凱洛格公約》，將戰爭和抵制納入非法範圍。大阪的商人決定抵制印度的棉農，直到英國在印度釋放更大的布匹市場占有率，這條約正準備提交給羅斯福總統。美國的和平主義者和參議員博拉，他們提出的日本人有關抵制的不道德和等同於戰爭的言論，就立即停止了。

199

背景

　　石井回到日本告訴他的國民，富蘭克林・羅斯福和拉姆齊・麥克唐納並沒有問他日本在滿洲的軍隊情況，而是問了美國和英倫群島膠鞋的情況。他很吃驚對方竟然對於這類小事這麼關心，於是他極為重視這件事。日本工業家需要的是比石井外交政策更強硬的措施，因為他們正在準備進行一場貿易戰。外交的玩笑已經過時了，當形勢有利的時候，石井暫時取得了成功。他誘使威爾遜政府的國務卿藍辛（Robert Lansing）簽署一份執行諒解備忘錄（根據美國憲法規定，這還不是正式條約），承認日本在滿洲「因地緣臨近而享有最高利益」。很快，有關利益是否意味著好奇心、特權或者權利這樣的問題就出現了。例如，年輕人由於地緣臨近，都會對周圍年輕女郎產生興趣，但是宣告占有又不能全靠近水樓臺。

　　美國國務院一旦了解日本人的定義，「藍辛－石井協定」很快就被丟進了垃圾桶，這是日本外交的噱頭。西元1915年，一位美國高級外交官對美國的官場和公眾玩弄了一次令人矚目的外交伎倆。美聯社駐京記者弗雷德里克・摩爾，針對日本現外相廣田所擬的二十一條發表一篇獨家報導。總之，就是要求中國正在謀求稱帝的總統袁世凱簽字，以便日本控制中國的軍隊、財政、員警、割讓滿洲還有其他一些主權事宜。這樣日本就可以保護中國不受俄國的擺布。袁世凱冒著被日本入侵和自己被刺殺的風險，把這些要求透露給美國報社。他想知道是否中國可以獲得伍德羅・威爾遜的幫助。這條消息十分驚人，以至於美聯社社長麥爾維爾・斯通直接將消息送到了美國國務卿威廉・詹寧斯・布萊恩（William Jennings Bryan）那裡。

　　兩人一同拜訪了溫文爾雅的日本駐華盛頓大使珍田捨巳，詢問他這份報告是否可信。珍田給了他們期待的保證和一些茶水，費雷德里克・摩爾也被告知休假放鬆一下，不要再以一個字四十美分的價格傳播謠言了。帶著滿腹的怨恨，摩爾來到日本駐北京公使館，將自己的價值觀強加給他

們。當國務卿布萊恩問珍田為什麼撒謊時，這位大使說他只是聽令行事，那布萊恩先生還能指望什麼呢？

根據我們短暫的記憶，日本外交官會定期來教導美國人。在石井的回憶錄中，他把藍辛簽約的影響力，歸因為紐約宴會講演之後獲取的友善聽眾和媒體。同樣的策略對於富蘭克林・羅斯福和國務卿赫爾就不發揮作用。石井和他的同事只好讓位於天羽（天羽英二）和來棲，隨後東條解僱了所有的外交官。

石井對自己的國民提出了精明的建議，即：「對日本來說，沒有什麼要比堅持公開競爭理論更明智的政策了，因為日本被賦予了在滿洲和全中國戰勝外國人的所有因素。」這對於新軍國主義分子、政治家和實業家，已經沒有任何吸引力了。這也越來越傾向於向西方公開攤牌，因此取代石井那些老舊外交策略的，就是「天羽聲明」。

第五節

日本最後一位偉大的開明政治家，就是幣原喜重郎。和石井一樣，他與日本大企業有著密切的連繫，並和日本第二大豪門岩崎家族聯姻。他對大企業的態度，逐漸轉變為現代世界政治家所具備的良好的國際公平競爭意識。

幣原鎮靜自若，做事民主，能夠發表十分鐘精采的英語演講，擔任五任內閣的次相，日本最後一位偉大的黨魁「老雄獅」濱口（濱口雄幸）被超級愛國者刺傷後，他成為總理大臣，不得不出來領導日本的「睦鄰友好政策」。而濱口的病情反覆了一年，後來愛國者要求他上位，最終濱口因違背醫囑而喪命。於是愛國者的憎恨就集中在幣原身上，他促成了華盛頓議會，支持倫敦協議，堅持外交政策，除了保護日本之外，還應該尊重法定

權利和其他國家的利益。

愛國者稱他心慈手軟，阿諛奉承，沒有抵抗力。當日本冒險家在中國失蹤，或者中國拖欠貸款，幣原阻止他們用兵時，他們就口誅筆伐，中國的外交官本身沒有什麼能力，與他進行合理談判時的遲緩拖沓，加速了他的倒臺。加上日軍在中國東北的大躍進，國內的暴民開始攻擊幣原，聲稱要拿他的鮮血來贖罪，因為他將其他國家的權益和日本放於一個平臺，並藐視條約，執行時態度猶豫。他任命的下屬因軍隊的庇護而公開詛咒他。這位性情溫和的、無所畏懼的外交官因腦血管破裂躲過了刺殺。他躺在海邊城堡一般的家中奄奄一息，四周都是像城牆一樣陡峭的高山，只有一條私人隧道聯通。

廣田則是一個完全不同的人，擁有完全不同的理念，身居外務大臣的職位，但是超級愛國者認為，幣原比他們擁有更加詳細的洞察力，他可以在手杖的幫助下到首都來提出建議，他們讓他在天皇領導下，繼續在日本外交史上開展偉大的工作。

他最後的功績就是保護日本友邦的權益，保持精神獨立，筆者感激幣原的介入。儘管筆者受到了報紙的攻擊，激怒了愛國者，他乘坐飛機從滿洲國被驅離，但並沒有被逐出日本列島。有人說日本還會需要幣原，並再次召喚其返崗工作，我認為日本仍會需要幣原這類人物的。

第十七章
政界大神

第一節

我們已經初步了解一些個性十足的開明人士,他們使日本走上了西方的道路,但是外交戰線卻一直配以明晃晃的刺刀。在我們了解整個日本政壇家族之前,有必要認識一下另一類日本人。

這種所謂的「政界大神」,在現代世界的其他地方根本不存在。他們並不是列寧(Vladimir Lenin)和史達林那樣被神話的革命領袖。日本的五大家族都被稱作「神族」,按照傳統說法,他們和天子一樣都是神的後裔。皇宮妃嬪也來自這五大家族。日本的這些政界大老都是這些神聖家族的成員,他們治國理政受命於天。他們的身分地位不會令其在政治上受到常規的指責和詆毀,在日本,其政權也不會按照常規的政治手段,或者常見的政治暗殺被推翻。這足以顯示這些調和者和保護者是何其重要。

也許隨著這種意識的消亡,其功能也不再適用,西園寺死後,近衛(近衛文麿)在西元1941年那個決定命運的夏天,把首相職位交給軍閥東條(東條英機)。這種機制可能會被日本重新使用,遴選出勝者與對手相處,進而發揮巨大作用。總之,政界大神是日本呈現的一個十分重要的特性,我們必須清楚地看到一個真實的日本,尤其是佔據世界面積四分之三的整個西半球和太平洋地區,都被其拖入了戰爭的泥潭。

作者在西元1934年寫到西園寺:

「西園寺王公是史上最後一位元老級別的政治家,他說的話就是聖人

之言，在一片歇斯底里、刺殺和掩飾中，拄著牧杖在行走。」

他脆弱的生命走到盡頭之後，任何事都可能發生，除非西園寺能把年輕一代帶到同樣顯赫的地位。他一個人就阻止了軍國主義者和法西斯主義者公開攫取最高控制權。

《讀賣新聞》稱：「軍方認為國家必須採取擴張軍備的政策，且已經到了刻不容緩的地步，必須花費大量的資金來應對形勢的發展。現有的政治體制已不可靠，根據軍方的說法，我們國家需要一個代表全體階級意志的大黨。除非西園寺王公能夠再次挽救憲法，否則似乎沒有理由相信軍方領導人不會大行其道。」

就在征服者威廉建立英國諾曼貴族的一個世紀之前，村上天皇就已經確立了西園寺家族的地位。每一個來到京都的人，都參觀過十二世紀西園寺家族修建的金閣寺，在其中一座巨大的銅鐘上，可以看到這位政治元老的祖先所做的貢獻。

西園寺王公並不是生來就是西園寺家族的一員，也不是一開始就叫西園寺。藤原氏的一支將日本的收養制度，而不是生來就有繼承權的習俗發揮到了極致。日本家庭上至豪門貴族下到小企業主，一直保留著陽剛之氣和精神寄託，相比一個被寵壞的愚蠢後代，他們更喜歡某個貧窮親戚或者朋友家的聰明兒子。這就是如今仍盛行的換子撫養習俗。這種習俗存在於斯巴達、中世紀的法國和英格蘭。要不是被俄國新的公共育兒制度所排除，當代對於父母掠奪反社會效果的研究，又將這一傳統帶回西方。

真正的原因不為人知已經很久了，一位西園寺家族的人發誓，稱這一家族所有的後人都反對婚姻。有著一種說法稱這個西園寺家族的守護神，是集美貌和天才於一身的處女神弁天。弁天有點嫉妒心理，她不許自己受到已婚人士的崇拜，她嫉妒的咒語施加在這個早期西園寺不幸的妻子身上。她帶著幾分同情，痛苦地宣布西園寺以後都不會有妻子。根據另外一個說

法，這一家族的圖騰是京都古廟中可見的白蛇。這白蛇可化身為任何婦女，嫁給家族的族長，這足以證明家長的單身狀態。

西園寺家族的習俗最可能的解釋，就是早期的西園寺族人，就像所有的藤原氏族人一樣，受佛教影響相當大，修行過程中發誓終身不婚，這成了一個傳統。不管怎麼說，這一家族與任何一個以母親和孩子為核心的家庭一樣，保持了家族的團結一致，並且在喜歡古怪的日本國民中獲得了獨特的地位。當然，在西園寺家族中，母親和妻子的缺失並沒有剝奪男人的男歡女愛。西園寺家族可以納妾，並且可以不受現代日本法律強力反對納妾的影響。他們的親生兒子可能不會繼承名分和地產。

第二節

十一歲時，西園寺便進入皇宮侍奉，成為皇太子的近侍，這位皇太子就是後來推行維新的、年輕的明治天皇，他是日本現代時期唯一一位積極領導國家事務的天皇。

於是，西園寺就成了天皇的玩伴和青年時期的摯友。而西園寺的胞兄被金融財閥住友家族收養，成為日本第二大銀行的掌門人，日本的「紐約」大阪的金主。

這位元老政客的地位十分顯赫，八十年前的德川家族也是如此。農民階層的年輕人歃血為盟要刺殺他，立志推翻新一代財閥和工業大廠對帝國天皇的壓制，西園寺清晰地看到，這個集團與他年輕時推翻根深蒂固的財富和權威有相似之處，於是熱情洋溢地加入這一集團。

後來，他帶著滿腦子的盧梭主義思想從巴黎返回，創辦了實際上鼓吹建立共和政體的《東方自由報》。他認為日本實行共和政體仍可以保留天皇。這個年輕的貴族組織晚宴紀念巴黎的作家和演員，進一步激怒了排外

的日本人。一個平民或者小貴族這樣做，會立刻被投進監獄，但是沒有什麼能阻止這位年輕的藤原貴族，直到天皇本人——西園寺以前的玩伴，苦口婆心地求他終止這項出版事業。從那以後，沒有任何高級貴族冒險進入新聞出版業。年輕的近衛閱讀了托爾斯泰和克魯泡特金（Peter Kropotkin）後，揚言要放棄所有的貴族頭銜，這令他的家人震怒不已。老年的西園寺能理解並樂意糾正近衛文麿，這也就顯得十分正常了。

在西園寺職業生涯的中期，他身居包括總理大臣在內的多個要職，在歐洲多個國家擔任全權代表。從巴黎凡爾賽和會回來後，他就不再是一名官員了，而是成為官員製造者。西元1920年，他抵制一般的貴族和軍隊的反對派，首次要求天皇任命一個非貴族、非軍方背景的平民黨魁原敬擔任總理大臣。原敬被刺殺後，後來的日本政府首腦都是西園寺提供給天皇的。

西鄉、勝海舟這一代人，實現了日本從中世紀進入世界強國的轉變，西園寺則是集團內部勇於冒險的年輕人中唯一的倖存者。這群人年輕時都是那個時代的革命者，就像今天的松岡一樣。等他們都長大以後，便成為天皇手下的資深政治家。第一個獲此殊榮的，是日本憲法起草人伊藤，第二個是日本現代陸軍的組織者山縣，第三個是伊藤的同事和日本貨幣制度的建立者井上，第四位是清隆，第五位是日俄戰爭中出名的黑田冬彥，第六位是年輕的西鄉，第七位是松方，第八位也是最後一位，是最年輕的西園寺。

這個團體年輕時的反抗，對整個世界來說還不是威脅，就像今天日本人的不耐煩一樣。很早以前，西方老牌工業強國和海洋強國對於年輕的日本的模仿受寵若驚。其他的國家也表現出高高在上和樂於助人的態度，西園寺和他的同伴確立了對西方列強信任和友好關係，這是今天的革命者所不具備的。拖著日本前進又互相撕咬的烈馬韁繩，由年輕的明治天皇牢牢

地控制著。他知道怎麼樣才能收放自如。西園寺要比其他人年輕十歲，因為他的才華和獨立精神以及和天皇的親近關係，而成功入選這個名單。他虛報了年齡，從十五歲變成二十一歲。他後來也願意從官方的檔案中減掉額外的六年，但是官方的統計仍然有效。

從西元 1868 年德川幕府封建統治結束，到集團成員中強悍的伊藤最終頒布日本憲法草案，在這充滿暴力的關鍵二十年間，這個內部集團在天皇的領導下統治著整個日本。西元 1889 年後，日本議會正式形成，可是這個經驗豐富的集團繼續維持著統治，西園寺是該集團成員最後一個離世的。

新憲法規定，天皇可以表達自己的意見，議會也可以接受樞密院的指導，樞密院由大約三十名經過考驗的政治家組成，他們都由天皇根據內閣首腦的提名任命。這八位政壇老手組成了樞密院的內部派系，每個人都擁有憲法並未規定的「元老（長老）」頭銜。隨著時間的推移，除了最年輕的成員外，所有成員都榮譽等身並高壽離世，而且還都享受了國葬的待遇。西元 1927 年，西園寺得到了天皇的承諾，他們的空缺席位不會被他人填補，但他可能會作為「最後的元老」而被載入史冊，他無疑就是最後的那一位。

西園寺的想法似乎是，御前大臣、宮內大臣、樞密院議長，以及任何在世的前任總理大臣，都可以接替穩定日本大局的職位。不過軍方卻否定了這一方案。

西園寺在適當時機發揮壓艙石和安全閥的作用，這使得日本能夠長期遵循一種宏大的世界政治格局，既能得到自己想要的東西，又不會與牢騷滿腹的鄰國發生無法挽回的衝突。西元 1933 年，當年輕的當權派咬緊牙關，顯然要退出國聯時，西園寺讓天皇釋出了一道詔令，用保守的語言認可眼下的時局，並發出警告說，不會有什麼大事發生。就在松岡從日內瓦返回東京之前，西園寺已經作出安排，那些直言不諱的擴張主義者不得擔

任高級職務。這位九十歲的政治家,雖然已經兩年沒有到訪東京了,卻仍在堅持份內工作!

當齋藤內閣垮臺時,他讓五年沒有見面的、相對比較保守的海軍上將岡田啟介出任內閣總理大臣,並且透過他直接讓滿腹牢騷的海軍,承擔準備與美國開戰的全部責任,這樣做不會對整個國民造成毀滅性影響,這套操作令整個日本和海軍上將岡田都感到十分驚訝。

從原敬內閣到西元1931年軍隊革命的十年間,西園寺一直在提名主要政黨的黨魁擔任內閣總理大臣。隨著占領滿洲爆發軍事衝突,這樣操作就不可能了。年事已高的西園寺只能像德國的興登堡一樣,被迫讓位給新生勢力。

在如火如荼的戰火中,西園寺悠閒的貴族心態讓他得以保全性命。日本議院的一名議員,用英文寫出西園寺有三點人生祕訣:聰明、冷漠和懶惰。和他同時代的勤奮的大隈稱他為冷靜輕鬆的政壇詩人。他平日裡看看小說,寫寫詩歌,彈彈琵琶(日本的班卓琴,這是他們貴族家庭的傳統娛樂)。

西園寺對日本在亞洲大陸履行神聖使命時的克制和人性化,可以從日俄戰爭後他出訪滿洲時發生的一件事來推斷。在一次軍宴上,他聽到一位日本高級軍官傲慢地對一位中國將軍表示,這位中國將軍被邀請只是形式需要,而不是因其身分地位重要。一向平易近人的西園寺,當場嚴厲斥責了這名軍官並要求他道歉,這名軍官也不敢拒絕。如果日本能夠贏得中國的支持,那就是因為日本不僅有很多荒木,還有很多像西園寺一樣的人物。

日本本質上是一個中世紀思想濃郁的國家,基本上不講究睦鄰友好,能在世界上有睦鄰的立場,是因為有了西園寺那樣的人物。他們擁有相當程度的幽默感,這也是某種分寸感,日本的超級好運正是由於這些政壇大神並沒有自以為是,這使得日本得以保全。日本人重視他們的大神,讓日

本在複雜無力的現代世界擁有巨大的優勢，因為現代人已經無所爭執，一切只靠嗚咽聲來反對。

西園寺一生中有接近二十年是在國外度過的。奧托・馮・俾斯麥親王評價日本駐普魯士帝國公使西園寺傑出的會話能力。對比西方住宅對西園寺和對松岡和廣田這些後輩的影響十分有趣。西方盛行自由化和國際化，日本也是如此，甚至包括出生在封建時期的人們，和一部分自稱神族傳人的貴族。西方盛行民族主義、軍國主義和狹隘主義，日本在這些潮流中均超過西方國家，顯然就是世界的晴雨錶，日本是地球上所有民族中對世界潮流最敏感的民族。

由於一些政黨還沒有完全壯大就已經死亡，日本就像一艘在法西斯超級愛國者推動下全速前進的輪船，這艘船拐來拐去，當掌舵的年輕人失去了耐心，暫時不知所以的時候，一雙老道謹慎的大手帶著皇家的力量就會趕過來支援。但是航程無法逆轉，最終的航向只能向前，在最終正面發生衝突之前，拐來拐去的航線也可能會躲過許多礁石。

第三節

年邁的西園寺王公是帝國最重要的人物，儘管他經營過一家報紙，卻從來沒有接受過採訪，也從沒有允許別人直接引用他的話語。我們現在看到的年輕的近衛，他是日本媒體最喜歡的人士，經常受到全美記者的採訪。

設想一下，一個身高六英尺，性情溫和，長相英俊，一腔民主思想的人，他堅信七千萬國民都是眾神的後裔，我們必須承認，他是世界上最古老的貴族家庭的宗主。這個近衛文磨在同藩貴族西園寺的膝下接受訓練，他是日本代議制政府的最後希望。他年輕時具有日本人認為的激進傾向，

這更令他受老西園寺的喜歡，他同樣擁有年輕人的熱情並且知道如何把控年輕人。

四十四歲時，近衛年紀輕輕就擔任高官（日本高官的平均年齡要達到六十五歲），不久後甚至當上內閣總理大臣。就像希伯來人的耶和華一樣，不能說出名字，皇室沒有具體的名稱，名字直接來源於太陽女神。而天皇則要從五大神聖家族中選出妃子，這五大家族來源於陪伴光明女神的孫子移居日本列島的相關神祇。諸神在這裡發現了蠻夷並將其征服，並為之注入聖血，由此產生了日本民族。

每一個受教育的學童都被告知，具有民主思想的近衛，是初代冒險眾神中最高等級的神祇小矢根命的後裔。藤原氏的遠祖就是他。根據日本官史，小矢根的後裔在二十一代傳人中占據了天皇面前住持調解人的最高位置。第二十一代的修士傳承（約西元 625 年，接近正史的開端）變成了勇士復仇者，反對叛亂的蘇我氏部族，據日本編年史記載蘇我氏曾一度要殺死神皇。蘇我氏是日本佛教最早的接受者，想要將佛教的控制權牢牢掌握在自己手中。

蘇我氏被消滅後，小矢根的高級祭司被賜名藤原氏（意為紫藤平原），這是日本歷史上最偉大的家族。藤原家族經過半個世紀中華文化的優越地位，透過席捲全國的佛教加持，和朝堂上女人的垂簾和攝政，成為該國最富裕領主的代言人。

於是日本政壇的新來者，將二十世紀帝國的潛水艇和散貨商品和諸神時代結合起來。越接近日本的至聖所，所遭遇到的神祕主義就越少，松岡和荒木談論的是「神聖使命」，近衛則用美國人能夠聽懂的語言來講話。

第四節

　　近衛的貴族身分無可指摘，他有能力實施民主，於是決定支持自己的弟弟追求公共音樂事業，這令眾多日本平民十分憤慨。這個小近衛在歐洲留學後，成立了交響樂團並擔任指揮。西元 1934 年，應美國音樂大師亨利・哈德利（本書作者曾經帶他去過日本）的邀請，音樂家近衛開始了西方巡演並擔任樂隊指揮。

　　近衛訪美參加他兒子從普林斯頓預科學校畢業典禮時說，他經常在想，過去十年間日本的人口增加了八百萬。他認為人口一年一百萬的成長，只有工業化才能解決消化。從哪裡能夠找到原材料並且將大量的製成品銷售出去？他認為主要的解決辦法就在「中國」。他擔心俄國會透過共產主義的滲透，在中國取得領先優勢，如果那樣的話，日本就死定了。他認為日本沒有必要和盎格魯 - 撒克遜的白人世界發生衝突，也不喜歡海軍龐大的預算，反而更喜歡加稅而不是發行債券。

　　當他進入上議院工作後，在支持政黨統治問題上，竟然反對包括自己父親在內的老貴族。為此，西園寺這位帝國的喉舌，使年輕一代的代表近衛成為議長，取代老邁浮誇的德川。作為抵抗農民出身的軍國主義者的最後一搏，西園寺讓他的門生登上了政治舞臺。

　　內閣首領是個有實權的人物，可以隨時見到天皇，既不需要中間人引薦，也不需要任何手續。但是當東條準備上位後，近衛則退居一邊，眼淚從貴族的臉上流下來，在虛設的議會面前承擔了「沒有擺平中國事件」的全部責任。現在的武士東條沒有西園寺站在中間，可以隨時面見年輕的天皇。

　　我們西方人一定不會認為近衛的民主方式，會降低帝國忠誠度的傳統。這個開明的貴族在滿洲國傀儡皇帝加冕典禮上的發言充分揭示了：「這一宿命幾十年前就已經確定了。」在日本貴族的心中，中國其他地區也熱切地期盼著同樣光榮的宿命！

背景

世界公敵的
日本

# 第十八章
現代武士制度

第一節

　　日本一直像個志在探索的鑽頭一般，有不少像西園寺那樣的護衛為之保駕護航。這些具有官方和民間背景的外交人士，其中有溫文爾雅的德川和韜光養晦的石井，他們都為日益滲透產生的摩擦進行適時的降溫。一脈相承的血緣關係是發展的強大動力。現在是時候回顧一下那些活躍在海陸兩軍的風雲人物，正是這些憂心忡忡人物瘋狂地鼓吹和推進，他們成了既得利益者的急先鋒和代言人。

　　其中最顯眼、最著名的武士階層代表人物，就是身高只有一米五七的大將荒木貞夫，他不僅能煽動造勢，還能平息事態。僅憑藉殺心四起的軍校學員，和頭山滿口中食不果腹、被逼到造反邊緣的「暴民」，他就成功讓平民政府和他保持一心，這位「二十世紀的武士」掌控了軍隊並公然藐視世界，征服滿洲後，他還準備進一步採取行動進攻沙俄，此時，藉著流感病毒侵襲荒木瘦小身軀之際，那些貴族幫凶成功說服他進入了休假模式。

　　這位聲音低沉、語氣和緩、動作輕盈、身材瘦小的大將，身著和服跪在榻榻米上寫下了激昂的登報宣告，這讓那些政府大員、資深政客、外交人員、工業大廠都擺脫不了關係。閒暇之餘，他寫下十七字音的俳句來抒發日本人的情感和讚美櫻花。櫻花怒放後洋洋灑灑落在地上，是這個民族神聖的、無私精神的象徵，這種無私在詩人、武士和風塵女子身上，都表

現得淋漓盡致。

荒木說：「我們即將出現一個全新的武士階層，就像中世紀的武士一樣，他們生活方式單一，一生只為天皇而活。」荒木是現代西方思想和日本中世紀思想結合的現代日本最典型體現，他就是逃離埃及的那個摩西（Moses），堅持嚴格遵守十誡和逾越節盛宴。他提議日本的兩大政黨和一個少數派政黨在一片歡呼聲中自行解散，改由政府直接奉行天皇敕令，政府由一個各階層和各團體組織代表組成的政黨組成，此時，這還沒有成為一項政府的組織原則，政界大老和他們的裙帶關係也不會從中作梗。他們只是希望自己的三緘其口，會讓這個強悍的小個子武士和他的團隊，暫時將注意力都集中在別處。

荒木認為，這個國家建立在西方競爭理念下的財經體制，完全不合時宜。他鼓吹摒棄西方的思想，藉以阻止其對日本的侵蝕。「知己知彼方為獲勝的祕訣……日本人之所以從千難萬險中成功殺出一條血路，恰恰採用了唯一的辦法，那就是徹底意識到他們是日本人……我們堅信日本的傳統，感受到了日本民族精神的強大動力，我們真心希望每一位日本國民，都毫無例外地從噩夢中驚醒，所有人都能夠團結一心，履行天道。」沙俄的共產主義和美國的個人主義，在荒木看來都是一丘之貉。鼓勵實現個人抱負和盲目崇拜成功的教育制度，必須完全得到修正。「所有與日本精神背道而馳的思想，都必須得到禁止。」

荒木承襲了中世紀武士嚴格的自律原則，他可以一動不動地跪在下議院樓座六個小時，這給那些晃來晃去、焦躁不安的議員好好地上了一課，他的思想就曾經讓那些納粹德國極端主義分子激動不已。與納粹分子一樣，他發現無產主義思想日益成熟。他從中國攫取日本本土三倍大的帝國，解除日本農民和勞工的壓力，結果卻成為了三井和岩崎家族的馬鈴薯地，可他曾經信誓旦旦地揚言，要將這兩大家族的財富通通榨乾。

荒木發現，只有這些日本的「摩根大通」和「安德魯·梅隆」（Andrew William Mellon），才會購買債券和製造設備，供養維持海外的 80 萬日軍和滿洲開發團，並進而確保日本在太平洋上至高無上的地位。身為一名軍人，他必須執行先軍政策，將資金和物資優先保障部隊開支，而非進行經濟改革。然而日本的軍國主義思想提醒了國內富豪，他們開始關注周圍那些老鄰居，他們正不辭辛苦地弓腰種植水稻和孵化蠶繭，結果既沒有稻米吃，也沒有絲綢穿戴。顯然，他看到只有大力發展軍事才能解決這些問題，他說：「一直都是士兵拯救日本。在農業社會，平息動亂的主要任務就要落到士兵的肩上，無論這種動亂是物質層面上的，或是精神層面上的。」[078]

第二節

對於日本的外交政策，荒木透過日本外相廣田之口闡述了自己的觀點，「所有人都渴望實現我們自己的國民使命。我們退出國聯，是由於國聯的觀點背離了日本在遠東地區維持永久和平的神聖使命。滿洲事變讓我們充分意識到自身的責任和使命，我們只能在國際上發揚自己的國民精神，假以時日，我們這種精神就會為世界所接受和認可。」

身材矮小、令人敬畏的大將荒木，對於那些橫在日本面前的外來障礙從來沒有含糊過。荒木曾經對一名美國人說過：「要是蘇聯人一直騷擾我們，我們就要像清理房屋裡的蒼蠅一樣，血洗西伯利亞。」不過外聯辦請求記者不要公開釋出這條資訊。

他對多家報社解釋說，「既然每個國家都針對鄰國開展備戰，蘇聯當然就是中國陸軍的假想敵，美國海軍自然就是中國海軍的假想敵。」荒木當時正在天皇面前展開日本歷史上最精心籌備的軍事演習，地點就在海參

---

[078] 見西元 1933 年 11 月 1 日報紙。

崴港對面。與此同時，他的海軍同僚在菲律賓群島和日本之間，集結了138艘戰艦的龐大艦隊。然而荒木明確說明，「備戰和倉促出戰是兩回事。」

荒木在日比谷公園的大型群眾集會[079]上成為靈魂人物，在這次青年人組織的集會上，松岡、文部省和農業省大臣，向代表團提出了泛亞主義的主張，這些代表沒有一人來自印度、中國、土耳其、波斯、阿富汗、暹羅、馬來亞和菲律賓，當然也沒有誰被遴選出來代表這些國家。會上提出的一項「亞洲解放」方案，就是要在日本的領導下擺脫白人的統治。相比亞洲其他國民，泛亞主義在心理上對日本民族的影響，甚至要大於物質上的影響。

然而，這種影響在印度革命者和其他有色人種的知識分子中一直都存在。中國和朝鮮真實地體會到了被日本「解放」的滋味。可是亞洲各國對於自上而下的統一，一直有著堅決抵抗的傳統。這一傳統的缺失正是查理曼大帝（Charlemagne）、拿破崙和德皇威廉二世（Wilhelm II）嘗試統一歐洲失利的主要原因。印度革命者在大阪擁有最大的「組織」，享有日本給與他們的無上榮譽，充分利用日本給予的資助，自由出版「危險的思想」，前提條件就是這些思想只能在那些「白人」帝國傳播。那些販賣「自由」和毒品的人士，同樣只能將他們的業務開展在日本的那些鄰國。

日本最終成功地提出了日亞主義的招牌，這取決於其對俄美兩國政治和軍事上的勝利，以及對英國商戰的勝利。整個亞洲都在拭目以待，最近持懷疑論者也是越來越少了。

西元1931～1933年，那次荒木對華不宣而戰，當時那些英雄人物都離奇死亡了。本庄大將（本庄繁）在南滿和北滿冰天雪地的平原上千里行軍，後來切腹自盡。日本駐滿洲的首任專員武藤大將（武藤信義），是「獨立」的滿洲國的最高權力所有者，被懷疑突然死於癌症。上海慶功宴上一

---

[079] 西元1933年12月16日，日比谷公園。

個服務生突然走上前，向主席臺丟了一枚炸彈。日本警方說他是一名朝鮮共黨，以前從未聽說此人，但是一直有傳言說他是思想激進的日本青年，因為勝利來遲使國家顏面盡失，進而給予國內高官嚴懲。他殺死了日本駐華金融買辦的首席代表，砍掉了駐華首席外交官——沙文主義者重光，並且挖出身高一米八三的海軍上將野村（野村吉三郎）的一隻眼睛。野村是美國安納波利斯大學的畢業生，美國總統富蘭克林·羅斯福的好友，他剛剛轉變成外交官的身分，成為日本駐華盛頓的「前線」代表，此時他的海軍同僚山本（山本五十六）正在謀劃偷襲珍珠港。

第三節

荒木大將與留著長髭鬚、一向沉默寡言的林銑十郎對調了職位，他脫掉軍裝換上和服並穿上足袋[080]，讓日本頗有療效的溫泉水治癒流感折磨的病軀，與此同時，還能讓外相廣田緩解一下因他坦誠的講演所帶來的不安情緒。在被任命為日本最高軍閥之前，林銑十郎是軍校的校長，值得一提的是，這是日本陸軍最高的職位之一，這職位實際上負責把控著軍隊士氣，掌管著相當於俄國內務部政治員警（GPU）和義大利法西斯員警的軍警。荒木很快就將他忠心耿耿的學生東條英機調到這個關鍵職位。

荒木和林銑十郎因他們都喜好古劍而結識。身材矮小的荒木復興了日本武士佩戴長柄武士刀這一傳統，這種武士刀一下子就可以將人斜肩帶背砍為兩截。西元1932年上海會戰時，一名日本大佐用武士刀砍斷了現代機槍的槍管。林銑十郎得到了這把武士刀，他是這方面行家，並因此首創了「鋼鐵至尊」這一稱號為日本人津津樂道。他為這把古刀制定了「規矩」，取代西方軍隊承襲的「錫」附屬物，復興了日本獨特的鑄刀行業。許

---

[080] 腳趾分開的日式襪，配木屐穿。

第十八章　現代武士制度

多軍官世家在口糧短缺的情況下,也要買一把這樣的武器,這件武器需要幾個月才能打造好,價格 2,000 日元起跳。[081]

林銑十郎重申了荒木對美國國務院和國聯的警告,任何企圖破壞日本在亞太取得「和平」局面的努力,只會導致世界大戰,這也是西方理想主義政客極力避免的。讓日本負責一切,將會得到西方希望的和平。林是一名研究德國的學者,喜歡將康得的「永久和平」等同於日本的神聖使命。他說:「在滿洲建立君主制,顯然證明了日本在東亞大陸沒有任何覬覦物質利益的野心,這應該足以令對日本持懷疑態度的西方政客滿意。」溥儀可立可廢。根據荒木和林的理論,只要所立政權接受天子聖訓,則萬事大吉。如果國聯本身接受帝國的指導,也會成為一個正義的機構。

林銑十郎時年五十八歲入主軍部,在當時的日本屬於少壯派。他身高一米七,比他的隊友荒木高了 10 公分,他比較矜持,而荒木則非常健談,曾誇口 25 年從未生病,手捋著德皇威廉二世那樣長到耳邊的鬍子。日本人留這種濃密的鬍鬚,就是想展示他們比屬於蒙古人種的鄰國中國,更加具有男人氣概和白人血統。林嚴峻又不失和善的臉龐,不時地也能咧嘴大笑。他說:「荒木不是什麼黷武主義者,我也不是什麼沒骨氣的和事佬,做不到的事情我不說,能做到的也沒有必要說。」

然而,他十分嚴肅地談到了「穩定日本的軍事規劃,以應對西元 1935～1936 年的緊急事態」[082]。他提到已經準備了一項龐大的祕密國防計畫,內容涵蓋政治,經濟,社會以及軍事等各個領域。這是基於他的前任荒木的方法,他精心地陳述道,在下一年的預算中會出現專門的費用。

林銑十郎一直擁有農民和勞工的支持,儘管他對這些人的脫困之舉也只能提供軍火工業的一點加班工作。過繼到另外家庭的兄弟只能另外重取

---

[081]　當時日元相當於美元幣值的一半至五分之一不等。
[082]　西元 1935～1936 年,日本領導人認為德國會「首先」對俄國發難。他們在西元 1939 年希特勒與史達林達成協議開始進攻波蘭後,不得不修改原定方案。

一個名字,這在日本人看來實際上已經不再是一個親屬了。他因東京市政廳的醜聞而聲名狼藉。林令家族蒙羞而辭掉了兵部大臣的職務,更確切地說是給家族帶來了自豪。陸軍參謀部的棟梁,擁有皇族血統的大將載仁親王把他留在了內閣。

林曾直言不諱地對美國報社一位女記者說,美國人可能理解不了日本在滿洲的軍事行動,原因就在於他們不能了解西元 1931 年日本占領滿洲之前已經謀劃該地多年了。

林已經明顯表現出了東鄉大將身上建立強大帝國的野心,即精心謀劃與個人的倡議適時結合。西元 1931 年,本庄大將手下的荒木支持者在滿洲擦槍走火,林正擔任朝鮮駐軍司令官,他直接違抗來自東京的內閣命令,帶領一個師團越過中朝界河鴨綠江,激勵本庄在世界的一片反對聲和中國遊擊隊的抵抗中繼續攻城掠地。在此之前,林一直都是個英雄人物。1905 年,他率領兩個團僅存的 70 人對旅順港山頂的一處要塞發起了進攻。

第四節

林銑十郎了解俄國並且會說俄語,在前一年的奧地利前線,他作為軍事觀察員,敗退到莫斯科並經歷了偉大革命的開始階段。日軍擁有了一位與俄國打交道經驗豐富的大將和資深政客。

陸軍部林銑十郎的新聞局長東條少將,很快就升任「軍教」處長,西元 1941 年,對日本記者大勢宣揚軍部的立場和目標,「日本的鄰國──美國、俄國和中國都知道,日本有可能在西元 1935 年 11 月面臨各式各樣的困難局面,它們都在有條不紊地備戰……日本渴望在東亞大陸擴張領土,這是日本立國以來一直未變的國策,這在滿洲政策上已經得到證明……日本應該在這塊大陸上保持高壓態勢,只有這樣,日本才能遏制蘇聯在遠東的

第十八章　現代武士制度

擴張意圖。」[083] 這些記者深諳新聞報導中，利用受害者現身說法的藝術。

日軍已經在滿洲的軍事行動中，知道了如何在零下極寒的環境中生存，並在沒有路的大平原上保持極強的機動性，他們認為自己能夠在任何時候突入俄國，開展神聖使命。那樣一來，遲早會將俄國從亞太事務中清理出去，將日本直接統治的帝國邊境線，繼續向內陸推進 1,400 英里，從北極向南一直到貝加爾湖，沿著世界上水容量最大的貝加爾湖，兩側都是高達 5,000 多公尺的高山，崎嶇穿越 200 英里的荒野直到戈壁灘和中國邊境。

如今，任何規模的現代化軍隊，都不可能越過貝加爾湖北部或者向南進入沙漠地帶，林銑十郎的策略讓鐵路和坦克路線有了用武之地。要想在廣袤的國家阻止截斷一千英里長的鐵軌是十分困難的，如果西伯利亞大鐵路在這裡被截斷，海參崴就和莫斯科失去了連繫，於是貝加爾湖以東的軍隊就得努力實現自給自足。倘若部隊無法迅速占領滿洲就得全部餓死。

俄國的鐵路運輸力還不能保障軍隊供給，60 萬平民始終處於飢餓的邊緣。美國能夠從海上提供補給，因為俄國正在儲備美國的麵粉，俄國還有可能繼續戰鬥下去，確實很難將其徹底清除，除非沿著阿留申群島實施空中打擊。可是美國戰艦如何占領並守住北部的津輕海峽和拉彼魯茲海峽呢？畢竟當年連羅熱任斯基都不敢在這裡嘗試。俄國談到在貝加爾湖北部穿過高山和苔原新建一條鐵路時，這條鐵路就一定會建成嗎？希特勒進攻波蘭的時候，除了樂觀的蘇聯報紙報導之外，西伯利亞大鐵路還沒有實現完全復軌通車，阿穆爾鐵路也在日益荒廢。

日本已經在朝鮮西海岸建立一個巨大的軍火中心，邊界的高山都修建了隧道。新的策略鐵路也都修到滿洲的核心地帶，接管了滿洲的中清鐵路，這段鐵路使俄國付出了高昂代價，至今仍是一個恥辱，日本現在已經能夠截斷沿黑龍江北岸直達海參崴的俄國鐵路。

---

[083]　見西元 1934 年 2 月 19 日《時代雜誌》。

日軍堅信俄國會任其擺布，如果俄國只有一個問題，那它早就被簡單粗暴地解決了，全體日本人上到外交官員，下至各級職員都認同這種看法。日本並不想和俄國一起被奧斯瓦爾德・史賓格勒（Oswald Spengler）的命運預言所左右：「俄國和日本將透過亞洲策略掌控整個世界。」假使史賓格勒說的是「日本或者俄國」，那麼他的預言會更加準確。

日軍清楚地知道，如今蘇聯的國力遠非西元 1904 年的沙俄可比，沒有哪個國家能比俄國獲得更多的情報。同時日軍也知道，當今日本也不是西元 1904 年的日本。俄國的工業仍舊是蒸蒸日上，日本的工業也開始走向成熟。西元 1904 年東鄉必須占領海洋，然後日本才能將陸軍投放到大陸上。乃木不得已花費 6 個月，以犧牲 3 萬人的代價重創旅順港，小山不得不修建一條軍用鐵路橫跨朝鮮，從釜山到奉天，一直通到中國大陸。但是西元 1934 年日本建成的這條鐵路，已經開始能夠轉運物資，軍隊也駐紮到俄軍的前線和側翼。

在此情形下，荒木大將完全可以對他「清洗」西伯利亞充滿自信，日本人認為莫斯科會大聲尖叫，但是不會獨自參戰。這似乎有一定的道理。有人擔心俄國在海參崴製造小型潛艇，不過真正值得顧慮的是，擁有幾百架飛機的俄國基地，雖然大部分機型都過時了，但距離日本脆弱的城市航程都在 6 小時之內。

日軍開始以其一貫使用的老套方法來消除這些威脅。中心大城市的人口都經歷耗資上百萬日元的空襲演練，一次持續兩週，勞民傷財。西元 1934 年的空襲演練推遲了對大阪的空襲。因遭到了一次強烈的地震餘震和暴雨，東京的演習是在一片黑暗當中進行的。50 萬民防部隊的志工高喊：「保護我們領空！」、「當警報宣告敵機即將到來的時候，戴著氧氣罩的志工趕快跑上大街，放下隔煙屏，撲滅假想炸彈造成的明火，趕快抬著躺在擔架上的傷員到急救站。」在這些口號聲中，他們履行自己的使命。

第十八章　現代武士制度

「大型辦公大樓頂樓的高射炮發射，機槍斷斷續續的槍聲和穿梭在大街小巷的消防車喧囂聲，使得空襲演習嘈雜壯觀。就在下午空襲演習還在進行的時候，志工放下圍住市中心的隔煙屏，讓行人捏著鼻子屏住呼吸來來往往。」

「有三座城市完全是在黑暗中進行的，所有的燈光全都熄滅，只保留那些工廠和報社的，那裡的工作也得在窗戶後面擋上黑色的遮光板進行，街上的行人和車輛也一片寂靜，街上汽車都停駛，機動車行駛緩慢，頭燈關閉或者變暗。」

「甚至連皇居的燈火也得熄滅，皇家衛隊的 600 名員警和 500 名士兵，在鳩彥王的帶領下守衛著皇宮。可是裕仁天皇並不在城裡，他在葉山避暑。」[084]

日本開始大張旗鼓用混凝土重建城市，戰機數量也增加到數千架，飛行員中隊接受高超的作戰技巧培訓，滿載高爆炸藥衝擊敵方目標，一命換一命，一招斃敵，飛機探測儀和防空保護設備都發展到了最高水準。

日本民眾被教唆隨時做好戰爭準備，就像準備迎接基督的第二次降臨一樣。俄國加入國聯時，《日本時報》登載：「我們必須為一切的可能做好充分的準備。」最近發出一個試驗性的戰爭工業動員令，每間工廠實際上暫停老舊商品的製造，開始全力製造陸軍參謀部指定分配的產品，以應對戰爭爆發的動員計畫。陸軍整體上已經做好出征的準備，正等候海軍的行動。帝國海軍面臨的主要問題是美國在亞太地區的立場，這使得日本在亞太地區開展神聖使命，變得十分複雜和無限延緩，尤其是針對俄國的行動。

西元 1941 年 12 月 7 日，日本在勸說我們不要阻礙其計畫後採取行動，要將我們這個眼前的障礙搬開了。[085]

---

[084]　見西元 1934 年 9 月 1 日紐約《先驅論壇報》。
[085]　除了最後一段，其他段落都見於西元 1934 版本。

第十九章
人員、船隻和海軍配比

▌第一節

西元 1934 年，帝國聯合艦隊司令官末次信正中將，公開確立海軍掌控日本的國際政策。他向海軍大臣、內閣總理大臣、陸軍軍部、樞密院和政府元老，提出一項震驚整個國家的要求，這一要求[086]是在美英設定的爭議海軍配比背景下，他手下戰艦 60 名指揮官要求政府堅持優先發展海軍而聯名簽署的。最能平事的政治元老西園寺為了維護保守派的利益，把末次的朋友、脾氣不那麼火爆的高級將領岡田啟介上將，推到內閣總理大臣的位置上。

在西元 1930 年倫敦海軍軍備會議上，末次中將被控在駁斥美國海軍上將普拉特反潛艇戰時，洩露了日本海軍的祕密。在魯莽和唐突的陳述中，他提出了非常規的觀點，因此他被拿來和這位美軍退役上將相對比。美日兩國海軍管理的差異在於，普拉特上將因同僚的懷疑和反對而退役，而一向挑釁的末次卻是日本帝國海軍中最有影響力的人物。西元 1941 年末，就在他帶領海軍準備發動襲擊時，他才從艦隊指揮職位退役，讓年輕的三本五十六這個海軍軍備會議的助理，成為日本最偉大海戰的另一個「東鄉」。如果日本海軍獲勝，那就不再需要東鄉式的人物了，日本將統治整個海洋世界。

要記住，日本憲法規定民選文官政府不能凌駕於海軍或者陸軍之上，

---

[086] 在正式語言中，像這種直接呈報給天皇的就是「奏摺」。

第十九章 人員、船隻和海軍配比

內閣或者陸海軍都只能單獨對天皇負責。換句話說，日本的首相（傳統上賦予其這個稱號，依據憲法日本並沒有首相，只有內閣總理大臣）不能控制自己委任的陸海軍參謀總長提名的陸海軍大臣，另一方面，這些大臣必須是有一定軍階的大將或者上將，他們任何時候辭職都可以顛覆內閣。如果陸軍或海軍想要阻止被提名者成為總理大臣組閣，只需拒絕解除一個高官職位而接受一個部門大臣的職位。這就像美國海軍上將告訴美國當選總統，他是否能夠組建政府和必須採納什麼樣的海軍政策。

西元1922年的華盛頓會議和西元1930年的倫敦海軍軍備會議，規定了對日本不利的海軍配比，日本對此的怨恨都集中體現在末次身上。在倫敦海軍軍備會議上，末次是日本潛艇艦隊的司令，他因嚴格的訓練紀律和實戰炮戰而廣受讚譽，這使得日本海軍這幾年成長非常快。在倫敦海軍軍備會議上他全面反對這套限制理論。英美代表唯一能阻止他的方式，就是給他同樣的潛艇艦隊規模，他們認為潛艇只是一種防禦武器。

末次回國後，連續下水了幾艘潛艇以示其輕蔑的態度，這些潛艇擁有世界上最大的噸位，巡航半徑足以支撐日本到洛杉磯港的往返距離，上面還能搭載一兩架被擊落的小飛機。我在西元1934年版的書中寫道：「美國並沒有這種艦艇，若要建造也得兩年時間，鑒於此，美國夏威夷群島珍珠港和太平洋沿岸，從聖地亞哥到布雷默頓小型基地的美國軍官都記得：東鄉在西元1894年突襲威海衛基地，打殘了中國北洋水師，在正式宣戰前就擊沉了中國的運兵船，並在西元1904年不宣而戰封鎖了旅順港內的俄國太平洋艦隊。他們應該記住這裡面的關聯，儘管日本官方懇求說，艦艇只是被定性為單純的防禦性武器，可是精於算計的末次有一句戰鬥格言：「攻守之間沒有界限可言。」

第二節

身為全日本海上戰鬥力量的總司令，末次在西元1934年7～10月間，成了亞洲最大規模的海軍演習和模擬戰的總指揮。他為自己帶領的潛艇部隊贏得了與其他部門同等的權利。他為即將到來的太平洋戰爭的虛擬描述撰寫序言，因而登上了美國報紙的頭版頭條，在隨後的採訪中[087]，他提到美俄兩國會包圍日本，查爾斯和安妮·林德伯格於西元1931年飛往日本是為了刺探情報，當時日本正積極準備和美國開戰。當有人對此感到大驚小怪時，他回答說從來不看關於他的訪談和批評。

結果，美國國會批准了美軍提升壯大海軍的計畫，這反過來也促使日本國會通過史上最大的海軍預算。有些被允許在國外演說的議員譴責末次，內務大臣承諾日本雜誌和報紙審查，以後會留意「煽動性言論」和「危險思想」。內務大臣同時也要求「日本友邦」給予配合，當這個卑微的作者再拿出這些書目和文章時予以查禁！

同時，日本最大城市的百貨商店在員警和政府的批准和扶持下，開始了「西元1935年和西元1936年與美國海戰」的全方位展覽。《紐約時報》的記者寫道：「成百上千的觀察家和聽眾從早到晚參觀這些展品，收聽這些演講，然後拖著涼鞋意猶未盡地離開。」他描述了西元1934年夏天在神戶最大的百貨商店舉行的一次展覽：「這家百貨商店是一幢西式現代的五層大樓，在寬敞的主入口懸著一架由紙板製作的轟炸機模型，翼展能有十英尺，導遊解釋說，上面的招牌都是樓上幾層戰爭展覽的廣告，這是多麼壯觀的展覽啊！

「大部分地板上都繪製了東京周邊橢圓形的日本海岸的沙盤。光首都地區就是大約直徑十五英尺的近似圓圈，港灣和外海都被展示出來，上面還有攻擊艦和防護艦，每艘艦艇模型都有三英寸長。敵方殲擊機中隊用隱

---

[087] 見西元1934年1月《現代雜誌》。

形電線掛在天花板下，不知何處有一個留聲機發出海軍巨炮的轟鳴聲、飛機馬達的嗡嗡聲和炸彈爆炸聲。」

末次對「讓西方列強領教日本方案」的全新外交政策，他的評價是：「外交手段並不能解決我們現有的危機。」意識到海軍總是比陸軍要受到更多關照（其主要原因在於，擔任海軍全部高級職位的薩摩藩同鄉的團結），末次向兄弟部隊伸出了援手：「身為一名日本海軍成員，我堅信日本陸軍是世界上最強大、最優秀的陸軍。」當被問及如何看待政治圈子時，他早年間像憤怒的海神涅普頓（Neptune）一樣投身於此，他回答說：「我喜歡海上清新的空氣。」

一位記者詼諧地評論說，末次與陸軍英雄人物荒木有很大的不同，因為末次話語不多，沒有什麼戰術策略。然而他卻是人們口中頭腦冷靜的軍官，在帝國處於危急時刻是可以託付大事的人。

第三節

與帝國海軍高級顧問末次關係密切的，是年輕的海軍上將三本。西元1934年，他被派往倫敦結束了日本海上軍力低於英美配比的屈辱地位。他一心發展空軍力量，自己也是一名畢業的飛行員。當日本海軍摧毀了珊瑚海和印度之間所有的對手時，他正擁有最高的指揮權。

末次和他直言不諱的團隊，把英美專家眼中「講道理」的將領直接推到了幕後。這是與日本協商進一步限制其海軍發展夢想時，需要考慮的基本問題。

海軍大臣元老級別的大隅上將，喜歡和媒體談論美日的兄弟情義，對美國海軍軍官直呼其名，八卦他們的性格和家庭私事，但是海軍部的政策卻是像末次那樣的年輕人制定的。在這群年輕人中，有一位天賦極高的軍

官小林躋造大將,他身上沾染了華盛頓和倫敦國際主義的習氣。如果他想獲得自己能力所及的名望,他一定會繼續堅持下去的。

當美國海軍在距阿拉斯加海岸不遠的阿留申群島勘察時,末次和三本特別關注,因為那裡距離日本帝國本土不過六百英里遠。西元1933年,美國海軍從佩吉特灣的布雷默頓基地,派遣一兩艘巡洋艦在那裡巡航。我們從俄國手中購買阿拉斯加直到今日,手中擁有最好的航海圖還是那個年代的(西元1867年)。

西元1922年,就在美國海軍專家離開談判桌之後,日本人在華盛頓從國務卿休斯那裡,獲得了最後一刻的勝利。他們新增了一項禁止在阿留申群島建立軍事設施的模糊條款。阿留申群島是國務卿西瓦德從俄國購買的阿拉斯加的一部分。日本透過其巨大的「浮動砲艦」漁船(一至三萬噸的船隻),這些漁船是日本海軍的附屬力量,上面配備了軍用無線電,由身穿制服的海軍軍官指揮,在策略上繼續占有美國群島周邊的這些水域。

西元1922年,美日兩國利用一戰獲得的巨大收益建立艦隊。美國嫉恨日本其間在中國的專橫行動,在和會上日本則嫉恨當歐洲無助地屈服時,美國對日本的制衡。

伍德羅・威爾遜派遣一支美軍到海參崴,「道義」制衡日本侵入西伯利亞的行為。兩國關係緊張,陷入了軍備競賽,這次軍備競賽無論在歷史上還是邏輯上,只能用事先準備好的武器來終止。

美、日、英三國中的英國也開始建立艦隊,卻苦於當時沒有足夠的資金和決心,於是三國的開明派開始謀劃華盛頓會議。日本突然遭到了戰後的經濟衰退,數以千計新成立的工廠和公司相繼破產,其海上力量的配比三比五,比當時造船競爭獲得的還要高。美國獲得了和英國同等的海上力量。日本和美國之間討價達成一致,日本接受美國提出的、旨在保護中國獨立地位的太平洋政策,作為回報,美國放棄了更大的財富優勢和建造設

施，這給足了日本面子和信任，美國完全荒廢了在菲律賓、薩摩亞以及其他地方的基地，這也解除了日本的恐懼心理。

但到了西元1930年，海軍配比的詳細安排在倫敦修訂的時候，該事件的物質前提，也就是日本邏輯的基礎發生了完全的改變。美國的造船廠已經荒廢了，在哈丁（Warren G. Harding）、柯立芝（Calvin Coolidge）和胡佛（Herbert Hoover）這「美國三路易」治下的美國海軍，在軍力上實際落後於日本，三分之一的艦船落後於時代，美國在太平洋前哨的海軍完全受日本人的壓制了。

日本知道，美國在遠東太平洋事務中的利益已經消失，他們陷入了大潰敗的失望之中，美國總統無法像前任西奧多·羅斯福那樣派遣艦隊開往日本，也不能像他的繼任者一樣重建海軍。他們知道這位總統不可能對歐洲任何盟友施加影響反對日本，他本人也和國會對立，又失去了民心，只能坐在白宮或者坐在河邊釣魚等著任期結束。日本已經成為世界上第二大造船國，在全世界展開了強大的貿易活力。現在是改變局勢的時候了，它要與美英平起平坐。

日本人可能認為，日本在所有國家中地位較為卑微，卻沒有其他的出路，因為決定命運的時刻還沒有到來。但在不利局面下繼續頑固地堅持，就是對神聖祖國即東京護城河宮殿內「神聖」的背叛，這是不可原諒的罪過。日本的憤怒終於在西元1931年爆發了，他們要求龐大的海軍預算和獲得平等的地位。

末次的追隨者山本五十六大將於西元1934年下半年奉命出使倫敦，建議美英海軍削弱軍力，相應地提升日本軍力，「每國都有權決定自己的發展需求」。日本不希望和兩大西方強國公開進行軍備競賽，而由海軍把控的政府計畫預算，比西元1931年增加240%，就是「以防萬一」。西元1922年簽署的華盛頓條約，使列強關注日本在中國和太平洋海域的行動，

宣告日本必須按規矩行事。日本人的違約首先就是無視條約的規定，若無視「產生作用」，就公然撕毀。山本在珍珠港就是這麼做的。

第四節

美國人當然看到了完全不同的一面。在美國看來，日本在西元 1930 年就得到了最為慷慨的對待。他們知道，從新加坡到夏威夷都沒有來自海上的威脅，只有一面海岸需要防護的國家不再需要海軍，給其平等的配比只會激發其帝國野心的膨脹。他們擔心要是日本成為海上霸主，阻止其廉價商品行銷全球，並給西方工業造成致命一擊會變得很難也很危險。西元 1931 年 9 月以來的軍事行動，日本陸軍在滿洲迅速突進，在美國國務院看來，日本已經突破了西元 1922 年條約的基本協議，以有必要為藉口，厚顏無恥地動用武力撕毀條約。尊重中國的獨立是日本「取捨」協議中的「捨」。日本不承認這一點，寄希望於在必要性和有效性方面進行長期辯論。直到西元 1941 年 12 月 7 日，美國國務院仍受到其強而有力的影響，還在同情日本在亞洲的總體方案。

美國海軍大兵感覺日本戲耍美國的方式，就像一個聰明女人玩弄一個男人。為了達成協議，我們放棄了馬尼拉的防禦工事，其他的太平洋基地也變成過時的負債資產。局勢不可能再恢復到西元 1922 年的狀況，日本也沒有強化防禦力量，將中途島以西海域變成日本潛艇的老巢和空軍基地。日本並沒有公開在這裡建造，而是借「有利於漁業和商業發展」之名，而美國海軍既不打漁也不經商。

日本退出國聯後，卻保留了我們東方夏威夷基地、北方關島基地、南方帕果帕果基地和西方馬尼拉基地之間的託管群島。出使菲律賓的日本議會議長，直接從美國總督府飛回到日本戰艦時說道：「如果有誰招惹我們，

第十九章　人員、船隻和海軍配比

那就直接開戰！」我們對這種強盜行徑，和在我們眼皮底下非法建造海空軍基地，也只是睜一隻眼閉一隻眼。我們為忽視這一點付出了失去珍珠港制海權的代價。末次和山本要比倫敦海軍軍備會議上扳平海軍配比收穫得更多。

我在西元1934年出版此書時說過：「兩國之間的衝突，基本上是心理的和意識形態的衝突。從理想的角度來看（我們不能總是希望這種事情的發生），為了自己和國家的名聲，我們的所作所都是為了信守一個原則或者承諾，即使這樣做會給我們帶來直接的傷害。日本人為國爭光總是機警地利用對其有利的各種情形和變遷，我們在日本人的歷史和生活中，已經見過這種倫理層面的操作了。

「這種心智方面的差異，已經被從太平洋撤出艦隊的富蘭克林‧羅斯福總統證明，當我們將主要戰力集中在太平洋，日本就將這一立場視為虛張聲勢，意在阻止其在中國的擴張。當總統下令艦隊開進大西洋，日本則認為這不是善舉，不是明顯的信任，而是美國政府的優柔寡斷，可能是對我們自己戰力的懷疑。當艦隊開始回撤，儘管返航一開始就訂好了，但這再次被視為虛張聲勢，這與西元1934年初的海軍配比談判如出一轍。」

「日本人疑心太重。大阪的《朝日新聞》說英美準備結成牢固的陣線以對抗日本，可是這個崛起的帝國不再容忍威脅安全的海軍配比，報上說英美透過威脅什麼也得不到，儘管對日本來說，美國虛張聲勢增強軍力，只會增加阿拉斯加和阿留申群島新建海軍基地的威脅。」

「日本聲稱其發現的新倫理觀適合日本的發展機遇，每一個主權國家都有權決定自己的國防需求。吉吉說：『日本越渴望東方的和平，其維護和平的責任就越大，國際協調安排不可能一成不變，國務卿斯文森堅持五比三的比例已經過時了，就像國聯和國務卿史迪梅森所認為的那樣，中國的邊界也是一樣神聖不可侵犯。』」

西元1934年10月3日，林將軍在兵部宣傳局向全國釋出了16萬份驚人的五千字小冊子，號召國民首先對國家未來的敵人蘇俄和美國保持警惕，其次對國民經濟重組要有充分的心理準備。這本小冊子是一篇驚人的文件，它深入地研究激進的公有經濟模式的軍事思想，在各種黨派中製造一種**轟動效應**，令富豪家族產生新的恐慌。這在倫敦海軍談判之前顯得越發重要。當日本海軍將領似乎準備與英美達成臨時的妥協，陸軍跳出來推動了極端民族主義的情緒。陸軍和海軍就這樣看到了國家在沙文主義的道路上越走越遠。

小冊子指出美國和蘇俄一共擁有六千架飛機，日本只有一千架（日本陸海軍西元1934年時能有三千架）。小冊子強調在日本發展民航的必要性，指出美國擁有一萬架民航飛機，占世界民航客機的一半多，而日本只有區區幾百架。在這方面，陸軍領導人炮製了太多「美帝國主義在東方的最新動向」。其形式就是羅斯福支持的泛美公司啟動跨太平洋航空的計畫。

兵部大臣林在西元1934～1935年，要求六億日元預算發展陸軍，其中四億日元被列為「新項目」。新的一年陸海軍申請的全部預算為十一億。秋天的軍演有五萬一千名士兵參加。海軍計劃包括在日本東部舉行史上最大規模的演習，同時美國海軍艦隊在十一月全部返航，在阿留申群島附近開展軍演。對於英美繼續堅持五比三的海軍比例，日本最後的回應就是，要求這一比例只是除了船隻噸位之外，油料和其他營運船隻的軍需比例，假使美英能夠和荷蘭協商供應油料給日本婆羅洲，日本會樂意繼續維持這一劣勢配比一段時間。

這一章在西元1934年的版本中結尾如下：

「記住是什麼樣的人控制了日本海軍，在日本人的心裡『和平』這個詞意味著什麼？發展生物哲學在『日本的世界使命』中有何內涵？我們看到太平洋上的海軍問題，是擺在美國人民面前最棘手、最嚴峻的國際形勢。」

第二十章
日本現代封建領主

第一節

　　日本陸軍未經外部權威的批准就占領了滿洲，兩個重要的財政大老被射殺在東京街頭，其中之一的團琢磨男爵是個性格溫柔、身材苗條的美學大家，外國貴賓的優伶藝人，人稱「三井家族的首相」。三井家族是日本最富有的家族，也是世界上最富有的家族之一。

　　三井家族僅僅透過「賣空國家」就賺了一億日元，他們的手段是這樣的：以全部信用大量購買美元，然後整個國家因日軍在中國的戰績而愛國情緒高漲，克制的幣原喜重郎政府因一系列刺殺行動和報社的譴責而下臺，他們資助的黨魁寵兒「老狐狸」犬養毅成為內閣總理大臣。犬養使日本脫離了金本位，當日元貶值60％時，三井家族把美元出售給急需兌換外幣的日本進口商。這筆交易使他們占有了日本全部財富的相當一部分。

　　於是，愛國組織派出他們年輕狂人，射殺三井家族的高層和政治家犬養毅。為了達到不偏不倚並令其他的日本財閥敬畏上帝，他們同時射殺了三菱家族中的一員。

　　聰明的三井家立刻拿出三千萬日元，捐給農民階層出身的士兵和愛國者，這是日本歷史上最大的一筆善款。團琢磨男爵簽署的三井家訓，規定了公司的利益高於任何成員，獨特的三井家族還擁有洞察時代發展的跡象，和與之相適應的紀律保障，這是世界上其他大財閥無法比擬的。

　　日本在西方的貿易夥伴是英國，情感互動的同志是德國，國內工業發

展的對手是美國。日本人說過,他們的富豪統治就是五大家族的統治,有時候五大家族的首領被稱為「五大財神」。儘管除了三井和岩崎家族之外,日本還有一些傑出的豪門和公司,但與西方趨勢相反的是,日本的富人以驚人的速度在增加,上一次普查表明收入在一百~六百萬的就有二十三人。[088] 三井和三菱信託準確地說,應該擁有或者掌控日本帝國所有盈利的行業。另外兩大財務部門是日本大藏省和皇室的私產。

第二節

世界上只有一個家族的財富可以媲美三井家族,那就是羅斯柴爾德家族(Rothschild family),他們年齡相仿,羅斯柴爾德家族的締造者是一個報復壓制社會的流亡者,他和人民都遭到了社會的壓制。三井家族的建立者是一名封建領主的軍需官。富貴之家總是按照富貴之家的方式消失,軍需官收養了家族繼承人並承襲家族徽章。後來征服者織田信長登上了歷史舞臺,並將這些人趕出了自己的領地。

就像其他地方一樣,日本最簡潔的財富累積始於釀酒業。大約十七世紀中葉,被放逐的軍需官,在主島東南角靠近伊勢神宮的一個小鎮開了一家酒廠。邁爾‧羅斯柴爾德(Mayer Amschel Rothschild)給他四個兒子(被鄙視和迫害的猶太人)的教導,和開酒廠的三井給四個兒子(受到武士侮辱的平民)的遺囑十分相似。「賺錢」和「團結」是這兩個典型案例的核心。三井家的四個年輕人搬到了江戶[089],此時的江戶逐漸成為德川幕府的新興都城。在十七世紀初,老大在那裡開絲綢店,該店至今仍沿用家族名稱,是世界上最古老的、蘇伊士以東地區最大的百貨商店。這家成立於十七世紀的商店僱傭了一百多男女傭工。今天在原址上的龐大商店僱工高

---

[088] 見《日出》雜誌的調查。
[089] 今東京。

達五萬，其中大部分是女工。

該家族的老四是個天才，他確立的經商原則啟發了美國同行。第一條就是「現金支付和單一價格。」四英尺長，二英尺半寬，九英寸厚的老橡木板上，用漢字刻著這個標語，現在位於東京三井家族博物館的顯赫位置。這個小兒子三井八郎兵衛高利在日本開始了大批、小利潤現錢交易的經營模式。他是拆解零售的鼻祖。在吸引小買家的同時，他聲稱只要在合適的地方能買到，有錢人像窮人一樣買便宜貨也是明智的。

他將廣告發展到就連我們今天聰明的廣告商都望塵莫及的地步。雨天所有的顧客都送一面巨大的紙傘，上面用粗體線條印有店鋪的標識，今天全世界的船上和辦公室都能看到菱形內部三道槓的標識。這個標識代表著三井含義的「三口井」。不久，這三井標識就在帝國每條主街和陽臺上出現。三井八郎兵衛高利印製了版刻傳單，僱傭男童到處張貼。他資助劇作家在對話中提及他的店鋪並在舞臺上布景。只要男女主角第一次見面是在三越商店，窮苦的小說家就可以獲得資助出版他的作品。有人懷疑浮世繪畫家歌川廣重為一次同性戀聚會獲得資助，就是因為在他著名的水彩畫〈富士山〉中採用了三越店鋪作為前景，這張畫是當今收藏家的珍品。

這名中世紀的商界天才得到了妻子的大力協助，除了為他生下十五個孩子之外，還積極參與企業的管理和建設。今天日本的孩子在八郎兵衛高利的照片下朗讀識字課本：「先生已逝，誠傑如松，正直永存，高節永伴。」而在其妻子的畫像下則誦讀：「夫人已逝，榮華宛在，德善嘉耀，我輩楷模。」

就像羅斯柴爾德家族一樣，但在他們之前，三井八郎兵衛高利就實現了商品銷售到資金借貸的轉變，進而進軍銀行業。西元1687年他被任命為德川幕府的財務專家。用於還債或者納貢的金條或者其他的貨幣，被放在籃子裡掛在扁擔上被運往全國各地。三井八郎兵衛高利開啟了兌換系統，

隨著封建制度的瓦解，這變成了日本的現代銀行體系。

去世前，他根據家族十二世紀祖先的基本家訓，制定三井家族的規章。這個不朽的文件公開地賦予每個家族成員在企業中的角色。這就形成了一種早期互相制衡的董事組成的控股公司。此外，這也是一套行為準則。家庭中絕對禁止離婚，這主要是為了保護家族財產的完整性。三井家族規定生活要簡樸，確定最高金額的補貼給每個成員娛樂使用。儘管西元1933年家族族長的收入是六百萬日元，還有五個家族成員一年收入超兩百萬，卻沒有一個人過著在美國男人一年花兩萬美元那樣的奢侈豪華生活。他們把增加的收入投入到公司或者藝術品收藏，後來又投入慈善事業。

這個規章組建了家庭理事會，這立刻就成為所有公司的最高董事會，法院和員警部門都有家族的影子。理事會由各個行業活躍的領導人組成，退休的領導人則當顧問。其他人投票可以罷免任何無能、邪惡和奢侈的人員。理事會決定什麼時候退休，不管願意與否，都要讓路給年輕人。家族婚姻世代傳承，其中一個獨特的、最有價值的功能，就是將最有天賦的、最有出息的那些銀行、礦山、實體公司、辦公大樓、工廠和發電廠的主管，吸納進這個家族。

三井家族的規章規定，可以根據時代的需要「在不犧牲最初精神」的前提下進行修改。每隔幾代人家族如有意願可以再次分家，一到成年，每個家庭成員必須當著「祖先聖靈」的面鄭重發誓，將家族利益置於個人利益之上，發誓效忠家族，遵守規章。三井規章最近一次修訂是在西元1900年，以適應現代社會的發展，當時家族被分成現在的十一個分支，十一個族長排列位次。

與此相對比，洛克斐勒家族的規矩簡直就是兒戲。即使羅斯柴爾德家族的主要業務限制在銀行業，是否能夠經得起比較也值得懷疑。當西方的資本家開始考慮來自東方的競爭到底意味著什麼，他們可能會認為日本工

業的優勢，不僅在於廉價溫順的員工和政府的支持，他們還會將底蘊深厚、始終如一、警惕性強的三井家族，和在西方財政領域飛馳，被機遇、貪婪和奇想所掌控的冒險家進行對比。

偉大的三井八郎兵衛高利還確定了家族對待員工的傳統態度，員工都有假日可以休息、健康培訓、著裝禮儀和儀容整潔的要求。高層和模範員工都發放獎金，三井家族很少出現後來競爭對手常見的勞資糾紛，是因為日本工人還像孩子一樣喜歡家長管理。三井家族的繼承人三十多歲就在紐約的分公司當經理，主要研究對象就是美國。

三井家族幾百年來一直是藝術的贊助者。有幾人開始向文學和專業追求涉獵。著名的培里准將畫像就是年輕的三井畫的。畫像中培里的長鼻子和火紅頭髮，日本人看美國海狗就是這個樣子。他們是福澤創立的慶應義塾大學的贊助人，這是日本兩所偉大的、非政府主辦的世俗大學之一。福澤還創立了日本第一個「西式」政黨世友會。透過福澤，三井家族成為該黨派的贊助人直到世友會的會長「老狐狸」犬養毅被政治謀殺。他們的競爭對手三菱家族很自然地支援反對派民生黨（最後的名稱），和大隈創立的早稻田大學。就像洛克斐勒家族資助支持共和黨和芝加哥大學一樣。美隆家族資助支持民主黨和哥倫比亞大學。眾所周知，在競爭對手的贊助下，日本議會選舉成本高達一千萬日元。

第三節

三井家族的主要競爭對手岩崎家族即著名的三菱（三顆鑽石，其標識在全世界隨處可見）家族，卻沒有三井這麼古老的起源。這是過去三代人所創立的企業，就像我們最古老的富豪家族一樣。我在別處指出日本的貴族越來越開明，新貴三菱家族在掌控力這一方面，卻要比古老的家族更加

保守。他們的高級主管都出自家族內部，他們和員工以及公眾的關係並沒有三井那樣隨和。他們缺乏古老家族那種優雅和精緻。族長西元1933年時「歲入」六百萬日元，還有兩個岩崎家族成員達到五百萬，但是他們沒有家族理事會可以坐下來公正地決定，什麼時候捐贈三千萬日元給窮苦農民。日本勞工史上一些最令人心酸的罷工，都發生在三菱的企業裡，一些最糟糕的醜聞也與三菱公司的資金行賄有關。貴族氣質十足的三井家族採用了美式的銀行業和商業，而三菱公司則更喜歡保守一些的英國模式。

岩崎（三菱）財富的累積是以犧牲廣大日本國民為代價的，西元1873年美國政府下令太平洋郵船公司停止運送日軍到臺灣。華盛頓發現中國對其沿海第一大島提出了遲來的主權要求，期望後退以保持中立態度。岩崎彌太郎擔任土佐領主的企業經理直到封建制度被廢除，他帶著前領主的八艘小型蒸汽船，又從廢棄的封建都城附近奪到另外幾艘，「阻止」新生的帝國政權轉運士兵。

在船運方面，日本後來獨立的海盜淺野在他的回憶錄中說，岩崎在向臺灣運兵的行動中賺了一千萬日元。在隨後的國內動亂中，一名日本陸軍軍官向淺野呼籲，這名軍官認為岩崎的公司在有意阻止部隊行進，每兩千人這麼短的距離就收費一萬元。「我弄艘船，運兵只要五千元，我也不避諱還有錢可賺。」淺野說。「那就七千元吧！」那個和藹的軍官回道。日本船運公司和大工業建立之初，對軍需物資和各種營運費用向日本納稅者索要逆天高價的行為視而不見，部分原因就在於陸海軍和政府都充斥著腐敗，還有部分原因在於，政府高層人士希望這一費用能夠鼓勵工業和造船業快速發展。

三菱公司很早就獲得了海岸沿線船運的壟斷權，繼而其業務拓展到保險、提單融資和倉儲等領域。岩崎彌太郎最新喜歡的格言就是：「你可以用勺子喝酒，但是不能從眼中漏。」他做事極端反對折衷，這有可能給早期創

業的約翰・洛克斐勒以啟示。如果不搭乘三菱公司的船，你就不能替貨物上保險，如果不在三菱公司投保，你就不能提單融資。如果不能「正常」投保和融資，你就找不到登陸的碼頭，除了三菱的倉庫之外也沒別的地方儲存貨物。向政府企業收取高額費用的同時，岩崎獲得了大量的政府發給三菱船隻的補貼。有時公司要破產了，他在一年之內又發行了 30～50% 的債券。

三井獲得政府的支持成立一家船運公司參與競爭，其股價卻下跌，三菱大肆收購股票，兩家公司合併組成了日本郵船株式會社（NYKL），這是日本最大、世界第三大船運公司。開創了世界資本主義時代一個王朝的岩崎彌太郎不久後去世，終年五十歲，他不是死於自殺就是死於癌症。

岩崎的後人並不像貴族氣十足的三井家族那樣，熱衷於文化和慈善事業，只保持了一個經濟研究機構，該機構已經成為企業準官方的資料來源。

一般來說，三菱家族的興趣已經轉移到財政營運、保險、開礦和航運上來。日本的十四家大公司都冠有三菱的名字，這些公司還有上百家的子公司。三井家族興趣主要集中在加工製造和貿易。業務涵蓋煤礦開採、茶樹種植、鋅礦提煉、合成染料和專利藥品等。這兩大家族共同控制著日本龐大的水電資源供應，二者都有自己的銀行，不少領域都有接觸和重疊。

1940 年代初，就在兩家的資源合併推動帝國主義發展到最高階段之前，三菱家族更喜歡政府專門保護金融資本家的政策，而三井家族則希望支持加工製造和對外貿易的政策。三菱對開發非洲東海岸和南美西海岸的業務有著特殊的興趣，並且培訓了數百名年輕的銷售人員和他們的妻子以進入這些領域。

第四節

　　日本第三大財閥不是住友家族就是安田家族。沒有哪兩家財閥在性格上有著如此巨大的差異。住友家族聲稱歷史比三井家族還要悠久，可以追溯到織田信長和豐臣秀吉統一日本的時代。伊予山區銅礦的開採和提煉一百年後，真正的財富才開始累積。在德川幕府時期，這個家族的興趣主要集中在這種金屬上，這是除了煤炭、水泥、石灰石之外，日本唯一自給自足的礦物。隨著日本現代化的發展，住友家族進軍銀行業。如今，在日本大部分的小城市，住友銀行都是最保守同時也是最受歡迎的銀行。公司緊跟銅礦的發展，如今主打產品都是透過電解工藝實現的。

　　西元 1922 年時，這個古老家族的業務還是由一家私人企業打理，同一年企業被收購，現如今資產已經介於兩～三億之間。後來其業務拓展到金礦開採、鋼管製造、電線電纜、硝酸鹽和其他肥料。住友友純男爵在西元 1933 年時，個人收入達六百萬日元，擁有世界上最大、最精美的中華青銅禮器和銅鏡作為私人藏品，知名度在儒雅的文化圈遠超商界。

　　安田家族是老一輩安田善次郎靠著在乾魚店當學徒省下來的十五日元起家創立的。他是高級財務的個人主義者，總是一個人以不經意的手段操作。他是筆者聽說的、唯一拒絕購買貴族爵位的日本富豪。在與俄國開戰的危機中，戰時財政大臣求他挽救一家瀕臨倒閉的銀行，以便日本能夠獲得急需的外國貸款。安田只是答覆道：「這是虧本的買賣。」對俄戰爭的陸軍英雄兒玉源太郎大將，讓安田繼續追加軍費，他的回答是：「我不想發放戰時貸款，便只好提高貸款利息」。如此一來，為什麼安田會死於愛國者的刺殺，也就能夠理解了（西元 1921 年遇刺，終年 88 歲）。

　　安田有日本人常見的乖僻性格，喜歡站在富豪俱樂部面前，譴責政府對資本家的保護，他說這會加劇階級鬥爭。他還建議資本家遠離農業，「地主至上是危險的。」三井家族的口號「政策在財富面前都是膽小的」，也沒

第二十章　日本現代封建領主

有讓他平靜下來，可能他擔心政客會透過和財富結盟來加強自己的權勢，直到他們可以大膽地對財富發號施令。

也許他已經預見到現在的局勢了——軍方和民間對政客的反抗，就包含養育他們的財富。老安田的死證實了他的說法——當上富豪和當上武士都是危險的。現在的愛國者對於這樣的對比是反感的，他們大部分還非常貧窮，認為封建等級制度是一種遺憾，該制度禁止富人或者高利貸者和士兵說話，除非有人先主動上前。鐵石心腸的安田對音樂柔情似水，在音樂領域捐獻頗多。安田信託基金由三十家公司組成，主要對銀行業、保險和亞麻工業感興趣，該基金捐贈了三百萬的救災款給東京地震，並為這座城市捐建一座三百萬的公園。

安田是唯一一個支持冒險家和航運先驅淺野大膽行動的金主。淺野（淺野總一郎）最早是以「混凝土大王」聞名，他對日本商船的影響，就像勝海舟對於日本海軍一樣。然而他表現得和大多數人一樣，缺乏自我克制著實令人悲嘆。他是日本財富急遽累積時期，即我們當前這個時代最引人注目的人物之一。

淺野出生在農村，後來被一個醫生收養成為他的助手，但是，一次霍亂爆發令他逃離這個行業和他的養父。後來他嘗試一個又一個行業，結果都失敗了，直到他在東京大街上以一杯一錢的價格賣糖水，他的想像力才被啟用。後來的財富就是靠甜甜的、五彩的刨冰累積的。淺野攢錢從政府那裡買來水泥和小機械，混凝土的時代開始了。在巔峰時期，他控制了三十五家公司，資本總額達兩千萬日元。他成為日本歷史上最偉大的待客船主，招待乘客搭乘他的輪船往返於橫濱和東京之間，人數高達十五萬。他的公司繼續發展，後被其他家族控制。當安田和三菱家族與他終止合作後，除了那座五十五英尺高、穿著大衣戴著禮帽的自己的雕像之外，他幾乎沒有給後人留下什麼，他認為這座雕像建在山頂上比較合適。

西元 1893 年，淺野規劃了日本首條抵達孟買的長距離航線，他沒有足夠的資金，日本郵船株式會社拿到了這條航線，後來在澀澤的幫助下，他開通了日本首條跨越太平洋的航線，成立東洋汽船株式會社。很快他就有了麻煩，只有安田能夠幫他脫困，淺野說當時日本每年支付外國航運公司至少兩千萬日元運送貨物。淺野有責任讓日本自己的造船廠開工建造大型客輪，將他們三組船中的第二組建造合約交給他。第一組已經在蘇格蘭造好了，然而蘇格蘭克萊德班克的人們卻後悔了，因為他們短視地接受首批船隻建造過程中，要求日本工程師在場的條款。

第二組中至今仍在服役的「天洋丸」號，使日本在太平洋上的運輸力超過美國，它是廣為人知的日本超強仿造能力的最初樣本。蘇格蘭公司被要求提交估算和詳細的方案。他們骨子裡認為，日本人一旦獲得設計師的方案，就可以在國內建造船隻。於是蘇格蘭的標方竄改了一些重要引數。天陽丸號下水時，首先令日本建造方困惑的是船體向一側傾斜，隨後讓日本人感到慶幸的是，他們用淺野的水泥使船體重新恢復了平衡。

當時壟斷了跨太平洋定期航運的 E·H·哈里曼十分關注這個競爭對手，他來到日本找到淺野向他發出挑戰，要麼出售要麼出錢購買太平洋上的獨家經營權，作價兩千萬美元。這是當時典型的美國做派，淺野的答覆也是典型的日本做派：「我知道哈里曼先生就是想嚇唬我們，我只告訴他我們不賣，而且我們也不接受另外一個選擇——購買。」

淺野帶著昂貴的新船隻，艱難地航行在 1890 年代的商海中，這種狀態一直持續到新世紀的前十年。他在日俄戰爭中出於愛國情懷，將他的商船都交給了帝國海軍，這讓他在西元 1905 年後很難再奪回失去的業務。

世界大戰拯救了淺野和日本的商船隊。他說[090]，淺野的公司在大戰期間收到了外國的兩億日元，一年還要支付 30～50% 的分紅，儘管他的

---

[090] 見回憶錄。

第二十章　日本現代封建領主

公司每年都有保底的兩百萬補貼，他能夠和國庫妥善安排這些補貼。

　　戰後的苦日子來了，現在需要更大、更豪華的遊輪。淺野發現日本要想保全太平洋地位，唯一的手段就是下水新的艦隊，與日益崛起的加拿大太平洋大來航運公司競爭。淺野拿不出這些資金，已經老邁的銀行家安田主動找上門，可不久後卻被殺了。淺野不得不把他的船隊和畢生的事業轉交給三菱基金會，隨後與日本郵船株式會社合併。他的兒子保留了水泥公司總裁的職位，薪資收入等級也降到了每年五十萬。

　　於是，三菱公司最終在北美和歐洲航運市場取得優勢地位。西元1931年，三菱公司和競爭對手三井公司旗下的大阪商船株式會社，協商用北美航線換取南美航線，並開展聯合經營。這次日本航運公司的合併，導致了最近其他公司的合併業務，如兩家歷史悠久的德國航運公司和兩家英國大公司的合併。日本於西元1893年成立了第一家遠洋航運公司，四十年間已經成為世界航運界的翹楚，這都是淺野這樣的自負者，安田這樣的「金融海盜」和三菱這樣的大信託基金成就的，當然也離不開順從的政治家和溫順的納稅人的貢獻。

第五節

　　日本誕生了一位像海蒂·格林（Hetty Green）那樣的巾幗人物——鈴木與寧。鈴木信託公司今天主要對銀行業感興趣，至今仍被人們稱為日本五大財閥的第四位。這個性格古怪的老寡婦八十歲時，把管理權交給了自己的女兒，即總經理束淹的太太。束淹是從公司的倫敦分部開始做起。但是老邁的與寧在西元1927年卻破產了，製造出日本最轟動的破產案，從那以後，鈴木集團主要的股份就被三井和三菱掌控，尤其是後者。

　　與寧是漆匠的女兒，她和丈夫在神戶開了一家街角現金兌換店，水手和遊客可以把手頭上的中國、美國和歐洲貨幣兌換成日本貨幣，反之亦

可，還給可觀的優惠。就在日本憲法頒布的前兩年，有大量的資金豪賭日元貶值。現金兌換店發展成外匯交易公司，後來又拓展了東印度群島的白糖進口業務。

西元 1877 年，一位名叫金子的六十一歲貧困老人，自願簽約成為這對夫妻的學徒。在過第一個新年時，他收到了與寧一條價值一元（半美分）的毛巾，以獎勵他對公司發展所作的貢獻。他隨即出門不見了蹤影，可是與寧還是將他找回來，解除了學徒身分給他足夠的自由，最終使他成為鈴木帝國的「總理大臣」。六十一歲的金子原本是一個窮光蛋，但死的時候卻是世界上最富有的人。在日本，六十歲看來人生才剛剛開始！

與寧夫人仍然保留了在公司的絕對領導地位。她在神戶附近打造鈴木豪宅，在那裡對她的兒子、兒媳和他們的五個孩子發號司令。她早上起床研究當天的報紙，以獲取在金融界開展冒險行動的線索。一天早上，她看到臺灣總督府民政長官後藤新平子爵暫住於神戶飯店，便立刻派金子去連繫。金子坐在飯店大廳等了三天後，後藤才終於接見了他，不過會見的結果，卻是臺灣的管理層和鈴木集團的親密連繫成為日本的長期醜聞。臺灣銀行成為鈴木集團的附屬機構，後藤本人也從中收穫滿滿。

與寧夫人從來沒有接受過別人的拜訪，都是她去拜訪自己感興趣的人。每天早上她開車去神戶，隨身帶著一個鈴木印章放在日本漆盒裡面，這是她自己一個人交易時要用的。她是能劇票友、資深釣友，還是茶道和插花藝術的專家。她寫了不少詩歌，經常大肆評論一些戲劇和電影。

鈴木集團主要經營大宗原材料：糖類、智利肥料、茶葉，實際上還壟斷了來自臺灣的樟腦供應。這些商品的利潤都被投入銀行業，一戰那幾年財富急遽增加，在戰後衰退期，這個上了年紀的女掌門人，被迫將控制權轉交給一個與政府和國庫有著更緊密連繫的古老家族。最終，鈴木集團的失勢，是內部集團盈虧的再次分配導致。

第二十章　日本現代封建領主

第六節

　　到目前為止，日本富豪中最受歡迎的是「資深政治家」澀澤榮一子爵，通常位列五大豪門的第五位。澀澤透過提供中間人給其他海盜累積了大量財富。正是澀澤促成了日本最大航運公司的合併，他是許多大公司的股東，是日本財富萬神殿最受信任的人物。澀澤一直都相當幸運，西元1840年，他的出生地為一片桑蠶繭區，其家族有多年的絲綢從業史。十九歲那年，他來到首都江戶看看外來蠻夷到底是什麼樣。就像高橋和其他同時代的人一樣，他在一位綜合了禪宗哲學和超級愛國主義的大師指導下研究劍道。

　　後來，澀澤幸運地陪同幕府將軍的弟弟前往法國。等他回國後，被罷黜的德川家族需要一個生意人去重新安排財務，年輕的澀澤接受了這份差事。他出色完成使命，讓德川家族不用再擔心下一頓飯從何而來。此時，德川王公的年收入接近五十萬日元。

　　當政治家伊藤任命他的助手井上擔任日本第一任財務省大臣時，澀澤被任命為國庫專家，開始建立日本的銀行體系。他根據西元1870年美國的銀行業新法案來制定該體系。然而，這次的成功備受質疑，因為就政府銀行而言，它會被歐洲類型的銀行體系所取代。最終，這兩個體系並駕齊驅。政府體系包括發行貨幣的日本銀行，負責外匯兌換的橫濱正金銀行，還有兩個殖民地銀行朝鮮銀行和臺灣銀行，這些銀行都有數千家分行。除此之外，帝國還有兩千家私立銀行，功能類似我們的州銀行。透過戰後的銀行業危機，這個體系很好的發揮作用。如果採用了西方的簿記法，那些已經破產的數十家企業將不復存在。現在的趨勢就是合並重組。實際上，現在政府和私人金融機構，逐漸落入三井和三菱兩大家族的控制，這兩大家族之間已經沒有真正的界限了。

　　澀澤是日本歷史上第一位獲得貴族身分的商人。純粹而簡單的商人由此獲得了完全平等的社會地位。要知道，這種情況到了西元1900年後才

出現。西元1931年之前，財富的影響力很大，任何富豪都可以像在英國一樣，透過競選捐款和慈善募捐來獲得貴族身分。只不過，在軍方採取行動後，現在等級界限又開始收緊了。

澀澤將美國商界的服務倫理引入日本，他以成立了東京商會和長期擔任會長而感到自豪。澀澤將日本的金融從航運和重工業帶入到多種製造業，使日本成為世界工業強國的挑戰者。他是棉紡織業、電燈、煤氣、水電、大麻、磚石、水泥、糖類、港口建設、填海造地、牲畜繁育、鞋帽製造等一百多個領域的先驅。他擔任三十多家公司的總裁和董事，也是日本鐵路在朝鮮的主要發起人。他樂於為窮人提供庇護，在任何文化交流和國際友好活動中，人們都可以指望他展示出祖父般慈愛的形象和威望。

可能沒有哪個日本人能夠像澀澤那樣，真正地喜歡盎格魯－撒克遜人。他非常喜歡重複唸叨西元1902年倫敦商會替他歡呼鼓掌時的口號：商業沒有種族和國界之分。這句話如今很難得到證實了。在他去世之前，就在愛國士兵準備打破他這個開心君主主持的善意王國時，他強調日本應該大舉進攻中國。他設想日本資本家利用美國的金錢，就可以實現這個行動。如果幣原喜重郎繼續掌控日本政府的話，還真有可能實現。

也許還記著創業之初的經歷，澀澤讓女婿當自己的繼承人，在這位和藹、羸弱的紳士領導下，澀澤家族的財富在帝國還是最保守的、最誠實的。好運一直陪伴澀澤到死亡。高橋取代了他日本富豪「元老政治家」的位置，隨後就被迫面對一心讓財富成為走狗的軍隊。因為維護封建的獨立性和財富尊嚴，高橋被暗殺了。

第七節

接下來我再簡單介紹幾位日本的金融大老。有一位富豪有時候也成功入圍過五大財閥，在親英美方面幾乎和幣原同樣出名，他就是大倉喜八

郎。他的野心源自武士階層對平民的傲慢,當他的朋友站在泥濘的路邊讓路給武士,腳上穿著高高的木屐,而不是草鞋站在水坑裡時,這個武士「超出預期」地讓平民關閉了清酒店。十七歲的大倉憤憤地從姊姊那裡借了二十日元來到江戶,決心成為一名富人以便不再向武士低頭。

大倉的職業生涯體現了長期被壓抑的平民,伴隨著貿易的發展和機械的引進所釋放的巨大能量。他開了一家乾魚店,利用時代賦予的機遇,在魚片之間夾藏軍火。明治維新後,他謀劃成為軍隊的供貨商,西元 1872 年開始到歐洲軍購。他的財富累積主要是靠犧牲日本軍隊為代價的,這也體現了當時平民的愛國熱情和商業道德的敗壞。其中對他的一項指控,就是在滿洲最初用兵期間,部隊的牛肉罐頭裡面都是沙子和卵石。然而「多愁善感」的大倉在九十大壽時彩排了自己的「風葬」,黑龍會出聲譴責他的表現。他獲得了男爵頭銜,死時榮譽滿身,帝國酒店的花園中為其塑像,墓誌銘上撰有其「開發」滿洲之功。他兒子年收入二百五十萬日元。

森永是日本的糖果大王。你從橫濱下船一路搭電車到東京,會經過他那占地數英畝的食糖和巧克力提煉廠,上面高空都是複雜的塔吊系統。他的工廠是工業時代樣本。森永的父親早逝,十二歲開始沿村販賣飯碗,一開始每天能賣 150 磅。他贏得了前往美國的路費,在加州糖果廠每天工作十六個小時。西元 1899 年回國後,開始在每月兩塊半日元租金的小廚房裡做糖果。他的糖果是亞洲海岸製作的第一批西式糖果,他要利用東方人喜好甜食的嗜好賺上百萬財富。千百年來這種嗜好只能用成塊的彩色豆腐來滿足。

狂人(萬歲!)是日本個人主義的化身。在日本《名人錄》中,他自我描述道:「就像一道晴天霹靂,狂人震驚了世界,他成立了武士橋博士株式會社,他最著名的三 B 商標證實了他的帽子的純粹性。」年輕時這個傢伙離開了自己的小山村,在橫濱的養豬場養豬,後來轉行賣草帽,賺了上

百萬，成為十六家公司的老闆。

「養殖珍珠大王」御木本幸吉是一個偉大的自我主義者，他性格開朗，成功地在西方世界打響廣告，我就不必用過多筆墨來介紹他了。最開始時，他只是一位目不識丁的小販。在知道刺激牡蠣可以加速珍珠的出產速度後，即便所有的日本人都在嘲笑他，他仍然變賣了自己的衣服和妻子的嫁妝繼續牡蠣養殖。

今天御木本在鳥羽海岸沿線有數百英里的養殖場，他僱傭了上百名體格健碩的女潛水員，為了尊重女遊客的拘謹，他要求這些潛水員都穿上護士的白制服！在三十年代後期，日本完全消除了西方的汙名，潛水女孩又都穿上了丁字褲，但她們的確是牡蠣養殖員。無論誰在這個滿臉皺紋、頭戴禮帽、身穿和服的老紳士的公司裡待上一天，喝著他孫女精心泡的茶，站在弗農山華盛頓私宅模型旁照張相，都永遠忘不了御木本君，當然還有他的珍珠養殖業和珠寶交易。御木本會將價值幾十萬的珍珠燒成灰來保持珍珠市場行情，世界珍珠的價格完全掌握在他手中。

菊池恭三博士是大阪的「紗錠祖師」，他獲得了工程學院的學位，並於西元1887年被派往曼徹斯特學習紡紗。回國後建議在瀨戶內海沿線大量開建紡紗廠，並幫助幾大家族實現合併。他親眼見證了日本機械生產和高效的行政管理，已經遠遠超過了自己的英國師傅。

第八節

上原德一如今是日本燃氣灶和設備製造商，起初他是夏威夷甘蔗種植園的工人，後來攢錢在那裡接受中學教育，在檀香山青年旅社開了一家古玩店。

（此處找不到人名）日本藥品大王曾是大阪街頭最早的現代風格報

童,如今這樣的報童可能有好幾千。他賣書兩年存夠了去美國的盤纏,一路靠打零工進入哥倫比亞大學,在紐約的日裔社區創辦一份油印的日語週報,回到日本後借了四百元開始製藥,並獲利五千萬元,他在祕魯擁有世界上最大的金雞納種植園。他的成功是因為使用了德國的配方(許多美國大公司為此投訴)。戰後出於興趣或者良心發現,他把兩百萬日元作為禮物送給德國開展科學研究。和日本很多成功的企業一樣,他的製藥企業最後也成了三井和三菱兩大家族的附屬資產。

另一個引進西方產品,滿足國內大眾需求而獲取財富的例子,是大橋新太郎和他的家族。他開始出版雜誌並最早獲得了教材的壟斷權。後來大橋家族逐漸由出版商變成行業大亨。日本著名的大橋圖書館就相當於紐約的摩根圖書館。出版業是日本最大的行業之一。世界上最大的閱讀群體要求各式各樣的雜誌,從電影八卦到貴婦雜誌,再到黑龍會的出版品。日本擁有一年三萬冊的圖書出版計畫,美國的人口是日本的兩倍,但日本出版品的數量卻是美國的三倍。日本的圖書大部分都是平版線裝書。

野間清治是赫斯特(William Randolph Hearst)一樣的人物,在大眾期刊的出版業一路走來並超越競爭對手,今天已經被稱為日本雜誌之王,他生產的85%的雜誌,都依據「一切內容必須符合包括僕人在內的家庭成員的閱讀屬性」這一標準。他的雜誌《王者》有著近乎兩百萬的發行量。他極力把自己打造成偉大的報紙出版商,不過日本似乎和美國一樣,在一個領域獲得成功的人士,很少在另一個領域也獲得成功。他在美國出版了自己的自傳。他捐款給一家研究他的生平和成功原則的協會,該協會還透過整版廣告,向除了日本人之外的美國人和其他外國人提供會員資格。

服部金太郎被人們稱為「錶王」,他二十歲時開店,八十六歲高齡仍堅持每天上班。西元1933年服部的公司令歐洲手錶貿易同行感到害怕,當時他以每磅低於一美元的價格,大宗運輸鐘錶和零件,以規避保護性的進口

配額。服部還對腳踏車信託公司感興趣，每年出口價值高達兩千萬日元的腳踏車，僅在英國銷售量就達兩千輛。服部的兒子花費數百萬鼓勵發明創造，他最近向服部基金會捐款三百萬日元。他的年收入超過一百萬日元。

福澤桃介是日本電氣大亨，他是一位貧窮的大學運動員，事業的起步源於贏得了福澤的女兒的喜歡並被收養，這個福澤就是勝海舟的朋友，創辦了許多大學和報社，這位聖人還嘗試將競技體育引入日本的教育系統，這就為他發揮個人優勢提供了機會。因此這名體格健壯的貧窮小子娶了這個女孩後，繼承了福澤這個名字和這位務實教育家累積的巨額財富，他告訴同時代的平民階層，自己在美國學到的口號——「金錢是獨立的基礎」。福澤與三井公司有著密切的連繫。

山本唯三郎是日本新晉富豪之一，因其古怪的性情經常受到新聞記者的關注，後來成為一家對華貿易公司的總裁。西元1917年，他被人稱為「老虎富豪」。那一年，他帶領一支豪華的捕虎隊進入朝鮮的山中，回來召開了上百位日本名流和國外要員的「老虎宴」，並贈送每人一張虎皮。

那些享受過東京帝國飯店熱情好客的貴賓都感興趣的，就是皇家帝國酒店的經理，後來帝國酒店業的領軍人物犬丸徹三。帝國酒店是美國人弗蘭克·勞埃德·萊特設計的「洞穴風」，日本設計師為了建設新政府大樓而採用了這種風格。起初他是一家上海酒店的跟班，每月薪資三日元，他在那裡結識的人將他帶到倫敦後，他成為一名受人歡迎的日本服務生，他的小費都用來賄賂酒店主管以獲取行業的內幕。

1930年代日本最傑出的商人是松方幸次郎，中年時期他就讀於哈佛大學，是年輕的富蘭克林·羅斯福的同學。他到白宮拜訪過這位美國總統。松方五十歲後發財的途徑有點令人生疑，六十歲後破產，放棄了三菱在神戶的船塢掌控權，該船塢在和工人發生激烈的衝突後被關閉。

西元1933年，松方進口蘇聯石油再次捲土重來，他公司的加油站對

第二十章　日本現代封建領主

亞太地區老牌的美國標準石油公司，和英國殼牌公司的經營造成了嚴重影響。松方在軍方的支持下，從荷蘭殼牌公司手中順利拿下婆羅洲的市場，這導致英國急忙建成在新加坡的海軍基地，並促使荷蘭殖民當局和英國海軍私下達成諒解。外強中乾的荷蘭海軍突然增加了一倍的兵力，荷蘭也開始下令禁止日軍軍官登陸油港。

松方因與蘇聯石油壟斷公司的來往，而受到日本人的質疑，他以慈善和愛國的名義來管理自己的企業。他說企業不會賺一分錢，直到日本人和中國計程車司機用的燃氣和日本海軍的石油，能夠和加利福尼亞油田的一樣便宜。他賺到了，這件事對一些生活在亞太沿岸地區老人造成極大的影響，他們不得不支付五十美分至一美元購買一加侖油氣。同時他向蘇聯證明，在太平洋地區拓展業務可以透過日本的代理人。

加藤敬三郎是另一個年收入超過一百萬的日本人。他的父母很有錢，卻沒有送他讀大學。十六歲時，他一邊養雞一邊讀大學，並且發明了蒸汽孵化器。他討厭上課，發現自己把時間都花在圖書館會學到更多。他製造的第一個產品就是西式的髮夾，這在國內市場上小賺了一筆。不久在世界上取代了德國和英國同類產品。然而加藤並不滿足，他參加了公務員考試，成為一名交通部門最活躍的官員，最後輾轉成為北海道拓殖銀行的總裁。

日本的「花香」財富，就是有著「花王」美譽的「審美伯爵」烏丸的財富。西元1900年他乘船來到美國，研究西方溫室的大規模營運。日本在此方面的科技一直遠超我們。據說，日本首都每天的花市價格都是由他來定的。

我們應該繼續列出不同的人物，他們看到了機會模仿瑞典火柴、德國花露水、法國香水、螢光地球儀，還有各式各樣日本有需求的西化產品，新生的日本工業家不久將這些產品出口到西方。這都為他們的企業累積了大量財富，後來又被大家族出手收購這些企業。他們製造了發電機和主軸，很快又製造了坦克、槍炮和飛機。

看看這些大家族的幾位主管，就會加深對他們的了解。我先講講增田這個三井家族現代化的推動者，他以自己的名字在日本獲得了巨額財富。維新時期他就是橫濱一家外貿公司的職員，跟著美國駐日本的首任領事湯森‧哈里斯學習英語。他也是最早發現日本水力在商業帝國建立過程中的地位。他是三井信條「年老當顧問，年輕則行動」的堅定擁護者。他回憶說，三井家族主管的平均年齡一度達到三十歲！老增田經常警告不要反對美國，聲稱日本國內的大發展需要美國的幫助，這還遠未結束。他認為日本應該幫助外國人對日本藝術產生興趣，不要總是區別真正的學生和假冒者。日本國內的發展似乎比增田這個主創者設想的還要快。

三井公司另外一個偉大的主管小林正尚，也是基督教大學同志社的畢業生。西元 1893 年，儘管他有文憑，三井家族還是堅持讓他一天拿十五日元的薪水開始工作。他將廣東絲綢引入美國，然後當上三井煤礦的部門主管，在南島、北海道和滿洲開礦，再運到中國、印度、爪哇和太平洋其他群島。他在關稅壁壘確立之前，甚至將煤炭運到了舊金山，給加州當地的煤炭工業造成了混亂。小林說過，在三井家族從來沒有「靠山提攜」一說。

現在我們要談談三菱最偉大的主管之一伊藤米二郎，他的經歷極其豐富，最終自己成了企業的王者。他是最早的一批消防員，接著又教美國日裔英語（舊金山學校），然後又在加州管理農場。兩次赴美後，他想入職日本郵船株式會社，雖提出申請卻立刻被婉拒了。於是他又來到日本銀行應徵。銀行行長建議他嘗試日本郵船會社，並為他寫了一封推薦信。伊藤拿著這封信返回，得到了最初被拒的工作。後來他成為日本郵船株式會社的總裁，直到被年輕的幹將加賀美繼任取代。三菱另外一位偉大的董事江口定井，放棄了公立學校教師的職位成為一名銀行家，為三菱公司獲得了北海道一等的礦床。

這裡有一個人物顛倒了一般的順序，他從三井家族離職自己創業，這

人就是武智直一。他出生在一個林姓的家庭這個家族好幾代都掌管著著名的三井乾貨店，後來他被擔任三井家族主管的武智家族收養。他離開三井家族到夏威夷冒險，在那裡上了大學，贏得夏威夷宮廷的信任，又被派回日本作為夏威夷公使團的翻譯。在夏威夷公使病重期間，二十一歲的他以夏威夷國王的名義談判簽訂了條約，承認日本移民到太平洋中部這個王國，並保證他們在珍珠港捕魚的權利。

第九節

縱覽日本新財閥的人生經歷，讓我們知道日本工業化的歷史與美國一樣。美國的大型壟斷企業出現於內戰期間，在日本壟斷企業也同樣發跡於反封建戰爭。隨著工程機械大量地湧入日本，一些海盜犧牲了政府和人民的利益，累積出大量的財富，此後始終把持著賺錢的業務，不論是藥物還是煤礦開採。這兩個國家早期的口號都是：「所有的車流，行人都得忍受。」、「讓大眾見鬼去吧！」、「魔鬼吃掉落後者。」那些小企業垮掉後逐漸被大家族吞併，大家族自己也開始在很多方面進行謀劃。一個典型的例子就是日本在海軍監督下的動力捕魚行業。那些大家族的子孫受人尊敬，在新成立的扶輪社和各種商會開始討論「真誠和服務」。直到那些透過暴力快速接管的擴張主義者關閉了扶輪社，把軍需部門變成商會辦公室，情況才有所改觀。

工業通訊的發展在這兩個國家以同樣的速度使大部分人口離開了耕地，大約有一半的人口住在城市。白領和工人在中產階級中的形成也是同步進行的。

其中有些差異值得注意。美國和日本的財富都是來自政府、陸軍、海軍和公共事業的合約。使皇室成為大股東可不是美國倡議者的成名之道，

並透過皇室內務大臣的關係掌控皇家大量的股票。三菱家族正是透過這種伎倆，控制了日本郵船株式會社的船隊。武士政客木戶孝允（桂小五郎）與日本大亨在修建鐵路和純粹的國有通訊企業有過交鋒。以上這些連同菸草、人參、鴉片還有絲綢壟斷，為國庫帶來了穩定的收入。另外的不同在於，日本實行中央集權，收買東京的富豪可以暫時控制帝國，而美國則要與上百個地方小政府打交道，有利也有弊。

美國和日本工業發展最大的不同，是速度的不同。在日本，大公司吞併小公司的速度更快，而軍方和農民對於唯利是圖者的反抗，已經到了迅雷不及掩耳的地步。

這裡的一些理由對於學生有巨大的價值：現代日本社會包括武士階層，而武士階層的興趣不僅僅是保家衛國，他們也透過政府和教育來施加影響，他們利用封建武士的倫理道德，制定確切的計畫，並透過不斷的活動來建設國家和打造帝國。

這裡有一個現成的核心，帶領人民反對資本主義工業化和分配制度。第一就是每個學生都要了解如今的日本，日本的陸海軍不是掌權者的員警和現狀的維護者，而是國家真正的根本。軍隊一直需要這些富豪，同時也被其折磨。到目前為止，還沒找到與之相處的和平之道。但是要像列寧那樣殘忍地打擊，以清除資本主義的根本和枝葉，則絲毫不會傷害他們的良知。另外，他們堅信共產主義根本找不到一個在情感和意識形態上，與馬克思或史達林抑或任何外來影響有隸屬關係的根源。

西方讀者一定都知道，私人財產神聖不可侵犯的概念，這對於日本來說遙不可及。因為直到西元 1870 年，整個帝國的所有制才被完全廢除，財產得以重新分配。封建領主和他們的家臣以年金的形式獲得部分報酬，這在當時是備受質疑的。農民重新分配耕地，展開史上最大規模的土地丈量工作。沒人耕種的土地成為皇室的私有財產。根據西元 1889 年憲法，天皇

擁有帝國全部財產的所有權，他允許臣民也可以擁有並轉移所屬私有財產。

對於今天的日本人來說，工業時代的大亨們只不過是封建時期地主的再現，只要情況允許就可以隨意處置。現在你知道為什麼日本的共產主義者經常支持天皇了吧？日本現在取消私有制最簡單的方式，就是在聖旨上蓋上一道玉璽！

有時富豪和軍方的鬥爭公開化，而且非常殘酷，就像三井、三菱和滿鐵系日本陸軍的「三方演義」。大家族越來越感到有必要購買不能兌換的債券，來平衡荒木和末次的海軍預算。可是軍方需要壟斷企業來推進日本工業動力，以應對整個世界，這只是日本帝國開創運動的一半任務；提供設備給陸海軍，以及提供財力進行政治擴張，這是壟斷企業的另一半任務。壟斷企業需要陸海軍占領並保護好原材料產地，占據半個世界作為日本商品的出口市場。

荒木家族、末次家族和松岡家族並未擺脫與掠奪財富的個人連繫，他們開始思索怎麼向支持他們的貧農無產者解釋，神聖使命與資本主義達成妥協。這些人也都得到典型的日本「聖水」滋潤，能比我們西方的底層階級更大膽地表述要求。要阻止這些底層者問太多問題，那就得犧牲其他工業國家的利益，保持本國工業的繁榮發展，提升國人的愛國熱情，呼籲獲得同等的海軍發展以及與西方白人平等的社會地位，繼續為帝國版圖納入更多的領土。

於是在西元1941年7月美英禁運實施之前，日本這條巨龍開始追逐自己的尾巴繞著圈盤旋上升，一點點進入西方的菜園了。

在日本，可以籠統地說「政府擁有企業」或者「企業控制政府」。只要對國家發展有利，兩者可以大舉擴張，不過兩者又都被日本人靈魂深處消極的、可怕的概念掌控——官員和富豪都對「民眾」刺殺所代表的修正舉措表示臣服。

第二十一章
擴張的代言人

▌第一節

　　白鳥敏夫讓日本外務省發言人這一職位聲名鵲起，白鳥十分了解美國，他為不少美國「最佳」的雜誌撰過稿。他擔任日本駐華盛頓大使館的祕書多年，後來又擔任天皇的國外新聞記者長達兩年。儘管他自稱是開明派和哲學家，但與陸軍核心集團仍有著密切的連繫。白鳥在回應外國批評家的時候，用嘲諷代替傳統的日本禮節，他尤其喜歡抨擊美國國務卿亨利·史汀生（Henry Lewis Stimson），作為其批評日本在中國行為的回應。當被問及日本什麼時候在外交上承認一手締造的滿洲國時，白鳥回覆道：「我們不急，因為在那裡沒有什麼運河需要修建。」這種以其人之道還治其人之身的說話方式，讓他在美國贏得了欽佩，即使其言外之意都透出厚顏無恥的虛偽。白鳥無時無刻不在複製西奧多·羅斯福企圖控制巴拿馬伎倆的每一個細節。

　　在給美國讀者的一篇文章中，白鳥寫道：「西方雖然擺出一副高高在上的姿態，但總是對古老的日本表現出一種同情的欣賞。很多外國觀察家感嘆道：『過去那些永久的美好和快樂，在現代的祭壇上都被無情地犧牲掉了，真是可惜啦！』這種批評對於一心學習西方的日本人蒼白無力。西方做什麼，日本人就做什麼；西方想什麼，他們就想什麼；甚至西方犯什麼罪，他們就犯什麼罪。今天的日本表面上是一個和歐美一樣的現代化國家，其工業發展將其產品帶到世界市場上……物質上的進步是其先輩所不

第二十一章 擴張的代言人

敢想像的,日本人也開始停下來思考了。」[091]

　　白鳥後來聲稱,西方國家反對日本所做的一切,日本認為在世界各地受到不公正的限制,這又將日本人推回到早先的理念。日本就像古代的以色列,把自己視為異教世界中上帝天選的鬥士。在其四周一團散沙的非利士人必須臣服於耶和華,倘若整個世界最終要想得到拯救,耶路撒冷(東京)一定要拿出一套規則。

　　白鳥升任為大使後,在外務省外宣局留下一位直言不諱的繼任發言人,這名皮膚黝黑、頭髮捲曲的年輕人天羽英二,有長期與美國人打交道的經驗,他並沒有白鳥的鋒芒,以前是個重量級的擊球手。他「苦心鑽研」的當前美國理想主義,和我們記錄的帝國主義之間所有不一致。

　　西元1934年4月間,天羽隨手釋出了一份新聞稿:從現在起,日本將對亞太地區的政治經濟監管獨立承擔責任,日本還將在合適的時機,處理國外的錯誤概念,即中國是一個獨立國家,美國可以向其出售飛機並肆意給予小麥貸款。這使西方政府坐立不安。

　　自從西元1921年大地震以來,天羽在西方還籍籍無名之時,就坐在骯髒的軍營裡,這裡隱藏了日本震驚世界的外交政策。他問我,自詡現實主義者的美國人,多久會和日本就懦弱政客訂立的條約開展對話,那些被日本精神推翻的政客,不是去世了就是被降級了。

　　他繼續說道:「要是你想知道我們對華盛頓會議上,美國尊重中國主權的概念,和放棄西元1922年華盛頓會議,以及西元1930年倫敦海軍軍備會議中海軍平等承諾的想法,那就看看德國是怎麼對待凡爾賽條約的吧!今天的世界只有兩種國家:一個是那些條約所服務的老牌國家,一個是那些條約所限制的後來者,德國和日本就屬於後者。若是你想扼殺他們,就不能只採用照會檔案了。」白鳥先生站起來敲桌子,這和西方人敲

---

[091]　見〈日本的重新覺醒〉《大西洋月刊》西元1934年5月。

桌子的意義完全不一樣。

答覆「天羽聲明」的，是紳士派頭十足的美國國務卿科德爾·赫爾（Cordell Hull）的照會，他期望日本能夠遵守承諾。美國官方堅決拒絕了日本提出的對中國事務的監管權：「在美國人民和美國政府看來，沒有其他相關國家的同意，任何國家都沒有權利以自己的意願作出決定，尤其是涉及其他主權國家的權利、義務和合法利益的時候。」[092]

第二節

天羽的上司，外務大臣廣田弘毅是個十足的外交官，卻有著同樣的心態。在沙文主義氛圍濃郁的九州南島，他少年時期就加入黑龍會，成為殘暴的超級愛國者和擴張主義者頭山滿的門生。西元 1933 年 9 月入職外務大臣前不久，五十五歲的廣田還曾寫信給當時被稱為「老爺」的頭山滿。

黑龍會幫助廣田這個石匠的兒子接受教育。為了提高自己的英語水準，廣田向美國大使館的年輕上尉約翰·J·潘興（John Joseph Pershing）（當時還不是赫赫有名的遠征軍司令官），自薦當一名日語教師和助手。潘興因為他「糟糕的英語知識」直接拒絕了。現在生性活躍的外務大臣廣田在離開東京之前，透過美國大使格魯釋出資訊：「請轉告一下將軍，廣田的英語還是和三十年前一樣差。」

他畢業於日本高官的搖籃──東京帝國大學法學院後，便進入外務省，先被派往北京，然後轉戰倫敦、華盛頓，後來又回到歐洲，在莫斯科時事業達到頂峰，他成為這個鄰國最偉大的日本政界學生。

廣田認為美國會選擇發照會，而不會動用武力封鎖日本，高度戒備會

---

[092] 在西元 1934 年的版本中，科德爾·赫爾的聲明如下：海軍部長斯旺森全力準備更加具體詳實的論據，以備不時之需。這些文字一度受到廣受歡迎的和平主義者的猛烈抨擊。可現在（西元 1942 年）的態度卻十分好戰。當時的評論家指控這本書是充斥著「沙文主義」和「黃色色情」的新聞出版物！

第二十一章 擴張的代言人

使封鎖效果不好,並且成本過高,加之禮貌地拒絕在日本人看來已經解決問題的談判,美國會按照這個習慣。他說:「美國會明白的,它沒有時間處理遠東的事務。」

廣田和松岡一樣,有相當一部分時間都在國外度過,他的經歷讓他更像日本人。廣田的一言一行來自日本人對民族性格和使命的神祕信仰。他是年輕一代中,將現代形勢和古老動機結合得最好的哲學家。超級愛國者稱他為第一個不能與西方外交官隔斷連繫的外交人員。

他對外交的定義,聽起來就像馬基維利解釋的那樣,實際上日本人和戰前德國人的說法完全一樣。正如在縣知事會議上所說:「外交是國力的反映,日本外交的職責就是研究我們和其他國家的關係,以符合日本的態度和使命。現代外交不僅僅局限於談判,還要有整個國民的心智和實力。強大的國防會提高外交的效率。戰爭可以透過外交消滅。」[093] 廣田把外交變成了極為簡單的工作,即讓對方相信你比他強得多,換句話說,就是學生開始秀肌肉了。

他重視向全世界介紹日本國民的情感和思想。文化輸出的成本似乎增加了 26,170,000 日元,是西元 1935 年外務省預算的近兩倍!半官方的新聞社《日本電訊》解釋道:「增加巨額預算就是要提升和擴大海外的外交實力,這是西元 1935～1936 年解決危機的一個手段。」這是預算新項目被完全公布的最後一年。總計高達兩百五十萬日元需求被分配給「國際文化局」,9,150,000 日元作為外交專項基金,3,600,000 日元用於日本海外關係維護,7,150,000 日元用來改善和屬國滿洲國的關係。除了官方政府的開支,最近還新設立了國際文化關係協會,日本主要的財政和商業家族三井、三菱都給予大量的捐助。

「文化」的概念比較廣泛。日本玩偶在美國和平運動中,十分受小女

---

[093] 見西元 1934 年 5 月 4 日《日本-電訊快報》和西元 1933 年 9 月 23 日《聯合》。

孩和老太太的青睞，這個名叫「善意」的玩偶透過帝國兒童教育協會在南美大量發放。老外交官石井帶領一個協會，將海外出生的年輕人帶回日本灌輸國民精神。出版商羅伊·霍華德帶著一隊美國記者免費巡遊日本。西元 1934 年夏天，日本在東京熱情接待了七十九名美國大學生，他們都是由政府買單在日本列島環遊，當然還有滿洲國。在東京舉辦的日美學生大會上，來自美國一些小學院的學生政治家得出的結論是——日本在滿洲的政策是完全正確的，日本應該把朝鮮人趕到滿洲，把本土多餘的人員派往朝鮮來解決人口問題！

　　國際女青年和兒童協會開始了「攜手遊世界」運動。該協會打算在二十一個國家建立連繫圈。其他國家的女青年被邀請到日本喝茶、賞櫻花，被灌輸和滿洲國相關的帝國主義觀點。畫家、學者和柔術專家在國外展示他們的藝術作品、學識和實力。日本的音樂和戲劇也被介紹給外國大眾。日本文化中心在美國、法國、英國和巴西的大學中成立。日本大學也給外國學生和教授獎學金，其配備的龐大廣播電臺，將東半球所有競爭對手的聲音全部淹沒。描繪了現代日本的榮光和給滿洲國帶來恩惠的電影在世界各地上映。漂亮的石頭花園風景之美無人能及，贏得了一眾美國女庭院愛好者的羨慕。

　　日本的擴張主義者抓住了古代的和平主義，將超凡脫俗的、非本民族的佛教，當成團結東方對抗西方的工具。西藏人、緬甸人、暹羅人、蒙古人和中國人都被告知，作為統一亞洲的世界偉大宗教，一定要復興佛教。在京都舉辦的佛教大會，吸引了來自喜馬拉雅和夏威夷的代表團。佛教作為平靜沉思的宗教，無意間成為日本帝國主義的工具，這和基督教成為歐洲征服的工具一樣。緬甸和暹羅的僧侶互相關聯，受到寵愛和資助，成了比歐洲任何一個組織都出色的「第五縱隊」，原因就在於其神聖不可侵犯性。

　　廣田表示西方列強對日本的擴張十分在意，他們知道自己的時代結束

了，他們在談判之前無所適從。英國張伯倫（Arthur Neville Chamberlain）那樣務實的政治家的確就是這樣認為的。廣田說，他會讓大使齋藤去見羅斯福總統並解釋一切，如果日本的政策得到總統的認可，他甚至願意和美國簽訂仲裁條約的談判！日本人的真實想法就像女人無法感知和自己不同的反應，要求全世界都默許其所作所為。希特勒的納粹黨是同樣這種心態的又一個例子，不過德國人對不充分的感知要比日本人多得多。

廣田發誓要明確打造一個「亞洲版的門羅主義」。日本人心中並沒有要和美國門羅主義進行類比，日本人認為，只有內部頹廢才能阻止美國在地球的這邊占據主導地位，而日本要在亞洲建立同樣的主導地位。在日本看來，這個「亞洲版的門羅主義」指的就是「亞洲人的亞洲」，這是上天本身賦予天皇家族釋出的神聖指示。

廣田和陸軍大臣林銑十郎的同事情誼，使得日本不再是一個雙頭怪物。陸軍大臣勸說外務大臣，日本的外交政策要勇於拿出更加坦誠的態度。同時他向下屬釋出命令：「陸軍團結如鋼和堅決錨定目標十分必要。」這意味著，外交政策千萬不能成為軍隊派系間間歇性歇斯底里的產物。自此，外交和軍隊兩翼同舉，齊頭並進。

第三節

假使我們要拿美國國務院遠東事務處處長斯坦利・亨培克（Stanley Hornbeck）的話說，廣田和美國總統協商的困難在於，美國的亞太政策「脫胎於美國人的信念並受其影響，即自由國家無論在哪裡都應該是自由的，自己能夠生存，同時也讓別國生存，相互要尊重彼此的權益。」[094] 沒有什麼能夠比這兩件事更加矛盾的了：松岡和廣田表述的日本神聖使命，

---

[094] 見西元 1934 年 1 月 8 日媒體報導的講演。

而美國的信念就是要阻止日本履行這一神聖使命。

美國仍將中國視為一個獨立的國家！日本可能讓其只停留在理論上，最終透過「文化」教育這一過程來實現。但日本不再容忍美國政府堅持美國公司和日本一樣，有權向中國出售飛機和軍火，美國人可以在華擔任教官。這些已經嚴重威脅到了日本整個神聖使命的計畫。

松岡最後一次跨洋訪美時，記者都稱他是集城府與坦誠於一身的典型日本人。松岡告訴美國人：「日本不是美國的家臣！」他聲稱，一個國家向其他列強承諾不賣軍艦，[095]除非所有政府都一致同意，那麼這個國家賣飛機也會受到限制。他還嘲笑美國比其他國家花更多的錢用於海防，儘管實力並不是最弱的。一位糊里糊塗的記者首次涉足遠東事務，一直稱呼他為「滿洲國先生」。松岡則始終面帶微笑。

「我們都是一家人，」他最後說，「奧勒岡是我的『第二故鄉』。」

有個記者問他，「那日本是要吞併奧勒岡嗎？」

松岡開懷大笑。「我們還沒有想過！」

松岡在廣播中告訴我們：「你們美國人應該知道在國際事務中要做什麼了，你們是真要和平還是形式上的和平！」那是西元1934年的情形。國會投票表決拒絕重兵設防關島，另外我們仍在亞太地區保持存在。我們和英國幾乎一樣，主要靠威望來抗衡敵方的優勢兵力！

松岡並不希望美國採用武力仲裁。他說：「只要哪個美國人或日本人說了什麼導致美日間開戰，那麼他就犯了違反人性和上帝的彌天大罪。」[096]可是松岡力勸美國置身事外的希望越來越小。要是大權獨攬的帕默斯頓勛爵或者西奧多·羅斯福，還有可能會開心地坐下來與松岡一起離瓜，唯一的區別可能就是每片瓜的大小而已。但在富蘭克林·羅斯福時期，不管自

---

[095] 見西元 1934 年 4 月 3 日《芝加哥論壇報》。
[096] 見西元 1934 年 1 月 21 日《日本時報》。

己是否實踐,我們奉行一種新的理想主義。俄國新任駐華盛頓大使在日本居住了五年,他簡潔地闡述西方世界對松岡治下的日本的反應給我們聽:「有的國家自視為超級國家,注定不會和其他國家合作,只會支配和占領其他國家。」[097]

後來,特羅揚諾夫斯基講述了一隻偷肉貓被廚師訓斥的俄羅斯古老寓言故事,那麼問題來了:當廚師把肉從貓嘴裡奪回來時,貓會抓他的臉嗎?

日本反覆強調,它實際上只是希望在東亞建立持久的和平。凱撒遠征高盧也是出於同樣的動機,克萊武(Robert Clive)和赫斯廷斯平息印度也是一樣。日本認為,未來人們會談到長城以南種植的三萬棵櫻樹,那是對日軍的美好紀念,這些日軍很早就在最終恢復中國秩序的偉大事業中犧牲了生命。有人可能會奇怪,在許多國家這樣的「官史」是怎樣修成的。

要是按照以前的那些老規矩,日本是正確的,就像狼安撫了咩咩叫的羔羊,然後把羊肉變成自己身上結實強壯的肌肉。在接受自己生存也讓別人生存的新觀點上,我們猶豫過。對於開展軍備支撐我們相信和平的觀點,我們也猶豫過。

廣田最後總結了日本的問題:

「只要我們萬眾一心做好準備,勇敢面對出現的任何問題,只要我們保持鎮靜和清醒,『行動不偏正道,永遠遵循中庸』[098],我堅信日本將不懼一切,前途將一片光明。我們不應忘記日本身為東亞和平大廈的重要基石,應承擔全部責任。」

「如此重要的地位和天大的責任,正是日本外交和國防政策的根本初衷。我們的國防本質上完全出於自衛,同時,我們的外交政策也完全符合理性合法的國家使命,除此之外,並沒有提出什麼特殊要求。」

---

[097] 見西元 1934 年 4 月 28 日的華盛頓各報紙。
[098] 廣田引用了孔子的話。

「我認為，最終日本對自己天然的實際定位，一定會被其他大國所理解，這是意料之中的事。」

廣田外交政策得到了沉默寡言的要員芳澤謙吉的支持，他是嚴肅武士的現代化身，深受孩子們的折磨，這些孩子想跳踢踏舞、經營美式酒吧，或者以其他形式表達日本年輕一代中早已過時的超級爵士精神。他短暫輝煌的職業生涯是一部緊張的戲劇。他是國聯法庭上為日本辯護的律師，那張平靜的撲克臉令眾法官尤其是阿里斯蒂德・白里安（Aristide Briand）抓狂。西元1931年軍事衝突爆發後，他被過渡內閣總理大臣的岳父，號稱「老狐狸」的犬養毅提拔為外務大臣。這位七十多歲的機會主義者被刺後，他也就在官場上消失了。這位機會主義者過於迷戀大公司，而沒有迎合掌權後發動侵華戰爭的軍人集團的利益，後來又被叫回和東印度群島的荷蘭總督，在石油和橡膠議題上進行曠日持久的談判。

吉澤為日本作出了突出的貢獻。他將日本國內的巨變轉移到外國政府身上，而且不承認那是一場革命；占領滿洲和上海入侵也沒有被冠以戰爭之名；對掩蓋民族崛起成為帝國的虛偽手段，他有著強烈的直覺；日本需要他這樣的人。同時，他代表的集團反對與西方政府打嘴仗。讓他們不僅在事實上還要在理論上，都接受日本的行為。

深入研究廣田的理論，結果卻又不那麼樂觀的，是廣田清醒的追隨者齋藤博。他在紐約擔任領事期間，像廣田研究俄國一樣認真地研究美國。就任駐華盛頓大使後，齋藤宣布他的業務就是和美國人一起品高級的威士卡。他在利用我們的廣播去影響美國公眾方面，比其他任何駐外使節都成功。

松岡在美國長大，他把美國的矛盾像死魚一樣丟在我們臉上，而齋藤接受過良好的東方策略培訓，他將這條死魚烹熟並滿臉堆笑地提議共進晚餐。「因為你們在這一地區遇到困難，美國極易對日本在華的地位表示同

情。」他說,「你促進和平造福周邊小國的動機被誤解了。」[099]

「最好的顧客是不會吵架的。」齋藤說出了日本老牌騙子石井的名言。這句話在日本商會、扶輪社和婦女俱樂部迅速走紅,至少前兩者不用提醒都應該知道,歷史上每次大戰都發生在「最好的顧客」之間。

沒有哪個美國人能夠順利地接受齋藤博預測國家行動的任務,不過他一定比其前任出淵勝次更加精準。出淵勝次臉上始終掛著笑容,他向軍閥荒木保證美國在外交上不會向蘇聯伸出橄欖枝,有三個充分的理由:美國軍團、羅馬天主教會和 D·A·R！他死於規模宏大的日本駐華盛頓新建大使館,靈柩搭乘降半旗的軍艦回國安葬。我們中間那些善意男女,都對這個和藹的小老頭流下同情的眼淚,他一輩子為了兩國的和平而積極奔走,為確保和平,我們也展現了感人的姿態！但是我們的海軍明智地認為,這次任務是他們將軍艦開進東京灣,並好好看看附近風景的最後機會。

---

[099] 見西元 1934 年 5 月 16 日國家廣播電臺的報紙報導。

第二十二章
東方之光

我們已經了解了一些日本歷史上的關鍵人物，從創始人到統一者、革命者、保守者，還有當今的頭條人物。不必擔心他們的名字，那些我們還沒有提及的名字，會透過廣播和報紙傳達給你。可是作者希望你能夠了解他們的概念、他們的抱負，一睹他們的世界觀。透過這些人物，你依稀能夠看到拿破崙的影子。

透過這些人物的生平故事，可以了解他們的不同觀點，這裡有超級貴族近衛，瘋狂的冒險家頭山滿。在這些性格迥異的人物中，有鎮靜自若的西園寺和齋藤，有熱情似火的荒木和殘忍精明的東條，還有狡黠善辯的松岡，冷漠刻薄的末次和聰明絕頂的艦隊司令山本，山本一直誇耀自己在華盛頓的畢生所學，他一直秉持的處事態度和人生目的，在當今日本人身上尤其明顯。

縱覽這些當代日本人，最後我們還是將視線調回在美國長大的松岡身上，對這種態度和目的做一總結。他以清晰大膽的筆觸，描繪了日本對抗世界的畫卷。

「身為國際社會的一員，日本分擔了整個世界的苦楚。其國內也有一些不安定的因素，不過日本總能比西方國家更迅速擺脫困境，因為自己擁有偉大的公德心，足以匡正對西方文明的錯誤模仿，足以指導西方人並拯救世界本身。我們祖先的座右銘是『蘊含中國文化的日本精神』。當代這已變成『帶有西方科技的日本精神』。無可否認，西方在這方面已經有著突出貢獻，除了物質文明，日本幾乎無須複製西方任何東西。」

第二十二章 東方之光

「採用了西方開明的教育系統，結果自然導致接受高等教育的日本人民族性格意識淡化，更為糟糕的是，他們的個人行為變得放蕩不羈。這樣的墮落者成為馬克思主義玷汙的對象。在政界、外交界和教育界，日本對西方模仿得有點過火。至少這種危險傾向在九一八事變前已經有了苗頭。有了這個經歷，傳統的日本精神已經被喚醒，現在整個國民的血脈熱情澎湃。」

「在西方文明本身崩塌時，對西方主義過於屈服的日本便開始受罪了，這十分正常。現在的使命不是簡單地復興統領和激勵日本先輩的古老精神，而是用現代生活的節奏來解釋這種精神。精神是一種傳承，但更是進取和創新。我們無須恐懼，因為日本人最近意識到了自己文明的強大，該文明的基礎就是獨特的、以皇室為核心的家國理念。」

「西方的歷史就是個人主義的歷史，而日本歷史則是極權主義的歷史，在日本人的性格中，忠誠和孝順居於首位，西方則不然，這是極為自然的。忠誠和孝順是我們道德標準的兩個基本要素，高尚的品德已經深深植入日本人的骨子裡，並經過漫長的歷史演變發展。這種品德要求為了整體利益而犧牲自我，這完全超越了個人主義。實際上，他們完全反對個人主義，即堅持高於一切的個人自由和權利。日本人知道，忠誠這一概念在大部分西方人看來是奇怪的，在日本無須任何解釋，小學生就能明白。對於西方人來說，孝順要比忠誠似乎更好理解一點，但是他們這種品德意識很快就消失了，因為在他們看來，也就是對父母要好一點而已。」

「不僅忠孝，即便是貞操在西方人的腦海中，也沒有日本人那麼強烈。」

第二節

松岡洋右是在美國民主的代議制中成長起來的，因此他沒有感到這種制度的神聖，還因生來的熟悉而產生了輕蔑。在他前一代的人認為，西方的制度與西方的物質力量有著某種關係，甚至我們這些比較物質的人也這麼

想，正因如此，並不是道德或者人道主義的原因，西方制度被引入日本。正是基於同樣的精神，中世紀的酋長帶著教士和宗教去打仗，猶太人扛著約櫃去和非利士人開戰。日本很早就引入中國的某些思想，即某些制度完全是出於固有的德行，能夠產生神奇的物質力量。最現代的日本外交官和士兵，會將勝利歸因於天皇的德行。這確實意味著在這個國家供奉神族有著神奇的效果。

十九世紀中葉，現代日本的締造者認為，現代的軍力和經濟實力是西方的神——也是代議制政府的體現。日本應該有「神」的恩賜，除了本地神的保佑之外，他們引進了西方的這個神，將其放在天子聖座下面的架子上。

松岡和他同一代的人從這種幼稚中恢復過來。民主制度和基督教一樣開始在日本實行開來，但是基督教的影響還是要比民主制度小一些。有了義大利和俄國兩個例子在前，日本人不再相信國力是民主的產物。那些贊成保留政黨制度的人，會這樣做也是出於投機。松岡直言：「從西方國家引進的政黨制度並不符合日本的國情」、「把國家變成執行內政外交政策能人的某種方案，必須透過派別鬥爭取代政府。」

「日本現在的政權動盪，表明國家在陷入災難之前，已經意識到民主制度失敗了。」松岡的報社朋友清沢洌這樣說。松岡從下議院辭職以強調他的理想信念，這一舉措是西方政客所無法理解的。人們可能會順便指出，他有一天參加議會去提交並幫著接受自己的辭呈，這讓他領到了一千五百日元的開會薪資。他出去巡迴演說，拍了一部電影《崛起！年輕的日本！》，在戰爭電影《眼前的危機》中，荒木大將和末次上將都參演了！

沒有聽說有人反對松岡的學說，松岡提議用集會表達不同的意見，即東方國家村委會的國家版本來取代議會。日本最開明的報紙聲稱：「松岡的情感觀點為日本大多數國民所認同，今天軍人解決問題的方案完全支持這一觀點。」

像松岡和廣田那樣的現代人，將日本古老的神權政治和大戰後俄國、義大利和德國衍生的理論等同起來。只要那個組織有了統一的意願和打擊能力，就有了神聖的權利，不，是神聖的職責來治理國家。日本的國際策略和大陸政策用上法西斯主義，從長遠來看，是要將其應用到全球每一個角落。[100]

第三節

我們先花點時間來看看彌賽亞（Messiah）那種明確和期盼的資訊，這資訊使我們想到了古老的希伯來先知以賽亞（Isaiah）。這資訊通常來自冷酷無情的軍隊，秦真次中將於西元1934年在流行雜誌《現代》新年號上釋出：

「自古以來，神風一直在這個國家上空吹拂，不過只有通靈人士才能意識到神風的存在，也只有皇道信徒能夠感知得到。」

「在中日戰爭和日俄戰爭時，那些知道天助的人中，有人並不認可國家有難時上天的幫助。這也是令人遺憾的事啊！」

「回頭看看滿洲事變爆發時的情況吧！要不是天意，到底是什麼導致了戰爭的爆發？有人擔心軍隊的肆意行動可能會毀掉整個國家。那看看國家是怎麼獲勝的？恐怖的陰雲是怎麼消散的！整個國家都昂首挺立、英姿勃發、器宇軒昂。人民對日本傳統教條的理解也在突飛猛進。」

「日本的七千萬國民都是瘋狂的理想主義者，他們日益被《國民報》社論中表達的彌賽亞情節所滲透：西方的物質文明需要東方的公德心來補充。西方文明因其實用主義而走進了死胡同，需要來自東方文明的援助。

---

[100] 法西斯主義的創始人和先知墨索里尼，要比其他歐洲政治家更加痛恨日本的野心，並且直言不諱地說出其中的危險，這是符合邏輯的。墨索里尼也有世界眼光——也許是世界使命。日本報紙《日日報》也指責他的嫉妒心理。他取代了德皇威廉提出「黃禍」的警告，他限制日本商品進入義大利及其殖民地，他的嫉妒和恐懼，可能還有他的遠見都太強了，以致於禁止一個衣索比亞黑人貴族迎娶一位年輕的日本名媛，他們是透過日本報紙廣告上這種有效新方式認識的。

世界大戰和俄國革命證明了西方文明的破產。西方文明的基礎就是資本主義。西方文明的崩塌源於道德的缺失，這種道德只有東方文明才能提供。東方文明要提升的不是少數人也不是絕大多數人，而是全人類的福利。拯救的力量一定來自東方，因為光總是從東方照來。」

日本人聲稱的「東方文明」指的是日本文明。孔子和佛陀已經被荒木和黑龍會的頭山滿徵用，並拿去從事他們的新使命了。

日本最大的報紙在西元1934年的新年賀詞中，對上百萬的讀者有如下闡述：

《國民報》：「東方已經開始統治西方。證據1：日本退出國聯，國聯即將解散。西方最偉大的國家德國，從我們手裡奪走了領導權。證據2：日本成為世界工業的領導者。證據3：西方資本主義強國被迫接受日本的勝利，為了避免俄國和布爾什維克主義的碾壓，最終他們得求著日本保護他們不受共產主義的攻擊。西元1933年整個世界東方戰勝了西方，西元1934年這種趨勢將會越來越明顯。」

大阪《朝日新聞》：「西元1933年日本經濟已經取得穩步的發展，在政治和經濟上度過難關後，日本的戰鬥精神成為比西方世界的自然資源更加寶貴的財富。這種精神滿足於較低的生活標準。這種精神認為，日本一定會贏得全世界的經濟戰，並完成全世界的神聖使命。

「忠孝的忠是維護君臣相互地位的德行，孝是界定父子關係的德行，貞操則是制約夫妻關係的價值取向。以上提及的西方人道德的衰落最近特別明顯，已經到了丈夫不信任妻子的地步。個人主義開始破產，總之，這就意味著西方文明的破產，政治、經濟、道德概莫能外，整個世界都陷於沉悶的焦慮氛圍中。」

「個人主義被用到了極致，它擾亂了社會的秩序。君臣無信則共和，父子無信則暴戾，夫妻無信則放蕩。」

第二十二章 東方之光

「政黨政治是一個基於個人主義的行政管理系統，個人主義尋求自我保護和自我利益。在此基礎上建立的政府，必然缺乏為了國家利益而犧牲自我的精神，它重視黨派的利益勝於國家利益。日本是該拋棄這個西方借來的汙穢斗篷了。」將這一理念翻譯成日常生活用語的日本文部大臣增田，釋出了一道法令，禁止孩子稱呼自己的父母「爸爸」或「媽媽」——這是對家教的汙衊，必須使用父母長輩的尊稱才行。

在精神深處，日本開始和西方產生衝突。輕蔑取代了奉承，自卑情結變成了優越心理，看來注定會有一場生死大戰。新日本的聲音足以震聾發聵：

「我們絕不許自己捲入歐美的政治和軍事事務中。」西元1934年，松岡說道，「西方國家沒有停止干涉東方事務，結果卻被聰明中國人虛假的理想主義拉下了水。西方國家坦率地承認日本的地位定會受到歡迎。在我們成為一流強國之前，現在西方國家還是在輕視我們，他們回應中國的呼籲並鼓勵中國採用暴力反抗。東亞的麻煩主要是西方一手早造成的，並不是日本侵略中國，應美國的要求日本打開門戶之前的一百年間，侵略中國就已經開始了。不過對日本來說，中國今天無疑是西方角逐的舞臺。俄國一直是征服亞洲最執著的歐洲國家。

「西方國家對付日本的方法是黨派之爭。德國可以占據中國領土，並在青島建立海軍基地；法國可以奪取印度支那，將勢力範圍延伸到雲南；英國可以占據香港，並把整個長江流域變成自己的勢力範圍；美國可以占據菲律賓群島這個距離本土六千英里的亞洲屬地。而日本在大戰中把德國人趕出中國，美國政府卻反對日本獲得德國的權益。日本控制了朝鮮這個比菲律賓還要小的國家，而且距離本土只有一百英里，它的行動卻受到譴責。在西方人看來，歐美在亞洲的所作所為都是理所應當的，都是為了人類進步，我們所做的一切都是犯罪。」

日本在日內瓦談判大戰中的英雄抵達東京火車站時，受到了兩萬愛國

者的熱烈歡迎，他們高呼「萬歲」，在遞上天皇夫婦送來的一桶清酒和一箱魚時，他告訴人們，勤奮的國聯滿洲調查委員會的主席利頓勛爵，其「看待亞洲人帶有心理優越感，看到日本人就像英國人看印度人一樣」，利頓勛爵早就得出結論，事實也是這樣，日本人看待中國人就是這個樣子。對於日本人來說，有優越感是內在神聖的產物，另一種情況是普通英國人的這副德行。

松岡就當前日本和世界的爭議表明立場：「如果國聯無視美國的存在在墨西哥發揮的正面作用，美國肯定會反對，儘管和美國相比，墨西哥還是一個相對弱小的國家，而中國的人口是日本的七倍，若是國聯和美國的行動本著友好的外交協商，日本儘管不會屈服卻也會以禮相待。然而他們聲稱是為了和平，卻不是威逼就是恫嚇。國聯參會者要實施經濟制裁施壓日本，美國海軍則集中在夏威夷待命。日本政府和國民不應該受到這樣的待遇！」[101]

松岡將國家的形勢和戰前的德國進行了對比：「日本的國際地位和德國非常像，原因有很多。日本驚人的工業和造船能力和德國差不多，世界的每一個港口都超過了英國。有人會擔心日本有可能會像德國那樣被武力壓制，可是很難想像美英對日開戰僅僅是為了制衡後者的商業活動。歐美國家從大戰中獲得了足夠的經驗，因此美英沒有勇氣與日本開戰。要是日本國民下定決心走到底，日本肯定會避開任何外來干涉。正如健康的身體不會被疾病所擊倒，團結的國家不會受到干預。為了證實這個情況，日本必須有足夠的軍火支持。不過光有充盈的軍火而不考慮國際心理是無法達到目的的。我們必須坦誠但絕不能粗魯，必須意志堅決但絕不能蓄意挑釁。」[102]

---

[101] 松岡洋右為北美報社聯盟的撰稿，見西元1934年4月29日出版的《紐約時報》，經過作者重新編排，但基本意義不變。
[102] 見西元1922年華盛頓《星報》。

第二十二章　東方之光

　　總之，世界上正派的國家對待日本，就像白髮教區委員組成的委員會管教一位年輕信徒，這名陽剛信徒公開炫耀征服了許多女性。他們願意以基督教特有的溫柔手段來處理這類案子，並建議大家都坐下來簽署一份互助條約，而將女人置於一邊不管。

　　年輕人自己開始辯護。爭辯時他可憐地看著他們下垂的嘴唇，又偷偷地翻書尋找下一次約會的目標。

　　當雙方開始對峙時，美國人養大的松岡、這一日本最強悍的美國「譴責者」下臺了。他不想在戰爭前線對他的「第二故鄉」開戰，天子周圍的這些半神高官考慮到每一種可能性，期望保留一些會說「美國話」的人。同樣地，他們保留一些高級共產主義者，支付他們在國外避難的費用，他們可以和莫斯科接上頭。我們還會和松岡打交道，還會收到松岡的回信的。

日本的
情感表象

第二十三章
日本的自然屬性和情感屬性

第一節

　　至此，本書所描述的人物生平和軼事，讓讀者了解一個紀律嚴明、信心滿滿、行為拘謹，卻不墨守陳規的民族，他們接受組織訓練，處處體現令人驚奇的自然精神。

　　我認為在某種程度上，他們是這個世界上最隨性的民族。日本的高官或者教授都是了不起的人，受人尊敬，就像美國人尊重他們的總統，卑微的羅馬天主教徒尊敬他們的主教一樣。沒有哪個國家的名人會像日本人那樣，在著裝和習慣上如此自由，不拘常規，他們的人民也不會感到這麼做會有失尊嚴。最近被選為首相的上將允許報社記者，在他穿鞋準備上朝接受任命時替他拍照。然而，令人感到矛盾的是，日本的形式主義在整個世界上都是最嚴重的，禮儀形式與西方熟知的「擺架子」在精神上完全不同。

　　一位日本人寫信給我說，他長期居住在美國，幾乎完全接受了美國人的思想，認為自己同胞有點深不可測和矯揉造作。後來他大步穿過日本的公園，碰到了縱情參與野餐這項國民運動的一群人。兩個日本老太太自覺地站起身來，手裡拿著扇子，優雅地跳起業餘舞蹈，人們都在旁觀，像孩子般單純地鼓掌歡呼。

　　無論是在大街上、火車上、汽船上，還是在飯店裡、商店裡，日本人都會粗暴地搭訕陌生人。有時候日本人會突然用英語問你一個字或者一個

第二十三章　日本的自然屬性和情感屬性

短語的含義。有時他說只是想交流以提高一下他的英語水準，或者問你花了多少錢買帽子，你是否戴了假牙，你的拐杖是哪裡買的。他經常扮演一個政府間諜的角色，想要舉報怪異的遊客，以便引起上司的注意，但在大多數情況下，他只是一位好奇的普通市民，態度友好又熱情，其本意就是讓遊客更好地了解日本。

《紐約時報》的一名記者講述了一個非同尋常的類似經歷。有一次，一個滿臉堆笑的小個子日本人穿著西裝，講一口道地的英語在神戶的大街上鞠躬攔住他。「你想看看以後發生的美日戰爭嗎？」他開心地問道。記者機智地表示感興趣，然後被就領到這座城市五家大型百貨商場舉辦的西元 1935～1936 年間危機全景展覽的一個展廳。在這裡，導遊耐心地向這位美國人解釋海空大戰的沙盤模型，並且還翻譯了講解員低沉的描述。

幾年前，我就站在那裡驚訝地看著整個櫥窗的地圖展示，上面呈現了美日兩軍的相對態勢，和天皇大軍擊敗美國的策略。日本人上到白領的公司主管，下到只穿著腰布和開扣背心的苦力，都在我身邊停下來，面帶微笑，親切地問一些問題以探視我的反應。我也只是極力地告訴他們，這張漂亮的地圖讓我留下了深刻的印象，而他們就像成功地躲過了玩具刀劍一樣，高興得像個孩子。

日本人隨性自然的一面，就體現在他們對人體的無我意識。在日本的大部分地方，公共廁所還是男女共用的，在日本人看來，對本性的自然要求無關男女。女服務員負責公廁的乾淨衛生，她像客廳女傭那樣有尊嚴地開展工作。在西方色情概念引進日本之前，日本洗浴沒有男女之分。作者就曾在澡堂清澈的水中，和一位全身溼漉漉的赤裸女士，饒有興趣地暢聊多次，這個澡堂是每個旅館和度假區都有的小型溫泉泡池。對於日本人來說，性慾是件嚴肅的事情，在特殊的合適場合需要全力以赴，而在平時的接觸中沒有絲毫的欲望。

日本的情感表象

在世界的其他地方,如俄國,直到西方觀念引入之前,沒有人知道泳衣是什麼,洗澡時不論男女都是脫光。在日本人看來,沒有理由做出穿著溼漉漉的衣服掩蓋私處這樣的舉動。在他們眼中,沒有身體的哪個部位能使人聯想到性。戀愛中的日本女人就和大部分東方女性一樣,比歐洲女性更加在意自己的乳房,考慮到也只是在高級的擁抱階段,才會更加在意自己的嘴唇,這可以解釋日本審查員對吻戲的態度,然而這卻是我們西方女性行為概念的核心。

在我所有的遊歷見聞中,我認為最自然不過的一件事,發生在聖山摩耶山的山坡上,柳杉覆蓋的山頂上總是懸著一層薄霧,這座山俯瞰著神戶,而神戶在日本擁有西方人居住的最大社區。登上一千多級石臺階,臺階兩邊是幾千個銅雕燈籠,現在都配上了電燈泡。在摩耶山的山頂有一座因巨大青銅木雕而著名的寺廟,這處文物和英格蘭坎特柏里座堂屬於同一時代。寺廟周圍的森林仍舊散布著粗糙的石刻,這些都是十三世紀中國宗教文化到來之前,動物和神靈崇拜的聖地。有進取心的日本特許經銷商,在繁華城市陡峭的半山腰修建了一段齒輪式鐵路,通往一個溫泉水流淌多年挖出的天然圓形劇場,並在那裡建造微版康尼島的娛樂度假區。

夏日的夜晚令數百萬的神戶和大阪的市民窒息,沿著腳下內海二十英里長的光帶,我站在這裡看著一部在日本重演的百老匯笑劇。人群中有的穿著和服,有的穿著西服,都想看看舞臺上戴高帽的年輕舞男,和醉酒豔女世故對話中的色情論調。突然坐在過道邊的一名女子環顧四周,看到了溫泉從圓形劇場的路堤流到一個小水池,於是從座位上滑到一邊,脫下衣服坐在水池裡開始洗澡,然後出來穿上和服,安靜地回到座位上皺著眉頭思索這齣戲的含義。滿員的座席沒有人多看她一眼。

日本人善於撒謊卻缺乏技巧。他不能將謊言變成真正的浪漫,日本人是保守和叛逆的結合體,內心驕傲,做事決絕,絕對忠誠,不易駕馭,可

第二十三章　日本的自然屬性和情感屬性

是容易受到上位者的影響，大部分文明時期因為堅信專制而向其屈服。日本人相當自私，不善於交際，十分在意與自己息息相關的事，並且比其他種族更願意思考這些事情，甚至到了心理失衡的程度。

日本人都是極端的個人主義者，卻沒有哪個國家的行動有如此的凝聚力。一位身在紐約的日本年輕女士對我說，她認為日本人是世界上最自私的人，他們用自己的眼光審視一切。無論是從個人角度還是從國家角度，讓他們了解別人的觀點很難。他們的自私和英國人有得比──都不那麼成熟。在上海和印度，英國人對我說：「如果我們是中國人和印度人，他們怎麼對我們，我們就怎麼對他們，有過之而無不及。」我從來沒有聽過一個日本人以嘲諷的語氣說，假使他們是中國人或者朝鮮人，抑或其他受壓迫民族，他們將如何如何。我認為日本人的大腦幼稚到根本不會想到這回事。

然而，儘管日本人超級敏感，大多數時候卻依然願意比較客觀地把與自己無關的生活看成一齣命運大戲，既耐人尋味，又興趣盎然，無論這有多麼的殘酷。一旦將自己奉獻給至高無上的靈魂就會陷入狂喜，他會同樣超然地看待自己的生命，那時候的他是最危險的人物。

第二節

日本人的情感屬性要比其自然屬性的矛盾少一些，我們往往會錯誤地以為，傷感主義是與禁慾和無情相反的屬性，然而這些屬性往往是相輔相成的，是中世紀未成形的心理現象。日本人和德國人都有這種傾向。在西方世界，在歷史上與日本最相似的是英國，可在情感上最相似的卻是德國。日本人和德國人都缺乏幽默感，即完全意義的不平衡感。

德日兩國對於戰爭持有相同的態度。西元1908年，德皇威廉說：「我

們要為正義而戰,《聖經》中也充滿了打鬥,有些爭鬥還是非常愜意的。基督教並不支持戰爭,這是一個誤解。」今天的納粹狂人和日本的超級愛國者一模一樣,只是他缺乏日本愛國者的基礎和一致性,沒有日本的集中核心即神聖皇族。[103] 希特勒將手槍送給叛徒和反對者令其自殺,鼓勵他們對決或者希望受困的政治犯自殺,我們發現武士「榮譽自裁」體現了背後隱藏的同一心理。在德國簡短的歷史中,曾幾次打算創立和日本一樣的武士階層。

日本人和德國人在自我展示方面有著同樣的天真。也許日本人是世界上最願意自我展示的民族,不過整個世界卻認為日本人深不可測。甚至在他們極力掩藏事實或者迴避問題時,他們的表現也是極其透明的,他們留面子騙不了任何人,這和中國人相比簡直就是小兒科。他們對和自己有關的資料有著驚人的坦誠,這種屬性加上他們對現代統計的熱情,提供給參加活動的學生大量有說服力的資料。他們的記者是我見過最喜歡八卦的,他們的報紙喜歡登載男人和國策新聞,而無視他們可能造成的尷尬局面。

許多樂於助人的日本官員和公司的主管,明顯受到其對自己國民感興趣的自尊心影響,他們會提供一些資料給你,讓你不可避免地得出結論,為此他可能還會嚴厲地譴責你。這恰巧發生在熱心的、倍感困惑的國聯滿洲調查委員會主席利頓勛爵身上。最終,緩慢的官方審查行動阻止破壞性事實的滲透,但總是為時已晚。

因此,日本是一個非常容易上當的民族,尤其是他們的官僚。日本一直是而且還將繼續是一系列人物的犧牲品,這些人物包括:文學造假者、自我吹噓的世界遊客和探險者、小型學院的教授、專業的「善意」壓榨者、女子俱樂部將來的講演者,還包括這樣一類人:儘管在自己的業界沒有立場,僅憑一點奉承和宣傳活動的承諾,就能撈到免費的東方蜜月之

---

[103] 見西元 1934 年版本。

旅，日本某個宣傳機構的一份閒職，或者不折不扣的一些禮品。

日本人對意見不一者最常見的指控就是「缺乏誠意」。這是他們對本國官員和政治煽動者的一貫指控。我認為，日本人確實看不到在外人看來，這種指控是那麼明顯的不真誠。我也不認為他們自己這麼做的時候也是不真誠的。看來日本人要比其他民族更容易成為人類普遍缺陷的犧牲者，即除了當前自己的立場之外，根本看不到爭議的其他方面。你會發現在這點上，一般店主和海軍上將沒有什麼區別。日本人認為給予他人自由意志和看法的權利，這觀念是錯誤的，就像納粹給予不同政見者足夠的時間，讓其承認自己的錯誤一樣。日本人理解不了可以擁有不同意見，但必須保持真誠態度，公平公正甚至同情心。在這樣特殊的無邏輯和非理性的情況下，這個國家具有男人在極其惱怒的情況下，還被認為具有「女性思維」的特質。

日本和德國這兩個民族都有同樣的傾向，他們會因抽象的理想、受傷的自尊和愛而不得而痛哭流涕。日本看報的公眾總是被這樣的報導弄得淚眼迷離：「小朝覲者。西元 1931 年 1 月 20 日早上，一位挽著頭髮的小女孩來到陸軍大臣官邸，自稱東村英子，是大阪天王寺區第五小學五年級的學生，儘管沒有別人引薦和提前通報，她還是受到了接見。

小女孩給他看了一本書，裡面有 123 座皇家陵園的印章，她為了祈禱本庄大將和所率軍隊在滿洲取得成功，而拜謁這些墓地。她渴望把這本書送給本庄大將，她的要求得到了批准。

兩個年輕女孩來到王子區社會事務局捐了十日元給皇家陸軍。她們是女接線生，不使用現代女性十分珍惜的化妝品才存下這些錢。」

一位八十一歲的老農走遍全國收取十年前的貸款，結果發現借款人病了償還不起欠款，便把他最後的幾分錢給了計程車司機，將他拋在一個陌生地點。「如果我手裡拿著一瓶滿滿的清酒走路，我可以一天至少走上

二十英里而絲毫不感到累。」他告訴默默哭泣著報導他事蹟的記者。忠犬八公每天都到通勤的火車站接牠的主人，可是主人已經去世了，為了紀念此事，郊區的火車站建了一座八公的雕像。

上野公園在動物籠子裡安裝了無線電大喇叭，這樣圈養的動物就可以欣賞音樂了。一個十歲的女學生艱難地來到陸軍部，捐了六點五日元購買大砲，這些錢是她每天放學後賣豆汁賺的。學生和商人籌錢捐給航空部三十架戰機。他們在寺廟或者神社門口手裡拿著帽子，彬彬有禮地乞求我們出資。祕魯的日裔社區購買了幾架飛機，力促神聖使命的完成。不過這些飛機是否都在安第斯山脈背後的陰影中，以及在巴拿馬運河的攻擊範圍內並未公布。頭山滿的一位門徒也是當代海盜，因為襲擊蘇聯漁船被判十年徒刑。他說動機是愛國。可是模範監獄的監獄長有馬說，他是受到了電影的影響。

三浦勝田因為在松島行賄而入獄，他終生的政敵——前交通大臣元真考取律師執照，這樣他就可以為被告辯護並且為其開罪。

薩爾瓦多共和國承認滿洲國的獨立政府，這種日本在亞太地區偉大的建設性工作，「開始」被世界承認「令人激動得流淚」，日本稱薩爾瓦多領事兼部長為英雄，並且為薩爾瓦多的颶風受害者募捐幾百日元。

日本陸軍和公眾受到了英國御林軍自願的舉動而深受感動，他們在東鄉的葬禮上和日本遊行者一樣，在雨中沒穿雨衣執行任務，關於揭示日本人情感的例子，我們可以出一整本書。

外人參與的一些特殊行為特別令日本人感動。陌生人對於他們群島美景的真誠回饋，最令他們激動。他們極為容易潸然淚下，不是因為柔弱而是性情使然。

他們感性的一面，完美地體現在俄軍司令在旅順港投降的報導中：「西元1905年的新年，期盼已久的俄國使者終於來了，到了4號，角田上尉

第二十三章　日本的自然屬性和情感屬性

和翻譯川上接受乃木希典大將的命令，繼續向俄國要塞靠近，安排兩位將軍會面。

「他們找到了那個地方，那裡是一片荒涼的廢墟，到處躺著傷員，從斯特賽爾（Anatoly Stessel）將軍接見傷員的房間中傳來呻吟聲。除了司令官斯特塞爾的戰馬外，其他的馬匹都被殺掉吃光，所以日本人帶來的五十隻雞和一百顆新鮮雞蛋的禮物，受到了熱烈歡迎，隨即安排兩位將軍第二天在水師營見面。」

「在一場激戰過後廢墟中的一間小屋裡，兩位將軍互相握手，斯特塞爾將軍對日本人的勇氣表示欽佩，他說日本海軍的艦炮使他遭到最嚴重的損失，乃木上將對俄軍長久的英勇抵抗大加讚賞。斯特塞爾將軍對乃木在戰爭中失去兩個兒子深表同情。」

「斯特塞爾將軍對承蒙日本人的恩惠表示感謝，要塞收到的電報中有一封來自沙皇的。斯特塞爾對於自己是否作為俘虜被帶回日本或是返回俄國還不確定，他要徵求沙皇的意見。沙皇的回覆是讓他自己決定。屋子裡人都靜默了，每個人的眼睛都溼潤了。」

「斯特塞爾將自己的良種阿拉伯戰馬送給乃木大將，乃木說他非常願意從將軍手中接受這匹白馬，但這匹馬必須先獻給天皇。他承諾，而且他有充分的理由相信，這匹馬一定會回賜給自己，他會像照顧自己的戰馬一樣對待。」

「斯特塞爾親自把馬牽到乃木的住處，他最後一次騎上這匹戰馬，以展示這馬的優秀。」

乃木將軍為這匹馬修建了一個比自己住處都要好的馬棚，讓這匹馬住在自己的前院，直到牠死去。隨著宣告明治天皇的安葬炮聲響起，將軍和妻子在這裡切腹自殺，這個馬棚今天已經成為乃木神社的一部分，是日本最神聖的愛國主義祭壇之一。

日本的情感表象

第二十四章
個人主義和不墨守成規的日本

第一節

　　《缺席判決》神諭宣稱，沒有哪個民族能像日本那樣備受壓制、組織嚴密和思想開明，在世界競爭中脫穎而出並贏得最後的考驗。這樣的人不怎麼了解日本的歷史和日本人的生活。日本的菊花戰爭終結於源賴朝的弟弟源義經，其輝煌的個人主義功績，日本歷史上到處都能找到不服從命令的例子：要適時打破常規。

　　沒有任何宗教信條能像禪宗那樣，深深扎根於日本人的靈魂深處。禪宗認為，如果人們遵循個人的衝動，而不考慮在後果中拯救自我，上天就會眷顧他人。

　　日本總會出現將自己的信念與大眾思想相對立的人物，甚至與普世接受的神意解釋相左。日本軍官和官員常以自己意願替換他人意願，這是與日本打交道的外交人員或者士兵必須時刻應對的。

　　在日本旅遊的人經常會遇到同樣的事情。幾年前，作者經外務大臣幣原喜重郎男爵的安排，訪問位於東京和美國前哨關島之間的日本「珍珠港」小笠原群島。這片小群島在一百年前就有美國人、一些英國臣民還有南海群島的島民居住了，培里准將在他兩次訪問東京灣之間將其併入美國，作為煤炭基地和貿易中轉站展開調查，並買下前灘做點土地投機。然而，華盛頓拒絕吞併這些島嶼，經過和英國的一番爭論，這些群島九十年代時併入日本，日本日化生活在那裡的白人，叫他們使用日語並敬畏天皇。

第二十四章　個人主義和不墨守成規的日本

我的作家朋友就是想為一些仍舊健在的日本臣民照相。這在東京得到了政府當局的許可。然而，我的船長朋友和島上員警的想法不同。他剛一出海，照相機就不見了，當船靠岸後，他被直接帶到一家客棧，關在漂亮的花園裡一週後才被放出來。抓他的人供他吃喝，還慷慨地給他找藝妓作樂，根本不管他上司從東京發來的資料和抗議。

西元1933年夏天，作者又應日本駐北京公使團的建議帶著全部資料，帶一群美國人來到滿洲國，結果日本軍方完全不理外務大臣給的通行證，逮捕並驅逐了整個團隊。當時，日本帝國已是完全獨立的國家實體了，並和一系列獨立國家建立鬆散的連繫。

日本最近在滿洲和上海的軍事行動，有幾次當場被指揮官的獨立倡議改變了性質。西元1932年，上海有一名日本飛行員經過仔細研究，企圖令日本與美國開戰，他自己要轟炸一家有美國海軍陸戰隊員駐紮的中國棉花廠。幸運的是，他只擊中了側翼，那裡住的都是女工，炸死二十多人，海軍陸戰隊員卻毫髮無損。要不是現場的美軍指揮官能夠向蘇州河對面的美軍澄清事實，他們當時就在日軍側翼發起進攻。

西元1905年，在西奧多·羅斯福的斡旋下，俄日兩國在新罕布夏州的樸茨茅斯簽訂條約，日俄戰爭結束，最終的條款在時任電報局長幣原喜重郎的默許下，年輕的石井不服從命令（也可以說是完全按照他個人的倡議）而得到更改，當時他還是外務省的一個職員。他們阻止內閣授意日本代表團團長在條約上簽字，當時日本國內掀起了一場要求割讓庫頁島的運動。

同樣的情況也發生在日內瓦會議上，會議企圖阻止日本對華不宣而戰。我們的外交官在和東京當局密切接觸時，不可能知道日內瓦的日本代表團將會做什麼。東京的文官政府甚至軍部也完全不知道滿洲的軍隊在做什麼。不過這在日本看來，都完美證明了禪宗思想的至善完美，這可以解

釋為：「助國者，天自助之。」即自己怎麼想就怎麼做。這種獨立的行為並不過分。尊重權威和個人的倡議，在一定程度上足以引領征服整個世界。

第二節

儘管做決定的是整個團隊，但日本人還是認為要對自己的良心負責。官方鼓勵高級官員這麼行事。例如，陸軍大臣、軍教總長和參謀長互相配合卻又彼此獨立，每個人都直接向天皇負責，不僅如此，每個步兵師的師長也直接向天皇或最高階的長官負責，以便高效地執行命令。

日本人的良知很普遍也很可怕。像下面這些案例經常發生：一個因迷戀某演員而殺死自己丈夫的女子，受譴責被判處死刑。在處決之時告訴她的戀人已經自殺身亡。這種良知的愧疚表明，日本人在應對比世界上其他地方頻發的自然災害時的堅忍不拔。人們認為，這些災害都是因為沒有達到眾神之國期望的最高標準，才由老天降下來的懲罰。一旦經歷過神的重創，他們就如釋重負，不管犯了什麼罪過都被贖清，至少這種懲罰不會在頭頂上高懸了。

日本人非常固執，他們拒絕接受某一概念直到心中完全相信為止。我們知道日本人的烈士是什麼樣的。其他的民族可能會猛烈抨擊，隨後就置於腦後；中國人懂得折衷，知道沒有什麼能夠持續永遠；日本人會默默地並且機警地等待時機。沒有日本人會接受美國移民法中所暗示的種族卑劣論，也不會接受比美英海軍更低階別的配比，直到在某一方面不再挑戰其自尊心。日本人的動機源於他們自己，他們的固執令人感到難以置信，甚至常常被認為愚蠢之極。

正是這種心態衍生了戰士絕不投降的武士傳統。時至今日，這仍是日本陸海軍軍官的準則。西元1932年的上海會戰中，只有一名日本軍官受

傷被俘，在得到救治康復後被釋放，他感謝抓捕之人後，回到自己的軍隊中便開槍自殺。荒木大將評論道：「只要我們的士兵有了古賀少校的精神，日本陸軍就將無往不勝。」

第三節

　　個人主義的最高形式之一就是發明創造。西方人往往認為日本人因其成功的模仿，完全缺乏發明創造意識，沒有了發明創造，就永遠也無法與西方世界開展真正的競爭。記住，發明創造是每一個國家經濟和社會發展到一定階段才開始大行其道的。今天自鳴得意的西方人，在讀了十九世紀早期倫敦發行的《泰晤士報》後，才對此樹立正確的歷史觀。英國人反覆強調，他們不必害怕來自美國人的競爭，因為美國人「都是聰明的抄襲者，沒有真正的發明天才。」不過在後來的半個世紀裡，世界歷史上最偉大的發明創造都來自美國。

　　日本在西元1934年才開始進入發明創造時期，其後高橋創立的專利局註冊了上千份專利，具體參考如下：

　　神戶川崎造船廠為日本陸軍打造的八百馬力「霍克斯超怒女神」馬達和低單翼飛機，該廠聲稱可造世界上最快的戰艦，時速達每小時250英里（西元1934年秋）。「九十一型」海軍飛機是日本完全採用國產材料製造的，其在試飛場圍繞日本飛行，包括降落時間在內，平均時速達每小時一百英里。「機翼上綁上高爆炸藥」（字面意思）的「蚊式」攻擊機設計的初衷，就是自殺飛行員架機直衝目標，而「單人駕駛」魚雷也基於同樣的操作原則。

　　無噪音、無粉塵的離心機槍，據說能夠打出一至五萬發子彈，每分鐘6,700發。東京愛國發明研究所的小原常藤，發明了由火箭推進的空中魚雷，據稱十小時之內能到達全球任何地方。還有一些絲綢製造的新專利軍

品，如軍裝、旗幟、帽子、大衣和降落傘等。

「空中地雷」由槍枝發射後懸掛在降落傘上，可以阻止飛行中的攻擊機。密碼機解決了困擾解碼員的問題，創立了頂級專家也無法破譯的外交和軍方諜報系統，這個密碼機甚至受到美國密碼局亞德利少校（Herbert Yardley）的高度讚揚。在西元1912年華盛頓武器大會期間，破譯了日本代表團和國內政府通訊密碼，據說使得美國國務卿休斯（Charles Evans Hughes）強力維持了5：5：3的海軍比例。美國國務卿休斯知道，日本國內會接受華盛頓代表團以典型的獨立方式拒絕的方案。

東京電力公司實驗室的柴博士，提出了電話加密的新方法，用不規則的頻率倒轉語音。日本電氣信託公司宣布出售一款小型的收音機。

臺北帝國大學金屬研究實驗室的高橋先生，發明了一種命名為鎂100的輕金屬，這種鎂、鋁和鎘的合金，重量只有鋁的三分之二，硬度卻非常高，是製造飛機的理想材料。[104]

有幾個新原理馬達的專利也被申請備案了。東京帝國大學工程學教授成功釋出「超低溫液化氣流」永久旋轉的發電方法。另一個有趣的新節電木炭馬達，依靠木炭產生的燃氣執行。西元1934年的時候，松方讓日本的汽油比世界上任何地方都便宜，日本政府還提供一半大約300日元的補貼，給安裝這款設備的燃油車。工業家增田把木炭發動機裝在雪佛蘭車上引領時尚，聲稱一小時五十四英里的時速，平均一英里只需花0.25分。另外一款發動機是日本大量出口印度的城鎮車，鋼製彈簧驅動，一次纏繞執行250英里。一時間，城裡到處都是彈簧纏繞站。

同樣的發明還有死蠶繭做雞飼料，兔毛和廢絲綢織布，古代美食柿乾的商業化。《朝日新聞》西元1932年度的發明大獎，頒給了可以織四色掛毯的電動織布機。當然我們要加上照片雕塑的發明。

---

[104] 日本在用鎂代替鋁這方面顯然居於領先地位，美國直到戰爭中期的西元1942年才開始使用。

每天日本報紙都會公布大量的發明創造。無疑，有些不是很實用，但是這證明日本開始了發明創造的事業，繼續老牌工業國未竟的事業。日本頂流的公司和大學都有實驗室，日本在熱情、耐心、細節，以及工藝的靈巧方面，都超過了其他的兄弟民族。日本富豪家族皆針對科技設立了巨額捐贈基金。日本肯定不會像喬賽亞・斯坦普爵士那樣做，這位英格蘭銀行董事認為，工業世界必須限制發明創造。

　　我們見識過日本人對純粹科學的極大偏愛，這在野口英世和北里柴三郎那裡表現得非常明顯。除了醫學和生物化學之外，顯然還有天文學、數學等其他純粹的科學。西元1934年，日本天文學家在南部群島帶領世界觀測日食。

　　日本在工程、電子、機械、化學方面，與西方世界齊頭並進。最近一些顯著成就表現為，在南滿鐵路的火車和在滿洲與亞洲大陸之間的快速遠洋輪渡上，安裝了無線電話。

　　新東京地鐵是世界上最好、最安靜和最體面的地鐵。神戶川崎工程廠修建了世界上最長、最快的鐵路——大連到滿洲國新首都新京七百公里的鐵路，執行時速達每小時120公里，中間只停一站。日本主島和南部島嶼之間一條新建隧道，可以媲美哈德遜和利物浦的隧道。

第四節

　　日本人不喜歡墨守陳規，可能與鍾情突襲有關。東鄉平八郎對他的軍官說過，「如果對手的劍比你長，那就靠近他。」現在的沙文主義者海軍上將末次信正說，「戰鬥成功的祕訣是，記住攻守之間沒有界限。」無論是戰場或是商場，日本人喜歡對自己的資源保密，然後發動突襲。日本人喜歡政變，這是日本歷史的持續特徵，甚至野口博士在科學領域也有所體現。

他總是隱藏自己的研究成果,直到最後證據在手,他再把成熟的發明推給世界,其間獲得的快樂,就如同將軍伏擊戰勝了敵人一樣。日本優秀的指揮官總是以偷襲開戰,相信國際公約和法律的國家不能頻繁提醒:日本每一場古代和現代戰爭都是以突襲開始的,沒有正式宣戰或者外交指責。[105]

「日本人怎麼想就怎麼做」已經成為西方的共識。我們留意幾個相反的例子。當培里的艦隊停靠在東京灣,反對「長毛蠻夷」的運動如火如荼時,一位大儒划船登上培里大船,要求帶他去美國學習,培里拒絕了,他還為此被幕府將軍投進了監獄。日本歷史上的每一次改革和革命,都是透過強硬的個人主義反抗集體群眾一點點累積的。這種個人主義通常來自上層階級,因此日本的社會進步,一直都是上層努力犧牲自己的利益來為下層服務。華盛頓國際勞工大會日本女工的代表,是大亨澀澤榮一的姪女,儘管日本的激進組織堅決反對她以勞工代表的身分出席,她依然極力地爭取提高工廠中女工的工作條件。

日本大學生頻繁地起來反抗,在他們看來不合理的、任意的改變。最近京都帝國大學經歷了很長一段時間的罷課,原因在於有一名老師應教育大臣的要求辭職了。學院的其他教授堅決支持他,甚至大學校長也拒絕將他除名,這時教育大臣從政府內閣獲得特殊命令,解僱了這位教授。公眾情緒鼎沸,文部大臣齋藤不得不動用仲裁手段去解決這個事件。同時,令大家高興的是,年輕的大臣被曝參與了一項祕密金融交易,很高興能夠藉機回歸私人生活。最近嚴厲的學費徵收措施,造成了東京明治大學出現類似的騷動。

沒有人能對日本人恣意妄為,儘管他們都驚人地遵守紀律。他們都對此深信不疑,那就是為什麼日本始終都處於白熱化的狀態。任何新的激進政策,都需要讓民眾做好準備並熱情地開展。沒有哪個民族對廣告這麼敏

---

[105] 見西元 1935 年版本。

第二十四章　個人主義和不墨守成規的日本

感，認為宣傳這麼有必要。實際上，日本的現代廣告始於三井的印刷品和雨傘。

日本人在嚴密組織中不墨守陳規的精神，在崇尚個人主義的政治家後藤子爵，和同僚高度評價一名下屬的談話中，得到充分的體現。「如果這人行，」後藤說，「那就讓他成為縣知事。」但得到的回應是，「那不可能，他缺乏法律的相關規定。」後藤回覆道：「那就直接修改法律。」

不過請注意，他說的是「修改」法律而不是「無視」法律，日本人對於服從法律和權威的態度比較開明，日本人要麼公開質疑，要麼嚴格服從。隨和的西方人和中國人，經常對日本一絲不苟地遵守無意義的小規定感到驚訝，而實際上並沒有人強迫他們執行，這一點就像日本人對美國人或者中國人情節輕微的盜竊感到驚訝一樣。

日本人的個人主義思想和嚴格的敬業結合的悖論，讓日本人的性格比中國人更加多彩和有趣，儘管後者的人品更好。人們不知道在日本他們會遇到什麼境況。我有一位小說家朋友，她突然告訴我說改了名字，現在叫舵子或者稱呼她為舵輪小姐，她的解釋是最近出海旅行時，突然感到不開心，想要以第一眼看見的東西替自己命名，來改變自己的命運。

第五節

日本人歷史上另外一個傑出的特性，就是迷戀新事物。鷲尾博士說他的國民是世界上最敏感的民族。他說：「在我家附近，我看到了留著長鬍子的年輕人，穿著俄式襯衫每天早上送十多瓶羊奶。他是一個靠養兩隻羊生活的美術生，這簡直太令人羨慕了。但是為什麼他一定要打扮得像俄國人呢？」

這位博士繼續寫道：「日本的馬克思主義根植於托爾斯泰所滋潤的土

壞。書店裡到處都是《資本論》(Das Kapital) 的譯本和解讀。另外我們也受到美國的影響。就像最近咖啡廳裡表演的時事諷刺劇，酒保在櫃檯上跟著音樂的節奏跳舞調製雞尾酒。一流的日本爵士樂隊成員臉龐塗黑就像黑人一樣，日本年輕人似乎已經成為爵士樂品味和馬克思知識分子的結合體。「馬克思仔」這個詞被創造出來，就是迎合摩女和摩男的[106]。

「而有文化的年輕人就是馬克思仔，如果只是一個普通的蠢人，那麼他就是一個摩男。俄國激進主義是走後門進來的，美國的頹廢主義走的是前門。幸運的是，這些影響還沒有觸及到國家的根本。」在西元1931年超級愛國者起來清洗「眾神之國」，順便增加了三倍國土面積之前，鶯尾博士恰好寫到這些。這位辛辣的日本雜文家抱怨的，正是日本人迷戀新事物的鮮活例子。

內閣大臣、日本主要的政治家之一床次竹二郎先生說，日本人就像聖保羅時代的雅典人：總是願意聽新鮮事情。「我們對莫斯科、米蘭、倫敦和芝加哥始終保持開放。」然而他們對於新鮮事物的喜愛，受到國家獨特性格和命運概念的制衡，雖然這能使日本和世界並駕齊驅，可是日本民族必須像以色列的子孫一樣，永遠作為特殊的國民。

日本人對新事物的喜愛和對待新奇事物的天賦，綜合體現在東京地震後大量湧現的建築中，並在一定程度上擴展到整個帝國。東京成為了世界上建築最現代化的城市。不走尋常路線的建築師，已經遠遠超出了現代主義所能接受的原則。日本人全都是天生的時尚者，西式服裝，對馬克思或者瑪格麗特・桑格爾 (Margaret Sanger) 的興趣，還有高爾夫球、爵士樂、橋牌和拉威爾 (Maurice Ravel) 的音樂風靡全國。

根據報紙報導，最近的一項時尚，是各個年齡層女士都參加的反對過生日聯盟，她們承諾不管日曆上是哪天，她們一直都是三十五歲。人道主

---

[106] 摩女是日本語摩登女孩的縮略語，摩男是摩登男孩的縮略語。

義或者國際主義的時尚，有著特殊的魅力。日本學校的孩子幾乎瘋狂地和其他國家孩子互通信件。嗅覺靈敏的外事部門的天才們抓到了新的時尚，即交換玩偶或者寄送展品和禮物給美國和歐洲的城市，這是一個非常明智的宣傳工具。

日本的極端主義傾向，無論是野心、職責、愛國、娛樂或者其他方面，都在歷史和我對事業的描述中有了充分的體現。日本的歷史充滿這樣典型的案例，如幕府將軍曾因一個商人允許僕人穿得過於華麗而將其驅逐，官宣染色、低帶繡花的衣服違法，並禁止飼養珍稀鳥獸。

西元 1934 年富蘭克林·羅斯福總統訪問夏威夷時，檀香山主流日報大標題登載社論「兩件自豪的事」，其中就列舉了一名日本老婦人合手拜佛時，富蘭克林總統正好從身邊經過，實際上日本女孩並沒有像西方白人女孩那樣，等候見總統時站在一疊書上，她們要麼抽菸，要麼穿著「漏風」的禮服。然而，自然穿著的日本人也有保持自己極端清教主義風格的時期，江戶就曾經立法強制婦女必須自己打理頭髮！

第六節

在一個監管眾多、紀律嚴格的國度，人們的想像力容易被完全的異想天開、個人主義和各種衝動所捕獲，這樣就可以解釋為什麼日本人鍾愛怪異和奢侈的表現。

一個民族對一切都有所克制，不顧一切風險一心突破各種界限，這種迷戀在相當程度上解釋了日本歷史上的浪人，不管是不朽的四十七人組[107]還是上次政治動盪中的年輕刺客。沒有歡呼喝采的觀眾，公共事務舞臺上的這些演員都不會存在。信奉基督教的賀川豐彥是一名正直的日本

---

[107] 其故事見下一章。

浪人，甚至還贏得了他最尖刻對手的普遍尊重，因為他勇於與眾不同。當國內瘋狂的愛國主義情緒在軍中瀰漫時，國會議員、前東京市長尾崎行雄挺身而出，給予強烈的譴責，因為他的做法巧妙而受到人們的寬恕和敬佩。

日本人天生尊重活力、勇氣、天賦和些許的瘋狂。對於尊重本書作者不可救藥的瘋狂和古怪性情，導致日本在很多方面對其給予極大的寬容和原諒。

日本歷史上大部分英雄人物都性情古怪，要是沒有這些英雄人物的話，那麼普及知識的歷史學家也會提供一些。在本書中，我只需讓讀者了解一下日本人生活的一些側面。日本人毫無疑問是世上最遵守秩序的民族。然而，無懼死亡和痛苦的罪大惡極的罪犯，也能成為大英雄，其中最有名的故事就是日本歷史上的大盜。

那名公然向政府挑戰會盜取名古屋城頂部的金鯱。儘管總督派守衛在城堡外圍間隔三英尺布防，他還是得手了。贓物重達數百斤，他不能順利地繞過守衛搬走，於是便將其藏在高高的臂架下，沒有人知道到底藏在哪裡，直到後來他被抓後全盤招供。他和十二歲的兒子被判處下油鍋，他站在鍋中托舉孩子出露油面，直到最後體力不支，他將孩子拋到鍋下親手勒死，後來他站在屍體上凝視著觀眾，直到自己全身被炸成粉紅色。

另外，日本人崇尚「關西三怪」。像海軍上將東鄉那樣性情平靜的人物，臨死前在京都愛國社團樹立的銅像上寫下銘文，聲稱三人中最著名的菊五郎，在他第一眼看到天皇宮殿的橋上跪下。這個菊五郎是早期反對幕府將軍的俠盜之一，聲稱拜祖母所賜，他最高目標就是在天皇的花園中拋光卵石。十五歲時他就開始製造噪音，據說這種聲音能夠吵醒嬰兒，晃倒架子上的東西，震破拉門或者障子上緊貼的宣紙。他以前在山坡上大喊「勝利」時，甚至驚嚇到了藏在那裡的土匪。整個小鎮都能聽到他高喊：

第二十四章　個人主義和不墨守成規的日本

「叛徒、賤民！」，等到衝過去時，卻看見他將一本書撕得粉碎，因為書中嘲笑了他心中的英雄人物。

　　一次，在東海道出行時，他看見一個老太太在艱難地走著，於是便將她背在自己的背上，把她送到了目的地。他奶奶去世後，他在茅草屋裡守孝三年。受到天皇的接見，是他生命最輝煌的時刻，正如喜歡高尚和瑣碎並存的日本人講述的那樣：四十五歲時，菊五郎看見一些孩子虐待烏龜，於是買來放生。他發現龜殼上有些劃痕像一個漢字——這是東方人眼中罕見的吉相，根據東方人的宇宙觀就像擎天神阿特拉斯（Atlas）一樣，烏龜馱著整個大地。

　　菊五郎便將烏龜帶到了王公的宮殿，王公對這個人和烏龜都相當感興趣，然後彙報給天皇，天皇隨即就召見了他們。很快，菊五郎就創作了日本的短警句詩集，這是真正討伐幕府將軍的檄文。他寫完後將其全部銷毀，最後切腹自殺。這個人物的重要性不在於異想天開的行動，而是對今天日本人想像力的堅守。

　　另一個日本痴迷於古怪的例子，就是他們對最近出版的德川幕府世襲劊子手的回憶錄十分感興趣。他死於西元1910年，十二歲時入行，一直到西元1881年新法典取代了絞刑，這期間他一共砍掉三百多顆人頭。他說有一種瑜伽修行呼吸法，是家族職業傳承的祕訣，同時還有一種偷心心理訓練。行刑者絕不應看受害者的臉，直到最後一刻，他應該小聲說：「你這個國賊。」口中重複默念著佛教的連篇經文，調整呼吸然後手起刀落。

　　他砍下第一顆人頭還算順利，但是他承認十二歲時確實令他有點忐忑，他爸爸鼓勵他和朋友們晚上出去放鬆一下，而不是在家試圖睡覺。雨天行刑時他都是用右手砍殺，左手撐傘。

　　他透過中世紀時一位著名的地方官，以寓言的形式講述了家族傳承的思想歷練，這個地方官大岡宗相雨後在一片竹林中與這個劊子手同行，請

求他砍一根竹子以展示技藝。這個劍客最精湛的幾下揮劍，讓他身上落下一陣雨點。大岡說道：「官員在安全距離之外下令，可仇恨的雨點還是落在了行刑者身上。」

第七節

日本人喜歡把輕鬆的事情搞得古怪和誇張，這給這個群島國家新增了無限的魅力。這也解釋了他們所擁有的特殊魅力：對荒誕的描述。不協調的組合與人類和動物弱點的誇大，甚至延伸到無生命的事物，如陸海兩地的風景。這種荒謬的藝術體現在他們的根付、漫畫和文字筆觸中的諷刺。不超過一英寸的象牙微雕根付，表現出高貴的唐明皇坐在龍椅上教楊貴妃吹笛子。貴妃調皮一言不發，玄宗歡喜中有點嗔怒。作品下方也有雕刻，底座和靠墊上坐著的人物，他們的面部表情都引起了一陣歡笑。

有種幽默需要對人類社會和整個宇宙有著極大的同情，是催人淚下的幽默，日本人就缺乏這種幽默。但是在這種錯位和尖刀般誇張的幽默中，他們都是頂級的。能夠看懂日本浮世繪的人，會對隱藏在嚴肅話題背後的幽默諷刺深深著迷。日本的堂吉訶德故事講述了三個想要成為騎士的人，分開後在整個日本彼此尋找，就在東京歌舞伎劇場大旋轉舞臺上演，世界上最好的劇場肯定要上演世界上最好的滑稽喜劇。

在西元 1929 年 8 月 30 日的《日本時報》上，我引用了日本文字諷刺的典型例子：「內閣總理大臣濱口在廣播中談到了節儉，這些作為宣傳資料要傳達給一千三百萬個家庭。他的政敵說他正住在鎌倉最豪華的別墅中，出行都是豪車接送。關於坐豪車，我們和批評家看法一致 —— 東京的電車對於總理大臣來說應該是足夠好了。

「這會增加他與群眾的接觸，他可能會把經濟傳單塞到一個漂亮女孩

第二十四章　個人主義和不墨守成規的日本

的袖筒中,把經濟傳單送給剛剛維持溫飽的家庭有什麼用呢?對於知道總理大臣豪華別墅的人們來說,只會增加侮辱和傷害。但是濱口可能會搬到有三間房的住宅,他可以在鋪了六張墊子的房間裡接待客人。要求每個人都得跪下,這樣會增加職位的高貴,而隔壁的製革廠會趕走所有的閒人,只留下做正事的人,這就提高了行政的效率。」

外交部商務處處長來棲先生的經典長詩,就有詩句在根付上。後來,日本航母悄悄抵近珍珠港時,他卻成了赫爾國務卿和談的送信人而臭名卓著。「櫻花開,李花盛,但是春天從來沒有走進商務局長的心裡。」日本人取外號的天賦幾乎和俄國一般不二,甚至還要更加辛辣,這是幽默的另一個典型。

在日本有不少流行的傳記,除了作為異想天開的名人軼事集之外沒有任何價值。有個傳記記錄了十三世紀鎌倉將軍的攝政王北條藤岡的事。一天晚上,他走在橋上,錢袋子突然破了,掉出十個銅板。他召來附近的房主搜索河床,為了照明花費五十個銅板點亮火把。第二天早上,整個鎮子都出來觀看這齣頂級的吝嗇演出。

令這些撈銅板的人驚訝的是,北條居然支付費用給他們,還發表一篇長篇大論,述說關於金錢在經濟社會中的地位,這聽起來就像後大蕭條時代的經濟學。他說丟掉的幾個銅板代表著內在價值,倘若銅板的內在價值消失了,社會上就缺少了交換媒介,就會永遠貧窮到只有十個銅板的地步。找回了十個銅板,就會讓其價值回到社會,那些因尋找而花費的金錢加入循環,會促進經濟繁榮。他問道:「就因為幾個銅板數量微不足道,自己省下了麻煩和尋找銅板的開銷,難道不是高度的自私嗎?」

許多人在街頭或者新聞媒體上出名,只是因為他們行為怪異,而組織嚴密的員警卻對他們表現出驚人的寬容。這裡面的心理與美國完全相反,美國員警經常無視非法事情而不放過怪異的事情。然我們可以安全地在東

方內陸城市徘徊，穿著荒唐的高領，繫著領帶，短外套前面扣著四顆釦子，甚至穿著有傷大雅的短褲，結果卻什麼事都沒有！

東京一個小偷被同一名警察抓到三次，該小偷請求獲得一份總是被那個警官逮捕的檔案授權，省得他每次都回答相同的問題。他說：「我服刑期滿還得偷東西謀生，還是給員警和我自己都省點事吧！」一個東京人「校時員」沒有任何阻攔，就來到公司辦公室、酒店甚至私人住宅，幫助校對時間。他是一位運動馬車演員，總是說：「如果你來看我的表演，我想你準時到場。」古怪行為在日本是好廣告。許多日本人還無恥地追求廣告，這並不符合這個民族含蓄的名聲。可是日本又是一個矛盾的國度，這裡有各式各樣的人，有些人的性格還十分衝突。

日本偉人經常因其古怪的性格，而不是嚴肅的功績而出名。陸軍中將長岡外史留著日本最長的鬍子，他模仿飛艇的螺旋槳修剪鬍子。儘管我們還沒注意到，對我們來說，這段悲壯歷史的締造者有了一尊半身雕像來紀念，「螺旋槳鬍子」就有一尺長。

富豪鐵路建築商大倉男爵，其青年時大部分時間都跟著展示列車穿越堪薩斯，在維吉尼亞的帳篷中宿營。九十歲生日時在家人、朋友、記者和私人醫生的陪伴下，到 10,300 英尺高的赤石嶽山頂上慶祝。這座森林環抱的大山，為大倉家族提供了紙漿和木材。在這裡，他和家人朋友排練自己身後的風葬。這位工業「強盜大亨」大部分路程都是由人揹著走的，此外，他的八十個挑夫不得不操作移動電臺，發回資訊給旅行隊，還得帶上一桶清酒和宴會食材。他讓朋友們在山頂立了一根木樁，埋在一大束山花下面，然後高高豎起。撒落一些木灰以表明希望自己的骨灰這樣處理。畢竟這只是自己葬禮的彩排，老爺子後來還唱了歌，大擺宴席。日本人都稱他「性情男爵」。他的年收入高達一百萬日元！

第二十五章
歇斯底里的外表

▎第一節

　　借用表意的漢字「十」和「一」組合在一起，來書寫武士的「士」，解釋如下：武士的頭腦一定得訓練到將十多種矛盾衝突和動機，凝聚成單一的集中狀態。在古時候這種集中的表現就是透過比劍。鬥士進入一種狂喜的狀態，生死顧慮皆拋到九霄雲外，整個身心都被雷霆般迅疾的反射所支配。

　　這就是日本的精神。日本正式的國旗是白底上有一個紅點，這不僅代表了初升的太陽，還代表了至高無上和全神貫注的特質。最近世界上最大的國旗（八十英尺長，五十六英尺寬）掛在東京一家百貨商店的五層樓上。這面巨大的旗幟，簡單的設計是多麼地令人矚目。這面獨特的國旗被帶到了富士山頂上，在「整個帝國上空」高高飄揚。

　　沒有集中精力面對某些危機時，日本國民似乎就是雜亂無章、自相矛盾和個性分散的結合體，能夠被各種矛盾的衝動所折磨。面對最嚴重的危機，這些日本人凝聚成一個魂，其定義和動力就像拋光的寶劍，這把劍只是一個象徵。然而了解日本的人都會問：「日本人明顯的歇斯底里傾向到底是什麼？」確實有歇斯底里的時候，但是隨後表現出來的就是集中和專注。這是日本最神奇的地方。

　　警察局特別諮詢局長及川先生是這方面的權威，他說日本的歇斯底里源於對情感糾紛、經濟拮据和國家狀態的焦慮，在特定的階層主要以自殺

的形式表現出來。

殉情在全世界都存在，卻沒有哪個國家能像日本那樣形成一種體制，有特定的規範和程序，無疑這都是源於過勞思想對古老的武士自殺倫理的浪漫迷戀。年輕人認為他們互相愛戀是一場沒有結果的悲劇，甚至都沒有弄清楚是否果真如此就寫下誓言，承諾來世靈魂能夠結合，然後綁在一起跳進滾滾的火山口或者從護坡跳下快車的軌道。不少不能雙雙殉情的人選擇獨自一人自殺。

東京帝國大學的一位足球明星，在富士山腳下美麗的山內湖邊吞下四片不同的毒藥自殺，因為收養他的那個女人反對他和小情人「卡爾波」修成正果，這也反映了養父母的權威在日本仍有極大的影響。

報紙報導了一個年輕人在伊豆大島三原山火山口殉情，一進入東京灣就能看見那裡噴出的煙霧，一年間警方通報跳火山口自殺的有149人，警方成功阻止了571名企圖自殺的男子和111名女子；五名十五歲男孩和一名女孩也被阻止了。自殺者年齡最大的六十五歲。家庭糾紛和疾病占據了大多數，不過絕大多數二十至三十歲之間的年輕人都是為情所困。

最近記錄的火山口受害者是一名雕塑家的妻子，她留下遺言：「再見了，桑格主義（他的丈夫已經決定接受美國桑格夫人提出的限制生育的主張，即家庭計畫）。我走了，三十八歲了還沒有孩子，生活沒有任何意義。」要知道，瑪格麗特·桑格本人拜訪過日本，她在日本人敏感的心裡留下了深刻的影響。員警試圖阻止這位企圖自殺的女子，並廣播傳達若是她放棄自殺的念頭，她的丈夫願意就此妥協。一家公司正在建設一段通往火山口的鐵路，員警希望這段鐵路能夠使浪漫主義遠離死亡。

幾年前，美麗的華嚴瀑布成為殉情的流行地，瀑布從注滿水的中禪寺火山口在雲霧繚繞的山嶺間傾瀉而下，高度達幾百英尺。最下面的「滾燙池」水勢洶湧，可見跌入裡面的屍體殘骸碎片，這是有自殺傾向的人們所

選擇的最佳地點。瀑布發生了幾百次自殺既遂事件後，警方在那裡立起了高高的鐵絲網和一個告示牌：「此處禁止自殺！」

只要附近的楓林中有年輕的情侶徘徊，臉上帶著凝重專注的表情，他們便會立刻上前並且將其送往警局。現在人們可以搭乘兩部現代電梯來到瀑布的底部，不用沿著陡峭的路下來，火山已經取代了瀑布成為日本最受歡迎的打卡勝地。

東京每天都有七起自殺的紀錄。然而，日本的自殺率並不比思想開明的美國高。在日本，最重要的是自殺動機和獲得狂喜程度的區別。

幾年前，日本最受歡迎的一男一女兩位作家，分別思念他們的配偶。夏天到了，輕井澤町的山間度假區開放後，他們的屍體在一間小屋中被發現時，緊緊擁抱在一起，留下一張紙條：「愛情的最高境界不是婚姻，而是死亡。」這種兩性殉情一度風靡日本。

《朝日新聞》評論越來越多母親帶著孩子自殺的事件，特別是從母親有錯的立場進行譴責，這些母親認為孩子就是她們的私有財產。日本法律規定，一旦夫妻離婚，孩子就歸父親撫養，離婚和結婚一樣只需在鎮上花費三十日元註冊登記即可。婚姻就像兩個家庭的協約，當然每一方家人都必須對雙方的分手表示滿意。

雖然有些自殺是非法的，東京警局的及川先生還是建議，對某些自殺案件要表示同情。他說自殺的動機往往都有一定理由，這是對歷史上生死由命態度的現代表達。

這位警官將現在日本人的不平衡部分歸因為西方思想。他說西方思想造成道德下滑，情感災難，尤其是對女人這個群體。「我們面前的悲劇事件，毫無例外都是自私造成的。也許自私是人類內在的必要屬性，但是過於強調就會帶來破壞性的後果。」他認為，日本中上層階級的道德標準不比西方國家差多少（松岡認為並沒有太多激烈的言辭），他聲稱咖啡館的

女招待濫交現象最為嚴重。警方的態度是女性不應該縱情於婚外性行為，除非她是官方特許階層的一員。這一階層有自己特殊的經濟和社會地位，享有適當的醫療待遇，永久保持警惕以控制情緒的爆發。

今天的日本就像古羅馬時期，婦女渴望過上自由的生活，無論是咖啡館的女招待、波西米亞畫家還是「得到解放」的貴族，如果替自己弄一張妓女從業的執照也是明智的。員警倒不希望她們「漏掉」什麼資訊，他們遲早會知道一切的。

第二節

另外一種加劇的情緒失衡，源自知識青年的強烈野心。班級成績差的學生經常會自殺。一些教授朋友告訴我說，他們經常害怕給學生公正的評分，他們知道有時候這就像宣判死刑一樣。現在越來越多的大學生畢業找不到白領工作，自殺想像也越來越頻繁。部分原因是現在居於統治地位的軍方階層對知識分子的反感，以及擔心大學生中會孕育出激進的非日本思想的超級愛國者。另外，優等生因為情緒緊張而心理失衡，常常因得知已經畢業而自殺。多年前，有個人來自最令人羨慕的美國教育家團隊，該團隊工作之餘也十分賣力，奉獻了他們最好的成果給日本，他寫道：「許多學生前來領取文憑，臉上的表情難以描述。一名學生拿著他的羊皮證書，匆匆回到自己的住處，不想得到別人的安慰。內心深處的憂傷，竟是沒有得到滿足的野心留下的。」

日本知識分子工作時極為辛苦，要求也非常嚴格，放鬆的時候也強烈地關注自我。他的嚴格態度近乎自虐，動不動就變得十分殘忍。他的自我意識經常是一種失衡的情感，動不動就淚流滿面，這不是出於自憐和同情，而是單純的歇斯底里。日本學者將日本男子的特質，比喻為母子間親

第二十五章　歇斯底里的外表

密的連繫，以及女性在塑造男人性格時，所扮演的重要角色。他說，大部分日本人都是在自己父親上學的學校裡接受教育，但他主要還是媽媽的孩子，骨子裡還是含有典型女性那種超級敏感和喜怒無常的性格。

這種屬性不僅局限於知識分子。作者包租的日本輪船上有個廚師從船舷上跳入太平洋中，就因為他被事務長警告後，繼續把洋蔥放在早餐的雞蛋中，而得到一頓斥責。

對自尊和個人尊嚴的誇大教育，容易讓日本男孩踏入世界時暗自期待主動進攻，父輩教給的無畏精神往往培養了他們好戰的性格。一名上了年紀的美國教育家說：「在提及具有深遠意義的大事時，只要你盯著日本聽眾的眼睛，就能知道發生了什麼。」在提到美國的移民歧視或者歷史上天皇威嚴被蔑視時，我能看到日本人的眼角出現一陣模糊。

《星期六晚郵報》上的披露，以及後來美國上尉亞德利出版的一本書《美國黑幕》中提到，他已經解密了日本官方在西元 1922 年的裁軍大會上，對本國代表的指示。這讓友好的日本恍惚發呆，強忍住心中的憤怒。在學術討論這類問題時，日本經常受到竭力遏制，以至於他們發現根本不可能積極參與其中。

正是這種情緒失衡的外部表現，令日本看起來不被理解，有的時候在我們西方人看來還有點可笑。例如，一個日本人在突然遇到極為尷尬的情況，甚至是極為害怕的時候，就會咯咯笑或者哈哈大笑。在日本的許多外國家庭主婦都對精緻的女僕感到憤怒，她們低著頭出來不受控制地大笑，說剛剛打破了家中的重要物品。實際上，這個小女孩心裡害怕極了。又一次，一群害羞的少女在洗澡時，被一個闖入的攝影師意外撞到，她們總會哈哈大笑，這就解釋了為什麼在明信片上會有大量笑容可掬的畫面。儘管日本人是世界上最友好的民族，但他們內心可能並不高興。

日本的導遊、鐵路職員或者官員帶來令人火冒三丈的消息，很可能這

種惱火會以令人高興的形式呈現。他會盡力讓這消息更令你開心，就好像他在給你一份驚喜。一個日本人，不管是你要一個酒店服務生，還是你要求安排會見總理大臣的祕書，他都會以這種方式走到你面前，你應該知道壞消息來了，要控制好自己的情緒。

第三節

　　西元 1934 年發生的一件事，讓全世界都開始嘲笑日本，中國沿海一帶因此差點擦槍走火，這完全體現了在不同階段日本情感失衡的典型。日本年輕的副領事倉本傳達一條對中國不利的消息後，就離開了南京的中國外交部。日本每天都會例行傳遞給中方一些壞消息。這次，他沒有回到日本的領事館。幾個小時後，日本地方政府開始興奮起來。幾天後，日本僑民在上海開始遊行，日本的愛國團體和報紙利用這一事件，開始施壓外務大臣廣田和陸海兩軍軍部，要求採取軍事行動。一些戰艦被派往上海，日本砲艦沿著長江向上游開進兩百英里，並在中國首都附近停泊，一位熱心的日本海軍上將率領新組建的坦克陸戰隊登陸，駕著鋼鐵魔獸在擁擠的上海街頭橫衝直撞。

　　這一事件與四年前日本愛國者攻占滿洲完全一樣。一位名叫中村的冒險家帶著大量現金化妝成地質學教授，在滿蒙邊境旅遊時失蹤，據稱是中國士兵謀財害命殺了中村。

　　日本對中國報復日本臣民和官員十分敏感，日本人在中國可以自由出行，聲稱除了中國政府的保護之外，還有域外保護（即使他們自己的武裝力量轟炸和占領其客訪國的領土）。這對於外部觀察員來說相當滑稽，他碰巧知道在上個世紀日本是怎樣襲擊和謀殺，聲稱擁有普通國際交往權的外國人的。日本指揮官企圖半夜時在繁華城市進行機槍射擊演練，逼迫中

第二十五章　歇斯底里的外表

國老百姓進行歇斯底里地反抗。日本的士兵、遊客、商人和牧師，對於中國的官員和市民的舉止十分專橫。

中國老百姓的耐心和克制令人驚訝，中國當局保護日本僑民的殷勤遠遠超過預期，這些日本人不是間諜就是在客居地充當內部接應。日本人動不動就報復日本人在中國遭到的冤屈。

關於這兩個鄰居完全不同的心態，在東京帝國飯店的房間裡，我聽到中村在滿洲失蹤時最有啟發的一段對話。我們度過了一個最快樂的夏夜，參觀了歌舞廳，圍著東京的神社開車兜風。和我一起共事多年的年輕人加藤有一個朋友寧，寧是一位身材高䠂，話語溫柔，氣質高雅而又才華橫溢的年輕華人，不到三十就當上了中國最大城市的警察局長，加藤對他說：「你們為什麼殺了中村？」

寧說：「第一，我們並沒有殺中村，除非你們能夠證明。第二，我們本應該殺了他，就像你們會殺了一個假稱帶了大量現金，在你們國內四處窺探的中國人。」

這就是駐南京副領事失蹤事件的背景。就在日本陸海軍準備占領華中地區為他報仇的時候，他走進了中國首都紫金山後坡竹林掩映的一戶羊倌的茅草屋討要吃的。很多年前，這裡更加偏僻，作者本人就曾在那個山坡，整晚都沒有找到出來的路。好在他沒有遇到狼群。衣冠不整的領事說，他的上司斥責他，他感到相當難過，於是出門捨身飼狼，卻發現紫金山上沒有野生動物。後來，他餓極了。那種經歷可能無盡無休，於是他想到了切腹，但自己身體太虛弱了，便跌跌撞撞地來到羊倌家裡要吃的，希望自己能被送回到文明世界，當時這個世界因為他的失蹤已經陷入戰爭的邊緣。

第四節

　　日本人的歇斯底里使我們更加專注外部世界，這種歇斯底里與其民族自尊心和這種自尊心的體現——效忠天皇密不可分。西元 1930 年，在倫敦海軍軍備會議上抗議日本向美英投降，楠空中尉跪在狹窄的火車臥鋪上，身穿睡衣用軍刀切腹自殺。正是此事引起了騷動，導致幣原喜重郎政府倒臺，日軍占領滿洲，日本退出國聯以及備戰對抗俄美。倫敦會議的海軍代表團團長財部彪大將回國後，當然受到了愛國者的迎接，他精心遞上一把用來自殺的匕首。後來一個二十六歲的、學政治的學生，出現在大將辦公室，宣讀一份有力的抗議，當著大將祕書的面切開自己的肚子。

　　就像預想的那樣，後來出現了一系列首相、富豪和開明人士被刺的事件。西元 1933 年秋，民事、軍事審判這些年輕的愛國刺客，使得這種瘋狂情緒達到了高潮。絕沒有走過場的意思，審判由初級軍官東條英機主導，他在西元 1942 年時成為西太平洋地區的軍閥和日本內閣首相。審判深深根植於日本人民的情感生活，得到歷史事件的支撐，並獲得了不少日本報社和上百萬日本軍民的支持。被指控的這些年輕人可以在法庭上僱傭律師，向媒體做無限制陳述，公開譴責白人強權和一切向外國政府「獻媚」的日奸，揭露政治上的腐敗和鎮壓農民階層的現象。

　　老王公西園寺太了解日本人了，他沒有強迫按照慣例錄下現場審判過程。在黑巖承認射殺了犬養毅首相後，當時「老狐狸」正在向靠近的刺客們說話，「你們不能不穿鞋踩我的墊子嗎？抽根菸，我們心平氣和地談。」這個老人受了致命傷向後倒下，口中嘟噥著。年輕的後藤帶著這群人驕傲地作證說：「日本的東北地區遭遇嚴重的饑荒，大量來自貧窮農業區的男人被列入第八師團。很容易看出他們內心充滿著痛苦，他們被派往滿洲國為自己的祖國作戰，他們並不缺乏愛國之心，沒有食物，沒有人照顧他們，他們不得不離開父母親人。

第二十五章　歇斯底里的外表

「即使這些可憐的傢伙在荒涼的滿洲作戰，那裡氣溫零下四十度時，被金融吸血鬼控制的政客在做什麼？在忙著做窩給自己，他們從來沒有給那些受災農民任何救濟，不僅如此，他們也從來沒有嘗試修復一下和鄰國的關係。」

年輕的刺客筱原說，楠空中尉的切腹讓他首次認為，有必要清洗國內那些屈服白人統治的軟骨頭，和將政治利益與個人利益置於國家利益之上的人。聰明的辯護律師引用了英雄的「四十七浪人團」，以及參與推翻德川幕府的愛國殺手的事例，然後又轉到了莎士比亞筆下殺死凱撒後，布魯圖斯和凱西烏斯的演講，最後聲稱「被告的目的是建立一個更強大、更純粹的國家。他們是無私的，他們的英雄決定甚至會令魔鬼落淚。」這些年輕人承認他們還打算刺殺美國大使，日本民眾聽到這些一點也不感到吃驚，就像德國人聽說陶爾斐斯（Engelbert Dollfuss）被謀殺一樣。

第五節

除了崛田、大隈和荒木這些大老謹慎、冷漠、穩定的策劃之外，我們來自日本的危險，就在這樣劇烈的情感波動中。初審法庭以及日本內閣各部門，據說有一百萬聯名的請願，要求釋放這些年輕的刺客。甚至連被刺的首相家屬都替他們說好話。許多請願書都是婦女簽寫的，還有不少是血書，有很多還附上一個盒子，內有絲線包裹的手指。這些手指都是請願人自己剁下來的，以表明他們的真誠以及如果法庭無法寬恕，就會有更極端的行為發生。

退伍陸海軍軍官組成的、權勢熏天的反動組織明倫會，也向可憐的履職法官釋出了不祥的預警。這些年輕人最終只被判處短期的徒刑，法庭也鬆了一口氣，因為這些刺客驕傲地接受刑期，他們以為這次英雄壯舉會有

點殉道的意味。不久，他們就都被提拔成日本某地帝國軍隊中的軍官。[108]

這種愛國情緒的爆發並不那麼引人注目，卻也有重大意義。一個名叫野島的人，寄給內務大臣一封長達五英尺的失業救濟請願書（正值西元1932年失業大爆發之前），隨信還寄上他的一根手指。在上海的三名士官背上綁著炸藥，闖進中國的鐵絲網工事自爆，現在被供奉在東京軍事博物館。他們的媽媽乘坐快車周遊列島，成千上萬人爭搶著來親吻她們和服的下襬。祕魯的日本人寄錢來修建三義士紀念館。井上千代夫人聽說當醫生的丈夫要和醫療團隊進駐滿洲，便換上結婚時的和服割喉自殺，並留下一封信，內容如下：

致我親愛的丈夫：

我心中充滿了喜悅，無法言表對你的祝賀。在你明天啟程之前，我今天就離開了這個世界。

請不要擔心你的家人，因為你已經沒有什麼牽掛了。我平庸無力，只能盡我所能，這樣你和同袍才能夠一心為國作戰，這就是我的全部心願。

感謝你的仁慈，我的生活才如此快樂。人們常說，今生苦短，來世永存，我們來生再聚，我在那邊等你。

都說滿洲很冷，請注意保暖。

我隨信寄上四十日元，抵達前線時請分給士兵們。

我為你們的成功祈福。

你的妻子

他的妻子為他罩上英雄主義的光環，醫生來到滿洲表現得十分英勇。山本少佐前往滿洲前線時，津山中學的學生在不能停課去送行的情況下，抽取了一墨水瓶自己的鮮血寫下以下內容：「我們真心希望你在前線

---

[108] 這段內容見於西元1935年的版本中。東條和他的年輕手下擊敗荷蘭和英國，清除了我們美國在西太平洋地區的影響力。

英勇作戰，建功立業，我們期待你早日凱旋。」

美國拒絕承認滿洲國，這讓日本人十分憎恨美國人，一名十九歲的日本少年穿著青訓組織的制服，用刺刀毀掉美國駐奉天領事館的牌子並闖入領事館，結果被副領事用一把椅子攔住了。最後少年跳過一道牆逃跑了，日本當局依照慣例正常發表道歉，聲稱他是一名瘋子，這是一個很微妙的問題，但在外人看來，許多此類案件都是這樣。重要的是，日本新聞媒體並沒有提及此事，一家受日本審查的英國新聞機構，也一直沒有透漏這個年輕人的國籍。

我們會收集更多感人的事件，直到最後可以集結成冊，甚至像黑龍會那樣命名為《櫻之香》。這樣的情感和先天的神性概念，以及由此產生的天皇崇拜，一樣都是中世紀的思想。它的表現形式各式各樣，例如：女兒賣身為娼替父母賺錢；坐在煙囪頂上的罷工者；拒絕從礦井中出來的礦工；罷工者的妻子每天光著腳到神社朝拜；一些狂熱分子向天皇的方向開槍，甚至向天皇請願而導致整個政府辭職。當荒木將軍得了流感時，電報上有上千個簽名也體現了這一點：「日本國民都在齋戒為他祈福，危機之下的日本都在他一人肩上。」這位小個子愛國領袖的反應，被一直保持警覺的日本媒體捕捉到，聲稱：「甚至這樣一個鐵石心腸的人也會落淚。」

第六節

日本人歇斯底里的傾向，在他們的節日慶典和民間舞蹈中也十分明顯。此時，原始的情感和壓抑會透過飲酒釋放出來，通常飲用的有：國酒清酒、國家釀酒聯合公司生產的廉價優等啤酒，和最近仿製的威士忌，他們的拼寫是 OUISIKI，但讀音是一樣的！總體來看，日本人是清醒的，雖然偶爾也縱情於歡樂。極個別情況下，幾滴酒下肚就能讓他們臉紅，一

日本的情感表象

個能喝酒的例外，便是內閣總理大臣岡田啟介上將，他的酒量著實令人羨慕。

必須說，身為禪宗戒酒協會的一員，不少日本人滴酒不沾。鮮少有海軍軍官在工作崗位上飲酒的。日本的基督教完全戒菸戒酒，因此經常有日本人說「我不抽菸」或「我不喝酒，我信基督。」關東大地震週年紀念日那天舉行了慶祝活動，沒有人知道為什麼這是一個「無酒日」。

一次，在日光附近的群山中，我碰巧遇上糾正銅礦數百年積怨的慶祝活動。這以前是個礦工行會的舞會，現在是勞工聯盟。長方形的湖面上橫跨一條堤道，中央有一個腳手架，一名音樂家在反覆用管樂器演奏一段旋律，眾人聽得如痴如醉。跳舞的有男有女，女人後背上都揹著嬰兒，在湖面側身而行。堤道上排著兩排人，彼此面對面，組成一個數字「八」向相反的方向運動。她們一邊跳著，一邊唱著，手中的大草帽還做一些動作，並將草帽戴在對方的頭上，依次傳遞下去。

這項活動會持續一個小時，然後就像跳旋轉舞的托缽僧陷入一陣癲狂狀態。有人告訴我說，這種舞蹈會持續兩天兩夜。日本的這種宗教和民間舞蹈據說都來源於中國，可今天即使在最偏遠的中國農村，也看不見這種舞蹈了。西藏和蒙古喇嘛有自己的宗教舞蹈，但公眾不參與其中。中國人似乎已經是太古老的民族，不怎麼跳舞了，中國的集體情感除了衝動發怒之外，便很少能看見了。

京都有一個盛大的祭典，有一個幾層樓高的巨獸，帶著重達幾噸的巨大花車，數千人大喊大叫在大街上汗流浹背地拉動。城市的照明和電話管理部門，明智地派技工切斷沿途所有的線纜，等到這些移動的高塔過去之後再重新接上。虔誠的人們默默地在偉大的聖園周圍繞圈，如果有人讓他們忘了自己的誓言而開口說話，他們就重新開始繞行。

日本如今的情感主義，被經典的赤穗事件所神話。赤穗的四十七名浪

人成為這些愛國團體的聖人,頭山滿聲稱黑龍會就源於此。這則故事已經成為愛國主義、忠誠教育、自我犧牲、堅毅忍耐和報仇雪恨的經典來源,學校會讓學生參拜赤穗浪士在東京泉岳寺的墓地。整個帝國有上百萬人希望到那裡參拜。在日本的舞臺上、無聲電影和有聲電影中,這則故事有很多版本。

這場血腥的赤穗事件,讓日本從精神的低潮時期開始觸底反彈,而日本精神的谷底,恰恰是因為德川幕府統治的長期和平,以及中國和平哲學的滲透。

西元1701年,封地在江戶以南四百二十英里的赤穗大名淺野,開始作為江戶東道主,接待每年都要被派往幕府將軍宮殿的皇家特使。幕府將軍將東道主一職在大名中輪換,藉以削弱這些日益強大的諸侯。然而,這一職位仍是一種巨大的榮譽。已被委派尚未就職的東道主,仔細研究複雜的宮廷禮儀,以免失禮令天皇蒙羞。

當時有一位名叫吉良義央的大名,在這種情況下被叫來教授禮儀,他利用自己的專業知識,向那些前來尋求他專業指導的鄉村領主收費。這位舉止文雅卻見錢眼開的吉良,瞧不上來自山林的領主,因為他們不懂茶道;反過來,他們也一樣看不起一個只會倒茶而不會舞劍的武士。

當來自鄉村的淺野,當著帝國特使的面履行職責時,吉良對他發起了令人難以容忍的誹謗。淺野投出他的短劍擊中這位禮儀大師的肩膀,他以為會弄出人命,自己就投案自首了。

當天,淺野便奉命自裁。他被放在三個墊子疊起來的臺子上,高高掛起點亮的燈籠。他不知道吉良並沒有受到致命傷,只對能夠像武士那樣榮耀的死去表示感謝。就在他將短劍插進自己的肚子前,介錯人便砍下了他的頭,在一個武士看來,這種侮辱無異於在傷口上撒鹽。給出的藉口卻是田村家族借給淺野的短劍(他自己的短劍在打鬥中掉在宮殿裡),只是奉命

提供切腹自殺的道具，那是一個傳家寶，田村家族不希望上面沾染血跡。

整起事件就是平復偏遠鄉野的武士對江戶半吊子的仇恨。兩名淺野的家臣一天跑了一百英里回去報喪。聲討吉良的呼聲一片。畢竟血債要用血來還，他有什麼權利苟活在世上？這是一個日本人正常的邏輯。淺野的老僕人說服了平靜的門客，希望淺野死後能夠得到原諒，讓他的兒子得以繼承封地。

但是在年終時，將軍下令把封地分給周邊幾個垂涎已久的大名，甚至高貴的寡婦都被逐出了世居的古堡。吉良身體完全康復後又開始自己的茶道，追殺死去大名的家臣，害怕這些人報復他。淺野死後的一年半，四十七位家臣在江戶密會，歃血為盟，立誓復仇。

這一事件的舞臺劇，詳細講述了這四十七個人謀劃復仇時，逃避吉良追殺的艱苦歷程。其中一人放棄了妻子家庭，縱情於妓院過著爛醉如泥的生活，逃避將軍的眼線，最終這名眼線以為他已經墮落，於是放鬆了警惕，這使他和自己的夥伴得以相聚。

西元1703年1月30日晚上，一直等待時機的四十七人得到消息說，吉良在他的家中舉行茶會。他們挽著白衣袖在黑暗中區別敵我，偷偷穿過白雪覆蓋的大街，喊著復仇的口號闖進前後兩個大門，殺死吉良的保鏢和他反抗的朋友。膽小的吉良藏在煤棚裡，但被一個浪人發現，砍下了他的頭。浪人們沖洗吉良的頭後，供放在淺野的墳頭，告慰他的靈魂大仇得報。

隨後這個團隊的首領向當時主要的幕府監察官自首。幾個小時後，浪人首領接到消息說他們將被分成四隊，由四位大名作為他們的監護人，直到他們的審判結束為止。一位大名親自帶著七百五十人來迎接他的十七人小分隊，這被犯人和公眾視為巨大的榮譽和無聲的嘉獎。

這一事件在江戶引起一陣騷亂，每個地方官、四位財務官和兩個市的

第二十五章 歇斯底里的外表

地方官,都簽署了一份請願書,儘管不敢要求赦免浪人,但還是採用了日本人拐彎抹角的方法,要求剷除吉良的家人。幕府將軍害怕造成都市朝臣和鄉野諸侯公開決裂,就將這個問題交給朝廷,並建議擔任上野寺住持的皇族親王,可以為復仇者申請大赦。可是這位皇族住持抱持不同意見,最終他們仍被下令切腹,並在所分配大名的不同轄區集體行刑(由於撤退時有一人失蹤,故切腹時只剩 46 人)。

他們的同情者自我安慰說,這種懲罰通常只給這個國家最高級別的武士,那些被解散的大名家臣只能作為罪犯被判處死刑,在法律上根本沒有權力享受到武士的待遇,只能被普通的行刑者砍頭。最後,死刑犯欣喜地從監察官那裡得知,已經找到一個藉口沒收吉良的地產,他的後人都將淪為街頭乞丐。

赤穗事件的正式紀錄就是這樣,讀者可以腦補一下戲劇家筆下的一些變化,這四十七位替受了冤屈的領主矢志復仇的唯一目的,令他們十分痴迷。你來到日本,問問帝國飯店專門負責接待的首席職員,最引以為傲的傳統只有自己的親人才知道,他正是拋棄家庭和名譽,為自己領主復仇的浪人後代。

樹立一個國民心理的意識,日本視其為歷史上最了不起的故事,為泉岳寺飽經歲月侵蝕的花崗岩石碑哭泣,就像虔誠的基督徒為耶穌受難而落淚一樣。

日本的情感表象

第二十六章
人道主義的日本

▌第一節

「神的作用」在日本歷史的形成和日本人心理的塑造上，有著重要作用。據說，西元 1923 年 9 月 1 日的關東大地震和大火，的確將日美戰爭的醞釀推遲了十年。[109] 西元 1934 年 9 月 21 號的大暴雨和颱風，記錄了歷史上最低的氣壓值，5,000 多人喪生，20,000 間房屋倒塌，在這麼關鍵的時刻，有關海軍配比的戰爭熱度降低了。

日本電器和新奇物品出口，在西元 1934 年減少了 20%，導致日本試圖削減軍費預算。另外日本典型的民族士氣得到提升，導致了海員罷工的推遲。天皇表現出關注大量學校學生的喪生，激發了日本公立學校的重建，這些學校要防風、防火、還要防炸。在夏威夷的一名日本編輯，用美國行話評價日本人的精神：「不斷的災難使日本人變得更加強硬和堅忍，他們有足夠的勇氣面對任何危險。災難帶來的勇氣足以說明他們取得的進步。」

日本對人類苦難的照顧徹底實現了制度化。有條不紊、無所畏懼的日本人，以這種方式對日本反覆遭受的自然災害和戰爭做出反應。日本紅十字會人數最多，人均得到的支持也最多，也最需要幫助他們！西元 1934 年國際紅十字會大會在東京召開，在這裡精確地感受一下日本在大颱風過後正常的救災活動。日本陸軍是一個主要的救災機構，日本民間的紅十字會，實際上是國家軍事機器的一部分。

---

[109] 見西元 1935 年版。

第二十六章　人道主義的日本

後來還有佛教徒發起的紅色「萬」字協會[110]，也參加了國際紅十字會的會議，在整個中國、印度、暹羅、緬甸和其他佛教國家都有龐大的組織。這是古老的佛教中人道主義的現代表現，也是面對基督教的競爭而發展起來的。在精神上並不分什麼派別，它的很多成員都屬於紅十字會，反之亦然。

日本人道主義背後的情感，是團結一致國家的重要特徵，與其說是富於同情，不如說是父愛滿滿。熱情好客、熱衷教育、寬慰救濟和社會治安，都基於天皇就是一家之主，國民都是家教嚴格的孩子這一理念。日本人受到政府的照顧，目的就是將其打造成井然有序的財產，家中行為舉止得當的得力助手，而不是像中國人所展現的「四海之內皆兄弟」的精神，或者像基督所說的那樣，人人都是「神的兒子」，抑或像西方堅持的男女機會平等的思想。佛教在此對受難增加了消極的逆來順受。在這種同情的基礎上，務實的東方人對基督教的解讀，再次建立了積極的社會良知。

日本人對自己家中禮數的敏感，同樣不是我們所說的良知。例如，日本人是世界上最大的、毒害身心的售毒者。國內很少有人對鄰國人民有負罪感，政府對深受日本影響的鄰國人民受毒害提供保護。同時日本人自己卻嚴格禁止濫用毒品，鮮少有人看到有什麼不妥的地方。日本人用瘟疫作為戰爭武器對抗他國，而自己國內卻保留嚴格的健康措施，也是出於同樣的心理。

要了解日本緊密堅韌的結構，你必須了解這個國家歷史上偉大的宗教人物。我們西方有許多與之相對應的人物，中國卻沒有。歷史上，中國人從來沒有對人類負責任的宗教意識，這種思想意識源自他們自認為是上帝的代言人或者特殊子民。如果讀者無感支持國民心態的宗教人物之影響，那就跳過下面幾章的內容，直接閱讀與宗教無關的「神聖家族」那章！

---

[110]　萬字是古代佛教的徽章標誌，象徵長命百歲，簡寫為漢語數字「萬」。

第二節

　　日本歷史上的弘法大師，是將某種帶有慈善性質的宗教帶入日本的第一人，儘管其主要使命是傳播知識和文化。日本宗教界兩位偉大的教化者是親鸞和日蓮，四百年後兩人的生活才有了交集，他們對於日本文明的意義，不亞於我們西方文明中的方濟各（Pope Francis）和聖保羅（Paul the Apostle）。

　　除了弘法大師的真言宗仍有 12,000 座寺廟之外，日本今天最大的派別是親鸞派真言宗，擁有 20,000 座寺廟。狂熱的日蓮宗是形成最晚、規模最小，卻也是爭議最大的，只有 5,000 座寺廟。有些寺廟香火極度興旺，就像他們的住持一樣。京都著名的東本願寺和西本願寺的住持大谷兄弟，是最受西方遊客追捧的日本神職人員，私人年收入分別為 40 萬日元和 20 萬日元。

第三節

　　親鸞長期苦行，寬厚容忍，在犯錯時也能表現出極大的人性，他是慈悲的化身，可能也是日本歷史上最具魅力的人物。現代日本最流行的戲劇之一《修士與門徒》，就講述了親鸞和他的徒弟之間，在宗教和感情方面的愛恨情仇。該劇自西元 1918 年出版以來，已經有了一百多個版本，在帝國劇場和其他戲院為眾多虔誠的觀眾反覆上演。親鸞與妻子的浪漫故事，他用純樸的語言撫慰普通大眾的精神，既有經濟理論還講究倫理，他熱衷於救死扶傷，因兒子的糾纏而萬分悲傷，他在貧苦交加中平靜離世，令幾代人為之動容。

　　另外，日蓮是嫉惡如仇的化身，像薩佛納羅拉（Girolamo Savonarola）一樣瘋狂。這位義大利修士認為，自己可以私下和上帝保持溝通。日蓮四

第二十六章　人道主義的日本

處遊走告訴思想有異於他的人們，這些人將在五十種不同的佛教地獄受苦。他經常刺探別人的弱點，預測令其感到不適的災難降臨，而他也確實擁有預測壞事發生的不祥預感。日蓮又被叫做「日本的卜邦衛（Bramwell Booth）」，他的教派以其名字「日蓮」命名，這就是最初的救世軍。

日蓮一次次地被流放，卻總能成功歸來，鎌倉幕府當局十分震怒，在大多數老百姓明顯認可的情況下判其斬刑。在最後極其無理地激怒他們之後，他引頸就戮，結果突然天降霹靂，擊倒了劊子手和一些衛兵。這番奇蹟令日蓮和所有人大吃一驚，不過他並沒有遲疑，開始充分炒作這件事。他有點像尖刻的先知耶利米（Jeremiah）和約翰·喀爾文（John Calvin），培養了一眾虔誠的信徒，幾個世紀以來，始終保持自我的延續。直至今日，嘲笑者發現最打臉的一幕，就是一群人在橫濱和東京之間的日蓮神社周圍，每年都舉行儀式紀念這位開宗鼻祖。

親鸞來自貴族藤原家族，他跟隨當時的高僧法然一起研究佛法，法然也是一門宗派的創始人。比叡山修行僧人的自我放縱和爭強好勝，令他感到噁心和困惑，他在京都觀世音像前祈禱禮拜了一百個夜晚，在見習期結束時思想得到開化。在最後一夜，他看到了令年輕人愉悅的異象，女神觀音親自承諾會幻化成一名漂亮女孩當他的賢內助。後來異象過後，他就等著某個女孩降生長大成為他的妻子，當他找到自己心念已久的戀人時，便借用神的啟示娶她為妻，成為佛教僧侶中的馬丁路德（Martin Luther）。換句話說，他使出家僧侶更加人性化，讓宗教更加貼近人民大眾，儘管他的寬容精神和平民的同一性都脫胎於貴族，但這要比馬丁路德早了幾百年。

他沒有宣揚依靠行動獲得救贖，那是日蓮的教義學說。親鸞鼓吹一切萬物無論高低貴賤、善惡賢愚，都可以得到阿彌陀佛的恩典。透過宗教信仰，他成為一位偉大的平民。他的信條「他力」（外力）和貴族信奉的禪宗所採納的「自力」（己力）完全相對。

日本的情感表象

　　親鸞和日蓮的看法一致，時代已經墮落，人們很難過上高貴的生活，要接受佛教的末世論，即法律衰落的時代已經於西元1052年開始。在這一點上，日蓮要求肉體需要額外的磨練；而人性的親鸞則宣稱，邪惡在人間大行其道，恩典也更加盛行。親鸞的老師法然說過：「惡人也會被佛國接納，善人更是如此。」親鸞卻反過來說：「善人會被佛國接納，惡人更是如此！」這和基督的說法幾乎一樣，天國天使因一個罪人得救獲得的喜樂，要遠勝過一千個好人的得救。

　　靠恩典得救的信條通常都藉助神祕主義，例如基督教中「滴血的羔羊」，然而人道主義的親鸞，其教義卻並非如戲。儘管他自己提出了有趣的闡釋，但他宣稱沒有內心的狂喜和異象出現的精神揭示，恩典仍舊可以依靠。這對於普通的非神祕主義信徒的確是一種慰藉，並且極大地消除了日本佛教中的迷信色彩，和對於奇蹟的終極強調。

　　剛剛進入十三世紀時，老教派僧侶嚴厲地斥責了親鸞，由於他娶妻並對於普通人戀愛傾向的寬容，使得親鸞被流放到最北邊的越後省。他的老師，已經七十五歲高齡的法然被發配到帝國的另一端，這樣他們就無法連繫了。

　　他對待世間萬物的態度始終如一，既平靜無悔，又能忍辱負重，這與日蓮正好相反。親鸞自己還說：「越後省這麼遠，要是我沒有被送到那裡去，可能永遠都沒有機會聆聽佛法。是我的自我修行讓我來到這裡。」於是沒有任何遺憾和責備，他開始努力在這個被帝國遺忘之地傳播文明。最終，他的赦令下來了，他只在收條上簽署了「愚僧五德」。他最大的悲哀，就是不能馬上回去看望老恩師法然本人。西元1263年時，親鸞已九十歲高齡了，他人生的最後三十年，全部獻給到首都向他尋求指教的人們，他在整個帝國進行廣泛的書信往來，圓寂之前還在反覆唸誦經文「南無阿彌陀佛。」

第四節

　　日蓮十五歲受戒出家，十七歲時經歷了劇烈的心理鬥爭吐血昏倒。這使我們多次想到了聖徒保羅。日蓮擁有使徒對貴族的抗拒、自信和狹隘，卻缺乏保羅的深邃。他認為福音是從家裡開始的，父母是他的第一批信徒。然而，他的老師清水寺的老主持始終不為所動，將他年輕的學生投入地獄之火。

　　在日本歷史上最嚴重的內亂和政府尊嚴崩潰的時期，風暴、地震和大火蹂躪了這片土地，日蓮說這些都是注定的，他將之歸罪於人們的罪過。在公園和街頭，他譴責領主的腐敗和驕奢淫逸，並出版一些明顯帶有誹謗意味的小冊子，分發到最不受重視的地方。一群暴民燒了他的房子，他不得不到漁民那裡避難。所有的這些苦難對他來說，都是履行神聖使命的證據。

　　西元 1263 年，幕府將軍態度軟化邀請他回鄉，可是日蓮卻比以往更加公然地進行譴責。他的母親病入膏肓，他認為自己可以祈禱延壽。不久之後，他和皈依者受到襲擊，他的門徒要麼被殺，要麼四下逃散。日蓮前額受傷，最終活了下來。當忽必烈準備對日本發動大戰時，他還進行了一場激烈的「事後諸葛」的復興演講。他的十一封書信至今都還在，信中他告訴高官們為了應驗他的預言，上天會消滅他們。當宮廷的總管向他問罪時，他寫了一封威脅信給高官，並附上最不討喜的小冊子。在忍無可忍的情況下，那位官員派兵包圍了他的住處。日蓮站在陽臺上，手中拿著一卷經文，說道：「你看，日本的支柱正在垮塌！」

　　在被押往「龍口」刑場的路上，日蓮經過鎌倉郊區的八幡神殿，八幡神被頌為戰神，今天這裡是一座博物館，裡面藏有中世紀的服飾和寶劍，這些都是無價珍寶。日蓮停下了腳步，面向神殿發表了冒犯的言語，劊子手聽到他說：「今晚我就要被砍頭進入禿鷲峰的天堂，我宣布八幡和你太

陽神的祖先，沒有實現你們的諾言，當你進入聖地，這些誓言會保護這個世界上延續佛教真理的那些人。你們就不害怕嗎？」

這可能是太陽女神和天皇，在日本唯一一次被公開指責，或者說日本人將這些神召喚到異族佛祖的寶座前接受懲罰。士兵和跟著的人群押著日蓮到龍口就刑，沒想到，隨後竟有一陣閃電襲來。

日蓮事後稱，一瞬間他已經死了，但又活過來了。似乎現在不可能將他殺死，官方也對於和他保持盡可能遠的距離而沾沾自喜。在墓地的小屋中他差點餓死，日蓮卻說自己已經吃飽了精神食糧。一個過去殺他的武士成為他的摯友和門徒。現在日蓮寫出了著名的雜文《開目抄》，文中他用自己的生平表現人進入天堂的整個歷程。這已經成為他這一宗派的經典。

正如日蓮所預言的那樣，當蒙古大軍入侵時，人們開始把他看成超級神魔了。他趾高氣揚地回到鎌倉，很快又嘮嘮叨叨地指責官員，因為他們要神宮和尚來求雨。他帶著一群信徒歸隱到富士山的半山腰，在那裡度過人生最後的八年，成立了他自己獨裁並可能征服日本的宗教聖座。日本可能就此征服印度和中國，統一佛教世界了。最終整個世界就會服從於富士山上的這個聖座及其獨裁者。在日蓮圓寂前，他組織教派的六大長老交給一名十四歲門徒一份並不簡單的任務——讓整個皇室都信佛。

日蓮是有史以來最偉大的人物，也是最偉大的自我主義者。其影響力如此之大，以至於七百年後信徒追隨他的動力沒有任何消減。經過兩位學者和兩位海軍上將的不懈努力，日蓮的學說得到了復興。這個沙文主義血盟兄弟會的頭目井上和東條英機，共同策劃了針對團琢磨男爵和犬養毅首相，以及很多不那麼成功人士的刺殺，井上和黑龍會老會長頭山滿是夥伴，同時也是日蓮宗的修士。在日蓮身上，我們可以看見某些被刻意放大的特徵，這些特徵無一不說明日本的偉大和危險。

第二十六章　人道主義的日本

第五節

任何一個產生了弘法大師、親鸞和日蓮這些人物並受其影響的國家，都不會變得這麼注重物質，他們的精神在賀川身上得到完美的體現。他們使這個國家深深念及兄弟情誼和社會責任感，日本接連不斷的災難，將這種責任感轉化為井然有序的人道主義。

只要發生了地震、海嘯、洪水、颶風和大火，天皇都是第一個趕赴現場的，雖說他的禮物相對來說並不豐厚。而軍隊也總是第一個開展行動的。對自然美的高度欣賞和民族對玩樂的熱愛，令日本的統治者無時無刻對責任保持敏感，極力修建公園給城市居民和提供娛樂場地。當局公認的職責，就是保證人民擁有乾淨衛生的設施。市政當局保留公共浴室，每個勞動者在全身抹上肥皂泡用水沖洗之後，都可以在木桶的熱水中浸泡一番。

東京員警部門的諮詢局，處理老人「只要他有清酒就可以一直走下去」這類案件。它有六個分局，六十多個派出所，每年要處理五萬五千件極端貧困、小額投訴、心理失常和法律諮詢案件。供奉神道教水神的城市游泳館對於一個民族來說，就是全新的夏季特色，他們在水中的能力讓他們能夠保持水上運動項目的世界紀錄。

日本政府表現出的父權人道主義因素的典型例子，就是西元 1934 年 4 月 1 日東京民政局的遺憾關門，那一年準備結婚的每對新人都花了城市 240 日元！「江戶的年輕人」，單身漢和老處女不得不再次找到專業的媒婆，或者完全依靠自己的手腕了。

在高度緊張的日本，精神病患者的比例相當高。儘管現代的精神病院已經建立起來，可無關痛癢的案件依然留給家庭自己處理，街頭的瘋瘋癲癲也都被無視。為窮人準備的濟貧院和失業者準備的寄宿所，使乞討行為大為減少。

對監獄改革的濃厚興趣，是源於理智而不是情感動機。也有一些模範監獄，其主要問題在於日本人的死心眼和書卷氣。西元1923年的關東大地震，讓基督教監獄改革家有馬（有馬四郎助）獲得了機會。地面還在晃動時，他穿過熊熊烈火的東京街頭來到軍部，要求允許自己不帶衛兵處理東京監獄的犯人，當時監獄圍牆已經坍塌。一千三百名犯人只剩一人了。這名犯人關心他可憐的媽媽，找過監獄長轉交給她一筆錢。監獄長沒有受理，這個被判了無期徒刑的犯人便透過地震的裂縫爬出，把錢遞出後又主動自首。監獄改革者譴責這位監獄長，不久後，有馬就任日本所有模範監獄的總管。他給犯人每個月五至十日元的勞動報酬，服刑十至十二年後帶他們出去，灌輸古老的武士紀律，籌備資金創辦公司或農場。

畢竟與西方國家相比，日本的犯罪率極低。一年之中全國持械搶劫案還沒有我們一個大城市謀殺案多呢！偷竊也甚少，這個國家大部分房屋的牆上，都有八分之一英寸厚的木板或者宣紙板。在東京丟東西幾乎不可能，電車上留下你的任何東西，不管你想不想要，有些誠實的乘客總會把它交給員警，失物招領處是世界上工作效率最高的。

無論在哪裡過夜，遊客必須向員警登記。火車上的男服務生會上交所有乘客的名單給鐵路員警。在鄉下，那裡的員警受國家員警而不是市內員警的管轄，無論什麼時候，他們都有轄區內每個人的紀錄，犯罪的人幾乎無法逍遙法外。

最近令員警首次攜槍並配備防彈背心的，可不是普通的犯罪傾向，而是由於鐵血社團的愛國刺殺行動。一般來說，夏天員警的一身白制服，再配上白手套、警用匕首和警徽，就足以震懾犯罪分子。過失犯罪經常出現，暴力搶劫幾乎沒有，黑幫行為顯然也不可能，但逮捕記錄和當庭宣判肯定得有。白人國家只有英國可以與之一較高下。日本的員警甚至比軍隊繼承更多的武士傳統，一般認為沒有什麼腐敗現象存在。所以你不能在暗

第二十六章 人道主義的日本

地裡賄賂員警,這樣做十分危險!員警通常都是大學畢業,月薪六十日元就感到萬分自豪,在日本當一名員警是一件十分光榮的事。

地方警局會在轄區每月兩次或更頻繁地到每家每戶查看,在家的人必須回答許多有關每位居住者和訪客的問題,包括職業或者興趣愛好等。員警要彬彬有禮又不失堅決地一年兩次檢查整個房屋,甚至每個櫥櫃裡面的東西。日本小巧的家庭主婦得到官方半年一次房屋打掃的肯定後,會感到十分自豪。這令外國人包括在日本治下的朝鮮人和中國人十分惱火,他們認為個人有權處置室內灰塵和個人隱私,這一點令其他東方民族很難完全臣服於日本的統治。

日本是一個崇尚理想的國度,複雜的改革總是在路上。有些小的宗教派別「福音派傳教士」總是如日中天,有時一些情感豐富的人(通常也都是利己主義者),也會開創一些新的人文運動。

我們在回顧弘法大師的生平時,展示過日本的宗教派別是如何起源於這些人物的。自從佛教進入日本以來,宗教活動和人文活動就一直緊密相連。賀川以血汗和飢餓發起的日本貧民窟救援任務,後來發展成偉大的政府住宅和貧民窟消除方案。當代還有許多其他值得提及的人文主義者,例如社會學家岩崎在東京高架鐵路的拱門下,為窮人建造了房屋。他自己打扮成一個魚販子,穿著的白襯衫上面印有:「不工作就沒飯吃,不能工作就得餵飯吃。」

模仿美國婦女運動的婦女組織,開始了改革運動,而且改革的態度非常熱切,給政客和員警都帶來了一些麻煩。他們反對虐待兒童和動物,反對粉塵和噪音,允許婦女進入酒吧和學醫已經成功實現。男女同校學習和文法學校以上的女生,擁有同樣的教學設施也有了一些進展。進入商界的婦女也和美國一樣普遍了,她們成為公車上的賣票員,有些還進入令人矚目的飛行行業。然而,婦女普選權、禁酒和取消特許營業場所的努力卻沒

有成功。

　　工廠女工宿舍的條件在改革家的壓力下，得到了極大的改善，然而，除了西元1934年夏天，歌舞劇舞女聯盟迫使劇場老闆們達成一項協議之外，女工運動整體上還沒有什麼進展。

　　基督教推動了不少日本現代人文主義事業的發展。西元1925年，日本基督徒清水在北京北城牆外創辦一家收養中國女孩的育幼院，資金全部都是自籌，他派了幾個中國女孩和一個男孩到同志社大學學成後，回到北京繼續籌錢工作，與此同時，他還在京都教書。他拒絕了南滿鐵路株式會社的捐贈，這令他受到日本軍事間諜的懷疑和跟蹤。

　　日本很多偉大而富有的佛教派別，拿出漂亮的塗漆寺廟創辦不少慈善機構。佛教男青年協會和佛教女青年協會，除了強烈的超級愛國主義情緒之外，仿照我們基督教男青年協會和基督教女青年協會，提供了所有的人道主義設施。在日本，救世軍在最強力的人物山本大將的帶領下，成為一個重要的組織，每年最大的捐款金主就是皇太后。西元1940年，排外主義將該組織關閉，與此同時日本的扶輪社也被關閉。

　　日本的人道主義工廠最近受到了洛克斐勒基金會的大量禮物外援，四百萬日元用來改善公共衛生，內務部經過仔細考慮後接受了。許多外國捐助如東京聖路加醫院，就是第一代伍德羅・威爾遜夫人的表兄泰斯勒博士熱心援建的。值得稱道的是，還有十多家模範少管所也建立了。改革聖人賀川傷心地抱怨，日本人雖崇尚個人主義，卻缺乏社會良知，熱切社會良知的表現也是平淡無奇。

　　日本人力求挽救人道主義，這個神聖使命情結的另外一種表達方式，一直沒有得到平息。

第二十七章
神聖家族

第一節

　　西元1933年聖誕節的前兩天，整個東京被一陣汽笛聲驚醒。五百萬人聽到後坐在墊子上，當第二次拉長的警報聲劃過夜空，他們穿著厚厚的和服跳了出來，開心地大笑並瘋狂地手舞足蹈，他們爬到神龕前磕頭感激神靈。繼先前生育的四個女兒後，天皇又喜得一子（即明仁天皇）！第二次警報聲創造的歷史，完全與經濟理論無關。

　　在任何國家、任何時代，皇族男嗣的降生都會對歷史產生極為重要的影響。日本未來的官方歷史學家，會選擇這個「祥瑞」作為開啟大日本時代的新紀元──明治天皇的降生，象徵著現代日本社會的開始。

　　出生前一個月，七千萬日本臣民就在祈禱這個孩子應該是個男孩──「自古一脈單傳」的皇位要有一個直系的繼承人。七個縣知事被下令派遣德佳體健的年輕女士，作為聖嬰奶媽的候選人。每個縣都有成千上萬的年輕女孩自薦，最後到達東京的七人中有兩個被選中，學習專門的宮廷語言──和語，據說這是從神武天皇和他的大和部族時代保留下來的語言。在日本以前的歷史中，奶媽都是宮廷裡有權勢的人物。

　　在舉國歡慶的時刻，宮廷裡舉行了特殊的儀式。皇后穿上神聖的白絲孕婦腰帶。[111]新聞媒體發簡報通知她的身體狀況，直到有一份宣稱皇后已

---

[111] 寬大厚重的布帶，通常絲錦材質，繫在和服腰部在後背打結，這是日本女裝的重要組成部分，以前是身分地位的象徵。

日本的情感表象

經進入專門準備的分娩室，坐在分娩榻上，三面圍上了三葉日本屏風，神道祭司和女巫讀出了徵兆跡象，都說肯定是個男孩。

兩聲哨響，禮炮轟鳴，政府電臺 JOAK 簡短播報了「重大喜訊」，用最近官方剛採納的公制公布了聖嬰的身長和體重，《君之代》透漏這樣的消息：國歌表達的情感為神聖家族統治萬年，直到日本海灘的卵石變成長滿灰白苔蘚的巨巖。每一個村鎮都掛出太陽旗，居民縱情狂歡和慶祝，每一個街區的住戶自願聚集到當地派出所，在代表地方主權的員警面前高呼「萬歲」[112]。東京婦女愛國會來到大街上展開第一場提燈遊行，到了半夜，一百萬高呼的人群聚集在皇宮前面的廣場上。員警解除了咖啡館和舞廳的限制。一家主流報社在這一吉祥的日子，發銀牌給當天出生的男孩。

當皇家婦科醫生完成生產手術後，皇家內侍退休的海軍上將，在嬰兒的枕頭邊放上一把象徵生命力並且具有闢邪功能的寶劍。這把寶劍是日本的鑄劍大師月山為皇太子最新打造的。打造前，他沐浴更衣，穿上禮服，包括仿效古代的武士裝扮，用一根細線將木製頂髻固定在剃光的頭頂上。這把寶劍必須終生為其主人所擁有。

一週內，羅斯福總統和其他外國政要的代表致電表示祝賀。七天後，這個嬰兒接受了特製柏木澡盆進行的洗禮。這一古老儀式其中的含義早已不為人知。洗澡過程中，帝國一位最德高望重的學者，一位侍讀，兩名帶有武士雕弓的琴師（一個是退役的將軍，另一個擁有子爵頭銜），和兩個擁有子爵爵位的助理琴師站在屏風後面，他們都穿著仿效中國古代宮廷的朝服和頭飾，邊彈琴邊唱歌驅鬼避邪。

然後宮廷裡的智者為皇子取名，名字由皇父寫在絲面的卷軸上，遞給內務府大臣，放在一個漆盒中，然後遞給皇后的主管，她再把這個盒子交給侍女總管，最後盒子放在嬰兒面前。內務府總管彙報皇上，自帝國神武

---

[112] 另外還與不同的漢字「歡迎」連用。

第二十七章　神聖家族

天皇開始不斷傳承的第一百二十五位神聖君主，已經有了正式的名字：繼宮明仁，含義是「開明仁厚的天皇繼承人」。新出生的皇太子從皇祖母老太后那裡接到的第一份禮物是——魚和稻米。

與此同時，軍用炮臺和戰艦上的火炮齊鳴，日本市民都聚集在全國各地的公園裡。齋藤首相帶頭站在東京日比谷公園巨大的紅羅傘下，帶領群眾高喊三聲「萬歲」，東京市長宣讀了一份充滿忠誠和祝福的致詞，透過廣播傳到帝國的每一個角落。

帝國的信使被派往東京西南 250 英里的伊勢，這裡有這一支系女始祖太陽女神殿，和供奉了 123 位死去天皇以及神道萬神殿 80 位大神的靈魂聖所，將繼承人的名字告知這些先人。

日本連同慶祝新年開始了為期一週的狂歡。大城市在公園免費提供音樂、戲劇、歌舞等娛樂活動和免費餐食給需求者。皇子降生一個半月後，官方在所有的祖先神社莊重地舉行慶祝活動，最終為了宣示皇家仁慈，赦免了所有的死刑，35,000 名囚犯被釋放或減刑，10 萬刑滿釋放人員恢復了公民權。

第二節

伴隨日本皇太子降生的各種儀式慶典，在我們看來極具中世紀的色彩，不過對於日本人來說，不管是科學家、銀行家或是空軍中隊的指揮官，他們都像對待我們的總統選舉和政治派別一樣嚴肅認真。除了政治意義之外，每一個日本人都覺得皇家生孩子，讓國家就像一個大家庭，自己就是家庭的一員。對於那些翹首以盼的上百萬人，對於堅信日本國運和自己地位嘴巴嚴緊的領導人，對天皇夫妻本人，尤其是當皇家在各個神社朝觀求子之後，此時此刻一個王子的誕生，就是上天對日本進步和大計的最有力證明。用日本國運的福音——荒木將軍簡潔的話語來說，就是「帝國的基

日本的情感表象

礎比以往更加堅固了」。末次上將事實上說：「大日本帝國的基礎，現在更加堅固了。」

中國古代服飾和普魯士宮廷服飾的綜合，彈奏弓琴闢邪和廣播布告，都集中體現了現代日本皇室的地位。聖嬰的母親香淳皇后當年分娩時31歲，是一位雍容典雅、熱心慈善、具有現代思維的君主。身為妃嬪，她接受過網球、體操和其他訓練，這會使得皇室的後裔增加活力。她是一位小有成就的音樂家，喜歡貝多芬（Ludwig van Beethoven）和蕭邦（Frédéric Chopin）。皇太子十五歲時就會住在像凡爾賽宮那樣的住處，距離東京皇宮禁地有一段距離。然而，他是一位東方君主也是一位大神。

日本皇室到底是什麼樣的？如果那是真正現代化的日本倖存的一套中世紀體制，那日本皇室就是不真實的，它很快就會變成一個現代國家。相反，皇室還能看見日本濃厚的中世紀一面，日本有著值得誇耀的機器和交通，比我們還高的識字率，花哨的報紙報導和驚人的發行量，表面上處處體現現代感。有一點可以肯定的是，每一個有著不同政治信仰的日本人，都會為了皇室立刻獻出生命。

老耶穌會員是日本最早的白人學生，他們試圖解釋天皇的地位，將其和羅馬教宗進行比較。可是這個對比並不充分。教宗絕不是一個民族或者種族的象徵，最忠誠的信徒也沒有激起日本人今天對天皇狂熱的個人崇拜。對日本皇室的態度，是這個國家自我崇拜的最高表現。神聖家族是與天同在的可視證據。隨著日本這艘大船開向越來越危險的水域，來自世界的壓力陡增，國家團結的具體表達也越來越重要，現在日本人會誓死保衛它。

天皇並不直接參與政治。明治天皇骨子裡是個強硬派，控制著以他的名義發號司令的政治元老、政治陰謀家和好戰將軍。但以後就再也沒有這樣做了。天子的威嚴從來沒有受到威脅，如果犯了錯誤，一些官員或議員就會腦袋搬家，天皇是沒有任何過錯的。

第二十七章　神聖家族

　　大量的金錢花在儀式典禮上，那是國民的心意。最後的加冕典禮花費三億日元，但是皇室自身生活簡樸，幾乎可以說是十分節儉。王子王公都被訓練成專業騎手，個個刀馬嫻熟。聽說他們爬過宮牆進入毗鄰的英國大使館場地，和使館的職員和以及年輕女士打網球。王子王公被鼓勵在他們的私人實驗室，做自己感興趣的科學研究。

　　皇室有自己的興衰起伏，這一血脈透過納妾和收養一直保持「生生不息」。不少日本貴族家庭的血緣，要比創始人的後裔血緣還要純正，旁系分支都明智地定期予以剝離。西元1889年受德國影響，日本的政客元老調整皇族以適應現代慣例，在內部沒有分歧的前提下強化了皇室，只限皇后生的男孩繼承皇位，儘管當時繼承人是庶出子，儘管世系中有幾個傑出人物是女性。

　　於是對皇妃的選擇都是十分上心。現在天皇的母親因為神志不清的丈夫被要求攝政多年。「嚴肅事件」這一說法，在新聞界總是意味著和不能提及的皇室有關。近年來，有幾次直接關聯到皇室的自由言論和政治陰謀。現代下定決心保護皇族至高無上威嚴的最經典例子，就是劇場把整個演出季的票都售罄後，員警阻止了古典小說《源氏物語》改編的戲劇上演。《源氏物語》的作者是一位十一世紀的宮廷女官，這部書描繪了虔誠人物的人性和情感缺點，一直受到認可和歡迎。主角源氏在歷史上就是天皇的兒子，他與父親的愛妾生了後來的天皇（這一切被後一輩人所揭示），此外還有其他天皇和皇后的緋聞。

第三節

　　顯然，西方人來到日本一定要了解一套新的思想觀念。冒犯天威的指控，是最惡劣的指控。「外來蠻夷」需要得到大量的豁免權，日本人不僅

日本的情感表象

是出於禮儀，他們還知道蠻夷得到原諒就跟原諒不懂敬畏的啞巴動物一樣，可這樣的善意也得不到傳達了。

一位英國編輯在排版時，因為省略了皇室成員頭銜和名字的首字母大寫而被罰款了。日本一家老牌的英文報紙，因為校長在學校火災中無視學生生命，自己受傷搶救出天皇的照片而諷刺校長，於是在員警那裡就有了麻煩。這引起天皇寬厚的表態，他解除了老師和學生冒著生命危險搶救展示照片這一職責，每天大家都要向這照片鞠躬。結果老師和學生卻對此更加熱衷了。在朝鮮，有一名英國記者因提到了已故天皇的疾病而被判刑，他為此道歉並被監禁幾個月，後來他和當局達成某種和解，並一躍成為日本的一名宣傳員。

他們威脅說，若是北京的報社報出了染病天皇確切的症狀，而症狀不消失，他們就會違反所有的國際法規，轟炸北京的這家報社。憤怒的日本人正期盼著，對輕慢日本皇室的紐約新聞週報做出同樣的舉動。由此可見，日本人對這類事件的重視程度非同一般。

檀香山一家主流的日報社，一半是英文，一半是日語，但是他們自稱是美國報紙（編輯是一位外籍日本紳士，不過所有人確是他美國出生的兒子），上面刊登了皇族嗣子出生的社論：「國家正面臨一場危機，他的到來有了更加重大的意義，日本人民實際上已經瘋狂了，這一心理是除了日本人之外，任何人都無法理解的……我們對皇嗣子送上祝福。」

還有一人自稱「到訪的遊客」，寫了一封信給一家立場對立的美國報紙的編輯，以表達驚訝之情，「檀香山一家主流報紙，應該對日本皇室降生的男孩感到興奮，應該使用像皇家的臣民那樣的語氣。」並且取笑日本統治者是太陽女神直系後代的概念。檀香山有最大的日裔社區，他們召開憤怒大會和日本聯合會理事會，考慮抵制美國報紙的方案。冷靜的建議最終獲得了勝利，但那就是日本人敬畏中世紀的「執念」，其本身魅力十

足，這引起世界的關注。當然，日本人可能會說，只要墨索里尼下令自己的名字總要寫成大寫字母，西方人就不該對此有所抱怨。

西方人的日本同事僅僅透過外表，就祕密傳達了他們對天皇的崇拜，與西方人已知的世界是不同的。他們靈魂中真的有一部分並沒有太多的衝動來做出輕浮或無理的舉動，就如同孩子崇拜自己的媽媽一樣。人們會逐漸接受成千上萬人在徹夜守護之後，心懷敬畏地跪在那裡，不敢抬頭看封閉馬車裡那個戴著眼鏡的「天皇」從他們身邊經過。

日本皇室是二十世紀最不合時宜的存在。儘管我們在整個日本都發現新舊的矛盾對立，不過這是世界上最古老的、某種程度上也是最新式的家族統治，其地位可追溯到西元1867年德川幕府的倒臺。丹尼爾·韋伯斯特撰寫菲爾莫爾總統（Millard Fillmore）給日本天皇的電文時，西方政府還不知道，除了東京將軍之外還有一個統治者，培里把這一電文訊息交給將軍的官員。王朝現有的朝服來自俾斯麥的霍亨索倫宮廷，當有人被邀請到皇家草坪參加宴會時，他必須穿著長長的拖尾禮服，戴著大禮帽，哪怕只是紙做的，女士必須穿維多利亞風格的服飾。就像一片孤立的封建群島，五十年間成為世界上一流的強國一樣，一個貧窮的、被忽視的、被人民忠誠地保留了九百年的東方皇室，在同樣的五十年間，成為了世界上最偉大、最富有的統治王朝。

第四節

在日本，普通人的生活中很多事都和皇室息息相關，這一點就像西方小鎮的社區生活與各個教派息息相關一樣。帝國統治者可能成為後世流行的神。西元283年，應神天皇成了至今仍備受崇拜的八幡戰神。日本佛教與皇族保持緊密的連繫，儘管神道教的存在主要是為了支持佛教。偉大的

佛像雕刻大師高村塑造的觀音菩薩造像，已經敬獻給了皇太子。

帝國之內每一個家庭和旅館都有天皇意識，都會有一個從來沒有人坐的「天皇之位」——一個高臺上的神龕。農業、教育甚至占據現代世界市場的工業，也和這位聖人建立了禮儀上的連繫。皇子出生後的那年夏天，只要進入東京一家大型的百貨商場，你就會看見寬闊的櫃檯上放著赤裸的嬰兒，以慶祝皇子的誕生，沒有什麼能比一個日本嬰兒更能吸引注意的了。日本文法學校的男女學生把書放在揹包裡，就是因為幾年前一個皇室孩子看見士兵揹著背包，就堅持自己也要用背包來裝書。剛剛有了螢火蟲，福岡的學生就替天皇捕來成箱的螢火蟲，然後用飛機直接運到皇宮，為了保持天皇和農民階層的「父子」關係常新，天皇每年一次在他專門的水田裡插新秧，這是從中國皇室繼承的一套禮儀。西元1940年，日本籌劃一場盛大的皇家展覽，紀念建國兩千六百週年，展覽於開國元勛神武天皇的忌日4月3日開幕，並於11月3日閉幕，閉幕那天正好是實現中興的明治天皇生日。

關於日本人在面聖時的心理，森有禮有著富有人性化的描述，森是高橋的贊助人，因攜帶拐杖進入伊勢神宮受到指責而被刺殺。森說，他和其他官員一個挨著一個跪著前進，後面等候的人情緒十分激動。最後輪到森的時候，聖簾捲起天皇現身，他不能抬頭只能偷看。最後，他說眼光只瞄到天皇的胸口，從來沒有看到真實的面容。

皇室受到尊重，但皇室也可能犯錯，其中一個重要的典型例子，就是天皇的弟弟秩父宮雍仁親王作為親善大使出訪滿洲國事件。寬厚仁慈、追求民主的親王本人抵達奉天時，那裡強制執行的規章制度違反外國居民權利條約，並引起了外交抗議。為了確保沒有人可以從高處俯瞰親王，日本員警強行進入私人住宅，把居民關在低層房間裡好幾個小時。在中國的住宅和店鋪，日本人自己隨便拿菸草、糖果和食品，甚至會調戲婦女；在美

國人的家庭,年輕員警還提出了讓女主人教他們打橋牌並和他們跳舞。

在日本,任何出版品都沒有批評過天皇。一家較大的日報確實有過一系列針對內政部官員的批評,可是公眾認為這近乎粗俗和褻瀆,於是這些文章就停止出版了。

第五節

日本皇室比摩根家族都要富有,毫無疑問,這是世界上最富有的統治家族,今天的世界知道,也許全世界都知道,其私產與其王國不同。它私下裡擁有並經營日本數百萬英畝的森林和土地,並負責所有的植樹造林工作。它擁有日本全部大公司的大量股份。西元1925年的時候,在幣原男爵的影響下,自由批評和調查甚囂塵上,我採訪了當時還是男爵的內務府大臣牧野,他是世界上最偉大的商業主管之一。皇宮內務府大臣一定是在治國和經商方面最有經驗的人之一。牧野伯爵除了沒有擔任過首相之外,內閣所有的重要部門都任過職。

西元1923年的大地震之後,東京的一些納稅人承擔了重建城市的重任,還要支持整個東京中央商務區的員警、街道和衛生設施,這裡包括皇居的廣大地區都是皇室宮內府所有,而且從不交稅,他們也開始抱怨不公了。今天人們聽不到這樣的抱怨聲,因為超級愛國者瞬間就會讓這種大不敬失聲。

我斗膽問了宮內府大臣,天皇的財富估計能有多少?

他回答說:「這個從來沒有統計過,今後也絕不會統計,以前從來也沒有人要求過,我相信今後也不會有人要求。」

他態度和藹可親,小心地使我說話不至於越界。他講了一套理論給我聽,這裡包含一個偉大的真相,即皇家財產是最好的儲備,不受世界上任

何國家政策和公共揮霍的影響。在遭受大災大難和最嚴重的民族危機時，皇室財產就會出來解圍。地震、火災、洪水、饑荒的受災者收到的第一筆捐款，就來自皇室，它還定期捐款給日本救世軍、紅十字會、佛教慈善組織等機構。日本的每一次大戰，也得到了皇室的捐助。

最近一位愛國者碼頭裝卸工黑田，約戰社會黨議員山本並致對方身亡。被捕後，黑田自我辯護說，因天皇現身國會幾分鐘，他打電話指責那個議員穿便服出現在國會開幕式上。「我告訴山本，我堅持以天皇為中心的原則，他的蔑視態度令我十分惱火，我們打了一架，他就死了。」這就是天皇在日本受到的禮遇。

最近，報紙刊載了一名退役軍官的新聞。據說，他連續五年每天風雨無阻，在凌晨到明治神社的北門參拜，以示對皇室的忠誠。另外一份報紙在同一版面，用連環畫《撫養父親》，講述了隊長東島在滿洲受命，負責運送同袍靈柩的事蹟。「他胸前兩手合十，站著祈禱了好幾分鐘，心裡想要說點什麼，淚水順著臉頰流了下來，他嘴唇顫抖，最後使勁地發出：『天皇陛下！』儘管他試了幾次，卻說不出『萬歲』那兩個字了，他退回到自己的位子，用拳頭擦乾眼淚。全體士兵都低著頭默默流淚。對於無牽無掛的士兵來說，無須太多的言語。『天皇陛下』這幾個字足夠了。一切都在這幾個字裡，這幾個字包含了一切。我們士兵的勇氣和力量，陸海兩軍的戰力和國家的榮譽，全都來自這句『天皇陛下』。」

西元1930年3月26日，天皇修繕了神宮賢所，高舉卷軸，大聲向本族祖先太陽女神宣讀：「至此，首都重建俱畢，特向先祖聖德天威鳴謝。」日本皇權的威嚴和神祕，在這一刻得到完美呈現。這就宣告了東京及其五百萬堅韌的居民，從人類有紀錄以來最嚴重的城市災難中恢復過來。

第二十八章
日本的激進主義

　　日本的共產主義就像超級愛國主義一樣，是一種情感的爆發，而不是政治或經濟的爆發。日本莊稼人的營養不良，和兵工廠工人為進軍國際市場承受的超長工時和貧窮生活，這看來就像共產主義產生的正統土壤，但到目前為止，結果卻讓馬克思主義者完全失望，生活痛苦，這麼大的壓力無可避免地產生各種爆發。

　　情緒衝動使日本共產黨和黑龍會或具有極端政治立場的其他超級愛國者沒有什麼區別。馬克思主義者在日本不會有什麼作為，除非他們學會充分利用狂熱、殉道和渴望正義事業的心理。這個事業需要冒著身體遭受折磨甚至死亡的風險，簡言之，這種矢志奉獻的心理，相當程度上就是日本人的心理。這種在日本已經存在的激進主義，就是這種心理而不是經濟信條的體現。

　　日本陸軍突破滿洲的界限後，愛國協會經過幾次適時的暗殺行動，控制了日本政府，警方紀錄顯示，日本有三至五萬人因激進行為而被逮捕。五千萬臣民熱心地獻身神聖使命，並將共產主義視為不能持久的異端邪說，認為日本可以遏制共產主義威脅是愚蠢的。這樣的預測就像希特勒得到德國人民百分之九十幾的「贊成票」時，德國正向共產主義大步前進一樣。

　　然而，此時那些狂熱地相信東條、荒木、末次和松岡治國之道的人們，陷入了極度失望之中，讓這些人帶領著人民進行大屠殺或者接受恥辱的戰敗，同樣幾百萬人帶著同等的狂熱和殉道精神，轉投了馬克思的光輝思想和共產國際發起的運動。

日本的情感表象

日本人和我們一樣對共產主義並不陌生。根據大隈的說法，國家社會主義的核心，就是日本整個封建主義時期的政治理想。歷史學家福地說：「根據國本理想，靠別人勞動生活的人就是罪犯。」德川家康禁止轉讓土地所有權，由此去除了土地的資本化。西元1969年，日本耕地分給了農業人口，而不是賣給了出價最高的人。在德川幕府統治的漫長時間裡，薪資都是法定的，這是高度發展的社會主義和共產主義。在日本歷史上，國家幾次公開宣布取消所有的私人借貸。

和許多東方社會組織一樣，公有企業一直是而且仍會是日本社會一個顯著特色。數十家兄弟企業和許多手工藝行會有共同的基礎。村莊共同教育他們最聰明的孩子。農民和小鎮市民協會按照每週一角錢的儲蓄計畫儲存資金，按照會員內部利息出借資金，當存夠了資金就償還整個行業的債務，帶著所有健在的會員去朝拜著名的神社和歷史景點。你可以看見他們戴著寬沿帽和未漂白的棉布衣，纏著綁腿爬上富士山，穿過瀨戶內海或者恭敬地跪拜伊勢神宮。還有類似的會員埋葬協會和防旱保險協會。

日本的礦工有一個公共的組織，歷史要比西方的工會還要早。封建時代的礦工是整個社會最吃苦耐勞的階級，實際上這部分被遺棄的人群，最後形成了全國性的行會。從一個礦到另一個礦的旅費，都是兄弟礦工提供的，他們自己也領取退休金，養活新來的直到他們有工作可做。未婚的礦工都住在公家宿舍裡。

如今的日本與封建時期很近，眾所周知的封建時代繁盛行會一切公有的基本原則，對於日本公眾來說仍是個鮮活的記憶。

日本現代激進主義的歷史很快就能概括。日本知識分子在俄國布爾什維克主義取得勝利之前，饒有興趣地追隨克魯泡特金、托爾斯泰、馬克思和列寧。日本知識分子中典型的理想主義者片山潛，在長期留美期間得知歐洲的激進主義，學了一點皮毛後回到日本傳播。賀川的基督教改革小組

第二十八章　日本的激進主義

幫助組織成立了工會。西元 1914～1919 年大量出現的軍工產業經歷過不少罷工。西元 1917 年，淺野造船廠出現了第一次大規模的暴力事件，造成的損失高達六位數。

與其說片山潛是馬克思主義者，不如說他是克魯泡特金式的無政府主義者，但他犯了直言不諱的錯誤。他又與愛國者交惡，因為他反對對俄戰爭，並且與日益壯大的、列寧的布爾什維克黨交好。其他的領袖人物受到片山潛的激勵，一度大量湧現，如報童出身的藤田。他希望用社會主義的傳單來宣傳東京，身為主任，他號召五六百報童，一個小時之內就能覆蓋整座城市。

長岡以前是一名礦工，後來成為街頭小販，能夠跟工人交流而不被懷疑，他出售自己創作的歌曲來支持這個宣傳方案。藤田的繼任者安部磯雄，作為日本主要的社會主義者，因為一隻眼睛始終閉著而經常被人嘲諷。也許是因為自己養有八個兒子，安部也是最早支持家庭計畫的人之一。安部的社會黨一直受到共產主義者和警方「反危險思想」小組的夾擊。

當前日本已經沒有冠名合適的、有組織的社會主義團體了。老安部資助了第一家校際和國際棒球賽，今天被尊為棒球之父而不是社會主義之父。其他支持社會主義的傑出知識分子，有不少像安部那樣的人都是基督徒，特別是東京帝國大學的吉野博士，他最後也是鬱鬱而終。透過這些「粉紅色」的題外話，我們再次回到極端的激進主義進程上來。

片山潛逃離這個國家，是因為發表了冒犯天皇的言論，而不是因為他的經濟理論。社會主義如此不受人待見，監獄服刑的犯人自殺，就是因為獄友稱其為社會主義者。莫斯科提供給片山庇護，並沒有讓他過上多麼舒適的生活，他拖著病體之軀熬過了多年時光，直到史達林將他的遺體葬在克里姆林宮的城牆裡，和他有同樣待遇的還有美國人約翰‧里德（John Silas Reed）和比爾‧海伍德（Bill Haywood）。就在片山死前不久，應天皇

自己的請求，日本政府最終允許片山的女兒赴莫斯科照料他，但他的女兒必須發誓勸說父親放棄錯誤的學說。

片山鼓勵第三國際的信徒，增強日本實現共產主義的希望。第三國際把西元 1921 年俄日外交關係的建立，視為在這個東方帝國進行集中宣傳的開始。日本共產黨被公開成立直到西元 1927 年才被取締。成為共產主義者要承擔極大的風險，這一思想吸引很多日本知識分子和學生尋求為之奮鬥的正義事業。

很快，在信奉無神論的莫斯科命令下，該黨與賀川領導的基督教社會黨發生衝突，基督教社會黨的經濟理論和馬克思、列寧的理論一樣極端，卻還是以賀川對早期基督教地方自治主義的研究為基礎的。為了應對不可知論的影響，這些年邁的基督教社會改革家們，開始自稱基督教共產主義者。賀川和他的同袍首先組織了工會，要求發表最早的工廠法，保護上萬名進入棉絲廠的農村女工，還組織農民團結起來抵制地主的剝削。

日本工業時代的這些改革先驅，成立了農民和勞工合作社，儘管政府和大公司之間有連繫，政府還是要迫使公司友好對待合作社，以成本價加工和分配衣食。在最早的工人罷工中，他們就進過監獄，這些基督教社會改革者對工農大眾有著非常深的感情，無法輕易地被莫斯科的惡毒潮流所裹挾。鬥爭的結果就是兩敗俱傷，無產階級分裂成六個互相敵對的派別，最激進的共產主義者很容易就遭到員警的打擊。

西元 1923 年 9 月的大地震和大火，摧毀了東京並奪去 15 萬人的生命後，日本人的心理對激進運動產生了深刻的影響。國內最傑出的、可能也是最真誠的激進分子——社會主義者小川，其在災難發生時正在監獄中等候審判。他的妻兒都在附近的牢房中。庭審中公眾顯然十分同情這位激進分子，但災難最嚴重的時刻，日本陸軍少校來到監獄，要求面見犯人，然後突然撲向小川，利用柔術將其背部打斷，接著來到其他牢房將他的妻

第二十八章　日本的激進主義

子和兒子全部勒死。

這後來引起了一些反彈，然而黑龍會和其他的愛國協會，卻確保這位少校最終在滿洲得到晉升。在滿洲，像這樣的人會傾其所有奉獻一切的。他在監獄中辦自己的小差事，愛國者開始在瘋狂的群眾中四處散布謠言，朝鮮人和激進分子在四處放火並謀劃推翻天皇，這完全是德川幕府時期大火和火藥陰謀的翻版。

成千上萬的朝鮮勞工進入日本，很多例子證明，雇主支付給他們的薪資要少於日本勞工。他們中有些聰明人被吸納加入了激進組織。美國水兵在港口從美國軍艦上發放食物給日本難民，就是這些難民還在屠殺數十名「激進分子」和朝鮮人。大屠殺最終被軍事管制制止了，這件事也就被遮掩過去。有意思的是，有些超級愛國者甚至鼓動襲擊停泊在港口的美國船隻，這些船隻正在解救成千上萬被大火趕到海裡的日本人。

日本歷史表明，每次嚴重的危機都會將人民團結在天皇周圍，然後就會出現一段反動時期。這一趨勢在大地震之後十分明顯，共產主義的領袖們認為，解散政黨是明智之舉，直到西元1925年日本共產黨才得以重新成立。西元1928年其重要性足以引起員警的抓捕，從那以後更是如此。不過背後並沒有什麼重要目的，直到西元1931年冬季，超級愛國者們取代了態度溫和的幣原政府。從那以後，反共的各種手段，讓人們想到了十七世紀早期清除基督教所採用的方法，儘管員警的拷打已經從宗教裁判所的酷刑，更新到美國的刑問逼供，如果這也可以被看作進步的話。

在1920年代後期，共產黨已經贏得了大量勞工的支持，可他們還是一個無助的團體，員警會將成為組織者和靈魂人物的知識分子剔除。警方稱，對待無產階級，通常只要令他們待在監獄裡等待審判，就可以令他們改變信仰。東京《日本時報》的一名撰稿人發表了權威宣告，在西元1928年3月～西元1933年3月，有27,500名共產黨員被捕，有25,000名可能

被無罪釋放，在 25,000 名被判刑的人中，有三分之二已經宣布改信正統的日本主義。這名撰稿人預計這批人中，可能有 300 人仍舊冥頑不靈。

黨員的改宗和背叛，使得政黨領導者嘗試實行包括謀殺和拷打這樣恐怖的紀律約束，例如將熔化的金屬注入涉嫌告密者的肚臍。另外還嘗試某種史達林年輕時期在高加索地區執行的「黨的沒收」政策，即搶劫銀行以提供經費。這種無法無天的行為，導致日本公眾普遍反對共產黨。有些人轉投基督徒賀川，但是大部分人都被荒木和松岡的民族法西斯爭取過去了，他們承諾透過把日本打造成世界強國，提供更多的福利給人民。

隨著滿洲軍事行動的進展，超級愛國主義運動席捲全國，日本公然藐視國聯。更多的刺激是公然對抗美國，而不是當地員警、磨坊主和地主。一個具有啟蒙性質的事件，就是宣布進行全民防空演習，來阻止大阪磨坊工人罷工。戰爭繁榮發展期正在出現，工廠一天二十四小時生產軍需品，偉大的三井和三菱外貿公司占據了世界的棉織品市場，將上百種新商品推到新興的國外市場，大規模的失業現象不見了。激進主義在一個一年外貿幾乎翻倍的國家沒有太多的機會。高橋政府雖然明智地沒有加稅，卻發行了國債，在壓力之下被富豪家族利用。好在日本幸運地稻米豐收，儘管貨幣貶值六成，食品價格並沒有真正上漲。

西元 1934 年 8 月，日本工商會宣布，世界經濟大蕭條在日本已經結束。當然，站在資本家的角度，日本已經進入了最有前途的繁榮時期。失業率並不嚴重，工人的生活條件也得到改善。然而農民的命運繼續惡化，直到戰爭才引起了食品產量的提升。農民也有了紙幣，雖然買不到什麼東西，但是他們感到比以前富有。矛盾的是，日本每年增加一百萬人口，在 1920 年代，日本不足的稻米產量出現了盈餘，政府仿效老德川的做法，糧倉裝滿並為農民維持高價。

稻米的過剩，是由於日本人的飲食習慣已經變成小米、大麥、小麥、

第二十八章　日本的激進主義

牛油、起司和雞蛋了,這些都是出口工業品從國外換回來的。在國內,馬鈴薯、水果和牛奶也已經大量生產。另外一個因素就是,日本認為有必要吸收在朝鮮和滿洲進行的大規模種植企業的成果。當禁運和備戰讓日本又重新回到了原有的食物結構時,暹羅的貿易征服和中國、緬甸、爪哇的軍事占領,又帶來了大量的稻米盈餘。現在除了橡膠和原油之外,如果德國人要是吃米飯的話,日本還能夠提供給希特勒全部的食物需求。對於態度騎牆的法國也是如此。

養蠶戶的情況也是左右農業形勢的第二大重要因素,而且情況更為嚴重。日本絲綢出口地的美國,越來越多地轉向化纖,日本公眾也是這樣。後來西元1939年的羅斯福-赫爾禁運,宣判了絲綢的死刑。不過在日本,農業專家已經預測出日本古代輝煌的絲綢工業在終結之前,日本會在西元1933年用化纖來有效地代替,並且成為世界第二大化纖出口國和第三大化纖生產國。對於工業資本家和軍國主義者這都是好事,他們關注著太平洋上的任何可能,想讓日本在經濟上擺脫對美國的依靠。可是對於農民來說,情況卻十分不利,因為製造人造絲所用的棉花,並不是日本的作物。農業部甚至建議農民砍掉需要生長多年的桑樹。

政府採用了新的方案在農村實行工業化,撥款啟動資金一百萬日元將水電引入農戶的家庭,並裝備機械生產日本的鐘錶零件、靴子,大力發展新興飛機和汽車製造業。日本成為僅次於德國的空中強國時,世界其他國家驚訝地問道:「他們在哪裡製造的?」上百萬的零件都出自農戶家庭工廠,美國急需的飛機製造廠進口的零件,在這裡得到精緻的仿造。西元1934～1938年,飛機產業是僅次於鋼鐵和石油的第三大銷量產品。零件在小工廠裡部分組裝,最後在山谷裡隱藏的幾家工廠加上機翼,這裡沒有外人進入,上面都掛著「紡織廠」的牌子。

在大部分情況下,農民家庭也會收到他們女兒在棉廠和人造絲廠打工

的收入。在窮困潦倒或者拒絕支付租金的時候，他們得到軍方的支持對抗無助的地主。他們開始把本村出身的軍官看成自己的救世主，自然跟著他們加入了帝國主義戰爭。三井家族捐助了三千萬日元救濟農民，政府預算又提供了一百多萬救濟金，到了西元 1935 年 3 月，又拿出五億建設農村地區的公共設施，卻仍然不到滿足需求的十分之一。

到了西元 1940 年，軍閥荒木貞夫讓農民的情況更加糟糕，但是他十分渴望即將到來的危機，這樣就可以用天皇的名義，攫取所有的財富和發展成果。日本人不再談論金錢，無論是外債還是國債，只是被告知，就會到需要的地方工作或戰鬥，以便能夠生存下去或分享帝國的榮譽。

他的某些言論讓美國人對自己的國家產生了不適的想法：「疾病沒有確診，我們就不知道膏藥該貼在哪裡。病人肚子疼時，頭上貼膏藥是沒有意義的。一旦確診，立刻就貼上膏藥，可是我不明白為什麼人們要胡搞？現在看看稻米過剩的麻煩。人們對此抱怨不迭，接下來想知道怎麼處理學校營養不良的孩子。稻米過剩就不會有營養不良的學生，那麼官員應該怎麼應對這個問題？這種事情不應該留給慈善機構。要是需要金錢，我會想法解決！」與幾大財閥保持連繫的日本都市新興中產階級，能在超級愛國者的反動行為和有軍方背景的農民階級停留多久，這是一個問題。

愛國者橘孝三郎刺殺了總理大臣犬養毅被判處無期徒刑，他在所著的《日本重建的愛國原則（愛國革新本義）》中說，必須回到東方文明，農民和軍隊必須成為國家的基礎，擁有銀行和工業的城市不再允許財富外流。

儘管法西斯和軍方反動派與共產主義的綱領十分相似，但它贏得大眾同情的基礎在歷史上就已經奠定了，而且不容進行比較。如果日本國內群情激奮，松岡那樣的人就會掌權。[113] 日本將會進入強烈民族主義的共產主義，而不是馬克思的理想主義。例如，荒木大將和馬克思綱領的相似性，

---

[113] 見西元 1934 年版本。松岡西元 1940 年出任外相。

第二十八章　日本的激進主義

解釋了愛國者對共產黨的冷酷無情。這場鬥爭承載了狂熱分子中通常派別鬥爭的所有痛苦。日本的軍國主義並不意味著軍隊充當員警，為富有的製造商和金融家提供服務，而西方通常就是如此。實際上，日本真正危險的或對外戰爭不敗的激進分子，都是軍方人士和愛國者。

看著員警抓到的一些共黨分子，就會讓我們感到這場鬥爭中的人情味。日本最成功的年輕作家和最摩登的年輕女士，顯然都是受害者。激進的世襲貴族、小劇場和無產階級劇院的贊助者土方伯爵，被皇家宮內廳紋章局剝奪了貴族頭銜，這是史無前例的操作。當局很高興，按照西元1889年憲法的規定，日本所有受封的貴族後裔，每一代必須降一級，直到最終再次成為平民。這一切都依仗俾斯麥。

作家林芙美子小姐和一群周圍的女藝術家和作家，因分發《紅旗》雜誌被捕；著名的劇作家被抓入獄；不少高等學校的「電影俱樂部」被解散；高等法院的九名法官因為「危險思想」而被判刑；很多知名的大學教授不得不在牢中受苦；陸軍總參謀部的兩名女打字員，在這本書準備出版的時候被抓；還有資本主義堡壘東京三菱銀行的六個職員，他們的「小組」被指控將大量的現金轉給共產黨的帳戶；一群知識分子因鎌倉海灘的野餐聚會，被潛藏在灌木叢中的祕密員警帶走，他們最後吃的監獄外的食物，很長一段時間都是野餐時的三明治。共產黨員在監獄的伙食並不太好，新聞記者有提過，經過幾週到兩年的等待，許多人幾乎無法走進法庭受審。

偉大的婦女組織——日本WCTU和日本婦女俱樂部聯合會，在基督徒賀川的影響下成立，於是便脫離了馬克思的共產主義軌跡。她們舉行群眾遊行，出版反戰的宣傳冊子，在向日內瓦遞交重達60磅，有一百萬個簽名的、史上最長卷軸請願書時，她們受到了員警的嚴重警告，傑出的領導人河井小姐被告知，她已經在觸犯法律的邊緣。日本的心理戰和物質戰爭的發展，有效地澆滅了婦女俱樂部的熱情，儘管很多成員以個人名義，

繼續完美詮釋了日本人不懼懲罰的精神。

當代文學一度「走向極端」，年輕小說家的主角越是布爾什維克，他的銷路就越好。不過自從西元 1930 年以來，又開始喜歡努力娛樂搞笑，而不是政治宣傳的老作家了。一個新學派把日本的神聖使命寫成了劇本，講述日俄戰爭和日美戰爭還有占領中國。有必要提及一位激進的作者林房雄，他跟其他人一樣進過監獄，在監獄中創作了小說，利用德川幕府末期的場景來削弱當前鼓吹「日本反對世界」的主張。松岡則用一部強烈的愛國主義電影來進行反擊。

員警在與年輕貴族和官員子弟打交道時，遇到了極大的阻力。他們不得不在森有禮子爵當選東京市委員會主席的那天逮捕其兒子。貴族家庭的五名成員同時被捕。前京都市長井上光教授的女兒也引起了轟動，她和研究馬克思主義學說的知識分子河上博士的女兒，得知被員警通緝後逃離家園。即使日本員警有登記制度，她們仍然避開了神通廣大的員警時間長達一年之久。在這期間，她們經歷頗多，在妓院躲避過，在汽車維修廠工作並一直做到經理的位置。後來警方宣稱「出於母愛可判十週監禁」——這位年輕女孩懷了孩子——井上小姐看到了自身的錯誤，並放棄共產主義。另一個女孩被判了兩年徒刑，但要經過三年的思想改造。

最不同尋常的抓捕，是在一座偉大寺廟中逮到了和尚，廟裡有一百多個共產黨遭到突襲。另一次對 736 人進行圍堵，卻逮到了一名年輕的英國翻譯，那位翻譯一個月還為此項事業捐助一百日元。

西元 1934 年的五一勞動節，無產階級可以舉行遊行，前提是不能帶包括手杖在內，任何看似武器的東西，他們穿著獨特的衣服每隔幾步排成一排，在員警隊伍中間進行！有大約一萬人參加遊行，其中包括兩百名身材矮小的女售票員，在車站沒完沒了地喊著禮貌用語：「尊敬的乘客請注意，請允許我提醒您，下一站若松郊區即將到站。」這是日本近幾年的顯

第二十八章　日本的激進主義

著特徵，高於四英尺三英寸的女孩都不被錄用，她們每天的薪資是兩日元。不過隨著日本的煤氣短缺日益嚴重，這些「巴士娃娃」也被取消了。

與左派並列的還有三千愛國兄弟會派來的反動分子。遊行者可以在芝園公園聽長篇大論的演講，但是一旦有站在肥皂箱上的演講者說錯了話，他就會立刻被人從講臺上揪下來逮捕。四十五名演講者，只有二十四人努力完成了簡短的演說內容，其他人都只說了一句話。許多左派人士遊行一結束，馬上就被員警抓捕了。在大阪，有一萬兩千人參加五一遊行，很多都是磨坊女工。在這個工業中心，一千五百三十名激進分子舉行遊行，反對一年一度的神武天皇建國紀念而被逮捕。警方聲稱，他們在縣政府、幾家銀行和醫院的員工以及律師界，都發現有共黨組織存在。

日本員警對外國人高度懷疑，仔細搜查遊客的行李箱，尋找哪怕有一點激進主義色彩的書籍。一本紅色封皮的書，都有可能讓旅客滯留幾個小時，最後被建議把書留在船上。與此同時，在日本所有的城市，都有成千上萬像蜂房一樣的書店，任何激進的文學作品都能買到。同時，東京帝國大學法學系高貴的系主任，有可能因法律論文上提到的一本書而被控告！

在被驅逐的外國人中，有：英國上院工黨左翼領袖馬萊爵士（他還是一個著名的反戰鬥士和軍官）、美國黑人作家蘭斯頓·休斯（Langston Hughes）、布魯塞爾副市長和美國學生以及知識分子。當日本警方聽說西奧多·德萊塞（Theodore Dreiser）正在趕往日本的路上時，他們心中惴惴不安，好在對方並沒有登陸，這令他們鬆了一口氣。二十二名中國留學生，其中還有一名女生，因為與日本共產黨接觸而被驅逐出境。

西元1932年，文部省成立的「國民精神和文化研究所」，旨在尋找方案以吸引活躍人才來支持民族主義，而不是激進主義和暴力反動勢力。各級中學和學院都禁止所謂的社會研究，卻並不禁止大學進行馬克思研究，選派專門培訓的教師團隊講授極端經濟學，其目的就是讓沒有學過的人相

345

信，馬克思一開始就不值得學習。

該機構每兩年檢查所有的大學老師、學生和年級老師。學生也分成小組，有專門的導師負責，組員互相監督，這是德川幕府時期監視老百姓的古法。然而，現在的導師和監督員都有不錯的待遇。其中上了年紀的高橋，正在努力爭取一個預算項目，就是用上百萬日元在學校進行「思想管控」。

一位商人評論說，日本員警似乎認為他們的工作，更多的是歸罪市民而不是保護市民，這是壓制輿論的常見錯誤。人們理解夏威夷出生的日本年輕人的聰明之處，他們藏起自己的美國護照，以本土日本人的身分在日本帝國旅行，然後以廣東人的身分[114]在華北出行，再以北方人身分在華南遊走，全程只說英語！

日本領導人已經意識到，迫害激進主義只會使國內的年輕人不開心。他們現在開始進行積極的愛國宣傳，包括提供娛樂和支援給個性鮮明的學生。具有「危險思想」的當局，開始對保護日本漁民不受俄國海域汙染的專門措施感興趣。鑒於日本漁民和俄國漁民在海上權益衝突不斷，人們不會認為日本漁民會陷入更大的危險之中。

儘管有這樣的警惕心理，人們還是不顧一切地嘗試恢復共產主義的活動。西元 1934 年 7 月，據說舊金山大罷工就是舊事重提，日本海員工會下令航行在美國水域的日本戰船上的水手，不要破壞罷工者的正義事業，日本當局相當惱火。這場運動的復興，碰巧被審問夜盜嫌疑犯的員警發現。該疑犯吞下一個紙團，但還是被發現了，最終幾天內抓到了 825 人，共計兩千人被逮捕，包括葡萄藤電臺的接線員和公共事業項目的勞工，尤其是朝鮮人。

這個改良共產主義運動的領導人，分別被判處七至十五年不等的有期

---

[114] 廣東人要比中國北方人更加接近日本人，要區分在外國長大的日本人和西化的廣東人幾乎不可能，因為他們沒有因長期跪坐而形成的「O 形腿」。

第二十八章　日本的激進主義

徒刑，不過整體趨勢是從輕發落，原因在於到目前為止，真正失去日本精神的人成為了國際共產主義的附庸，他們只是思想瘋狂而不是作奸犯科，只要這種瘋狂不再構成足夠的威脅，那就可以從輕發落。十六世紀早期迫害基督教時，也是採取同樣的態度。

天皇頒布的緊急和平維護法，帶給日本的反共勢力極大的信心，他們相信有能力處理自認為十分拿手的寬大處理。對於知名教授、學者、年輕女士和勞工的改邪歸正，他們已經做了大勢的宣傳。有人質疑這些放棄信仰的人，這些人常稱是為了顧及監獄外面的家人，或是看到共產主義者上吊自殺前，留下放棄信仰的紙條上寫著：「雖然放棄了信仰，我卻仍看不到其他解決方案。」

對於我們這些研究日本心理的人來說，最有價值的，就是找出改換信仰心理的主導因素。他們的權威人士說：「我們所說的共產黨員，當他們已經看出來日本國民的特殊屬性，就能看出內部發展的超強動力，這都是得到證明的，日本國民從古至今遵循著社會發展過程的每個階段，加之透過始終維護民族獨立和不被干涉的國民生活，形成的超強民族團結。」總之，激進分子只有意識到日本民族的特殊本質，才會放棄原有信仰。

放棄信仰的共產主義者應該會否認共產國際，肯定他們對民族主義的信仰，是基於日本國民神聖的性格。他們必定會否認馬克思的唯物辯證法，承認日本辯證法一定是綜合了唯心主義和唯物主義。他們了解到日本所有的激進主義從根本上就是錯誤的，因為它和天皇的神聖地位相衝突，皇室一脈相承的世系，就是國家發展和民族團結的象徵，不僅代表了過去，還代表著未來。

提供消息來源給我的人士說：「他們必須清除無差別的反戰立場，要堅持日本是為了落後的亞洲國家的利益，才必須主動挑起戰爭。他們必須承認針對中國軍方的軍事行動正在進行，未來的戰爭是以太平洋為中心。

這次軍事行動將落後的亞洲勞苦大眾，從歐美資本家的枷鎖下解放出來，這將有助於推動世界發展的進程。[115]

「他們必須否定蘇聯的種族自決原則，這條原則在俄國被用來解決蘇聯的穆斯林、猶太人和亞洲部分的各個加盟共和國。他們還要堅持未來的滿洲國和中國本土各民族，還有朝鮮人和臺灣人聯合起來，組成一個偉大的國家。」

我的這位線人認為，不用懷疑逮捕共產主義分子這件事，這是他們放棄信仰的重要因素。警局和監獄都是非常好的療養院，他說，在新的思想學派光彩魅力迅速褪色的氛圍中，給他們點時間清醒反思。另外，牢中犯人逐漸意識到，家庭關係的力量和父母親人，會因為他自己的精神失常而痛苦不堪。

這就會出現對日本家庭體系力量的全新認知，這個國家就變成了一個大家庭，家長就是天皇。

以上這些因素，加上日本對於西方國家狹隘民族主義發展的自然反應，終結了共產主義及其術語階級鬥爭，國際主義實際上已經消亡。要想了解日本人對經濟原則的全新解讀，人民就得轉向公司國家等理念。日本沒有走上共產主義，而是成為一個神權法西斯國家，其任務就是征服和統治全世界。

可這僅是日本戰敗前的內容。

---

[115] 見西元 1934 年版本。

第二十九章
愛美和享樂的日本

▎**第一節**

　　日本最可愛的一面，就是對美好事物的喜好。

　　我認為日本是這個世界上最愛美的國家，不僅如此，它還是這個世界所創造的、最會審美的民族。我沒有忘記古希臘，只有那裡的最頂層才會有美感。除了日本之外，沒有哪個社會對美的崇拜，能夠如此深入人心。別的地方沒有哪個挖溝者，會毫不掩飾地丟下鎬頭去保護一朵花或者一塊瓷片；或者工廠操作員長時間工作後出去賞月；沒有哪個地方的窮人會如此乾淨，對於秩序、簡潔和整理是如此敏感。對於僅能維持溫飽的人，在面臨飢餓的威脅下，還能拿出大量的時間和興趣關注美好的事物。沒有哪個普通的民眾，從小就具備審美和藝術鑑賞的水準。

　　我見過一個黃包車苦力，他用一小堆泥土將一根草葉的根圍好，種植在其下關山僅有三張蓆子的小屋周圍一英尺寬的草坪上。磨坊廠工人穿著木屐急匆匆地奔走，我差點被踩死，他們後背都揹著孩子，孩子的頭像向日葵一樣奇怪地搖晃著，只為了登上一輛觀光火車去欣賞秋天的楓葉。偷花的人可以得到寬大處理，他們還被賦予一個特殊的名字「盜花賊」，只要他們對花溫柔相待和出於真愛。在日本，菊花展、木刻版畫展或者驚人的微觀雕塑藝術，和棒球賽、職業拳擊賽和電影節一樣受歡迎。

　　日本人對美的喜愛，就像其他喜好一樣，將中國古代文化和本土引以為傲的主題結合起來。據說，這個世界對於美的最微妙情感，源自中國的

日本的情感表象

審美。其精神和標準傳到日本，在大眾中廣為傳播，中國都沒有達到這一高度。在島內，大眾認為風景如此秀麗，所以太陽女神的後裔離開天國移居於此，愛美成為愛國主義的核心內容。對山、霧、海、樹、葉、花的喜愛，日本人腦海中的心境，就是他們的表象，不要被汙穢的和不相容的建築所破壞，這就是對神即山精、樹神、河妖和先祖神靈的崇拜，他們都在看護這片無與倫比的列島。

日本脫胎於美麗的、古老的中國哲學。這種哲學拒絕從木材的角度來看樹木，拒絕從發電的角度考慮河流。在愛青蛙和愛聖人都是一樣的世界中，眾生都是平等的。

於是日本的村莊像一片蘑菇一樣，自然地偎依在群山雲霧中，日本的自然風光保持一片和諧局面，直到西方機械化的嘈雜聲帶來了另一番風景——噴湧的煙囪和澀澤男爵批准建立的喧囂店面。經過極端主義和試驗驗證後，日本人的審美意識也將征服一切。日本現在正發展水電工業，其強大的力量就藏在這些大樹和高山下面，工人有幾個小時休息時間去看荷花盛開、櫻花飄落和楓葉變色。甚至日本石頭和混凝土建造的全新城市，也將呈現目前看似不可能的局面，並以全新的方式變得漂亮和得體。

第二節

藝術對於日本人來說，並不局限於美術，而是體現在服飾和生活的各方面。男女的民族服飾改變了他們經常的蹲踞樣式，進而變得賞心悅目，所用面料在質地、美感和設計上，放眼整個世界也無出其右者。每一個日本的「現代人」都是穿制服或西裝上班，晚上靜坐或社交娛樂時都穿漂亮的和服，享受這種最簡樸而又最厚重的文化薰陶。日本人對著裝和顏色的敏感反應，甚至用在了監獄制服上。在有馬博士的現代監獄裡，犯人一開

第二十九章　愛美和享樂的日本

始穿著磚紅色獄服，後來轉成藍色的。

　　山中無處不在的日本小農舍，似乎是一個有生命的活物。棕色的茅草屋頂與令人狂喜的翠綠柔竹，立刻和陰沉的深綠硬松形成了鮮明的對比。沿著村路成排的店鋪有著各式各樣的設計和排列。

　　在他們的周圍專門設計了廟宇和神社，伊勢的太陽女神神社是簡潔的體現，木質的建築和斜梁體現了其中的松樹和柳杉的精神。櫻井附近的另一座大神神社體現了其厚重，豔麗的棕紅色茅草頂映襯高大碧綠的柳杉，呈現世間罕見的可愛奇觀。寺廟中的鐘樓和寶塔，展示了中國最初平原上的建築是如何適應山林的。奈良藥師寺的寶塔就是一個環狀的手指，在黃昏天際的映襯下，在塔基周圍的水池中留下倒影。

　　然而，日本最值得與西方對比的，是日本人的室內裝飾。最近建的一座寺廟長廊，延伸到一個簡直令人難以置信的長度，完全沒有任何裝飾，只有漂亮的黑邊墊子和一側的拉門，日本畫家松林桂月在上面畫了盤曲的古松。這種美不僅局限於寺廟和富戶，甚至最廉價的旅店迎接客人的，也是具有乾淨簡樸之美的住所。地板上鋪著一年一換的榻榻米，唯一的傢俱就是一個茶几，因為床墊放在櫃子裡，只有晚上時才會拿出來鋪在地板上使用。壁龕裡有一幅畫和一瓶花。

　　八成女工居住的工廠宿舍，為每個女孩提供一塊長六寬三英尺的墊子，每一個大房間都有小的祭壇神龕，掛著天皇和皇后的畫像或者掛件，上面的鮮花一天一換。澡盆每天為居住者提供「沖涼和泡澡」的水。

　　日本房屋的整潔，結合了南海島國房屋架在木樁上的天然乾淨，和中國北方與朝鮮冬天房屋的整潔（因為室內有靠加熱煙道可坐可睡的磚炕）。日本人不會穿鞋踩自己地板上的墊子，就像你不會踩自己的床一樣。只有一兩件藝術品同時會被陳列，當徹底欣賞完優點之後就被送回倉庫，再拿出另外兩件物品。

屋子裡總會有一些有生命的東西——傳統的插花或者柳枝、竹葉或盆栽植物。年代久遠的，明亮但未經雕琢的幾塊木頭價值遠超一幢房子，它們被放在每一間房間裡，支持號稱天皇御座的神龕。室外不用粉刷，木頭褪色後會和周圍的環境融為一體。陽臺、地板和樓梯只能用抹布擦拭，直到出現像黑玻璃那樣的光澤。裝有炭爐的廚房令人賞心悅目，每個上層階級的人家都有一個私人的小浴室，高高的木盆大到可以蹲下一個人，陶製護底下還有一個炭火盆。當然，公共浴室的面積大到相當於一個淺淺的小泳池。

每幢高於最差的貧民窟住宅的房子，都有私人花園露臺，上面有微觀樹和小瀑布，儘管面積不超過兩平方英尺。對於學者和商人來說，這座小花園對面是一個靜心室，這裡地面只有新鋪了金黃稻草的墊子，牆體是未拋光的帶紋木頭和半透明紙板的障子。這是房屋主人的休息室，也是他自己的聖地。沒有僕人或者小孩會想到在深閨密室打擾女主人。來赴晚餐的客人會被邀請到靜心室，在與主人見面之前使自己平靜下來。

第三節

日本人走到哪裡，櫻花就栽種到哪裡，山海關和青島就是例子。在青島，公園的旁邊到處都是，兩排櫻花直通到漂亮的神社，這裡可以看到迷人的海港夜景。監獄裡不像我們這裡是光禿禿的硬地，都栽上了由犯人打理的櫻樹，這一國花有望對溫順的性格和思想改造施加精神影響。軍營、軍械庫和工廠裡同樣種上這種花，這是士兵的象徵。

對於日本人來說，每個季節都有獨特的個性，需要不同的方式來滿足。一位當代作家欣喜地描述一個男人迎接夏天的方式：

「在凹間，他掛著一幅掛軸，上面是一張驚濤拍岸的畫卷，在房間的

第二十九章　愛美和享樂的日本

陽臺上掛著一盞柔和藍光的岐阜提燈。玻璃製成的風鈴,買來就為聽音,聆聽夜風的低語,宛如小溪叮噹聲。花園儘管只有六英尺見方的面積,通往房子的大門口卻仔細地澆了水,好像下過雨一樣,悶熱的空氣變得令人心曠神怡。小籠子裡的蟲子按部就班地鳴唱,牠們的歌聲令人神往,瓷碗中的金魚增加了一抹顏色和動感,紙質障子被更加透氣的竹屏取代了,絲綢靠墊都換成亞麻布料,染上了淡雅的夏季色彩。便宜的棉布和服,夏季是藍白相間的設計款式,穿在他的身上,內心實現和諧的滿足。」

這位作家以溫柔的筆觸,號召人們關注廣告和大眾行銷的實作,對於全民自然崇拜的影響:

「看到日本小市民在山中悠閒度假,小泉八雲感到相當驚訝,他的腳上只穿著幾毛錢買的草鞋,磨破了就扔掉,至於雨衣嘛……一塊蓆子就夠了。對於遮陽帽和陽傘,他戴了一頂大草帽。便宜的棉布和服一日元一件,披在腰帶裡方便清洗,這都是他要穿的全部外衣,一塊方巾圍在腰上,裡面包著一些飯糰和竹筍葉包的醃李子,這就是他所有的行李。」

「這是老一輩日本人的生活。看看他們的孫輩,現在怎麼動身去日本的阿爾卑斯山或者箱根町旅行,彎腰揹著比苦力還要重的巨大帆布揹包,他們拿著進口的白蠟拐杖而不是一根粗壯的本地木製登山杖,腳上必須穿著厚厚的、鑲有登山釘的皮靴,他們的靈魂也順便被這皮靴禁錮了。他們必須攜帶各式各樣的金屬炊具,和防止蛇咬以及細菌感染的急救箱,這些細菌也只是在醫學雜誌裡才出現,這就是現代日本的神祕之處。答案可能就在現代資本主義這裡找到,一件商品的可售性和非必要性,是創造銷售的基礎,而在這一過程中會產生利潤,同時一個靈魂也可能被破壞。」

日本的大公司充分利用日本人的愛美之心,這可能是一件好事,克服了早期店鋪和工廠都嚴重抄襲西方大宗商品的這種醜陋行徑。今天日本國內每一家大百貨商場,都有一個樓層全都是藝術展品、音樂演奏會、盆

栽競技（微縮景觀製作）等等。與日本其他方面一樣，藝術正在實現民族化。在音樂方面，日本開始由貝多芬、拉威爾回歸到古代樂器演奏的本土旋律。二十七家政府廣播電臺（接收機的主人必須獲得執照並交付租金）去年播放日本音樂的時長，是西方音樂的兩倍，即便克萊斯勒、埃爾曼和亨利·哈德利等來訪大師的表現非常出色，東京交響樂團也正在積極努力茁壯中。

在迅速成為世界上最大的工廠和市場的日本，東海道路上的行人，沒有人不抬頭望一眼白雪皚皚的富士山，沒有人不在夜晚出門欣賞一番天上的明月。

第四節

除了有幾年對西方的過度渴望之外，日本的美術很長時間一直深受本國人的欣賞，現在正逐漸獲得世界的欣賞。除了佛教雕塑和繪畫之外，長長的書畫卷軸展開呈現移動的戰爭和宮殿大火的場景（如現存波士頓的著名傳奇卷軸〈平治物語〉），被流放的僧侶的生活，飛行倉庫旅行記和尼姑遊記（〈信貴山緣起繪卷〉），甚至著名的〈紙本著色病草紙〉也是一件美麗的作品。中國現存大多數佳作的保存，都要歸功於日本人的審美，不僅在日本的收藏品要歸入此類，西方很多中國最好的作品，也都是經由日本傳到那裡的。

從類似於我們連環漫畫的卡通開始，日本藝術家逐漸形成了德川時期的大眾藝術——浮世繪畫派。歌川廣重、歌川豐國、鳥文齋榮之的木版畫，和許多其他畫家的作品，都在全世界被廣泛收集。他們有最粗俗下流的題材，也有愛國的、古典的主題；有諷刺大名、武士、商人和教授缺點的；有收割莊稼的農民，也有鈴木春信筆下手腳輕盈，穿著淡黃、淡紫或

第二十九章　愛美和享樂的日本

紫紅和服，腰身纖細的東方優雅侍女，或者提著紅燈籠的世俗妓女。薄霧、雪景和首次應用斜線描繪的雨天風景，都是這種流行藝術的一部分，而這種藝術正是從卡通開始的。

在日本，短詩的創作瞬間就可以完成，能巧妙地表述批評、政治陰謀、商業決策以及各種微妙的情感。

小泉八雲引用了古老的日本箴言：「無論遇到何種不幸，都要寫詩來提煉道德品行。」這些詩歌「俳句」是男女表達喜怒哀樂和悲歡離合的途徑。西元 1929 年當「獅子宰相」內閣總理大臣濱口被刺客擊中後，他的政敵鈴木寫了一首俳句表示慰問，濱口在手術檯上當場回贈了一首。這些詩句描述自然景觀，引用歷史傳說、中國古典文學和甚至前人的整首詩篇。日本人認為知道這一切非常有必要，為後人總結自己一生所寫的絕命詩，至今仍是一項傳統。

一年一度的全國詩歌大賽，由政府專門任命的委員會主辦，隨著人口的增加，每年報名參賽的作品也急速地增加。天皇本人宣布比賽的主題。他也經常寫詩參賽，當然也總能得到天皇的嘉獎。接下來的是宮廷貴族的詩稿，第三類是成千上萬的普通市民和受封貴族的作品，受到文部省指派的學者委員會的評價。經過匿名的評判，選出獲勝者並評定等級。「人民大賽」的前四名獲得名譽，沒有其他的獎品。

其中外國人獲獎的驚人事件，引起了全國的讚譽。幾年前獲得大獎的是一位年輕的美國女性，她是美國使館武官的妻子。不超過六個外國人掌握這種日本詩歌的寫作形式。作者透過日語報紙的關注，才知道美國在舉行一場詩歌比賽，但幾乎沒有美國報紙提及這件事情。

日本先賢大部分的教育，都是透過這種簡短的格言詩歌進行的。德川早期的一位令人開心的人物松尾芭蕉，據說是這種藝術形式的大師，他放棄了賺錢的職位，四處漂泊成為人文主義和應用經濟學的老師。

日本的情感表象

一次，他月夜出行經過一座村莊，碰見了一群露天喝酒賞月的人。他們正在創作短詩俳句，就邀請這位遊方僧加入，當時還不知道他的具體身分。他坐在最不起眼的座位上，主題就是滿月。當輪到松尾芭蕉，他開口吟道「那年新月」時，突然被一名醉漢打斷；「哎！傻和尚！主題是滿月啊！」松尾芭蕉繼續道：

那年新月

為我待看

今夜月圓！

這令大家都十分驚訝。這首詩闡釋了日本詩歌的簡潔性和啟發性。這則故事表明了普通日本人真正的審美趣味。即使出席者都是這裡的上層階級，什麼樣的酒會能辦成一場賽詩會，並認可首次吟誦給他們的傑作呢？

日本介入國際事務的先驅、批評家，歷史學家本居宣長的詩歌：

日本聖島

大和精神

外人祈尋

晨光為馨

落櫻飛華 [116]

這首詩可能是打開兩扇心門的一把鑰匙。盛期飄落的櫻花象徵著武士為國捐軀，卻也代表著那些有眼無珠之士看不見的一種美。提到櫻樹，西元1942年的版本中，加上澀澤男爵在首都華盛頓谷地周圍花錢種植櫻花時說的話，就再恰當不過了：「只要這些櫻樹開出粉色的櫻花，美日兩國就能保持友好關係。」西元1941年，日本記者回信給國內說，由於某些品系因為時間的關係而失去了作用，這些花也變得越來越白了！

---

[116] 英文版為張伯倫譯。

第二十九章　愛美和享樂的日本

　　勞倫斯·比尼恩在《遠東畫卷》裡講述了在巴黎的一名日本人的故事。晚上下了一夜的雪，第二天清晨這個日本人來到布洛涅森林，看披著白羽般外衣的樹木，他發現自己孤零零一個人，直到不遠處有兩個人影，等走進後發現對方也是日本人。

　　上到尊貴的天皇下到卑微的勞工，這個島國所有的兒女都關注最早開放的櫻花，春天在櫻樹下野餐，秋天則在楓樹下。自然賦予了日本霧濛濛的高山，晶瑩剔透的水流，銀鏈般的瀑布，這些可愛的美景絕非偶然，因為那裡有最熱情、最真摯的欣賞者。

　　今天日本人知道他們在世界上對美學的欣賞，對美的感知都達到相當的高度，這並非毫無道理。這對他們來說，又證明了他們是上天派來的，他們的國家是眾神的帝國，他們在這個世上肩負著神聖的使命。

第五節

　　日本人對美和娛樂的喜愛緊密交織，這種情況一直流傳至今，這反映了他們嚴肅的責任感、簡樸的斯巴達式的理想化和清教主義的性格特徵。這種反應是受中國古典享樂主義的影響進而發展起來的。享樂主義一直與日本清教主義相抗爭，就像法國人的放縱和許多美國人靈魂中與盎格魯－撒克遜的清教主義相抗爭一樣。無恥的追求享樂生活，在日本要比在美國獲得更大的寬容，儘管賀川發起了反嫖娼運動和婦女俱樂部，但是人們仍然認為，整個社會階層去迎合追求尋歡作樂的本能是可以接受的。嫖娼在任何其他地方，都達不到這麼精緻的程度，也從未如此被社會所接受。

　　清教徒式的超級愛國者認為，放縱情慾有場所，有時間，有方式，然而他們堅持認為這必須以日本的傳統方式進行，絕不能以西方墮落的粗暴方式進行。

與西方妓院形成鮮明對比的是，德川幕府時期江戶官營的吉原妓院，對美感有極大的追求。整個妓院區域都是按照宮廷的布局來設計的，最好的房舍建築精美，裝修參照宮殿和貴族府邸。可見大量的繪畫和文字，沒有俗氣的優雅，建築不論內外都展現極高的品味。另外，不僅這些妓女衣著華麗，她們還接受貴婦各方面才藝的培訓：她們會演奏古箏（中式豎琴，比今天普通的吉他或三弦更加經典、更具樂感），唱經典歌曲，還會精美的書法即興作詩，從中日兩國古典作家處尋章摘句。

　　拋開倫理問題不提，吉原妓院計劃以各種美的形式，來滿足人們對美的要求，甚至當「別嬪」取代了交際花的藝妓，這一傳統持續至今。日本人的感情可能前後矛盾，卻同樣值得信賴，就像愛荷華州教堂的一位老執事，有一次因為我在教堂庭院裡抽菸，口頭上要罰我，但他很快就緩解了緊張尷尬的氣氛，從他那包菸裡遞給我一塊「嚼菸」。日本的愛國者因吉原妓院正面有希臘仙女的裝飾圖而感到震驚，圖上這些仙女都在青翠的樹林下嬉戲。占據這些門面的，應該是穿著和服、話語輕柔的穩重女孩，她們只需輕挑眉毛，動動纖纖玉指就能打動人心。

第六節

　　堅忍的日本還是享樂的日本，在這矛盾背後的答案，是日本人認為責任和娛樂是不可調和的。在飯店進行正式的或者商務的會談，主持人卻是妓女，這至今仍舊是一個習俗。日本人娛樂的方式不同，有一定的節制，似乎對此還十分上心。對於工作，他們始終面帶微笑，不過在高爾夫球場或者網球場上卻又極其認真。他們會帶著玩樂的心情，認真沉穩地開展工作，娛樂的時候則又強烈地感到必須徹底開心。一群大學男生聚集在宿舍裡，一直討論到課程結束，「──現在我們聊一聊男女那點事吧！」其中

第二十九章　愛美和享樂的日本

一個說，雖然有點臉紅，可是還算勇敢。

　　自從福澤時代以來，日本的體育經歷了急速的發展。日本專業的棒球和美國一樣強大，業餘球隊甚至更好，美國球隊每年赴日參賽，大部分時候都會遭到失敗。東京青年男子佛教協會是世界上最大的體育中心之一。橄欖球在大學中開展，網球和高爾夫球風靡全國。日本的體育運動取得了和英國差不多的成效：打造紳士準則，賦予體育精神的概念，給那些沒有在武士準則中受益的階級。然而日本女性思想理論的支持者可能會說，日本人以堅決的女性思維看待體育，這與英國人的態度完全相反。

　　日本在最近的奧運會上，表現出來的體育精神和認真態度，受到了所有觀察員的好評。日本女子賽跑、跳高和游泳都表現出不俗的士氣，西元1932年洛杉磯奧運會上，日本的水上項目都取得了不俗的戰績，一名身材矮小的貴族帶著漂亮的馬匹，獲得了馬術的冠軍。在全世界捲入大戰之前，西元1940年的奧運會已經決定由東京舉辦。

　　這種紳士的準則就像日本人一貫的禮節一樣，在某些切身利益收到威脅時，不能遏制殘酷行為，這一點和英國一樣。這種體育精神的一個明目張膽的例子，打破了亞太的平衡。西元1934年，日本嚇唬遠東業餘田徑協會的菲律賓代表，同意取消西元1912年以來由中國和菲律賓主辦的遠東奧運會，日本直到西元1917年才加入該項賽事，因為中國不願意接受分離的滿洲各省運動員作為另一國家的代表。一位菲律賓編輯評論說：「從代表的角度來看，這是一件無與倫比的傻事，不是菲律賓代表，而是業餘田徑協會的代表。除了關係人之外，他們思想糊塗和膽小行為，還沒有找到一個辯護者。」

　　日本帝國就是這樣利用體育來征服世界。

　　這個五花八門的日本，當對於美和娛樂的喜愛厭倦了，就會出現一知半解的世故。你可以在日本藝術作品中看見，在閱讀詩歌和雜文中也能讀

到。日本最偉大的小說《源氏物語》中，充滿著卡貝爾和賈斯特頓一樣的世故。日本的世故大師是一千年前的一位宮廷女官，評論她所在的世界，名叫《枕草子》，它同樣具有二十世紀作品的現代性。她說：「可恨的是，一名凡夫俗子對什麼都喜歡高談闊論，一位美男子停下馬車說他要來看妳，這足以令人心跳加快。一個名聲太好的人總是令人鄙夷的。」

這個名叫日本的國家，確實有多副面孔。

第三十章
日本的經濟挑戰

　　在西方工業化國家的生產和貿易日趨枯竭時，日本的生產卻擴展到現代工業的全部產品，日本的貿易也拓展到世界的每一個市場。

　　在白人帝國做出了一些讓步，如英屬印度，荷屬東印度群島，並且在薩爾蘭和奧地利那樣的彈丸之地，和貧窮的非洲地區爭吵不斷時，日本帝國沒有經過正式的戰爭，面積就擴大了三倍，吞併了國聯託管的三個太平洋群島，並為爭奪整個中國的託管權而開戰。單純出於經濟的必要和政治的邏輯，使得亞太地區其他的國家，尤其是菲律賓都置於日本的保護之下。

　　雖然大部分西方公民都靠政府的麵包度日，就像衰落的羅馬一樣，日本卻享受著繁華，工廠加班加點地在運作。

　　「落後民族」以前到美英德法等國留學和學習技術的年輕人，現在都去了日本。儘管侵略中國，在日本留學的中國學生人數仍增加到一千多人，而在美歐留學人數幾乎降為零。暹羅用高橋的一個學生取代歐洲的財經顧問。印度、阿富汗和蒙古與日本建立工業連繫，並派遣赴日留學生。中亞沙漠中的艱辛子弟既受到嚴肅動機的吸引，同樣也受到日本優雅女人名聲的吸引，他們也都來到日本！

　　任何沒有種族偏見的人，都會看到在二十世紀第四個十年誰在崛起，誰在衰落。西方在自己的競技場完全沒有了競爭力。皮爾斯在報告中提到：「只有不到九百萬的紗錠，日本的出口貿易就比五千萬紗錠的蘭開夏郡多──廉價的勞工本身並不能說明蘭開夏郡的厄運──日本出口貿易

的繁榮，是由於高效組織和獨裁控制。」

因「輪胎」品牌而出名的英國輪船商會的鄧祿普少校說，日本的競爭損害了英國遠洋的利益，「如果氧氣不能用了，我們就得要求使用氯仿。」美國遠洋公司也無法與日本競爭，即使他們得到郵政部的優惠關照，郵政局長吉姆‧法爾利認為取消優惠並不明智，他們公開獲得的政府補貼，是日本船運公司的兩倍。[117]

日本做的是全世界的生意，世界賣，日本就買。日本船上雙程滿載：運到澳洲的人造絲、布匹、玩具，返程再運回羊毛和肉類；布匹和機械設備運到拉美，返回時裝載獸皮、硝石和棉花；布匹、肥皂和手錶運到印度，返程運回生棉；生絲運往美國，回程運回生棉。後來頭山滿和荒木決心發動戰爭，運回的就是廢鋼、石油和飛機零部件。

顯然，不屈不撓的日本人民正向他們「陽光所及的地方」大步前進，以帝國主義和納粹德國都沒有成功的方式，擠壓早期的得利者。很明顯，反對西方資本主義和工業發展的殺手鐧，並不是蘇聯的集體主義（日本現在也尋求與之交往而獲利），而是崇尚西方資本主義競爭信條的後起之秀：產量大，銷量多，出口旺的亞洲工業強國日本。

日本在拉美的發展備受美國人的重視。一年之內日本的貿易額增加了200%。日本的財團與烏拉圭談判，在普拉特河上建造一個巨大的自由貿易港，裡面包括僱傭日本勞工的加工製造廠，日本外務省贈給雕像林立的蒙特維多一尊東鄉上將的半身雕像。日本親王也出訪智利釋放善意。即便巴西新憲法有移民限制條款，日本還是在亞馬遜地區建立一個人數超過二十萬的海外最大社區，而且還以每個月兩千的速度增加。日本即將成為南半球的「美國」，移民人口四千五百萬，地域面積比美國本土還要大。

---

[117] 真實報告的最後一年，即西元1933年，日本輪船下水的噸位比前一年增加了40%，而美國則下降了10%。日本替橫濱到紐約穿過巴拿馬的公司，建造了六艘柴油動力貨船。日本又延續輪船升級補助五年，花費24,000,000日元淘汰舊船。

第三十章　日本的經濟挑戰

　　在祕魯，日本人的社區購買飛機、樹立雕像，以紀念上海戰役的英雄。薩爾瓦多受到日本委員會承諾購買其咖啡的引誘，而承認了滿洲國。

　　日本從南美洲進口一些重要的策略物資：鎳、鉬、棉花、牛肉、小麥和硝酸鹽。美國無法阻斷這些貿易，因為不能讓南美國家有當時美國感到歐洲強國干涉其海上自由同樣的感覺。南太平洋是一個需要巡查的大洋！

　　祕魯、巴西和其他拉美國家，限制威脅本地利益的移民和貿易，通常都沒有什麼效果，甚至態度也不真誠。英國透過再次發行國債和阿根廷保持曖昧關係，來抗衡日本的進展。

　　面對俄國以及後來德國異端集權制度的挑戰，我們西方工業實業家覺醒了。不過面對在我們的教堂、工廠和軍事學院畢業的昔日學生，這個對手克服了我們領先一個世紀的障礙，輕易地獲得勝利，我們被絕望的情緒所困擾，就像一名頭髮花白的老婦，看到又有一些年輕女性來討好她的丈夫一樣。

　　在西方人和他的學生進行這次的鬥爭中，以正在發生的殘酷貿易戰為例，白人發現自己落後的，不僅有肌肉的倦怠和普遍的神經衰弱，還有從盧梭到伍德羅‧威爾遜的自由主義時期逐漸確立的良知。他並沒有完美地遵從這些良知，可是良知確實存在並干預他適者生存的哲學，使他人格分裂，與自己抗爭。自西元 1914 年以來，這種良知被情感上的反戰情緒所強化，越來越多的知識分子認為，戰爭不會付出任何代價。

　　日本人是世界上真正堅信適者生存哲學的人，而且還會繼續堅信，就像其他人所做的那樣，直到這對他不再有利為止。現在日本要求「打開門戶」進而進入西方的走廊。

　　日本出口界的喉舌──大阪《每日新聞》英文版精煉的「快閃」撰稿人評論道：「七十年前，西方列強迫使日本打開門戶。現在他們迫使日本打開列強自己的大門。」前外務省商業局的齋藤由容博士說：「自由貿易是

日本經濟政策的基本原則，也是管理經濟外交政策的既定公理。」

西元 1933 年，日本的對外貿易比前一年增加了 40%，是工業史上國家最快崛起的外在證據。日本的生產指數以西元 1928 年作為標準，在西元 1934 年上升到 140，而英國為 103，美國為 77。在拉美，受益高達 200%，在非洲有 60%，在海地為 1,000%，在菲律賓為 30%。當然了，所有的貿易手段都用到了：貶值的貨幣、虛假的標籤、仿造的商標等等。勞動力成本大約只有美國的三分之一，英國和歐洲的一半，考慮到日本的大部分工業擁有所有的現代技術，仍然用了三倍的操作工人來實現同等的產量。棉紡業是個明顯的例外，每臺機器需要更少的員工。

但是日本競爭成功的真正原因，是生產的合理化、機械的現代化、廉價的動力，沒有虛假和揮霍的資本以及高層薪資。政府補貼、政府監督生產和運輸，行業合作而不是矛盾。更重要的是，勞資雙方的士氣，即堅信一定會取得勝利，一定能夠戰勝西方世界。

日本貿易獲得成功最大的原因，就是這種士氣，這使其他的成功也成為可能。墨索里尼都比不上，儘管他的演講術可能勸說他的工人接受較低的薪資，他的刺刀可能禁止罷工。史達林帶領的俄國人也比不了，他精神上可能願意，不過他的思想和身體一定很緩慢和笨拙，至少一兩代人是這樣。洛克斐勒家族不可能仿效三井家族的家長主義，美國全國步槍協會（NRA）無法使勞資雙方合力形成共同的驕傲。

雖然德川家族讓日本在商業和發明創造上落後於西方，卻在紀律和管理上領先於西方，這形成了今天競爭世界的巔峰時刻。德川家族是歷史上最偉大的士氣建設者，他們所灌輸的士氣表明，日本不應該出賣或者提供改良的技術或服務給競爭者，另一方面，他們也從競爭者那裡學到很多。

反過來說，日本人能夠購買他們需要的、西方的任何服務和技術，最近他們就購買了杜邦公司的配方。透過給予恩惠，例如讓老師到櫻花國度

第三十章　日本的經濟挑戰

免費旅遊，或者美國商會釋出的一些訂單，他們創造了幾乎期望我們擁有的地方態度。我們缺乏士氣和團結，個人更加貪婪，這令我們西方人在與他們競爭時處於巨大的劣勢。

布匹製造商山本光洋寫道：「讓日本在工業上領先的根本因素是精神上的，這就是日本精神，這種精神為日本所獨有。」[118] 新的大阪紡織廠一個女工能操作 25 臺機器，蘭開夏郡一個男工只能操作六臺機器。沒有相關的日本精神的犧牲奉獻，這樣的工廠不可能被發明、安裝和啟用。在日本，沒有什麼發明創造能放在冷庫裡保護勞資雙方的利益，對於黑龍會來說，能適應這種情況的只有紅肉！

這種日本精神能夠使這些紡織品工業的老闆「理性化」，他們一次解僱 23% 的工人，消減剩下工人一半薪資，並兩週上一次課學習音樂、宗教、利益和倫理來安撫他們。家族團結的古老原則可以降低勞動成本，讓操作工人成為同一個屋簷下的大家庭，一起生活，一塊分享。這也適用於「農舍產業」，利用日本便利的水電工廠提供動力，生產馬達零件和電燈泡。他們的計件薪資並不考慮家庭中婦女和兒童的勞動價值。

日本的勞動並非不開心。它的薪資按照商品和娛樂價格來說，比歐洲的薪資成長得都快。日本資深的駐美記者河上說：「日本和西方生活水準沒有高低貴賤之分，這是事實。只有一點差距，那就是將一名日本磨坊工轉移到蘭開夏郡，給他一張鐵板床，鋪上軟墊子，給他定量的麵包和牛油、牛排、咖啡、奶油，他會罷工。要求床具鋪在有墊子的地板上，每天要有他們認為衛生可口的、定量的魚肉、米飯和蔬菜，這對英美人來說是不幸的，他們的標準要求是比日本人還要高價的食材，僅此而已。」[119]日本最大的棉紡公司負責人津田聲稱：「這就是起司和醃蘿蔔之間的區別，

---

[118]　見西元 1934 年 5 月 31 日的大阪《每日新聞》。
[119]　見西元 1934 年 4 月的《外事》。

日本紡織工的生活條件要比英國好很多。」

國聯勞工委員會專員莫雷特在調查後認定，日本勞工薪資待遇並不低，要比中歐好很多，他發現條件最好的是出口貿易工廠。

日本驚人的市場占有速度，持續到整個西元1934年，激勵了30多個國家公開保護本國或者屬國的市場。印度政府取消了和日本簽訂的老舊商業條約，對日本進口的棉織品徵收保護性關稅。日本棉紡廠則抵制印度原棉進行報復。經過幾個月的爭論後，日本接受了擴大的配額，但對於印度市場所占份額還是不太滿意。戰前最近的舉措，就是與印度工廠主搞聯合在印度本土生產。

埃及和祕魯那樣遙遠的國家，也開始保護本土處於萌芽期的工業。荷屬東印度群島膽怯地仿效英國，後來也開始無休止地與滿腹怨氣的日本人商談，英國取締了英屬西印度群島的業務，克里斯托瓦爾碼頭堆滿了絲織品和鞋子，但是日本繼續生產新產品，並為舊產品找到新的市場。

西方國家採取措施，揚言對他們的領導人進行災難性的反制。他們能在多大程度上反駁競爭體系的基本概念，繼續成為資本主義國家，這似乎是個問題。那些阻止廉價商品入境的國家，於是出現了一個鼎盛時期，發現自己不能與別國互通有無了。他們的行為往往使自己進入日本德川時期自給自足的孤立經濟模式，他們與世界貿易日漸疏遠，讓日本越發在世界上具有獨特的優勢。

那些竭力阻止日本商品進入其勢力範圍和屬民的帝國主義國家，自己受到的威脅更大。日本紡紗公司的會長津田先生出版日本領事館發行的一個小冊子，向英國發出明確的挑戰：「世界四分之一的土地由英國占領，它只是為了自己的私利，犧牲其他國家的幸福……迫使購買力低的國家購買昂貴的服裝，就是赤裸裸地無視消費者的利益和福祉……倘若英國提高關稅，那就會出現英國最不希望看到的一幕。美國的獨立難道不是宗主國

第三十章　日本的經濟挑戰

干擾殖民地自由貿易的結果嗎？要是英國繼續在其領地施壓，大英帝國就無法保持團結統一了……不設定 70%～80% 的障礙給競爭對手，就沒辦法存在的行業就得淘汰！英國會在經濟上解放所有的屬地，然後回歸自由貿易的傳統。」

津田先生後來暗示澳洲說：「澳洲不是依靠養羊業獲得國民收入嗎？這不都是仰仗我們的庇護嗎？記住，印度的棉花和澳洲的羊毛，都是日本從大英帝國購買最多的商品。」

英國似乎抓到了老虎的尾巴，正如日本人所預測的那樣，印度 214 個本土公國都不滿意禁運日本商品。他們不受英屬印度收關稅的影響，除非他們使用英屬印度港口進貨，他們還沒有自己的港口（這是英帝國建立者一個極有遠見的安排）。受到日本人的影響，孟買北部卡奇王公向日本人借款來建造自己的港口。錫蘭議政會拒絕對日本產的紡織品和啤酒徵收新的關稅，並挑戰英國總督公開宣稱這些關稅徵收得太隨意。錫蘭工黨舉行了一次群眾集會抗議「為了蘭開夏郡的利益懲罰錫蘭工人，」塞內加爾議會成員威脅抵制英國商品作為報復。

更加令人震驚的事情，發生在澳洲和紐西蘭。澳洲撤銷了對日本玩具的禁令，宣判本土澳洲玩具業的死刑，因為日本駐墨爾本總領事暗示，日本會從阿根廷進口羊毛。隨著澳洲貿易特使萊瑟姆訪問日本，並向伊勢神宮敬獻神雞後，貿易戰在英帝國內部打響。蘭開夏郡抵制澳洲的羊毛，以報復對蘭開夏郡紡織品加增的關稅，澳洲抵制蘭開夏郡的紡織品，轉而購買日貨！

布里斯班的羊毛商 T·L·圖里爾訪問東京時，告訴他的客戶：「日本女孩放棄和服改穿西裝，他就加深澳洲和日本之間的國際關係。因為我們是大英帝國的一部分，我們必須買英國的某些商品，但這種情況沒有以往那麼重要了，我們知道與太平洋國家交易更經濟，日本商品物美價廉，我

日本的情感表象

們更願意從日本進口,我們希望能夠消除貿易壁壘。我們的人均購買日本的三倍,去年我們只進口了價值五千兩百萬日元的日貨,而日本則進口了我們價值兩億五千萬的貨物。日本的消費力是我們的五倍。」

如果在上一代,澳洲人要是像南非那些前輩有野心、活力和民族精神,他們也會打造南半球的一個帝國,包括富裕的荷屬東印度群島,但他們卻被不實用的勞工控制,和人們對生活富裕的渴望所削弱,澳洲衰落了,一個大大的桃子落入了日本人的手裡。

紐西蘭海關部長公布日本進口商品,不會在關稅待遇上被特別針對(與此同時,紐西蘭開始組建海軍!)英屬東非在宗主國和競爭對手之間的貿易戰時,幾乎都站在日本這一邊。

印度對日本棉花徵收關稅的另一個因素,是蘭開夏郡三分之二的市場都在大英帝國之外。在這些市場,日本的棉花製品銷售人員,現在都對打擊英國產品幹勁十足。津田吹過的牛似乎正在變成現實:「無論怎麼保護,任何關稅都不能遏制質優價廉的商品流入市場。」

如果津田的預言成真,日本在商業上將征服世界,國與國之間流通的商品都是日本貨,各國之間的船隻都是日本貨船,所有的對外貿易都是對日貿易。男男女女都會在最便宜的地方購物。甚至在夏威夷、關島和菲律賓的軍隊也急需資金,從三井家族購買價格低廉的糖和水泥。幾年前,在跨太平洋時,作者連續幾天聽到英國船長猛烈抨擊日本的工業盜版行為。在最後一天,船長祕密地展示了一雙從橫濱購買的 75 美分水手靴。他說:「按規定那靴子應該賣 3.5 美元,現在你知道我的薪資都減少了!」

我擔心,除了日本人之外,愛國主義也會向錢包屈服。戰艦船隊能讓那些光腳的人看不見三十美分的鞋子嗎?這些人還認為有權穿鞋,卻買不起曼徹斯特或者波斯頓的皮鞋。

對於日本貿易咄咄逼人的氣勢,英國知道只有一個答案:基於砲艦和

第三十章　日本的經濟挑戰

海空軍的關稅壁壘。這就像美國應對日本在太平洋進行帝國擴展,只有一個真正的殺手鐧一樣。檀香山關稅檢察官拒絕接收打上「日本國製造」的貨物,因為他們不能明確知道原產地。(正是他們列出的是「日本」而不是「日本國」)但那不是答案,不知是有意還是無意,海軍部長斯旺森和陸軍部長博恩到訪夏威夷,建立美國在太平洋上的海軍基地。[120]

日本海軍控制著西太平洋,與歐洲工業強國在全世界展開較量。他們害怕自己的勢力被完全逐出東方,全力阻止日本人在世界其他地區進行貿易活動。日本擁有協調一致的政治經濟生活,這使得它要比對手更能持久地保持對抗。

在中國本土,日本扭轉了局勢,透過收購和施壓建立新的關稅,保護自己的商品,排斥美國、英國和義大利的產品。中國立法部門的負責人、中國民族主義奠基人的兒子——孫科博士,臨時到夏威夷度假,不過新的關稅已經確立,中國抵制日貨的行為適得其反。

中國商人在菲律賓、馬來亞南洋群島的主導地位被打破,中國商人不再庫存廉價日貨,本地人開始由日本商社直營的分支機構供應日貨,他們還提供給當地人比中國人更加優惠的低息貸款。中國人開始關門停業,成千上萬地返回原籍大陸時,在馬尼拉、宿霧和新加坡的大街上,新出現了很多日本商舖,在這群島和珊瑚礁地區湧現出大量日本商人。受到日本商社支持的印度人,在一些偏遠地區也取代了中國人。

西方堅持的競爭體系成了吊死我們的繩索,反對低價商品的貿易壁壘不能持續。對於這個競爭理念來說,任何壁壘都是虛假的,日本就讓我們陷入自己基本理念的迷局。水泥和航運先驅之子淺野說:「任何過多依賴經濟壁壘保護的國家,只是延緩被清算的日子罷了。」

與此同時,西方教給東方,白人教給黃種人的,實際上是熱情的澀澤

---

[120] 西元 1934 年時,作者暗示商業競爭正走向軍事高潮,受到美國和平主義者和當時的和平主義者「粉色黨」的強烈譴責。

男爵的理論學說。[121] 他生前被稱為日本的洛克斐勒，很幸運臨死的時候仍然相當有活力和帥氣。澀澤男爵說，現代亞洲最悅目的風景，就是噴出股股濃煙的工廠煙囪。當然男爵肯定是透過官邸周圍的櫻花樹枝，看到不斷冒煙的大煙囪。

對於擠在煙灰飄落地方的工人來說，煙囪看起來可能不那麼漂亮，不過他們的父輩生來就是農奴。他們的傳統就是服從命令，為天皇用心做事。有人進入礦井裡拒絕出來，直到承諾更好的交件，這是走投無路的匈牙利普萊茨礦工無可奈何採取的策略。一個礦工爬到煙囪頂上，坐在狹窄的邊沿上二十天，直到公司承諾提高薪資。他下來後被等在下面的員警帶走，但是他已經成為英雄。他和他的工友們會高興幾天。

合理化彌補了日本貿易和西方決裂的粗糙缺口。「世界似乎忘了我們買的要比賣的多。」朝鮮銀行經濟顧問星野說。「坦噶尼喀的醫療當局報告說，廉價的日本帆布鞋和橡膠鞋在對抗鉤蟲病的效果，要比殖民政府的醫療和衛生工作好得多。」檀香山的《日本時事》誇口說道。

看看這裡，所有的西方貿易商以前拿自己的產品，來祝福一個不情願的東方人！這是一名印度愛國者寫給東京一家報社的一封信：「如果日本為窮人提供廉價的商品，那麼它就實現了基督的誓言。日本看到窮人付一美元買了只值半美元的東西就會心痛。日本已經變成世界上數十萬人的救世主……它做了一件神聖而虔誠的工作……哦，日本，卑微窮人的真正象徵！」

數以百萬計的東方人、印度人、島國人和非洲人也有同樣的感覺，他們都渴望西方的商品，並且羨慕其優越的生活水準。英國的道德家在英國的蒸汽紡紗機譴責印度和歐洲古老的織工行會時，也是這樣說的。美國工業聲稱自己的每一個發明創造，都富有道德感，可以更廣地分布商品，順

---

[121] 他死的時候已經是澀澤子爵，但是總被稱為男爵。許多商業貴族都能擁有子爵頭銜，只有更高級別的政治家，例如勝海舟成為了伯爵。

第三十章　日本的經濟挑戰

便打開更廣的市場和獲取更大的利潤。如今普通美國人開車也會體會到，駕駛新款交通工具的感覺，這種小工具會使他徹底擺脫禮讚當地修車工和底特律，不管汽車產業的資本和勞力突然間受到多麼明顯的影響。

英國工黨的安德魯‧麥克法迪恩爵士認為，日本因為製造了廉價的商品，而被奉為世界的恩人。他說：「大英帝國的窮人應被允許享用日貨，而英國限制日貨數量的政策有悖常識，是破壞世界繁榮的大罪，是對信任的背叛。」[122] 我們擔心安德魯爵士動用他蘇格蘭人的智慧，把日本當作敲打資本主義肥仔的板子。日本外務省宣稱：「荷屬東印度群島居民的生活水準，透過進口日貨而提高了。」

這個神聖使命是由帆布鞋、棉被單和腳踏車來實現的。

日本大亨澀澤的理論是正確的。理想狀態下的人類，是應該有櫻花和工廠煙囪的（直到到處都能實現提供電力和熱能的清潔能源）。然而當我們要轉變亞洲人的思維，要他們相信民族自尊心和安全感，養活上百萬增加的人口需要建立大量的工廠，製造的商品能夠暢銷西方世界，維持經濟、政治和足以打開世界市場大門的海軍力量，以維持輕鬆盈利的貿易，我們是該停下來考慮一下了：對我們來說，適者生存理論付出的代價到底是什麼？

日本在世界激烈的競爭中取得空前成功，是有一套祕訣的，即低價傾銷加上好戰的精神。猶太人擁有前者，但是他們沒有後者。而日本挑戰整個白人世界的主導地位，是機器工業和機器戰爭領域意外出現的競爭者，現在主導勢力完全仰仗機器工業，日本一定會成為歷史上不受限制的、個人和國家競爭時代最後的輝煌與榮耀。

經濟學家高橋龜吉直言不諱地說：「俄國和美國是我們軍事和海軍界

---

[122] 見西元 1934 年第一季度，全國工會大會和工黨聯合委員會的勞工專刊。

的理論目標,因此英國的工業是我們工業進攻的目標。」[123] 檀香山日語報紙的編輯援引:「日本變得強大了,所以才被說壞話。我們不要丟掉作為一個偉大民族的態度,這一點很重要。」

日本的地位在三菱公司的一份宣傳小冊子裡得到承認:「我們的產品暢銷全世界,就是因為卓越的工業能力,以及擁有維護國家存在所必須的勤奮。我們永遠不會退卻。」[124] 這是對那些缺乏思考的白人國家,發出工業戰爭的死亡宣言,他們將批次生產這一適得其反的愚蠢錯誤指向了亞洲。

---

[123] 見《外交時報》雜誌。
[124] 見西元 1933 年 8 月 15 日《國際拾遺》。

後記

後記

第三十一章
後記 ── 大戰前 [125]

第一節

西方希望和日本保持和平並互相理解，這基於日本具備西方現代的思想，並和我們的思維方式保持一致，像我們那樣理順與世界的關係。我們堅信自己一直是正確的。

日本希望和西方保持和平並互相理解，這基於我們承認日本的神聖使命，並接受其所做的一切。日本堅持它是正確的。實際上，它從來沒有過偶爾困擾我們的顧慮。

日本和西方彼此希望能夠保持和平以及互相理解，就像夫妻之間內心深處期望互相體諒，互相扶持，可是他們的本性、社會感念、個人理想和目標都不同，便不可避免地走向分歧。只是每個人都堅信自己是對的，並等著對方發生「改變」。

在本書中，倘若對一個國家心理成長的調查有所收穫的話，那就是日本不會改變，除非發生重大災難。西方也不會改變，因為西方認為自己的邏輯立場是合理的，就像男人和極易激動的女人「講道理」一樣。

---

[125] 這是西元 1934 年版本的最後一章。當時很多評論家稱其為「戰爭販子」，我們將其作為歷史解釋放在這裡，在歷史事件發生之前深思熟慮，這預示著事件發生後仍然是最好的解釋。並且它更能照見未來。── 出版商注。

第三十一章　後記—大戰前

第二節

　　歷史上至少出現兩次有著女性思維的國家 —— 直覺、敏捷、適應力強、超級敏感、勇敢、執著、良心發現、以自我為中心、不能理解或接受男性取捨的邏輯。（我之所以用「女性」和「男性」，只是因為我們的語言中沒有更合適的詞彙，我意識到在男人身上有太多這種女性化特徵，另外，也有受邏輯和理性控制的女人。）

　　對於男子氣概十足的羅馬人來說，希臘就是一個女性思維的國家，羅馬人對希臘的敏捷十分著迷，他們不了解，卻羨慕著希臘人對美的直覺，他們敬畏希臘人的勇氣，完全繼承了希臘的傳奇。不過希臘人的優越心理，希臘人對於蠻夷的傲慢，希臘人無法達成明確的條件和遵守合約，希臘人的「天意」和缺乏政治理性，希臘人陷入被動時拒絕屈服，或者被打敗時保持沉默，都會讓羅馬人憤怒。

　　只有兩種方式能夠對付希臘：完全孤立希臘人或者打垮後將他們驅散。由於羅馬要建立世界統治，它摧毀了希臘。這套操作顯得非常混亂，就像鬥志昂揚的女士被一個男人征服，不管肌肉力量多麼強大，結果總會證明一切。

　　西元 1932 年後，法國面對德國也面臨類似的困境。法國是否允許德國強大到足以挑戰其地位？法國是否應該先發制人，讓整個歐洲陷入戰火？但是德國本身會發生改變的可能性，要比日本的思想和靈魂背離一千五百年歷史的老舊模式更大。

　　日本認為我們愚蠢和盲目，這是典型的以自我為中心的思想。川上寫道：「令美國人民困惑的是日本政策的不確定性，不僅是海軍問題還有更重要的問題。日本是否真的渴望和蘇俄保持平衡？它是否仍然感到有必要擴張領土？它是否會挺進長城以南？是否滿足在滿洲所取得的一切？」[126]

---

[126]　見西元 1934 年 7 月 24 日《日本時報》。

後記

　　一位日本編輯評論道：「如果西方了解遠東地區的現實情況，根本不會問像這樣的問題。」

　　這種衝突是心理上的，我們的外交官很難與日本外務省對話，就像一個男人和女人吵架一樣。這種衝突超越了國界和市場進入到思想領域，不會有合作性的和平解決方案，除非新東方和舊西方之間巨大的心理差距和物質差距被消除，生活水準被災難和進化所抹平，涉事各方的經驗產生相同的觀點。

　　人們可以合理地就國家的女性思維和男性思維寫出一篇論文。不過此處作者渴望引入這些概念，只要它們能夠澄清我們對日本的看法。日本的審美在一群具體事物中，都是恰當的直覺意識，可是在抽象方面卻極為薄弱，日本十分偏愛臺灣獵頭行為、原始島民，以及無序亞洲人極端的、憤怒的呵護照料，願意替滿洲和蒙古擦鼻子，這些本質上都是女性的特徵。

　　日本對於絕對臣服的被征服者的善良，對於堅持質疑其正義性人士的殘忍，對於世界力量和國際潮流的直覺反應，本國國民嚴肅的體育運動和娛樂方式，還有對外人不合邏輯、揮之不去的恐懼，這些理論都是符合女性心理的。日本和西方的根本不同，在日內瓦獅子般的老白里安（Aristide Briand）和狐狸般的小個子吉澤的激辯中，表現得最為明顯。僅僅一個西方人，怎麼打算和血脈中流著太陽女神（天照大神）血液的東方神聖使命的執行者辯論呢？

第三節

　　為什麼日美一定要開戰？不應該啊！透過戰爭，日本和美國能夠獲得什麼好處？什麼好處都沒有。事情並不是想像的那樣，這不是兩大對手在商業和政治領域的硬碰硬。

第三十一章　後記—大戰前

我再重複一遍：這是夫妻雙方戮力同心則雙贏，分手破裂則兩傷的局面。然而清醒的觀察家不被情感所左右，他知道生活中基本的價值觀、體育精神、精神的渴望和物質的野心，這一切差異如此之大，分手只是早晚的事。

現在日本的自尊心和整個歷史，都要求它必須擁有對等的海軍力量。共同的策略認為，美國必須加強阿拉斯加和阿留申群島的防護。這種威脅一定是日本難以承受的。當俄國「在日本背後捅刀子」，在滿洲和朝鮮確立牢固根基時，黑龍會長頭山滿明確表示，日本要攻擊俄國。那美國要在日本面前「捅刀子」呢？閱讀前文從邏輯上可見：日本黑龍會將攻擊巴拿馬運河。日本已經有好幾百家理髮店在船閘那裡排列。與此同時，末次的潛艇突襲了珍珠港和聖地牙哥，西元 1904 年襲擊了旅順港，聖佩德羅的日本海外漁業團體也照顧了那個基地。[127]

日本會在日本國民心理衝突到來之前崩潰嗎？西方還是停止談論充滿希望的預測為好。讓本書的讀者想一想，書中所描繪的是一個即將崩潰的結構，還是一個組織腐爛的結構？日本的工業是否可能過度擴張，陷入西方已經擺脫的大蕭條？被國民稱為「好爸爸」的通訊大臣町田，和負責生產、品管、銷售的五個部組成的委員會，會防止此種情況的發生。在日本的法國商會會長 M·奧杜瓦耶，憑藉他在日本居住經商四十年的經驗說：「我並不是想說，其他國家為了自保採取什麼措施，但是我有責任告訴那些預言日本國內會有大災難的人，他們正在重蹈我每年都能聽到，而且聽了四十多年預測的覆轍。日本有生存下去的意志，其人口每年增加將近一百萬，日本國民有進取心，有勇氣，有能力，懂藝術，開朗又認真。」[128]

美國可以和俄國聯手壓制日本。那可能意味著，要麼在遠東太平洋地

---

[127]　日本最高統帥部戰略規劃書中的全部偷襲行動中，只有突襲珍珠港具體實現了。
[128]　見西元 1934 年 5 月 1 日《日本時報》。

後記

區臨時出現一個美國帝國，首都可能就是檀香山，要麼俄國即刻稱霸亞洲。前景並不那麼誘人，然而事態就是照這麼發展的。

另一方面，若是美國想要避免最後攤牌，那便必須在太平洋地區屈居老二的位置，允許日本為所欲為，自己只能灰溜溜地走開，以確保獨善其身。美國可以這樣做，遠離這片海域，退出世界政治和競爭激烈的國際貿易。

日本這個具有現代女性思維的國家，可能獲得亞歷山大、凱撒、成吉思汗、查理曼（Charlemagne）、拿破崙和德皇威廉二世都不曾取得的功績。不管怎樣，松岡的警告如此：

「可能有人會斗膽說，緊急時刻已經過去，沒有什麼令人不安的事情需要擔心了。就像人們被告知他們呼吸空氣，卻因為沒有看見空氣而否認這個事實。」這對於亞洲人和白人來說都是事實，或者這根本就不是事實。

白人經濟和社會制度的最後危機來自黃色人種。日本最後脫胎於封建制度，也必定離開資本主義制度。無論東西方，人們不是透過理想主義發生改變，而是透過反覆嘗試糾錯而改變。災難過後，他們開始嘗試鼓吹宣傳。大屠殺之後，而不是之前，賀川的作品以一個長期了解日本的義大利作家[129]的表達方式呈現出來：

「日本應該成為一個大熔爐，東西方世俗經驗所累積的知識，都將在其中融合，在更廣泛的基礎上產生一種新的文明形式。」

災難之後，大屠殺之後

---

[129] 即佛弼執禮。

第三十二章
後記 —— 和平前夜

對於樂於製造轟動的人，對於那些清醒的解說者，對於那些理解和不理解的人，對於那些只關注歐洲而絲毫不關注亞洲，以及因為這個國家向西漂移，才更多關注太平洋的人，對於傷感的日本商界朋友，還有所有憎恨日本的人來說，西元1941年12月7日太平洋戰爭爆發了。到目前為止，隨著作者的描述和事件的進展，你看到無論這場戰爭始於本書所預言的偷襲或者其他方式，太平洋時代暴力登場，就像日美兩國不同的思想一樣，都是歷史畫卷的一部分。

現在太平洋時代已經到來，每個有眼光的歷史學家都看到了帝國正向西方靠攏。血與火正向我們襲來，這與它「太平」的名字含義完全相反。不管誰贏得了這場戰爭，這個時代都將一直存在。歷史一直在等著西方人將視線轉到亞洲，完成全球一體化的循環。它一直長期處於一種嬰兒般的恐懼之中，拒絕斬斷與歐洲的紐帶連繫，放棄陽剛的挑戰去展望未來。

因此，與日本開戰，便意味著憎恨和戰勝這個太平洋時代橫空出世的國家，儘管我們也有固執和短視的一面。日本僅僅是開始，我們怎樣應對太平洋時代的暴力打開，才是歷史的轉捩點。

一百年前，日本鎖國狀態告終，這個隱士王國又開始有了生機。它迄今占據著亞洲大家庭中最陽剛、最健康的地位。日本看到了什麼？看到了白人執行他們鼓吹的教義，它是否把白人真正付出努力的太平洋時代，看作平等繁榮的時代？幾乎不可能。它看到了種族和教義歧視，已經尖銳到人類前所未有的程度。它看到了帝國主義在恩人面具的掩蓋下，極其貪婪

後記

地打造貿易壟斷。它看到中國和印度被花言巧語所束縛，並且很快發現偉大的美國歧視外來移民。日本迅速做出虛心學習的決定。

從西元 1853 年馬修‧培里准將登陸，到西元 1941 年來棲‧赫爾會談，我們的政策就是推動日本進入現代世界，盡量忽視它的所作所為。日本馬上就學會了使用得到的武器和工具，也迅速學會在「神聖使命」幌子的掩蓋下，如何猛烈抨擊帝國主義，利用「助華擺脫外來統治」的口號，作為自己進行侵略的煙霧彈。

無視日本的日子現在已經一去不復返了，儘管很少有西方人思考這事。當美國發出最後通牒，一個勤奮的民族被激怒後力量都會得到累積：「在中國你們沒有任何權利。這是太平洋時代，時代的大旗是門戶開放政策，不要再有任何侵略行徑，不要再搞壟斷。」但這些話語在日本人的耳邊，就像啞彈一樣。受到堅信的神聖使命的刺激，他們尋找時機撲向在他們看來都是民主衛士的一些國家。我們唯一有準備的力量，即我們的海軍受到了攻擊，被攻擊的不是我們的後背，而是我們正面的重要堡壘。最後，我們知道忽略日本，忽略我們在太平洋上職責的日子也一去不復返了。

日本在血腥的歷史舞臺上，釋放了最凶猛的怪獸，這頭怪獸被民族偏見的腐食餵養了數代之久。日本發起這個國家所經歷的、最大規模的跨洋海戰，在這次代價最大的戰爭中，大量的人員傷亡和被俘，無數船隻沉沒。對我們國內的經濟和生活習慣造成重大影響。不僅如此，日本對美國和英國的攻擊也是猛烈的，最開始在中太平洋到中印度洋都獲得了成功，這是白種人暫時的、脆弱的、優越的種族地位最後時期。

假使我們認為一旦打垮了日本的實力，並按照我們的條件實現和平，就可以斷絕與日本的關係，斷絕與七千萬日本人的心理和身體能量的關係，我們就會重複西元 1917 年英法兩國結盟打敗德國時犯下的錯誤。在日本重蹈覆轍，將會比那時更加嚴重、更悲劇、代價更高。只有勝利是遠

第三十二章　後記—和平前夜

遠不夠的，我們登上歷史舞臺的美國民主，注定要扛起人類大家庭統一的大旗，這是和平之旗，而不是戰爭之旗，在任何國家的革命過程中都是絕無僅有的，任何國家都沒有這樣重要的機會來完成他的使命。

要拿國家案例來證明，現代教育家和心理學家發現個體成功的理論是個挑戰。令人無法忍受的種族特徵一直存在，就像不同個體存在令人討厭的特性一樣，但這些只能在人類家庭中，透過研究發現讓冒犯者「發脾氣」的原因，透過找到必要的調整，使他們符合一種皆大歡喜的生活方式，來消除這些特徵。

為了實現這一目的，美國就得打破憎恨的高牆，清洗每一個參戰國脈管中滲入的毒素。仇恨引起戰爭的因素，仇恨剝奪他人正大光明的生活方式，仇恨工業和貿易的壟斷，仇恨帝國主義的征服，仇恨「我們是人民」的傲慢，或「神聖使命」的狂熱，仇恨宗教種族歧視，才是贏得持久和平的唯一仇恨。

宣傳媒體的代言人可能會說，我們無法贏得戰爭，除非我們憎恨敵人，除非個人的憎恨成為戰車的馭手。這種說教只屬於過去的陳腔濫調，一種一去不復返的生活方式而已。如果勝利的真正含義成為真心的語言，如果它對於我們真是字面意義上的太平洋時代——這次衝突過後，人類實現全球一體化，只有那時，戰爭的破壞和痛苦也就都順理成章了。我們背負著這種偉大的精神職責，當前還有一個具體的偉大使命，就是擊潰侵略軍。

為打造建設性的和平所做出的調整，分為兩個方面：社會方面和經濟方面。他們都不可能把日本人想像成掛在樹上的齙牙猴子而實現。必須得承認日本是歷史叢林中根基最牢固、成長崛起最艱辛的國家之一，無論是藝術上還是經濟上都結出了豐碩果實。

透過整合自然激發的防護機制和扭曲的自尊，遏制對自己有害的野蠻

後記

荊棘和毒素。戰後的社會調整只能在這樣的世界中實現，受冷遇者不再形成兄弟會，沒有人擁有高人一等的優勢冷落別人，種族和國家的「進步」或「落後」的分類已被遺忘。否則，戰敗的日本將會毫不費力地與二十億失望的亞洲人交往，並進一步加劇他們的痛苦，煽動所有其他因素，無論是半亞洲人還是非亞洲人，這令人好奇，到底是誰從戰爭中獲得了利益和權力？

需要做出的經濟調整，對於大多數人來說更為明晰，即使操作起來並不容易。從直接、自私的角度來看，當然還有理想主義角度，如果我們現有的高標準生活想要繼續下去，那麼這種調整的必要性，就要透過本章末尾腳註中的貿易數字來表現，這是最後能引起讀者注意的內容了，因為經濟衝突的尖銳性在軍事衝突結束之後，馬上就會呈現在我們面前。

太平洋地區的鬥爭是心理的、意識形態的、文化的和物質的鬥爭。我們對日本的精神、社會、政治和工業發展的考察，對和我們相衝突的日本價值觀的理解，都揭示了日本反對西方的深刻動機和目的，所有「有色」人種反抗的可能性都在暗示，倘若我們只贏得了戰爭卻沒有獲得和平，東西方人類將陷入可怕的混亂局面。

人類歷史上是否可以首次建立真正全球性的文明，是否我們正在進入歷史上最具災難性的困難時期，其特徵就是經濟上削價競爭占據主導地位，東方人的軍事優勢壓過自毀長城的西方世界。在我們面臨以上決策危機時，現在的這場戰爭向我們揭示了一切。太平洋戰爭要比其他戰爭對進口影響更大，因為它是檢驗我們種族的試金石和提煉文明的大熔爐。

現在擺在我們面前的問題有兩個：（1）為什麼我們要戰爭？（2）我們與誰開戰？我們與日本開戰，是因為其帝國的建立者正在攻擊我們的武裝力量。他們攻擊我們，是因為我們政府採取措施，阻礙他們在太平洋建立帝國。我們政府在中國和南亞阻止日本，最終儘管有所猶豫，它仍然感到

第三十二章　後記—和平前夜

在執行美國政治家的長期政策時，受到了束縛。

這就需要終止舊的協議——「在太平洋地區任其放開手腳巧取豪奪」，從而堅持一項新的協議，在世界最大、最富有的海洋上利益均霑，這片地區注定是未來世界的中心。於是，我們的言行就有了如此巨大的衝突，日本認為我們美國願意在太平洋的基本政策上讓步。可是在最終的那時刻，我們的總統和國務卿力挺美國的方案。他們不得不如此，否則就得放棄代表新世界和新倫理的所有要求，這一倫理和透過武力建立帝國的那些坦誠的建設者們，有著本質的區別。

於是日本就攻擊我們，簡言之，後來我們打擊日本，是因為我們要建立一個全新的世界，即禁止透過武力建立帝國。這一原則必須普遍適用，無論誰認為自己有權統治世界，甚至更適合為被征服的民族謀福利，否則就根本不適用——我們出師無名，戰鬥時間也不能長久，臨時的勝利也只能獲得再次交戰的特權，還得克服更大的困難。這也就是我要講的，我們要參戰的原因。

本書首版的目的是希望了解日本人，只要了解，我們就會知道怎麼和他們打交道，我們自己該怎麼做，我們不一定要和他們兵戎相見。現在這本書再版發行，加入了西元1942年的歷史資料和新思想，回答了我們為誰而戰，和我們必須和誰和平共處的問題。作者謹以此書作為他對建設性和平做的一點貢獻。這本書及同類書籍，是每一個關注和平並致力於永久和平的美國人的必備讀物。我指的是每一個美國人。

為此，勝利是遠遠不夠的。我們不僅要親自動手製作餡餅，更要把手指插進去品嘗配料的味道。

末尾腳註

　　日本的貿易戰——日本「和平時期」最後一年保持貿易成長，是西元 1933～1934 年度。按日元計算，日本西元 1933 年的貿易額，比西元 1932 年成長大約 50%。《當代日本》雜誌聲稱，西元 1934 年日本貿易成長甚至比西元 1933 年還要顯著，儘管當年最後幾個月遭到一些限制。日本出口貿易西元 1934 年前四個月，要比西元 1933 年同期增加的百分比如下：北美 10%，亞洲 18%，歐洲 56%，南美 56%，非洲 53%，日本剛剛開始的中美洲 176%，海地超過 1,000%；這導致美國棉花貿易出口協會，寫了一封信給羅斯福總統的新貿易協定委員會，要求和拉美國家進行談判，為美國保留一部分拉美市場。

　　下面是相比西元 1933 年增加 100% 的商品種類：人造絲紡線和綿紙、煤焦油染料、火車頭發動機、電話設備、電器、羊毛製品、亞麻織物和棉府綢。除了人造絲紡線，日本這些商品正式進軍國際市場。人造絲出口增加已成定局，增幅高達 500%，從 170 萬日元增加到 850 萬日元。日本出口到東非的棉織品增加了 25%。日本「普利司通」輪胎占尚吉巴進口輪胎總量的 85%。

　　這本雜誌表明，日本在全世界最好的廣告，就是西方製造商抱怨日貨極為低廉的價格。

　　日本各種鐵的進口價值，從西元 1931 年的 48,000,000 日元增加到西元 1933 年的 136,000,000 日元。一家公司就控制了帝國境內 99% 的鋼鐵產量，包括滿洲和朝鮮。儘管只占美國鋼鐵產量的 20%～30%，新建的日本鋼管公司仍賺了大量的財富，以至於它聲稱將派發 17% 的紅利，並發放六個月至一年薪資的獎金給 2,800 名工人和 450 名官員，還捐款給日本陸海軍。這家公司戰勝美國競標公司，贏得了墨西哥城水網系統建造的合約，這促使前墨西哥總統卡列斯（Plutarco Elías Calles）提議，墨西哥和美

國簽署貿易協定，以應對預言中各大洲間的經濟戰。

破損的美國戰艦直接運到大阪，為日本帝國海軍造船廠服務。日本從一家航運公司購買了 12 艘老式的美國沿海運輸船，來運載金屬廢料，到了西元 1934 年末，每艘運載此類貨物的船都滿載而出。

西元 1933 年，日本廢鐵的進口量已經達到 100 萬噸，西元 1934 年達到 150～200 萬噸之間。在美國，廢鐵每噸價格在 4～6 美元，另外還有每噸 4 美元的運費。日本鋼鐵公司在鍊鋼廠使用七八份廢鐵和兩三份生鐵冶煉鋼材。

美國廢品工業的協調組織「美國衛生協會」，針對日本的競爭提出一份有趣的投訴，它聲稱廢品工業（撿破爛）是世界第三大產業，因為日本進口廢品行業的貴族產品——機械用抹布，造成美國工業每年損失 250 萬美元的收入。該協會抱怨美國海軍每年使用 1,500 萬磅抹布，成為日本該產品的主要客戶，這使得國內廢品工業十分失落。

日本在滿洲國投資，資本產業由西元 1932 年的 11,500,000 日元躍升到西元 1933 年的 443,390,000 日元，一年成長了四十倍！這一數據到西元 1934 年又翻了一番。

西元 1933 年，日本成為世界上第一大紡織品出口商，製造了世界上需要的 55 億碼棉織品中的 20 億碼。見證西元 1929 年以來世界陷入貧窮的，正是世界棉織品的銷量從 80 億碼直降到 55 億碼。幾乎一半來自美國的原棉，其餘的大部分來自印度。印度是日本最大的紡織品市場，占據 32% 的布匹份額，荷屬東印度群島、中國和英國緊隨其後。西元 1932 年，日本對印度出超 7,500 萬日元。三十年間風水逆轉，日本入超高達 350 萬日元。

日本是美國棉花和澳洲羊毛的最大買家。西元 1933 年，日本對美國的銷售額占總銷售額的 26%，它購買美國貨占全部進口額的 32%。日本

後記

成為繼英國之後美國商品的最大買家，美國出口棉花的22%都被日本購買。美國當年的貿易順差達三億日元。美國進口日本商品70%是生絲。

英國的馬克思主義者警告說，西方經濟競爭對手會將世界上受壓迫的民族，推送到最廉價的日本製造商那裡。雷夫・福克斯在西元1933年紐約國際出版商出版的《英帝國主義的殖民政策》中說道：「工黨和帝國自由貿易所規劃的道路和渥太華協議，無法提高殖民地工人和農民的生活水準，只能進一步壓榨他們，並準備下一場戰爭由幾個競爭關係的強盜國家重新瓜分世界……資本主義受到了史上最嚴重經濟危機的撼動，正沿著民族自給自足的路線尋找出路。」

根據馬克思主義者福克斯的說法，美國工業國內市場和大英帝國市場的壓榨剝削，因關稅過高而無情的減少進口，透過傾銷和懲罰性關稅，對所有國家開展經濟戰，這是西方工業主義最後一次狂熱的、痛徹心扉的痙攣。日本打算以「東方工業主義」來接管統治。

西元1934年，出現了美國購買日本商品急遽下降的趨勢，原因在於對工業品的反傾銷禁運政策，和美國絲綢使用率的下降，而日本則表現出計劃未來尋求其他市場，現在其原棉和其他商品都來自美國。西元1934年前七個月，日本對美國出口額達225,450,000日元，而西元1933年同期則是274,219,000日元。與此同時，日本對美國貨物的進口額由383,000,000日元上升到447,000,000日元，這種臨時性的成長，主要是由於購買了原材料，特別是用於軍事目的的鋼鐵、專業機械和飛機零件，而從美國購買原棉的數量減少了。

美國對華貿易只比對日貿易的三分之一略高一點，然而，這些數據有點誤導性，因為運輸到香港的貨物幾乎完全轉運到中國，還有華南採購的大部分也都被單獨列入官方的貿易統計。日美貿易顯然已經過了最高點，排除人為的干預，中美貿易仍舊處於萌芽期。

第三十二章　後記—和平前夜

　　日本繼紡織業後最大的產業有：紙漿造紙、橡膠、玻璃、化工品、電影膠片和其他產品、衛生用品、白熾燈泡、大麻、留聲機、收音機、腳踏車、柴油發動機、輪胎、馬口鐵和襪子。西元1934年，新的產業又獲得了主要的地位：維生素、電冰箱、霜淇淋機、飛機零件和汽車發動機。西元1933年時，日本的主要出口產品有：人造絲、絲綢、罐頭食品、襪子、陶瓷、鐵製品、機械、上衣、羊毛製品。西元1931年，羊毛製品的產值150萬日元，到了西元1932年增加到340萬日元，到了西元1933年前十個月就已達1,600萬日元了。

　　日本發表了一項明智的方案，努力迫使美國和荷蘭在日本的公司提供充足的原油給日本海軍，以維持長期的海軍行動，並以開拓日本市場的特權作為回報。這就相當於逐漸關閉了滿洲和西方的業務。

　　可能日本新產業中最有趣的，是複製美國古老的傳家寶新英格蘭家具。日本的牙刷產業計劃在滿洲國教給人們使用牙刷。

　　現在以輕鬆的方式總結一下日本貿易發展的這些亮點：日本駐義大利大使杉村說：「我認為與羅馬教宗國的談判十分重要。我認為鼓勵發展和南美的貿易，其最好的方式就是和教宗保持友好關係。」這句話竟然出自一度要消滅本國羅馬天主教的國家代表之口。

　　日本駐華全權代表有吉明曾說：「只要中國更真誠地管控華人抵制日貨，日本將更新中國的外交地位為大使級別而不是公使級別。」

　　「西元1934年9月16日，日本著名的口琴演奏家吉岡，代表日本從大阪到紐約參加了在那裡舉辦的世界口琴大賽。吉岡先生使用價值九十元的日本樂器，人們希望他的成功會提升日本製造的口琴在西方的銷量。」

　　《阿肯色公報》總結了整個事件。「日本完全誤解我們西方對其西化的目的。我們想要的是良好的客戶，而不是一個壓價的競爭對手。」

美國記者觀察表象背後的日本：
櫻花之面，鋼鐵之裡！從封建孤島到軍國擴張，以西方視角剖析最真實的日本

作　　　者：	[美]厄普頓・克洛斯（Upton Close）
譯　　　者：	遲文成，龔振林
發　行　人：	黃振庭
出　版　者：	崧燁文化事業有限公司
發　行　者：	崧燁文化事業有限公司
E - m a i l：	sonbookservice@gmail.com
粉　絲　頁：	https://www.facebook.com/sonbookss/
網　　　址：	https://sonbook.net/
地　　　址：	台北市中正區重慶南路一段61號8樓 8F., No.61, Sec. 1, Chongqing S. Rd., Zhongzheng Dist., Taipei City 100, Taiwan
電　　　話：	(02)2370-3310
傳　　　真：	(02)2388-1990
印　　　刷：	京峯數位服務有限公司
律師顧問：	廣華律師事務所 張珮琦律師

國家圖書館出版品預行編目資料

美國記者觀察表象背後的日本：櫻花之面，鋼鐵之裡！從封建孤島到軍國擴張，以西方視角剖析最真實的日本 / [美] 厄普頓・克洛斯(Upton Close) 著，遲文成，龔振林 譯 .-- 第一版 .-- 臺北市：崧燁文化事業有限公司 , 2025.02
面； 公分
POD 版
譯自：Behind the face of Japan.
ISBN 978-626-416-299-9(平裝)
1.CST: 日本史
731.1　　114001228

—版權聲明——

本書版權為出版策劃人：孔寧所有授權崧博出版事業有限公司獨家發行電子書及繁體書繁體字版。若有其他相關權利及授權需求請與本公司聯繫。
未經書面許可，不得複製、發行。

定　　　價：520元
發行日期：2025年02月第一版
◎本書以POD印製

電子書購買

爽讀APP　　臉書